江苏物流服务业发展研究报告 2016

主编 乔 均

南京大学出版社

图书在版编目(CIP)数据

江苏物流服务业发展研究报告. 2016 / 乔均主编.
-- 南京 ：南京大学出版社，2017.5
ISBN 978-7-305-18431-4

Ⅰ. ①江… Ⅱ. ①乔… Ⅲ. ①物流—经济发展—研究报告—江苏—2016 Ⅳ. ①F259.275.3

中国版本图书馆 CIP 数据核字(2017)第 081260 号

出版发行 南京大学出版社
社　　址 南京市汉口路 22 号　　　邮　编 210093
出 版 人 金鑫荣

书　　名 江苏物流服务业发展研究报告(2016)
主　　编 乔　均
责任编辑 王日俊　容弟朔

照　　排 南京南琳图文制作有限公司
印　　刷 虎彩印艺股份有限公司
开　　本 787×1092 1/16 印张 17.75 字数 439 千
版　　次 2017 年 5 月第 1 版　2017 年 5 月第 1 次印刷
ISBN 978-7-305-18431-4
定　　价 118.00 元

网址：http://www.njupco.com
官方微博：http://weibo.com/njupco
官方微信号：njupress
销售咨询热线：(025) 83594756

指导委员会

主　　任　陈章龙　宋学锋

委　　员　徐　莹　赵芝明　鞠兴荣　王开田

章寿荣　潘　镇　谢科进　邢孝兵

党建兵　张为付　宣　烨

编写委员会

主　　编　乔　均

副 主 编　金汉信

编写人员　陈建军　霍　焱　李芹芹

李勇峰　马永刚　张太海

本书为江苏高校优势学科建设工程(PAPD)、江苏高校现代服务业协同创新中心(CNISCC)、江苏高校人文社会科学校外研究基地“江苏现代服务业研究院”(JIMSI)、江苏省重点培育智库“现代服务业智库”的研究成果。

书　　名：江苏省物流服务业发展研究报告(2016)

主　　编：乔　均

出 版 社：南京大学出版社

前　言

党的十八大以来，习近平总书记、李克强总理等多次考察物流企业，对物流业发展作出重要讲话和批示。尤其是2015年，是“十二五”规划的收官之年。回顾过去的五年，我国经济进入新常态，经济增速放缓，结构调整加快，发展动能转换。在下行压力不断加大的情况下，物流业保持了中高速增长。2015年，我国社会物流总额219.2万亿元，“十二五”时期年均增长8.7%；社会物流总费用与GDP的比率为15%左右，比2010年的17.8%有较大幅度下降。其中既有公路货运量、货物周转量、GDP数据调整的因素，也有产业结构调整、物流服务价格下降的因素，同时也显示出物流运行效率有所提升。物流业作为国民经济的基础性、战略性产业，为“稳增长”、“调结构”、“惠民生”提供了较好的支撑和保障。

江苏省作为我国东部最发达省份之一，经济发展在全国具有重要的地位，其独特的区位优势和雄厚的经济基础也为江苏省物流产业创造了有利条件。“十二五”期间，江苏省交通基础设施建设规划总投资约5 000亿元，物流业增加值同比增长超过8%，其中2015年，江苏省物流社会总额达到230 955亿元，工业品物流总额占物流社会总额的比重为81.8%，在物流业发展中走在了全国前列。总体上，经过“十二五”时期的发展，江苏省物流业呈现出产业规模持续扩大、基础设施逐步完善、物流园区建设渐成体系、重点项目建设成果不断涌现的良好局面，物流业对于经济的推动作用不断增强，物流业的发展进入了一个新时期。

随着长三角一体化和江苏实施沿海开发战略，江苏与长三角地区其他省份、环渤海经济区、淮海经济区、陇海兰新经济带等国内主要经济区域之间的交流与合作深入推进、全面深化，必将推动江苏省物流资源跨区域优化配置，实现物流与商流、信息流、资金流的有机融合，促进物流一体化格局的形成。为了促进江苏省物流业的科学发展，全面系统剖析江苏省发展状况、发展环境，进一步明确今后物流业的发展方向和工作思路，我们组织编写江苏省物流业年度发展报告，供各有关方面参考。

本报告共分六大部分。第一部分，综合篇。系统总结了“十二五”及2015年江苏省物流业发展总体状况，分析了未来发展面临的环境，在与国内发达省市进行对比的基础上，指出江苏省物流业发展存在的问题，并提出了今后的发展思路和对策。第二部分，地区篇。分别介绍了江苏省 9 个省辖市物流业发展状况、存在问题和对策措施。第三部分，交通运输篇。主要介绍了江苏省交通运输业发展总体状况、发展环境，在进行省内各区域、省外交通运输业发展比较分析的基础上，提出存在的问题和未来发展的方向和重点。第四部分，技术篇。主要介绍了江苏省物联网的发展状况、发展环境，物流网技术的应用及未来发展趋势。第五部分，行业篇。主要介绍了江苏省的农产品冷链物流和快递服务业的发展状况和发展思路。第六部分，政策篇。对 2015 年国家和江苏省推动物流业加快发展的有关政策文件进行了整理汇编。第七部分，数据篇。

本报告编写过程中，得到了江苏省经信委、江苏省统计局、江苏省现代物流协会等单位的大力支持，在此一并表示感谢！尽管我们做出了很多努力，但本报告仍会有许多不足之处，恳请大家提出宝贵意见。

编委会

二〇一七年三月

目　录

综合篇
ComprehensiveArticles

第一章　江苏省物流业发展概况 ······ 3
Chapter 1　Development situation on the logistics industry in Jiangsu Province
一、物流行业平稳增长，进入新的发展阶段 ······ 3
Ⅰ　Stable growth of the logistics industry, entered a new phase of development
二、基础设施不断完善，通行环境持续优化 ······ 7
Ⅱ　Improving infrastructure, Continuous optimization of traffic environment
三、物流枢纽城市与物流体系建设取得新进展 ······ 12
Ⅲ　With the progress was made in the construction of Logistics hub city and logistics system
四、物流市场逐渐完善，市场主体不断壮大 ······ 15
Ⅳ　Logistics market gradually perfect, Market players continue to grow
五、重点工程建设有序展开 ······ 15
Ⅴ　The construction of key projects in an orderly manner
六、区域发展更加协调，由南向北转移趋势日趋明显 ······ 16
Ⅵ　Regional development more coordinated, by the south to North transfer trend is becoming increasingly apparent
第二章　江苏省物流业发展环境 ······ 23
Chapter 2　The development environment of logistics industry in Jiangsu
一、政治环境 ······ 23
Ⅰ　Political
二、经济环境 ······ 23
Ⅱ　Economic
三、社会环境 ······ 28
Ⅲ　Social
四、技术环境 ······ 30
Ⅳ　Technological

第三章　相关发达省市物流业“十二五”发展概况 …………………………………… 33
Chapter 3　The development situation of logistics industry in the developed provinces and cities in “12th Five-Year”
一、相关发达省市物流业“十二五”发展概况…………………………………………… 33
Ⅰ　The development situation of logistics industry in the developed provinces and cities in “12th Five-Year”
二、“十二五”经济数据对比………………………………………………………………… 35
Ⅱ　“12th Five-Year” economic data comparison
三、“十二五”物流数据对比………………………………………………………………… 37
Ⅲ　Logistics data comparison of “12th Five-Year”
第四章　2016 年面临的问题 ………………………………………………………………… 42
Chaper 4　Problems faced in 2016
一、供给侧改革持续进行，结构调整压力较大 ………………………………………… 42
Ⅰ　Supply side continue to reform and structural adjustment of pressure
二、物流企业运营成本过高，营商环境有待改善 ……………………………………… 42
Ⅱ　Logistics enterprise operating costs are too high, the business environment needs to be improved
三、物流业发展缺乏整体的规划与引导………………………………………………… 43
Ⅲ　Lack of overall planning and guidance for the development of logistics industry
四、信息化程度偏低，信息系统功能不完善 …………………………………………… 44
Ⅳ　The information level is low, the function of information system is imperfect
五、物流业效率、效益有待提高 ………………………………………………………… 44
Ⅴ　The efficiency and benefit of logistics industry need to be improved
第五章　2016 年江苏省物流业发展展望 …………………………………………………… 46
Chapter 5　Prospects for the development of logistics industry in Jiangsu Province in 2016
一、加强基础设施建设，夯实物流业发展基础 ………………………………………… 46
Ⅰ　Strengthen infrastructure construction, lay a solid foundation for the development of the logistics industry
二、深化物流管理体制改革，建立合理规范的物流管理体制 ………………………… 46
Ⅱ　Deepen the reform of logistics management system, establish a reasonable standard of logistics management system
三、抓住“一带一路”建设机遇，加快物流国际化步伐 ………………………………… 47
Ⅲ　Seize the “The Belt and Road” construction opportunities, accelerate the pace of internationalization of logistics
四、积极运用“互联网＋”思维，适应“互联网＋”物流发展趋势 ……………………… 47
Ⅳ　Use of Internet＋ thinking, to adapt to the developing trend of logistics

Internet+
五、加强政府规划引导，促进区域协调发展 …… 48
Ⅴ Strengthen government planning guidance and promote regional coordinated development
六、倡导发展现代绿色物流 …… 49
Ⅵ Promote the development of modern green logistics

地区篇

Regions Articles

第一章 南京市物流业发展报告 …… 53
Chapter 1 Developmentreport of Nanjing modern logistics industry
一、南京市物流业发展概况 …… 53
Ⅰ Development situation on the logistics industry in Nanjing
二、南京市物流业发展存在的主要问题 …… 57
Ⅱ Main problems of logistics industry in Nanjing
三、南京市物流业发展思路 …… 59
Ⅲ Development strategies of logistics industry in Nanjing
第二章 无锡市物流业发展报告 …… 62
Chapter 2 Development report of Wuxi modern logistics industry
一、无锡市物流业发展概况 …… 62
Ⅰ Development situation on the logistics industry inWuxi
二、无锡市物流业发展存在的主要问题 …… 67
Ⅱ Main problems of logistics industry in Wuxi
三、无锡市物流业发展思路 …… 68
Ⅲ Development strategies of logistics industry in Wuxi
第三章 徐州市物流业发展报告 …… 71
Chapter 3 Development report of Xuzhou modern logistics industry
一、徐州市物流业发展概况 …… 71
Ⅰ Development situation on the logistics industry in Xuzhou
二、徐州市物流业发展存在的主要问题 …… 73
Ⅱ Main problems of logistics industry in Xuzhou
三、徐州市物流业发展思路 …… 74
Ⅲ Development strategies of logistics industry in Xuzhou
第四章 苏州市物流业发展报告 …… 78
Chapter 4 Development report of Suzhou modern logistics industry
一、苏州市物流业发展概况 …… 78
Ⅰ Development situation on the logistics industry in Suzhou
二、苏州市物流业发展存在的主要问题 …… 80

Ⅱ　Main problems of logistics industry in Suzhou
三、苏州市物流业发展思路…………………………………………………………… 83
Ⅲ　Development strategies of logistics industry in Suzhou
第五章　常州市物流业发展报告 …………………………………………………… 86
Chapter 5　Development report of Changzhou modern logistics industry
一、常州市物流业发展概况…………………………………………………………… 86
Ⅰ　Development situation on the logistics industry in Changzhou
二、常州市物流业发展存在的主要问题……………………………………………… 88
Ⅱ　Main problems of logistics industry in Changzhou
三、常州市物流业发展思路…………………………………………………………… 90
Ⅲ　Development strategies of logistics industry in Changzhou
第六章　淮安市物流业发展报告 …………………………………………………… 94
Chapter 6　Development report of Huaian modern logistics industry
一、淮安市物流业发展概况…………………………………………………………… 94
Ⅰ　Development situation on the logistics industry in Huaian
二、淮安市物流业发展存在的问题…………………………………………………… 96
Ⅱ　Main problems of logistics industry in Huaian
三、淮安市物流业发展思路…………………………………………………………… 97
Ⅲ　Development strategies of logistics industry in Huaian
第七章　镇江市物流业发展报告…………………………………………………… 100
Chapter 7　Development report of Zhenjiang modern logistics industry
一、镇江市物流业发展概况 ………………………………………………………… 100
Ⅰ　Development situation on the logistics industry in Zhenjiang
二、镇江市物流业发展存在的问题 ………………………………………………… 103
Ⅱ　Main problems of logistics industry in Zhengjiang
三、镇江市物流业发展思路 ………………………………………………………… 103
Ⅲ　Development strategies of logistics industry in Zhengjiang
第八章　扬州市物流业发展报告…………………………………………………… 106
Chapter 8　Development report of Yangzhou modern logistics industry
一、扬州市物流业发展概况 ………………………………………………………… 106
Ⅰ　Development situation on the logistics industry in Yangzhou
二、扬州市物流业发展存在的问题 ………………………………………………… 109
Ⅱ　Main problems of logistics industry in Yangzhou
三、扬州市物流业发展思路 ………………………………………………………… 110
Ⅲ　Development strategies of logistics industry in Yangzhou
第九章　南通市物流业发展报告…………………………………………………… 114
Chapter 9　Development report of Nantongmodern logistics industry
一、南通市物流业发展概况 ………………………………………………………… 114

Ⅰ Development situation on the logistics industry in Nantong
二、南通市物流业发展存在的问题 …… 115
Ⅱ Main problems of logistics industry in Nantong
三、南通市物流业发展思路 …… 117
Ⅲ Development strategies of logistics industry in Nantong

交通运输篇
Transportation Articles

第一章 江苏交通运输发展概况 …… 123
Chapter 1 Development situation of the transportation in Jiangsu Province
一、基础设施建设进一步完善，规模总量不断壮大 …… 123
Ⅰ Better infrastructure, and growing total size
二、城乡客运一体化格局基本形成，体系逐渐完善 …… 125
Ⅱ Integration pattern of urban and rural passenger transport basically formed, and residents travel more convenient
三、物流货运能力进一步提升，现代物流运输体系逐步形成 …… 125
Ⅲ Increasing cautiously freight capacity, and the modern transportation system gradually formed
四、多种运输方式统筹发展，综合交通网络布局和结构不断优化 …… 126
Ⅳ Integrated development of various transport modes, and comprehensive modern transport system beginning to take shape
五、信息化加快，交通智能化水平不断提高 …… 126
Ⅴ Integration of Information construction and industry development accelerating, and intelligent level gradually increased
六、资源节约型建设成效显著，可持续发展能力不断提升 …… 127
Ⅵ Resource-saving and environment-friendly construction progressing obviously, and sustainable development ability continuing to rise
第二章 江苏交通运输发展的动力 …… 128
Chapter 2 Development environment of the transportation in Jiangsu Province
一、"两个率先"发展战略，要求交通运输系统做出积极贡献 …… 128
Ⅰ "Two pioneers" development strategy requires transportation systems to provide strong support
二、技术不断进步，要求交通运输系统智能化水平进一步提升 …… 128
Ⅱ The modernization of technical equipment requires transportation systems to promote simultaneously
三、城乡一体化，要求优化交通资源配置 …… 129
Ⅲ The integration of urban and rural development and city requires transportation systems to play a role of guidance

四、提升综合竞争力，要求交通运输系统提高服务水平…………………………… 129
Ⅳ Enhancing comprehensive competitiveness requires transportation systems to improve the service level
五、社会和谐发展，要求交通运输系统应急保障能力进一步提高……………… 130
Ⅴ Harmounious development of the society requires transportation systems to improve Emergency safety level significantly
六、生态省的建设目标，要求交通运输系统注重资源节约……………………… 130
Ⅵ Achieving the construction of ecological province requires transportation systems to make a positive contribution
第三章 江苏交通运输发展的区域比较…………………………………………… 131
一、从北向南，公路路网密度逐渐增加、交通拥挤程度逐渐提高 ………………… 131
Ⅰ The density of road network and traffic congestion increases from north to south gradually
二、苏中、苏北的综合运输系统有待完善…………………………………………… 131
Ⅱ Integrated transport system needs to be improved in north and middle of Jiangsu Province
三、苏南、苏中的货物运输量较大…………………………………………………… 132
Ⅲ Greater demand for freight in south and middle of Jiangsu Province
四、苏南交通拥挤程度明显偏高 …………………………………………………… 132
Ⅳ Increasing traffic congestion in South of Jiangsu Province
五、苏北的管道密度有待增加，货物输送能力有待提高…………………………… 133
Ⅴ Pipeline capacity needs to be improved in north of Jiangsu Province
第四章 江苏交通运输与发达省市的比较………………………………………… 134
一、与上海市的交通运输能力比较 ………………………………………………… 134
Ⅰ Compared with Shanghai
二、与广东省的交通运输能力比较 ………………………………………………… 136
Ⅱ Compared with Guangdong
三、与浙江省的交通运输能力比较 ………………………………………………… 137
Ⅲ Compared with Zhejiang
第五章 江苏交通运输发展方向与重点…………………………………………… 140
一、江苏交通运输发展方向 ………………………………………………………… 140
Ⅰ Development direction of transportation in Jiangsu Province
二、江苏交通运输发展的重点 ……………………………………………………… 142
Ⅱ Development focus of transportation in Jiangsu Province

技术篇
Technology Articles

第一章　江苏物联网技术发展及应用概况………………………………………… 153
Chapter 1　Development and applications of Internet of Things technologies of Jiangsu
一、江苏省物联网产业发展概况 …………………………………………………… 153
Ⅰ　Brief introduction of Internet of Things industry of Jiangsu
二、物联网技术在江苏省物流业的应用及影响 …………………………………… 155
Ⅱ　Applications of Internet of Things technology in logistics industry in Jiangsu
三、江苏省物联网产业存在的问题 ………………………………………………… 159
Ⅲ　Problems of the Internet of Things industry of Jiangsu
第二章　江苏物联网产业发展的环境………………………………………………… 161
Chapter 2　Development environment of Internet of Things industry of Jiangsu
一、经济运行稳中有进，产业结构不断优化………………………………………… 161
Ⅰ　Economic situation keeps stable and progressing，industrial structure continually optimizes
二、物流需求稳中有增，运行效率继续提高………………………………………… 162
Ⅱ　Logistics demand increases steadily，operating efficiency continues to improve
三、各级政府高度重视，政策环境日趋完善………………………………………… 163
Ⅲ　The government pays great attention，policy environment improves gradually
四、电商物流蓬勃发展，产业发展空间广阔………………………………………… 164
Ⅳ　Booming E commerce logistics brings great opportunities for the Internet of Things industry
五、投入力度持续加大，基础设施显著改善………………………………………… 164
Ⅴ　Investment intensity increases continually，logistics infrastructure has improved significantly
第三章　江苏物联网产业发展的区域比较…………………………………………… 167
Chapter 3　Analysis of domestic Internet of Things industry development in Jiangsu
一、无锡市——江苏省物联网产业发展的核心区 ………………………………… 167
Ⅰ　Wuxi—Core area of Internet of Things industry of Jiangsu
二、苏州市——江苏省物联网产业发展的两大支撑性城市之一 ………………… 168
Ⅱ　Suzhou—One of the two supporting cities of Internet of Things industry of Jiangsu
三、南京市——江苏省物联网产业发展的两大支撑性城市之一 ………………… 169
Ⅲ　Nanjing—One of the two supporting cities of Internet of Things industry of Jiangsu
四、省内其他城市物联网产业发展情况 …………………………………………… 171
Ⅳ　The development of Internet of Things industry of other cities of Jiangsu

五、江苏省物联网产业发展的区域比较 …………………………………………… 173
Ⅴ Comparison of domestic Internet of Things industry development in Jiangsu
第四章 江苏物联网产业发展与发达省市的比较 ……………………………………… 175
Chapter 4 Analysis of the Internet of Things in Jiangsu compared with developed provinces
一、长三角及周边地区 ………………………………………………………………… 175
Ⅰ The Yangtze River Delta region and surrounding areas
二、珠三角地区 ……………………………………………………………………… 178
Ⅱ The Pearl River Delta region
三、环渤海地区 ……………………………………………………………………… 180
Ⅲ The Bohai rim region
四、中西部地区典型省市 ……………………………………………………………… 183
Ⅳ Typical provinces and cities in the central and western regions
五、江苏省物联网产业与国内其他省市的发展情况对比 ……………………………… 186
Ⅴ Comparison of the Internet of Things industry of Jiangsu and other developed provinces
第五章 江苏省物联网产业发展的展望与对策 ………………………………………… 189
Chapter 5 Prospect and countermeasures for the development of the Internet of Things industry in Jiangsu province
一、江苏省物联网产业面临的机遇和挑战 ……………………………………………… 189
Ⅰ Opportunities and challenges for the Internet of Things industry in Jiangsu province
二、江苏省物联网产业发展的对策建议 ………………………………………………… 190
Ⅱ Countermeasures and suggestions for the development of the Internet of Things industry in Jiangsu province

行业篇
Industries Articles

第一章 江苏省农产品冷链物流发展报告 ………………………………………………… 195
Chapter 1 Development report of cold chain logistics of agricultural products in Jiangsu Province
一、农产品冷链物流发展特点 ………………………………………………………… 195
Ⅰ Development features of cold chain logistics of agricultural products
二、农产品冷链物流发展的主要问题 ………………………………………………… 196
Ⅱ Main problems in cold chain logistics of agricultural products
三、农产品冷链物流发展对策措施 …………………………………………………… 198
Ⅲ Development trends in cold chain logistics of agricultural products

第二章　江苏省快递服务业发展报告 …… 203
Chapter 2　Development report of express service industry in Jiangsu Province
一、快递服务业发展特点 …… 203
Ⅰ　Development features of express service industry
二、快递服务业发展的主要问题 …… 204
Ⅱ　Main problems in express service industry
三、快递服务业发展对策措施 …… 205
Ⅲ　Development countermeasures in express service industry

政策篇
Policy Articles

财政部国家税务总局关于继续实施物流企业大宗商品仓储设施用地城镇土地使用税优惠政策的通知 …… 211
Notice of the Ministry of Finance and the State Administration of Taxation on continuing the implementation of preferential policies on land use tax on the land for commodity storage facilities in logistics enterprises
财税〔2015〕98号
Document No. 98 [2015] issues by the Chinese State Administration of Taxation
国家发展改革委关于开展现代物流创新发展城市试点工作的通知 …… 212
Notice of the national development and Reform Commission on carrying out the pilot work on the development of modern logistics
发改经贸〔2015〕2008号
Document No. 2008 [2015] issues by the Chinese National Development and Reform Commission
国务院办公厅关于加快推进重要产品追溯体系建设的意见 …… 217
Opinions of the general office of the State Council on accelerating the construction of traceability system for important products
国办发〔2015〕95号
Document No. 95 [2015] issues by the General Office of the State Council of the People's Republic of China
国务院关于积极推进"互联网+"行动的指导意见 …… 222
Guiding opinions of the State Council on promoting Internet+ action
国发〔2015〕40号
Document No. 95 [2015] issues by the State Council of the People's Republic of China
省政府办公厅关于加快绿色循环低碳交通运输发展的实施意见 …… 237
Suggestion on the Implementation of promoting the development of green circulation and low carbon transportation by the government office of Jiangsu province
苏政办发〔2015〕122号

Document No. 122 [2015] issues by the General Office of Jiangsu Provincial Government
省政府办公厅关于推动内贸流通健康发展促进消费的实施意见…………………………… 243
Suggestion on the Implementation ofpromoting the healthy development of domestic circulation to promote consumption by the government office of Jiangsu province
苏政办发〔2015〕43 号
Document No. 43 [2015] issues by the General Office of Jiangsu Provincial Government
关于印发《江苏省新农村现代流通及供销合作发展引导资金管理办法》的通知……… 249
Notice on the issuance of Jiangsu Province modern circulation and supply and Marketing Cooperative Development leading funds management method for new rural
苏财规〔2016〕8 号
Document No. 8 [2016] issues by the finance Department of Jiangsu Province
关于印发《江苏省粮食仓储物流设施建设专项资金管理办法》的通知…………………… 252
Notice on the issuance of Jiangsu Provincegrain storage and logistics facilities special funds management method
苏财规〔2015〕10 号
Document No. 10 [2015] issues by the finance Department of Jiangsu Province

数据篇
Data Articles

2015 年江苏物流发展状态指标 ………………………………………………………… 259
Logistics development of Jiangsu in 2015
2015 年江苏物流指数 ………………………………………………………………… 260
Logistics Index in Jiangsu in 2015
2011—2015 年江苏交通运输基本情况指标 …………………………………………… 261
Basic conditions of transport in Jiangsu ，2011—2015
2015 年全国主要省市交通运输、仓储和邮政业就业人员数 ………………………… 262
Number of employed persons in transport，storage and post in major provinces and cities in 2015
2015 年全国主要省市货运量和货运周转量 …………………………………………… 263
Freight traffic and freightton-kilometers in major provinces and cities in 2015
2015 年全国主要省市交通设施基本情况指标 ………………………………………… 264
Basic conditions of traffic facilities in major provinces and cities in 2015
2015 年全国主要省市邮电快递业务基本情况 ………………………………………… 265
Business volume of postal and telecommunication services and express servicesin major provinces and cities in 2015
2015 年全国主要省市企业信息化及电子商务情况 …………………………………… 266
Basic conditions of enterprise informationization and EC in major provinces and cities in 2015

综合篇

第一章　江苏省物流业发展概况

"十二五"期间，江苏省交通基础设施建设规划总投资约 5 000 亿元，物流业增加值同比增长超过 8%，其中 2015 年，江苏省物流社会总额达到 230 955 亿元，工业品物流总额占物流社会总额的比重为 81.8%，在物流业的发展中走在了全国前列。总体上，经过"十二五"时期的发展，江苏省物流业呈现出产业规模持续扩大、基础设施逐步完善、物流园区建设渐成体系、重点项目建设成果不断涌现的良好局面，物流业对于经济的推动作用不断增强，物流业的发展进入了一个新的时期。

一、物流行业平稳增长，进入新的发展阶段

（一）物流总额增速回落

2015 年全省社会物流总额达 230 955 亿元，同比增长 8.1%，总体达到《江苏省"十二五"物流业发展规划》的要求。在整个"十二五"期间，江苏省社会物流总额从 2011 年的 149 918.9 亿元增加到 2015 年的 230 955 亿元，年均增长 11.4%，全省社会物流总额一直保持增长态势，但平均增幅低于"十一五"期间年均 16.9%的增幅。

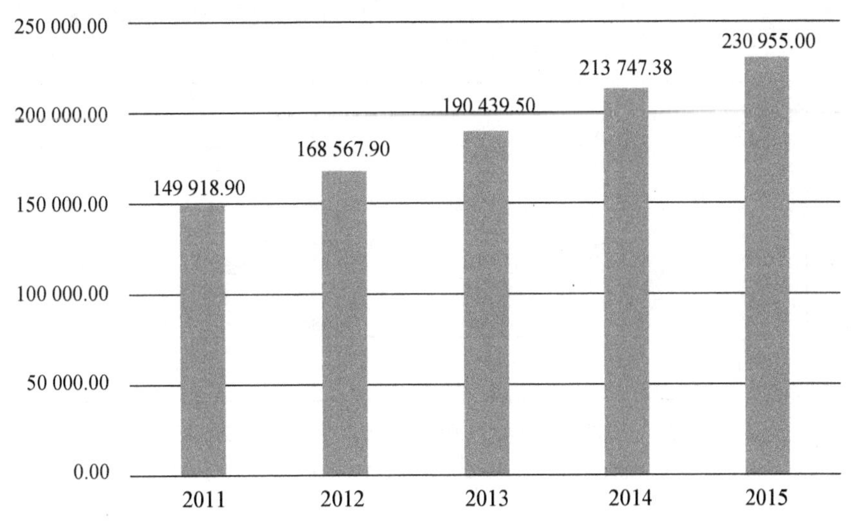

资料来源：根据《江苏统计年鉴》(2012—2016)和 2016 年江苏省国民经济和社会发展统计公报中的数据整理而得。

图 1.1　2011—2015 年江苏省社会物流总额(亿元)

其中，工业品物流总额、进口物流总额、农产品物流总额、外省市商品购进额、单位与居民物品物流总额、再生资源物流总额分别占江苏省社会物流总额的 81.8%、5.6%、1.2%、11.0%、0.2%和 0.2%，工业品物流总额占据绝对比重。在物流总额的构成中，工

业品物流总额占据重要份额的态势在“十二五”期间没有发生改变。

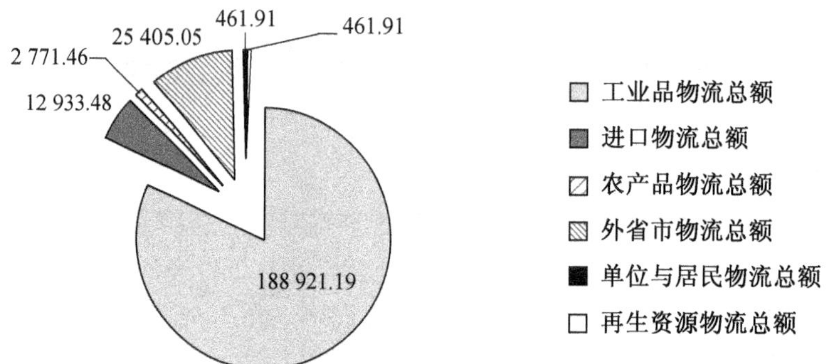

资料来源:根据 2016 年江苏省国民经济和社会发展统计公报中的数据整理而得。

图 1.2　2015 年江苏省物流费用总额构成(亿元)

(二) 物流需求稳步提升

从物流需求系数来看,2006 年以来,江苏物流需求指数呈现稳步增长态势(见图 1.3),需求系数从 2006 年的 2.89 增长到 2015 年的 3.29,并在 2015 年达到最高值。从中可以看出江苏省的物流需求指数在“十二五”期间一直保持增长态势,社会经济发展对于物流的需求稳步提升,物流业在经济发展中的活跃度逐渐提高。

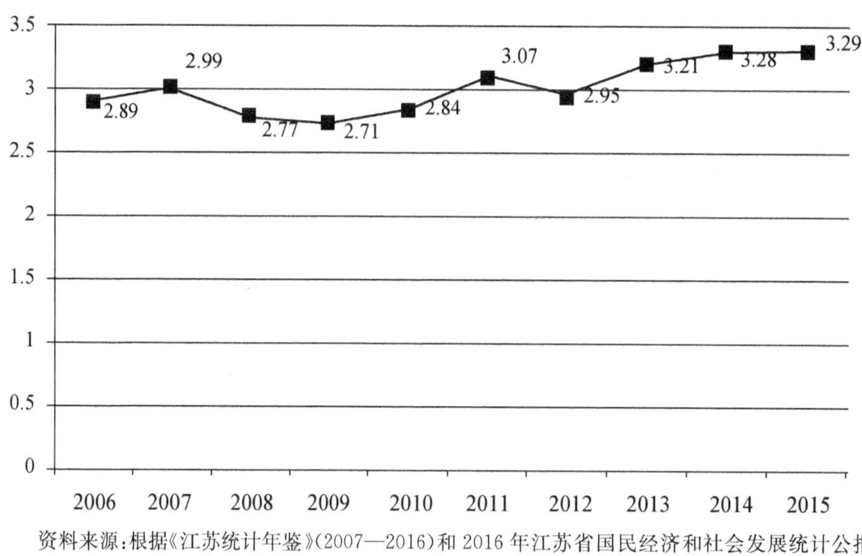

资料来源:根据《江苏统计年鉴》(2007—2016)和 2016 年江苏省国民经济和社会发展统计公报中的数据整理而得。

图 1.3　2006—2015 年江苏省物流需求系数变化趋势

“十二五”期间,江苏省物流业增加值年均增长 10.5%,占 GDP 的比重累计提高了 0.2 个百分点,占服务业的比重累计下降了 2.1 个百分点。其中,2015 年,全省物流业增加值实现 4 720 亿元,按可比价格计算同比增长 8.8%,占全省 GDP 的比重为 6.7%,占全省服务业增加值的比重为 13.8%。

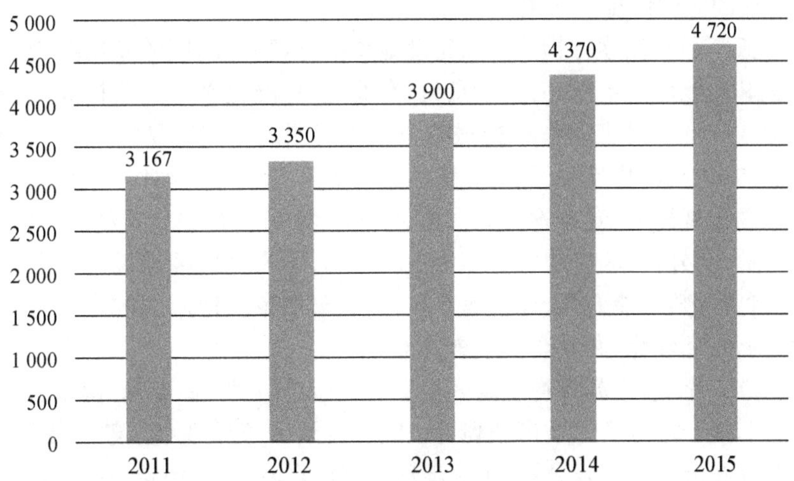

资料来源：根据《江苏统计年鉴》(2012—2016)和2016年江苏省国民经济和社会发展统计公报中的数据整理而得。

图1.4　2011—2015年江苏省物流业增加值(亿元)

(三) 运行效率持续提高

到2015年，全省物流需求稳中有增，运行效率继续提高。全省社会物流总费用10 412亿元，同比增长5.4%。其中，运输费用、保管费用、管理费用分别占51.9%、37.6%和10.5%。社会物流总费用与GDP的比率为14.8%，比去年底下降0.3个百分点。“十二五”期间，社会物流总费用年均增长8.5%，社会物流总费用与GDP的比率累计下降0.7个百分点，物流业的效率有了明显改善。

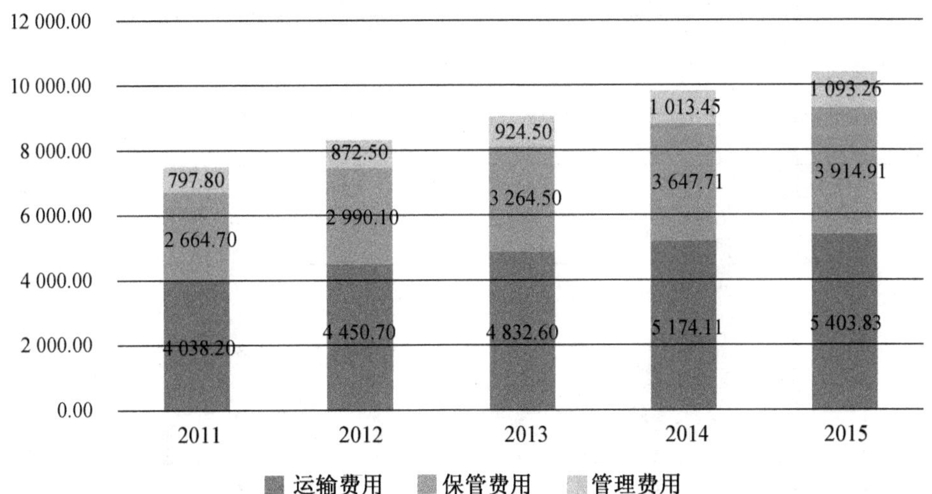

资料来源：根据《江苏统计年鉴》(2012—2016)和2016年江苏省国民经济和社会发展统计公报中的数据整理而得。

图1.5　2011—2015年江苏省物流总费用变化图(亿元)

(四)物流园区建设稳步推进

在"十二五"期间,江苏省物流园区建设稳步推进,物流园区的布局更为合理,功能逐步扩展,设施和功能建设不断完善,信息化、专业化、标准化水平显著提高,运营管理能力明显增强,形成一批辐射带动作用较强的省级物流园区。农产品物流园区、汽车物流园区、钢铁物流园区、医药物流园区、电商快递园区等具有示范带动作用的专业物流园区产业特色明显、物流规模大、专业物流能力强、行业配套功能全,对行业物流发展具有明显的示范带动作用。此外,江苏省建成了苏州物流中心、苏州高新区保税物流中心、无锡西站物流园等一批资源整合能力强、运营效率高、区域辐射带动作用大的重点物流园区,成为物流产业集约化、规模化、专业化发展重要平台。

截止到2015年底,江苏省物流园区初步形成"四核五带"的格局,南京、无锡、徐州、苏州、南通、泰州、连云港等7个城市被列为一级物流园区布局城市。苏州传化公路港物流有限公司、苏州物流中心有限公司、张家港玖隆钢铁物流园、昆山宝湾国际物流园、无锡西站物流园区、中储发展股份有限公司无锡物流中心被评为中国物流与采购联合会评为2015年度优秀物流园区。截止到2015年底,全省拥有15家左右年经营收入超100亿元的物流园区,多个物流园区成为在全国具有影响力的示范物流园区。

在快速发展的同时,一些深层次的问题也亟待解决,一些长期制约物流园区建设的问题在"十二五"期间没有得到很好的解决。一是制约园区建设和发展的土地、投融资、财税等问题较为突出,园区的建设标准、评价体系等基础工作需进一步加强,物流园区发展的外部环境需要改善。二是缺乏整体的统筹规划,各地级市物流园区的定位重合严重,错位发展的良好氛围没有形成,盲目投资、低水平重复建设现象仍然存在,同质化竞争现象较为普遍,建设发展有待规范。三是物流园区的管理和运作方式粗放,整体效率与效益不高;公共服务平台建设滞后,设施共用、信息共享机制尚未形成,物流园区的服务功能较为

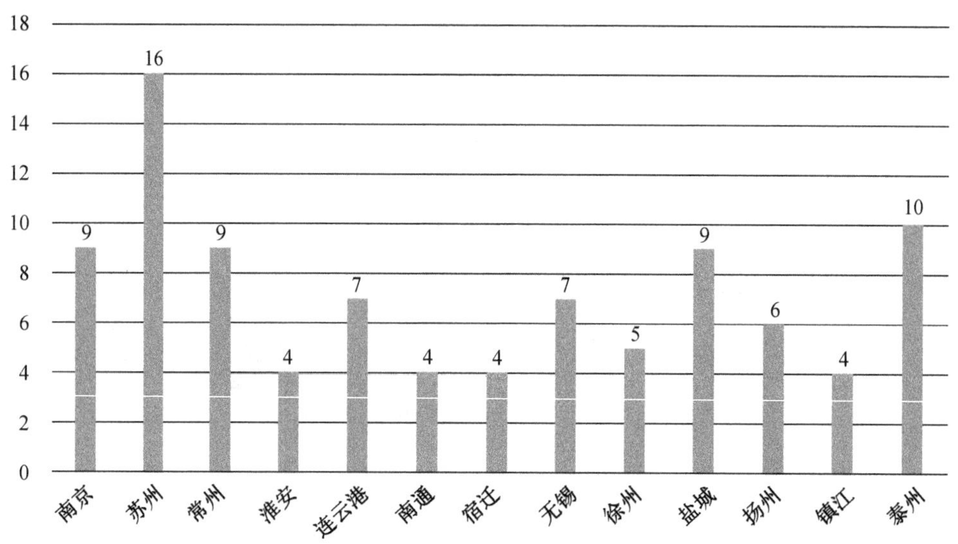

资料来源:根据《江苏统计年鉴》(2012—2016)和2016年江苏省国民经济和社会发展统计公报中的数据整理而得。

图1.6 2015年江苏省个地级市物流园区已建及在建图(个)

单一，增值服务和配套服务能力有待提升；部分物流设施建设与技术装备落后，标准化程度和信息化水平较低，综合服务能力有待加强。

二、基础设施不断完善，通行环境持续优化

“十二五”期间，江苏省交通基础设施建设规划总投资约 5 000 亿元，比“十一五”增加约 40%，平均每年 1 000 亿元，涉及项目众多。沪宁铁路、沪宁高速公路、禄口机场、苏南机场、奔牛机场等交通基础设施的建设，以及包括沿江高速公路、宁启铁路、南京港、镇江港、扬州港、江阴港、泰州港、苏州港、南通港等交通基础设施的沿江交通线，连江通海的区位优势和临港产业集聚的优势都为物流业的发展奠定了坚实的基础。铁路营业里程、公路通车里程、内河航道里程、输油管道里程、公路桥梁和港口建设都取得了长足进步，为物流业的快速发展打下了坚实基础。

在铁路营业里程方面，“十二五”期间江苏省的铁路运行环境不断改善，铁路里程持续延长。特别是 2013 年和 2015 年，铁路里程的增长幅度明显加大，2011 年的铁路里程为 2 348 公里，到 2015 年则为 2 679 公里，增幅为 14.1%。

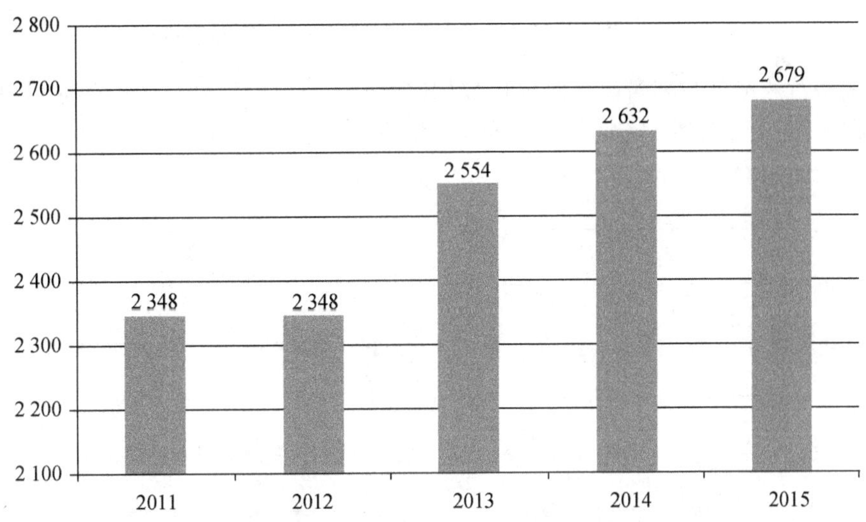

资料来源：根据《江苏统计年鉴》(2012—2016)和 2016 年江苏省国民经济和社会发展统计公报中的数据整理而得。

图 1.7　2011—2015 年江苏省铁路营业里程(公里)

在高速公路建设上，江苏省高速公路里程数同样在持续发力，从 2011 年的 4 122 公里到 2015 年的 4 539 公里，增加 10.1%，高速公路使城乡之间、地区之间的连接更加紧密，为物流业的发展创造了良好的外部条件。

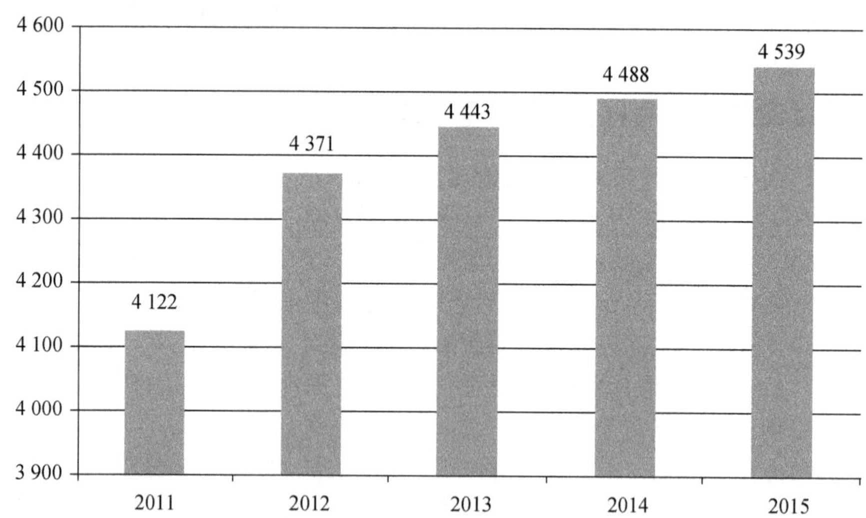

资料来源:根据《江苏统计年鉴》(2012—2016)和2016年江苏省国民经济和社会发展统计公报中的数据整理而得。

图1.8　2011年—2015年江苏省高数公路里程数(公里)

与铁路营业里程数和高速公路里程数相比,"十二五"期间,江苏省内河航道里程数大体维持在24 270公里到24 300公里之间,变化不大,在2015年虽然有所下降,但是降幅仅仅约为3%,总的来看,降幅不大。

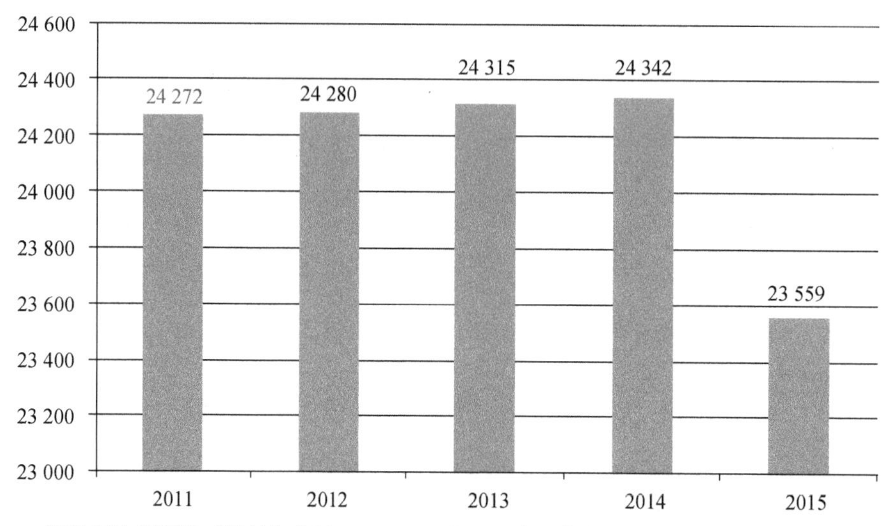

资料来源:根据《江苏统计年鉴》(2012—2016)和2016年江苏省国民经济和社会发展统计公报中的数据整理而得。

图1.9　2011—2015年江苏省内河航道里程(公里)

2015年,港口货物吞吐量为233 289万吨,比2011年增长30%。江苏省港口吞吐量在一定范围内稳步上升(见图1.10),从2013年开始,江苏省港口货物吞吐量均已超过210 000万吨,港口物流对于物流业的推动发展作用日益重要。

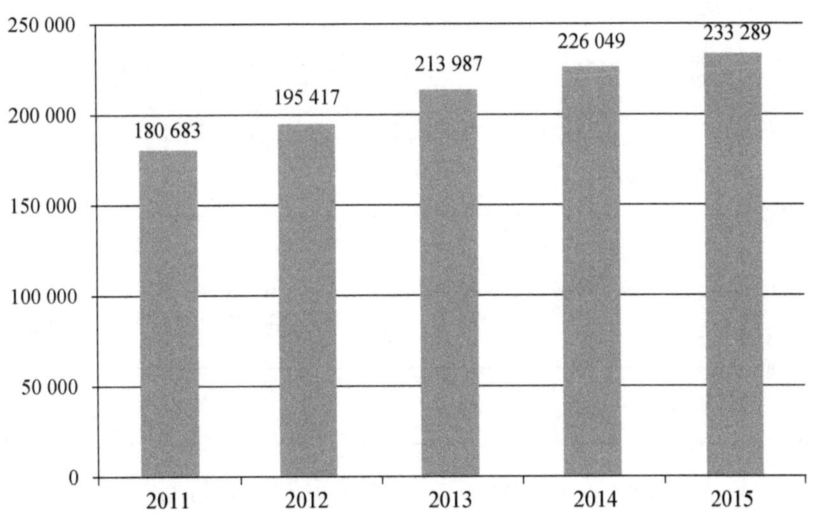

资料来源：根据《江苏统计年鉴》(2012—2016)和2016年江苏省国民经济和社会发展统计公报中的数据整理而得。

图 1.10　2011—2015 年江苏省港口货物吞吐量(万吨)

在客运量方面，"十二五"期间，江苏省客运量总体呈现下降趋势，2011 年和 2012 年都在 250 000 亿人公里左右，但是在 2013—2015 年下降到 150 000 亿人公里，降幅较大。但不同运输方式有较大差别，其中，水路运输量增幅最大，到 2015 年已经达到 2 392 亿人公里，民用航空也在缓慢增长。

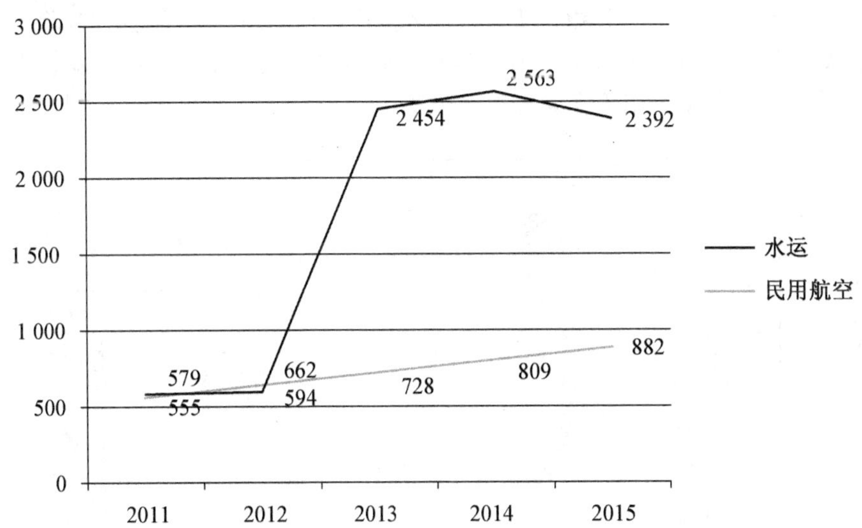

资料来源：根据《江苏统计年鉴》(2012—2016)和2016年江苏省国民经济和社会发展统计公报中的数据整理而得。

图 1.11　2011—2015 年江苏省水运、航空客运量(亿人公里)

公路整体运输量依然占据绝对优势，2015 年占客运总量的 87%，但从整个"十二五"期间看，却有明显的跌幅，跌幅高达 42%。与此同时，铁路客运量稳步提升，与 2011 年相比,增加了 5 518 亿人公里。

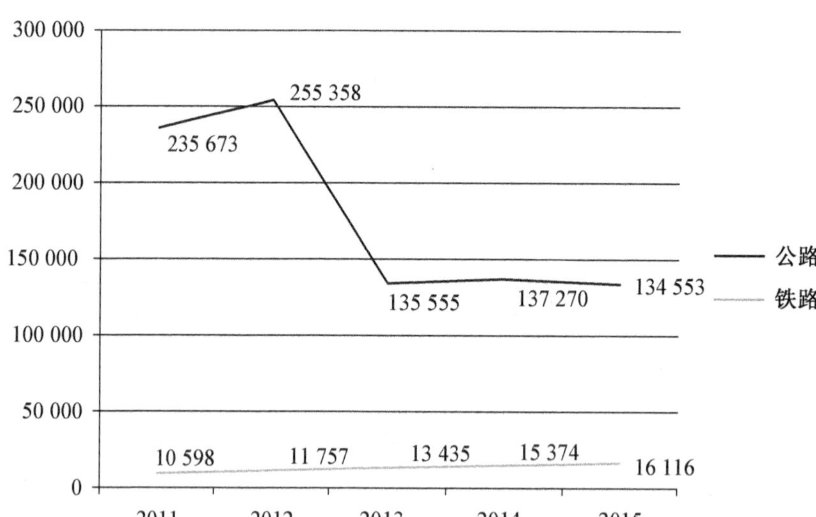

资料来源:根据《江苏统计年鉴》(2012—2016)和 2016 年江苏省国民经济和社会发展统计公报中的数据整理而得。

图 1.12　2011—2015 年江苏省公路、铁路客运量(亿人公里)

通过以上的分析可以看出,"十二五"期间,江苏省客运方式在发生变化,公路运输比重虽一直高居榜首,但降幅明显。水运和民用航空的作用正在日益变大,扮演了更为重要的角色。

与客运量相比,"十二五"期间,江苏省货运量保持在 211 641 万吨左右,除 2013 年以外,货运总量整体维持在 210 000 万吨。但是不同运输方式占比的变化幅度较大,不同运输方式对物流业的推动作用正在发生悄然改变。

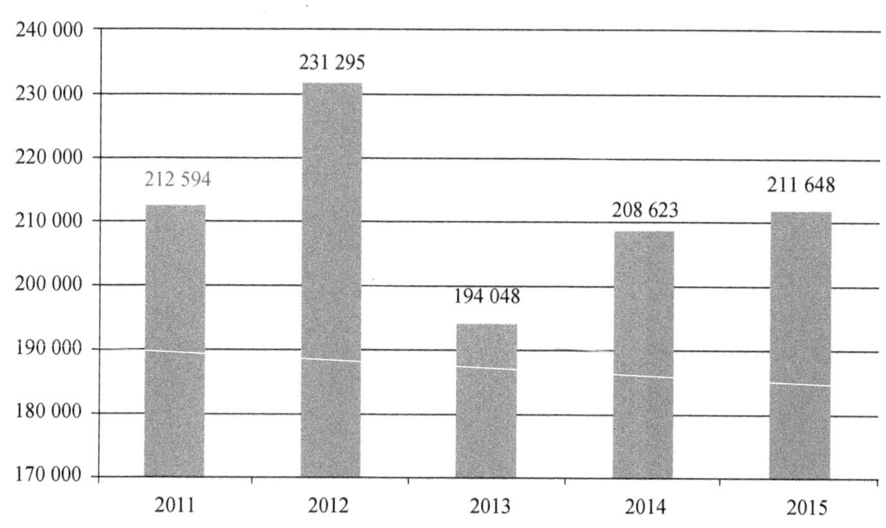

资料来源:根据《江苏统计年鉴》(2012—2016)和 2016 年江苏省国民经济和社会发展统计公报中的数据整理而得。

图 1.13　2011—2015 年江苏省货运量(万吨)

其中，公路运输量占据绝对优势，2015 年为 113 351 万吨，但占比持续下降，2011 年占总运输量的比例为 66.23%，2012 年、2013 年和 2014 年占比分别为 66.4%、53.45%和 54.8%，到 2015 年占比为 53.6%。和公路运输的下降趋势相比，水路运输一直保持着增长的趋势，2015 年的货运量为 80 343 万吨，比 2011 年增加 48.7%。

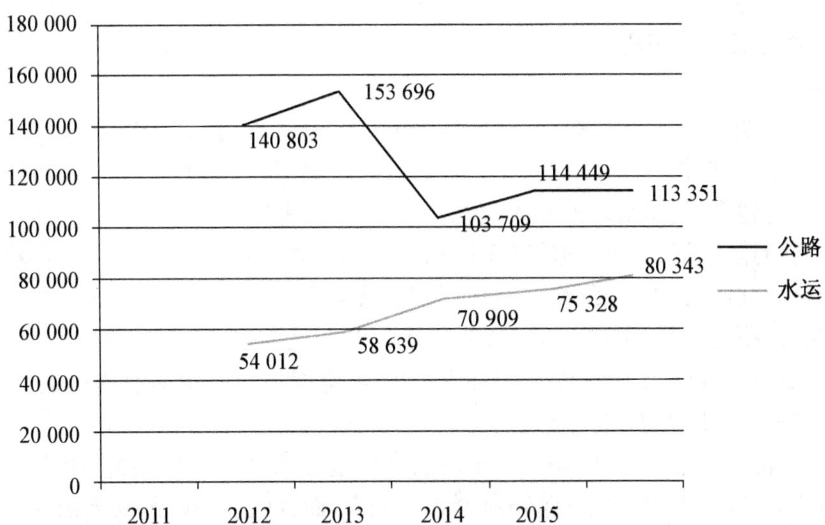

资料来源：根据《江苏统计年鉴》(2012—2016)和 2016 年江苏省国民经济和社会发展统计公报中的数据整理而得。

图 1.14　2011—2015 年江苏省公路、水运货运量(万吨)

长期以来，江苏省铁路货运量一直占据比较低的比重，“十二五”期间，这一现象有所加剧。从 2011 年的 7 282 万吨到 2015 年的 5 066 万吨，总量下降 2 216 万吨，降幅达到30.4%。管道运输的方式较为特殊，整体变化不大，从 2013 年到 2015 年的态势非常稳定。

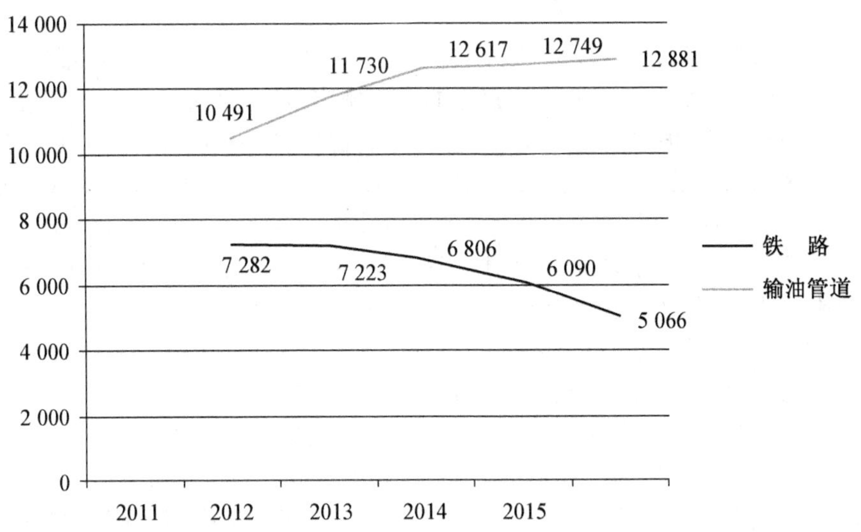

资料来源：根据《江苏统计年鉴》(2012—2016)和 2016 年江苏省国民经济和社会发展统计公报中的数据整理而得。

图 1.15　2011—2015 年江苏省铁路、管道货运量(万吨)

三、物流枢纽城市与物流体系建设取得新进展

根据《江苏省"十二五"物流业发展规划》的要求,到2015年,江苏省应初步形成以南京、苏锡常、徐州和连云港为核心,港口物流体系、保税物流体系、工业物流体系、商贸物流体系协调发展的物流体系。

(一)物流枢纽城市建设

1. 南京

"十二五"期间,南京市依托长江经济带的优势,持续推进长江航运物流中心、南京综合保税区、溧水空港物流园、江北化工物流园、滨江钢铁物流园和七坝物流园等重点物流项目的引进与建设,使得南京的物流业在环境上和规模上有了很大改善。到2015年,南京市已经初步建成设施完善、功能齐全的长江国际航运中心、国际航空货运中心,全市物流业增加值800亿元,港口货物吞吐量3亿吨、集装箱吞吐量400万标箱;航空货邮吞吐量55万吨;铁路货运量5 000万吨;公路货运量2.5亿吨,全市物流业增加值655.72亿元,按可比价格计算增长8.41%,物流业增加值占全市服务业增加值的比重为11.77%,进入全国物流业发展先进城市行列。

此外,宁杭高铁的开通,使得长三角地区高铁金三角真正实现闭合,南京不仅成为南京都市圈核心城市,也成为长三角物流圈中心城市,而且处在中西部物流圈的交汇点。内河第一大港的南京港在码头运营、航运物流、港机制造和工程建设等方面继续在长江航运物流集团中扮演领先者的角色,同时南京拥有高度密集发达的高速公路网络,其物流枢纽地位逐渐形成。

2. 苏锡常

和南京类似,苏锡常地区的区位优势同样明显,苏锡常地处我国长三角地区城市圈密集带,其经济发展速度长期位列江苏省前茅,江苏省经济发展的各项指标也同样居于全国领先水平。

苏州地处长江三角洲腹地,位于中国沿海经济开放带与长江经济发展带的交汇处,是沟通苏北、江浙的交通走廊,是距上海最近的中心城市,是上海面向内地辐射的重要交通节点,区位优势显著。沪宁高速、沿江高速及苏嘉杭高速均经过苏州,距上海虹桥机场不足80公里,离浦东机场135公里,到吴淞港口100公里,具有建设区域性物流中心的基础条件。"十二五"时期,苏州市物流业总体规模持续扩大,物流业增加值比2010年翻一番以上,2015年达600亿元。物流产业体系逐步完善。形成以港口物流和保税物流为龙头,IT物流、商贸物流、城乡配送物流等为重点,其他专业物流协调发展的现代物流产业体系。同时,至2015年,苏州港货物通过能力达到4.5亿吨,集装箱吞吐量达到800万吨。物流龙头企业培育取得明显成效,形成了一批国内具有较大影响力的服务品牌。A级物流企业在江苏省名列前茅,营业收入过亿元以上的物流企业达到50家。

与此同时,"十二五"期间,常州市货运物流转型步伐加快。交通运输、仓储和邮政业增加值占服务业比重较"十一五"末增加6个百分点,常州市公路、水路货运量和货运周转量较"十一五"分别增长50.02%、123.5%。此外,建成5A级物流企业两家、部级货运枢纽1家、省级交通物流基地11家、省级农村物流示范点9家、城市物流配送点350个,基

本形成“物流园区—物流中心—配送中心”三级物流配送体系。截至目前，常州市拥有100辆以上货车的物流企业达44家。常州港外贸货物吞吐量和集装箱吞吐量、常州机场货邮吞吐量都较“十一五”有了大幅增长。

3. 徐州

作为淮海经济区核心城市，物流产业是徐州市重点发展的千亿元产业之一，也是徐州市委、市政府重点打造的“淮海经济区八大中心”之一。到2015年，徐州市已经形成了以制造业物流为龙头，城乡配送物流、专业市场物流、铁路物流、航空物流、港口物流、城市经济(生活)安全保障专业物流为配套的现代物流产业体系。工程机械、煤炭、冷链、医药、烟草、农副产品等专业物流快速发展，雨润全球农副产品采购中心、美的安得物流、必康新医药物流、亿吨大港、杭州易斯通公路港在内的一批国内外知名物流企业和重大项目先后在徐州落户，全市物流业正在由传统向现代转变。此外，徐州市充分发挥信息化对物流产业的引领作用，加快大成物流、金驹物流等物流园区的平台化建设与整合，打造电商物流“仓储＋配送＋系统”为一体的供应链服务平台。

在“一带一路”政策推动下，徐州市强化位于四省物流通道和新丝路经济带交叉点的区位优势，在互融互通上做连接点、转承点、分拨点的大文章。国家层面，主动对接中西部五省丝绸之路经济带沿线城市，全力打造新亚欧大陆桥东部的国家一级综合物流枢纽城市。

4. 连云港

连云港作为陆上丝绸之路和海上丝绸之路的交汇中转点，是“一带一路”最为直接的枢纽，相邻城市虽然也坐落在“一带一路”交汇的宏观区位上，但其节点中心度与重要性显然不如连云港。因此，在国家交通物流建设中，以连云港作为桥头堡的新亚欧大陆桥是国家高铁布局的主干线。同时，从高铁的开通情况来看，相比邻近的其他城市，四条高铁线路的开通使得连云港成为区域交通可达性改善的最大获益者。此外，随着盐河、疏港航道等的改造扩能，连云港将一改高等级航道较少、干支线航道成网络运行的水平较低、未能形成立体高效航运网的现状，大大提升多式联运能力。

中韩陆海联运列为全国试点。赣榆、徐圩港区实现临时开放，白塔埠机场获批一类开放口岸。与新加坡国际港务、巴西淡水河谷开展全面战略合作，新开通加密38条近远洋航线。海铁联运开通至霍尔果斯、西宁等国内班列，连新亚、连新欧班列开通运营。在淮安、洛阳等地设立“无水港”9个。港口吞吐量、集装箱运量分别达2.1亿吨、501万标箱，承担了全国50%、中亚国家60%以上的大陆桥过境运输业务，海铁联运成为连云港的重要国际品牌。组合大港基本形成，建成30万吨级深水航道一期工程，赣榆、灌河、徐圩两翼港区开港运营，综合通过能力达到1.6亿吨，为“十一五”末的1.5倍。新改建国省干线公路近500公里，总里程实现翻番，连盐、连淮扬镇、连青铁路开工建设，徐连高铁列入中铁总公司年度开工计划，疏港航道、盐河航道建成通航，实现千吨级船舶直通京杭大运河。新机场建设取得重要进展。电网建设完成固定资产投资93亿元，较“十一五”增长72.2%。这些为港城发展提供了有力保障。

连云港在“一带一路”国家战略的带动下，港口与物流园区建设开始了新征程，目前连云港已经形成铁、公、水四通八达的立体化、现代化的交通网络，具备一定的物流承载和运输能力,多式联运网络完善过程中的后发优势明显。

(二)物流体系建设

1. 港口物流体系

江苏是我国经济比较发达的地区之一,其优越的地理环境决定着江苏港口物流的发展,江苏四周临近水域,有东海与长江重要水域流经。在海岸线与运河方面,江苏拥有的海岸线与运河长达数千米,而且内河航道达数万公里,海航线、运河以及河道决定了江苏港口物流发展的天然优势。在天然优势的引导下,物流港口建设已经取得了一定进步。截至2015年底,江苏港口物流业成为江苏经济的发展支柱,江苏港口的建立已经日趋完善。在泊位方面,江苏港拥有万吨级以上泊位超过300个;在港口方面,江苏已经拥有连云港、南京、镇江、南通、张家港等5个主要的沿海港口和无锡、徐州两个内河港口;在码头方面,拥有深水码头114个。另外,江苏省港口服务能力不断提高,江苏省政府大力强调"推进港口物流服务水平",加快推进长江—南京水深工程。到目前为止,12.5米深度的工程维护长江航道已通过南京,南京—长江延长线的水深工程已经取得了一定成就,可以通过3万吨级船舶,并达到5万吨级海轮在遇潮的情况下通行的要求。长江—太仓13.5米深水航道工程也已开始修建,可以保证6万吨以上的超大型集装箱进出太仓港。

2. 保税物流体系

截至2015年,全省共有海关特殊监管区域19个,其中保税港区1个,综合保税区9个,出口加工区9个。此外,全省还设有江阴、徐州、连云港3个保税物流中心(B型),是全国海关特殊监管区域数量最多、功能最全、发展最好的省份之一。张家港保税港区沿江成为第一个自由贸易港区。苏州物流中心、张家港保税物流园区、无锡高新物流中心、苏州高新区保税物流中心、中外运高新物流、吴江开发区物流中心、宜兴旺达物流中心、连云港保税物流中心、常州嘉迅保税物流中心等在开展保税存储、简单加工和增值服务、全球采购和国际分拨配送、转口贸易和国际中转及经海关批准的保税商品展示、直营、跨境电子商务等其他保税物流业务方面发挥了巨大作用,对于提升江苏省对外开放水平,加快物流业发展具有十分重要的支撑和推进作用。

3. 工业物流体系

在工业物流体系建设方面,张家港已成为中国东部最大的木材运输中心和销售中心,常熟港正逐步成为中国最大的钢材集散中心。泰州医药高新技术产业园物流基地、叠石桥物流园区、亚邦医药物流基地、扬州长江石化物流中心、湖塘纺织物流园、扬子江冶金物流中心、淮通物流园、江阴—靖江工业园区物流园区、邹区灯具物流中心、惠龙港国际钢铁物流基地、南通沿海洋口港LNG石化物流基地等在不同领域发挥着重要作用。江苏省的工业物流体系涵盖范围更广,层次更深,全方位、宽领域、多层次的工业物流体系初步建成。

另外,长江南京国际航运和物流中心,江南江北化工物流基地建设目前正在建设期间。

4. 商贸物流体系

"十二五"期间,江苏省在商贸物流综合信息服务平台、标准托盘共用体系、城市共同配送、智慧物流配送等商贸物流项目建设上取得显著进步,招商局物流集团南京有限公司、江苏苏宁物流有限公司、中储南京智慧物流科技有限公司、江苏宏坤供应链管理有限公司、常州易呼通物流科技有限公司、江苏凤凰出版传媒股份有限公司、苏州新宁物流有限公司、江苏门对门网络科技股份有限公司、南京医药(淮安)天颐有限公司、江苏雅仕保鲜产业有限公司、徐州医药股份有限公司在商贸物流综合信息服务平台、标准托盘共用体系、城市共同配送、智慧物流配送等领域在全国范围内也已产生了广泛的影响。

四、物流市场逐渐完善,市场主体不断壮大

为推动物流业健康发展,贯彻落实国家物流业中长期发展规划和三年行动计划,江苏省委、省政府、各个职能部门以及各地级市纷纷出台指导意见,努力营造良好的物流从业环境,推动物流业市场不断有序发展和完善。2015 年,省经信委适时组织了全省现代物流工作联席会议,密切各职能部门的联系配合,加强顶层设计,强化规划引导,完善政策措施,提出了江苏智慧物流发展的基本思路、主要目标、重点方向和任务举措。计划围绕重点地区和重点行业,扶持和推进一批智能物流运营网络中心、管理调度中心、物流配送中心和公共信息平台等应用示范项目建设,为全省智慧物流建设做好典型示范,提升对重点制造业创新智造的支撑和保障。

2015 年,161 家省重点物流企业年平均物流业务收入为 30 947 万元,同比增长 8.2%;平均业务成本为 28 964 万元,同比增长 9.4%;平均业务利润额为 2 217 万元,同比增长 5.9%,利润率为 7.7%;平均缴纳税金为 269 万元,同比下降 4.0%。7 家企业出现亏损,亏损面为 4.3%。全省物流业景气指数(LPI)平均值为 54%,反映物流经营活动比较活跃,物流经济运行总体平稳。此外,继续组织了省级重点物流企业、省级物流企业技术中心认定工作,引导扶持一批综合能力较强、行业影响较大的第三方物流企业上规模、上水平。新认定省级重点物流企业 21 家、省级物流企业技术中心 4 家,国家 4A 级以上物流企业达到 161 家,位列全国第一。

五、重点工程建设有序展开

物流园区工程、城乡配送工程、物流金融工程、物流公共信息平台工程和物联网物流应用示范工程是《江苏省“十二五”物流业发展规划》的重点工程,经过 5 年的发展,五个工程纷纷取得了可喜成就,为江苏省物流业的发展注入了新动力。

(一) 城乡配送工程

在城乡配送工程建设上,江苏省修改完善了《农村物流示范点申报条件》,建立农村物流站点项目库,大力开展农村交通物流示范点认定工作,并开展江苏省交通物流公共信息服务平台建设,完成公共信息服务平台应用功能的设计和部分开发工作。江苏交通引导与城市配送企业、快递企业等关联领域的合作,推进城乡物流一体化。扬州市推进社区物流发展,创新设立直供点门店模式,拓展便民服务功能,建立城市配送车辆投放机制。无锡市出台《关于加快城市配送发展的实施意见》。苏州市指导苏州城市货的公司和邮政快递行业开展共同配送工作。常州市鼓励运输企业结合电商业务发展城市配送。

江苏省完善配送节点功能和布局,加大公用型城市配送节点建设扶持力度,鼓励货运枢纽站场升级完善城市配送功能。加强部门协作,研究制定城市配送运输与车辆通行管理政策,开展城市配送试点示范工作,改进城市配送管理模式,鼓励发展共同配送,推动城

市配送车辆标准化、厢式化发展。深化农村物流示范工作，逐步整合农村客运站、邮政快递、供销网络和服务优势，江苏交通积极推进县、乡、村农村物流配送网络体系建设，加强县级城乡物流中心基地建设，提升农村物流示范点与城市对接能力，加快推进城乡物流一体化发展。

省邮政企业与省内重点农资生产企业和大型农资连锁企业开展战略合作，为“万村千乡市场工程”承办企业和农家店提供物流服务。邮政企业依托农村客货运站场设施，拓展邮政物流受理配送网点，依托交通运输平台发展仓储和配送业务，共同推动全省农村市场流通体系建设。

涌现出了如国药控股江苏有限公司、江苏省苏食肉品有限公司、江苏华商物流服务有限公司、江苏苏汽国际物流集团有限公司、镇江农副产品批发市场有限公司、江苏康生药业有限公司江苏中运物流集团有限公司、连云港市天缘食品有限公司、宿迁罗智物流有限公司等先进的物流企业。

(二) 物流金融工程、物流公共信息平台工程和物联网物流应用示范工程

江苏物流金融工程、物流公共信息平台工程和物联网物流应用示范工程也在有序推进。大型物流企业集团 ERP 研发、中电科技高端物流电子商务平台、南京钢铁交易数码港、东来综合物流信息系统、龙潭物流信息化平台、顺源 TOM 定单管理系统等项目顺利实施运行，取得了一系列经营成果，推动了江苏省物流业的转型升级和快速发展。

江苏省民政综合业务信息平台、畅游江苏大数据监测与分析平台、“互联网＋云数据”智慧政企创新平台项目等投入使用，初步形成了以无锡为核心、苏州和南京为支撑的物联网产业聚集区，江苏省数所高校开设了与物联网有关的专业。而南京全力打造物联网世界，成立了物联网产业联盟、物联网产业研究院、物联网技术与应用研究院，开通了物联网产业联盟网站，明确了物联网产业的发展重点，命名了一批物联网应用和服务示范园，出台了相关的扶持政策。

六、区域发展更加协调，由南向北转移趋势日趋明显

江苏省辖 13 个地级市，按照相近的地理位置和相似经济发展水平又将这 13 个地级市分为苏南、苏中、苏北三个区域，苏南包括南京、镇江、苏州、无锡、常州五个地级市，苏中包括扬州、泰州和南通三个地级市，另外的徐州、淮安、连云港、盐城、宿迁五个地级市被划为苏北地区。三个区域的经济发展状况和物流竞争力水平各不相同。

(一) 苏南地区

苏南地区包括南京、苏州、无锡、常州、镇江五个地级市，总面积 27 872 平方公里，占江苏省土地总面积 27.17%。苏南是江苏经济最为发达的区域，也是中国经济发展最快的区域之一，城镇化率超过 70%，所有县(市)都进入全国综合实力百强县行列，其中 7 个县(市)进入前十。雄厚的经济实力为区域物流竞争力的提升打下了良好基础条件，交通体系发达，拥有堪称“黄金水道”的长江航运这个特殊的物流资源，为苏南地区提高物流竞争力提供了良好的基础条件。

以南京为例，2015 年，南京市社会物流总额为 27 787.52 亿元，同比增长 7.96%。其中工业品物流总额 15 600.05 亿元，同比增长 7.19%，占社会物流总额的 56.14%；进口

货物物流总额 1 355.36 亿元，同比下降 10.28%，占社会物流总额的 4.88%；农产品物流总额 199.33 亿元，同比增长 8.29%，占社会物流总额的 0.72%；外省市商品购进额 10 476.99 亿元，同比增长 11.68%，占社会物流总额的 37.70%；其他为 155.79 亿元，占社会物流总额的 0.56%。

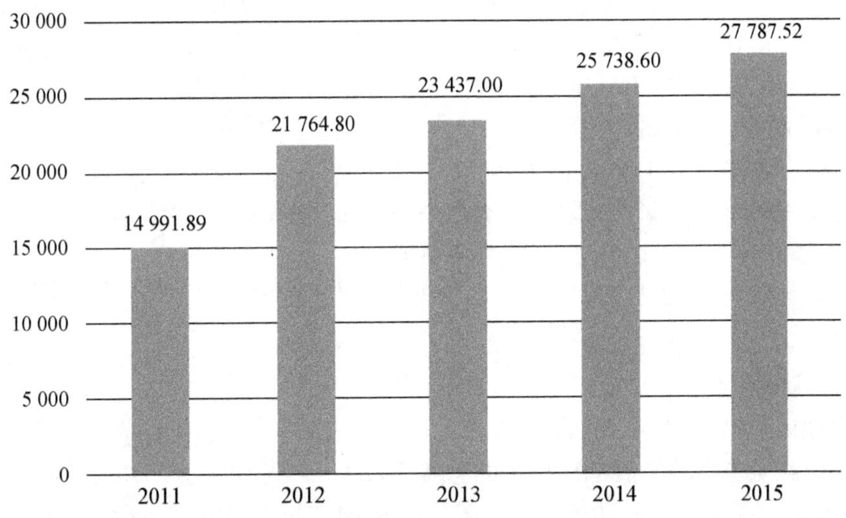

资料来源：根据《江苏统计年鉴》(2012—2016)和 2016 年江苏省国民经济和社会发展统计公报中的数据整理而得。

图 1.16　2011—2015 年南京市社会物流总额(亿元)

2015 年全市物流业增加值 655.72 亿元，按可比价格计算增长 8.41%，物流业增加值占全市服务业增加值的比重为 11.77%。

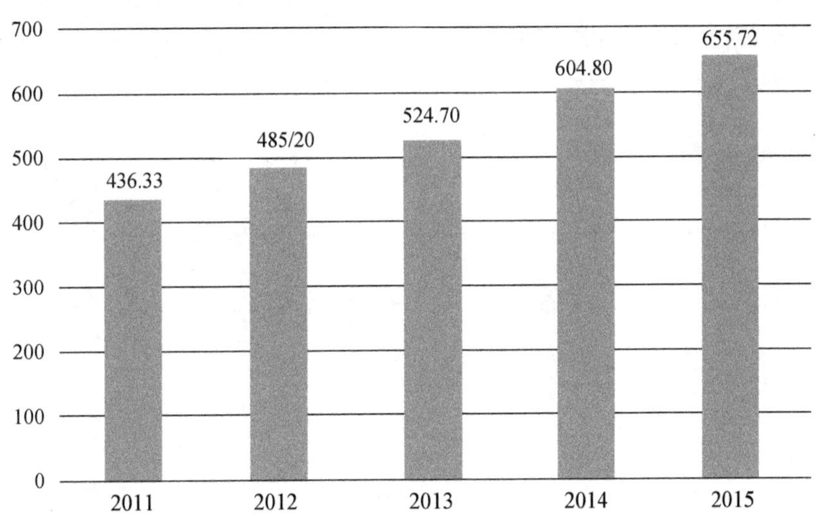

资料来源：根据《江苏统计年鉴》(2012—2016)和 2016 年江苏省国民经济和社会发展统计公报中的数据整理而得。

图 1.17　2011 年—2015 年南京市物流业增加值(亿元)

2015 年全市社会物流总费用 1 433.03 亿元，同比增长 7.59%。社会物流总费用与 GDP 的比率为 14.74%，比去年下降 0.4 个百分点。物流总费用的构成为：运输费用 702.49 亿元，同比增长 6.95%，占社会物流总费用的 49.02%；保管费用 544.13 亿元，增长 8.43%，占社会物流总费用的 37.97%；管理费用 186.41 亿元，增长 7.60%，占社会物流总费用的 13.01%。

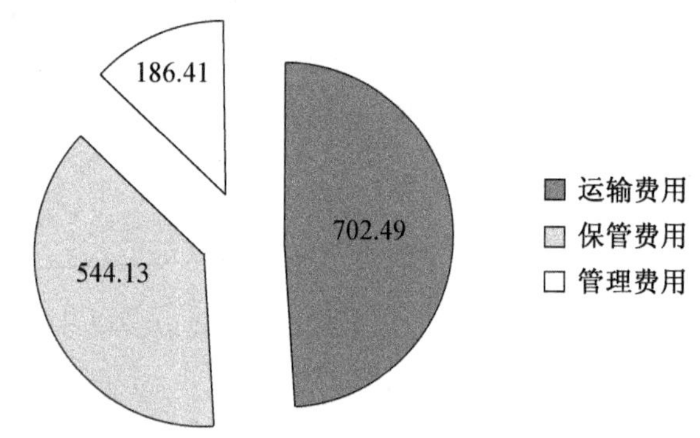

资料来源：根据 2016 年江苏省国民经济和社会发展统计公报中的数据整理而得。

图 1.18　2015 年南京市社会物流总费用构成

(二) 苏中地区

苏中地区包括扬州、泰州、南通长江北岸沿江三市。过去十年，苏中经济年均增长 10%以上。在全省各地发展都比较快的态势中，2015 年苏中地区 GDP 总量在全省经济的占比 19.7 个百分点。在国家"一带一路"战略、国家长江经济带建设、国家沿海开发战略、长三角地区一体化等国家战略机遇以及苏中崛起、宁镇扬同城化发展规划、跨江融合发展综合改革试点、省新一轮铁路建设、南京都市圈等省级战略机遇的刺激下，苏中地区已成为长江三角洲地区重要的经济增长极和中国经济发展最快地区之一，物流业的发展也取得了巨大的成就。

以扬州为例，"十二五"期间，扬州物流发展总体呈现总量规模平稳增长、物流成本平稳降低的发展态势，全市物流业增加值由 2011 年的 156.40 亿元增长到 2015 年的 259.60 亿

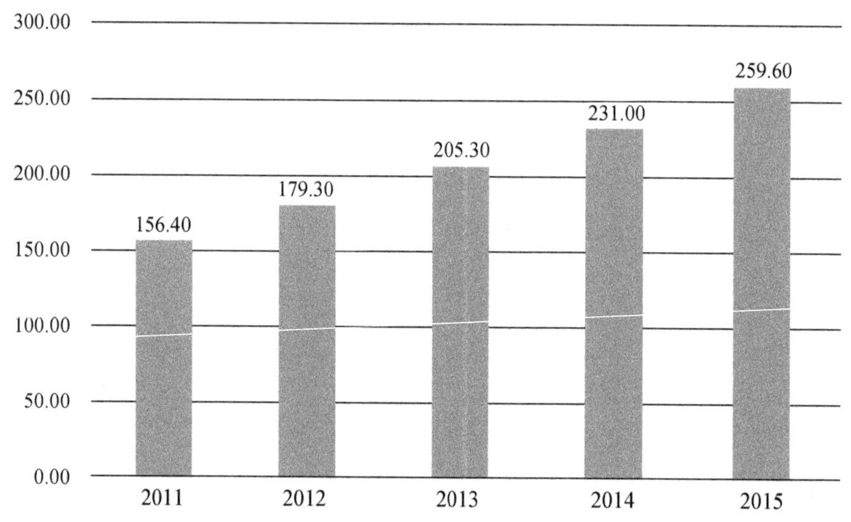

资料来源：根据《江苏统计年鉴》(2012—2016)和 2016 年江苏省国民经济和社会发展统计公报中的数据整理而得。

图 1.19　2015 年扬州市物流增加值(亿元)

元,年均增长13.5%;去年社会物流总费用占GDP比重比"十一五"期末降低1.5个百分点;工业品物流总额占全市社会物流总额比重达75%。

此外,全市"物流集聚区—物流基地—农村物流示范点"的三级物流体系基本建成,共拥有市级以上物流集聚区9家,其中省级物流集聚区2家、省级物流基地3家、省级农村交通物流基地2家。重大项目方面,共有7个物流业重大工程项目成功进入全省100个"十三五"物流规划重点物流项目,项目总投资52.8亿元,业态涵盖了港口物流、冷链物流、电子商务物流、汽车物流、商贸物流等多个领域。

(三) 苏北地区

2015年,苏北五市地区生产总值达16 564.30亿元,占江苏省总量的23%。从宏观结构上看,苏北地区一、二、三产业地区生产总值分别为1 869.76亿元、7 445.52亿元和7 249.03亿元,规模以上工业利润总额为2 726.72亿元。苏北具有丰富的自然资源,如煤炭、水晶、盐矿等。苏北海岸线744km,且处于京沪线和陇海线交界处,京杭大运河穿境而过,徐州观音国际机场也开辟了空中通道。

以连云港市为例,连云港区位优势明显。连云港位于中国沿海中部,是连接华北、华东、西北三大经济区的交通枢纽,是亚欧大陆与太平洋的陆海运输转换点、丝绸之路经济带与亚太经济区的交汇点,也是中国通往日本、韩国的重要海上通道和通往中亚、俄罗斯和东欧、西欧的重要国际陆路通道,还是新亚欧大陆桥东桥头堡,承担我国新亚欧大陆桥过境运输90%以上的国际运量,具有重要的经济和战略地位。

"十二五"期间,连云港物流产业产值年均增长26.1%,连云港港口的货物吞吐量稳步增长,占全省港口吞吐量的比重常年保持在首位,在区域乃至全国、世界范围的影响逐步提升,具备巨大的发展潜力,有望成为中国对外交易与"一带一路"建设的先行地区。

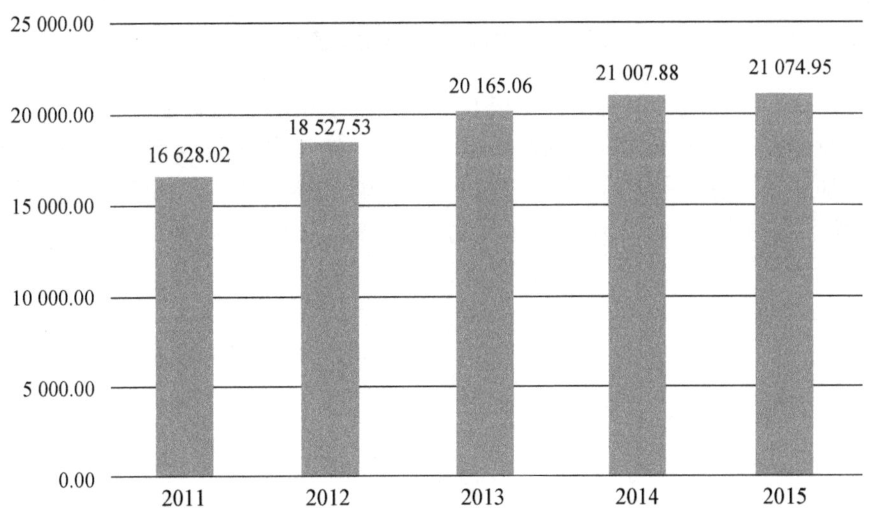

资料来源:根据《江苏统计年鉴》(2012—2016)和2016年江苏省国民经济和社会发展统计公报中的数据整理而得。

图1.20　2011—2015年连云港港口货物吞吐量(万吨)

(四) 由南向北转移趋势日趋明显

以南京市代表苏南地区、扬州市代表苏中地区、连云港市代表苏北地区，比较三个地区的经济与交通基础设施、物流发展情况。

从地区生产总值的变化情况来看，三地区“十二五”期间同时保持增长的趋势，其中苏南地区在地区生产总值、规模以上工业利润总额、固定资产投资额和社会消费品零售总额方面同时保持领先地位，特别是在地区生产总值方面，苏南地区的总额相当于苏北和苏中两地和的 1.4 倍，苏北地区总体排在第二位，经济发展有了较大的进步。

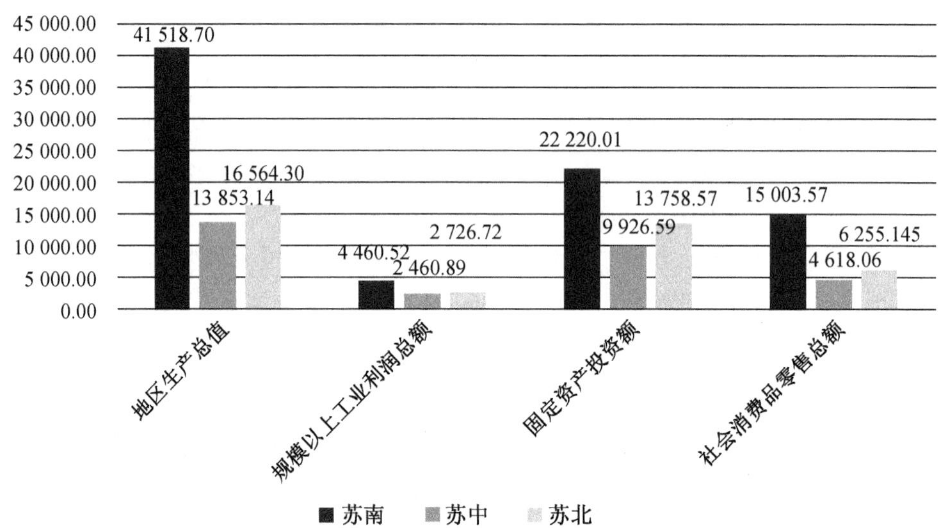

资料来源：根据《江苏统计年鉴》(2016)和 2016 年江苏省国民经济和社会发展统计公报中的数据整理而得。

图 1.21 2015 年三地区主要经济指标

从对南京市的研究可以看出，“十二五”期间，南京市的物流需求指数呈现下降趋势，物流社会总额在地区生产总值中的比重逐步降低。与此同时，连云港市的物流需求指数在逐年增加，“十二五”平均指数大约在 3.4 左右，扬州市的物流需求指数约为 3。可以看出，苏北地区的物流拉动作用明显大于苏南和苏中地区。

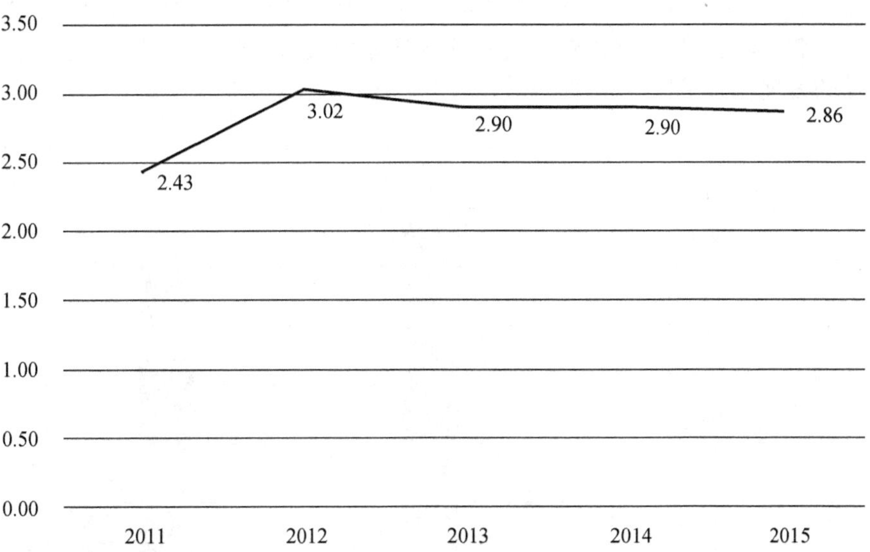

资料来源：根据《江苏统计年鉴》(2012—2016)和2016年江苏省国民经济和社会发展统计公报中的数据整理而得。

图1.22　2011—2015年南京市物流需求指数

三地级市港口货物吞吐量及外贸量的对比上，扬州市明显落后于南京市和连云港市，截止到2015年，连云港市和南京市的港口货物吞吐量分别为21 909万吨和22 218万吨，远高于扬州市的9 955万吨。连云港市港口货物吞吐量中的外贸量占比更是远高于南京市和扬州市，2015年为9 992万吨。

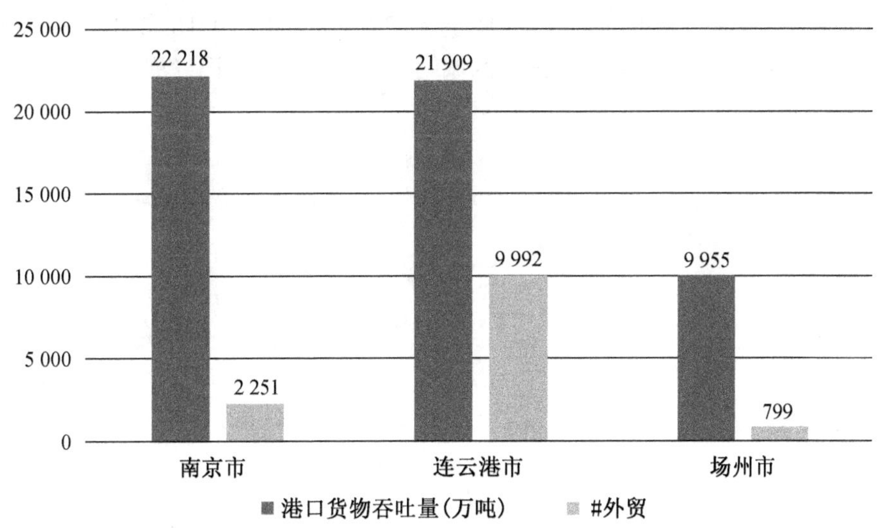

资料来源：根据《江苏统计年鉴》(2016)和2016年江苏省国民经济和社会发展统计公报中的数据整理而得。

图1.23　2015年三地级市港口货物吞吐量及外贸量(万吨)

与此同时，在基础设施的建设方面，2015年，连云港市的公路和内河航道里程分别是

12 004 公里和 1 114 公里,其中公路里程排名第一,南京市的公路和内河航道里程分别是 11 303 公里和 630 公里,排名末位。在基础设施方面,连云港市的建设和进步力度更大,为物流业的发展提供了良好的环境。

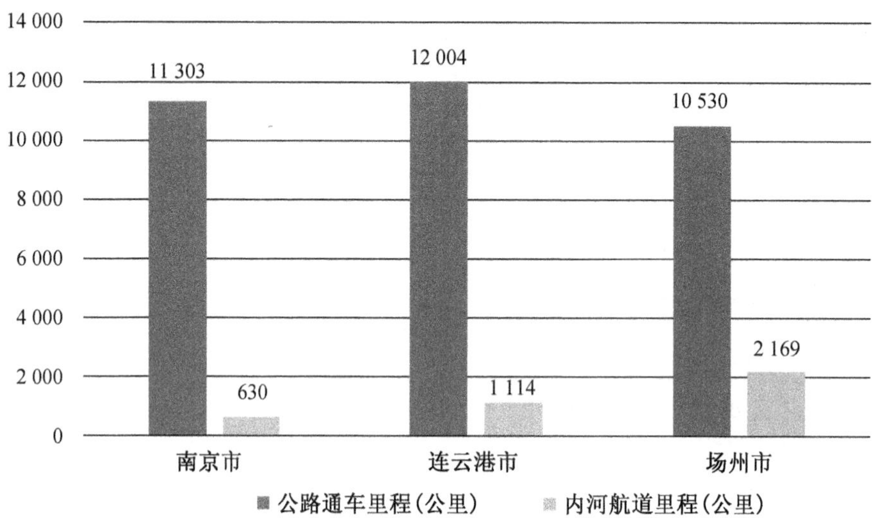

资料来源:根据《江苏统计年鉴》(2016)和 2016 年江苏省国民经济和社会发展统计公报中的数据整理而得。

图 1.24　2015 年三地级市公路和内河航道里程

2011—2015 年苏中、苏北地区的综合物流指数年均增长分别为 3.31%和 2.36%,快于苏南的 1.92%,物流行业发展指数年均增长分别为 3.96%和 3.07%,远高于苏南的 1.06%。苏中、苏北与苏南的综合物流指数差距已由 2011 年的 0.181 8 和 0.226 3 缩小到 2015 年的 0.154 7 和 0.206 8,反映三大区域间的物流业趋于协同发展。

第二章　江苏省物流业发展环境

一、政治环境

2014 年 9 月 25 日，国务院印发《关于依托黄金水道推动长江经济带发展的指导意见》，还一并印发了《长江经济带综合立体交通走廊规划(2014—2020 年)》，把长江水道和经济带建设上升到国家层面，江苏省迎来了新的发展机遇。2014 年 6 月 11 日通过的《物流业发展中长期规划》更是明确提出，到 2020 年基本建立现代物流服务体系，提升物流业标准化、信息化、智能化、集约化水平。这些都为江苏省抓住机遇，实现物流业新的更大发展提供了广阔空间。

习近平总书记于 2013 年提出了“一带一路”的重大发展战略，“一带一路”分别指“新丝绸之路经济带”和“21 世纪海上丝绸之路”，江苏省是两线的交汇点，拥有主动参与“一带一路”建设的得天独厚条件。位于江苏省连云港市的“中哈(连云港)物流中转基地”和“上合组织成员国出海口基地”，被列入“一带一路”重大项目建设清单中仅有的沿海口岸建设项目，成为今明两年重点推进的重大工程项目。

江苏省作为物流业发展程度较好、物流企业聚集程度较高的省份，一直把推动物流业的健康发展作为转变经济发展方式的重要抓手。《江苏省国民经济和社会发展第十三个五年规划纲要》把大力发展服务业，推动产业结构转型升级作为战略重点。《江苏省“十二五”物流业发展规划》从空间布局和定位、发展重点、主要任务和规划实施与保障等入手，为物流业的发展指明了方向。

此外，省发展改革委会、省经济与信息化委会、省商务厅、省交通运输厅等有关部门从物流园区建设、能源物流、农产品冷链物流、物流信息化、商贸物流、港口物流、空港物流、多式联运、物流标准化等具体层面出发制定了各个专项规划。各市特别是物流枢纽城市都把现代物流业发展纳入本地区国民经济和社会发展规划及年度计划，在交通管理、财政扶持、用地保障、税收优惠、投融资等不同方面出台了一大批优惠扶持政策。

二、经济环境

(一) 经济实力较强

江苏省经济实力雄厚，整个“十二五”期间，国民生产总值一直稳居全国前三名。2015 年，经济在新常态下平稳运行、稳中有进，实现生产总值 70 116.4 亿元，同比增长 8.5%，雄踞全国第二，仅次于广东省，财政收入达到 8 028.59 亿，增速为 11%，在我国的经济发展中处于举足轻重的地位。

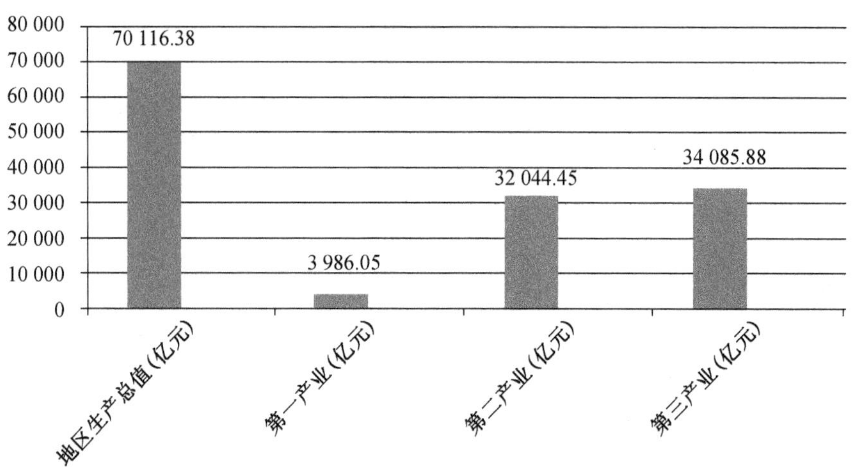

资料来源:根据 2016 年江苏省国民经济和社会发展统计公报中的数据整理而得。

图 2.1　2015 年江苏省地区国民总产值(亿元)

其中,第一产业比重较小,第二、三产业占据绝对优势,表明江苏省主要依赖二、三产业,经济活跃程度较高。人均地区生产总值位居全国第四,处于明显领先水平。

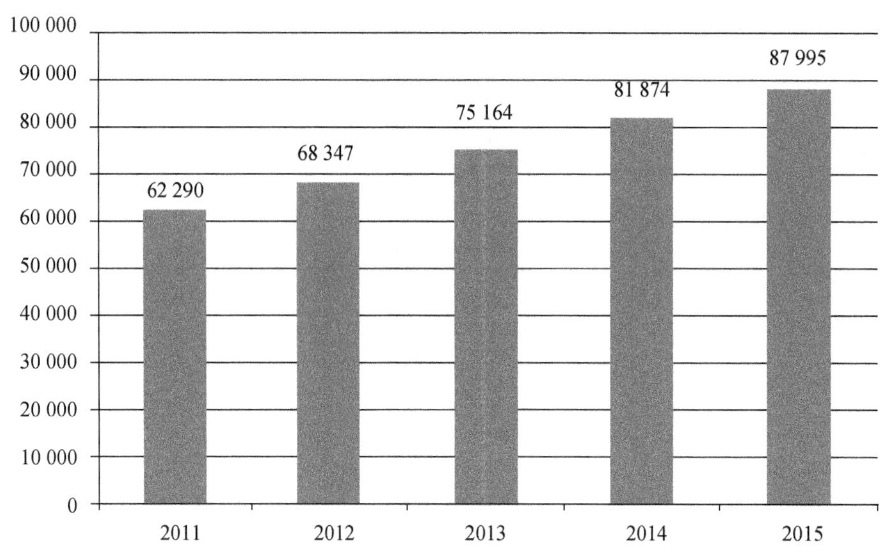

资料来源:根据《江苏统计年鉴》(2012—2016)和 2016 年江苏省国民经济和社会发展统计公报中的数据整理而得。

图 2.2　2011—2015 年江苏省地区生产总值(亿元)

"十二五"期间,江苏省规模以上工业企业的发展对于江苏省整体经济推动起到了重要作用。截至 2015 年,规模以上工业企业的工业总产值、主营业务收入和利润总额分布达到 149 841.41 亿元、147 014.45 亿元和 9 686.84 亿元,在经济下行压力加大、需求不足的形势下,取得这样成就尤为不易。

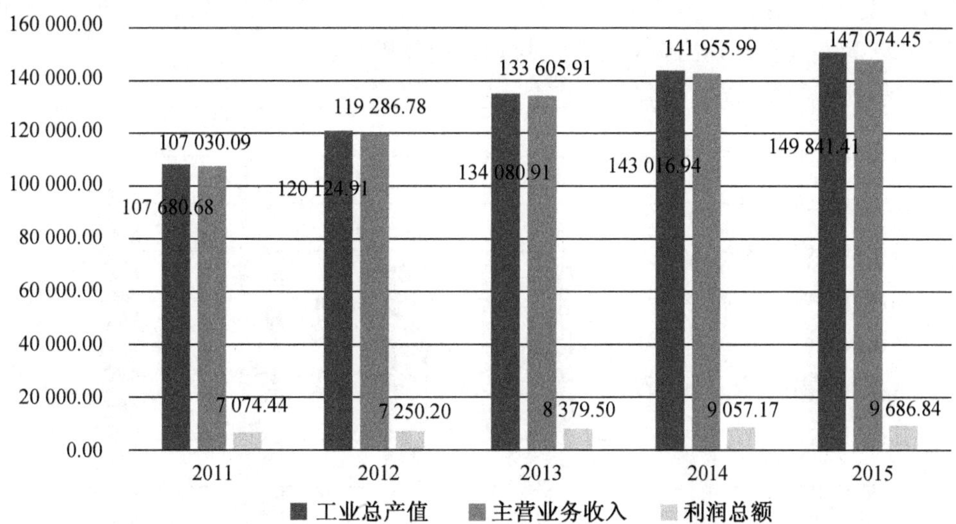

资料来源：根据《江苏统计年鉴》(2012—2016)和 2016 年江苏省国民经济和社会发展统计公报中的数据整理而得。

图 2.3　2011—2015 年规模以上工业企业主要经济指标

(二) 经济开放性水平高

江苏省长期以来具备对外经济交往的地理优势与良好传统。“十二五”期间，江苏省进出口总额占全国的比例一直保持着 13%以上，处于领先地位，经济对外性水平强，占全国的比例高。特别是 2015 年，在全国进出口总额同比有所下降的形势下，江苏省依然保持了增长态势，达到了 54 561 000 万美元。

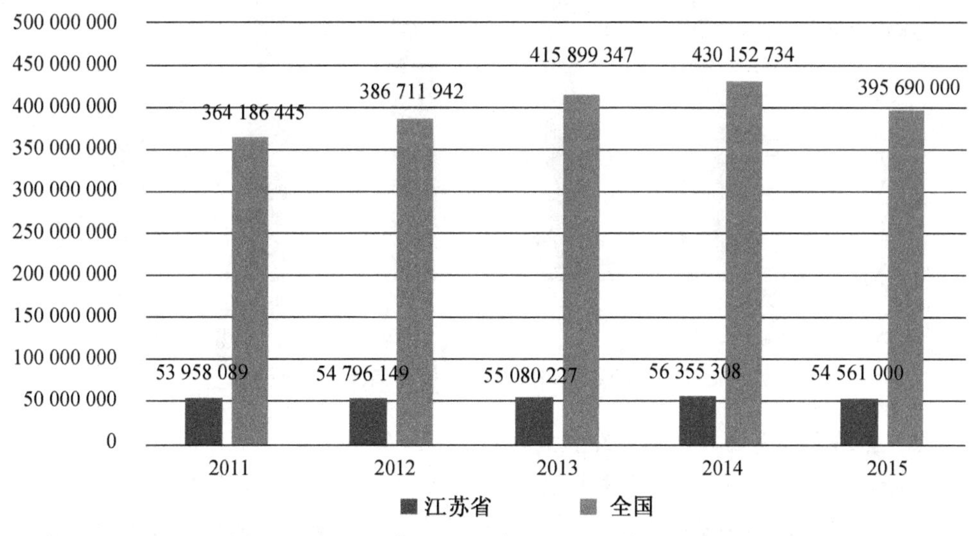

资料来源：根据中国经济网和 2016 年江苏省国民经济和社会发展统计中的数据整理而得。

图 2.4　江苏省与全国进出口总额(万美元)

在供给侧改革压力不断加大、国内需求减缓的大背景下，江苏省“十二五”期间的出口额总体呈现增长的态势,出口总额从 2011 年的 31 259 005.7 万美元增长到 2015 年的 33 867 000 万美元。对外出口对经济的拉动作用日趋明显。

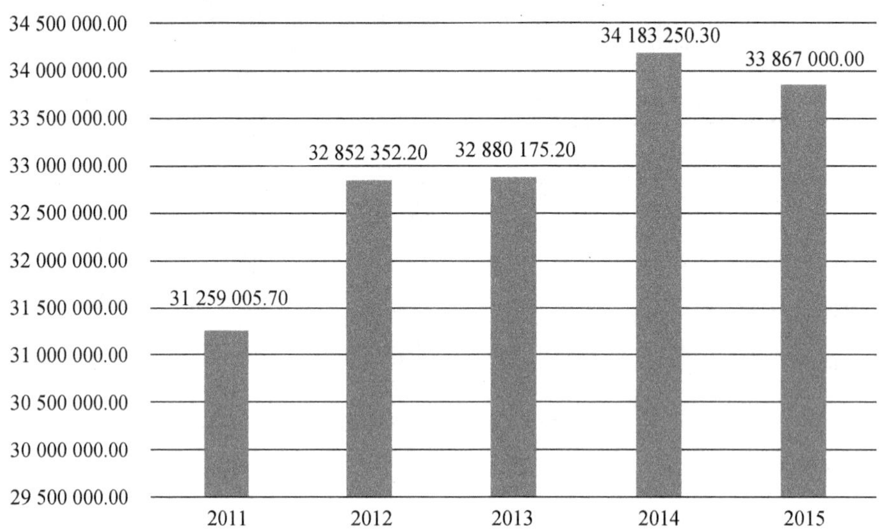

资料来源:根据中国经济网和 2016 年江苏省国民经济和社会发展统计中的数据整理而得。

图 2.5　2011—2015 年江苏省出口额(万美元)

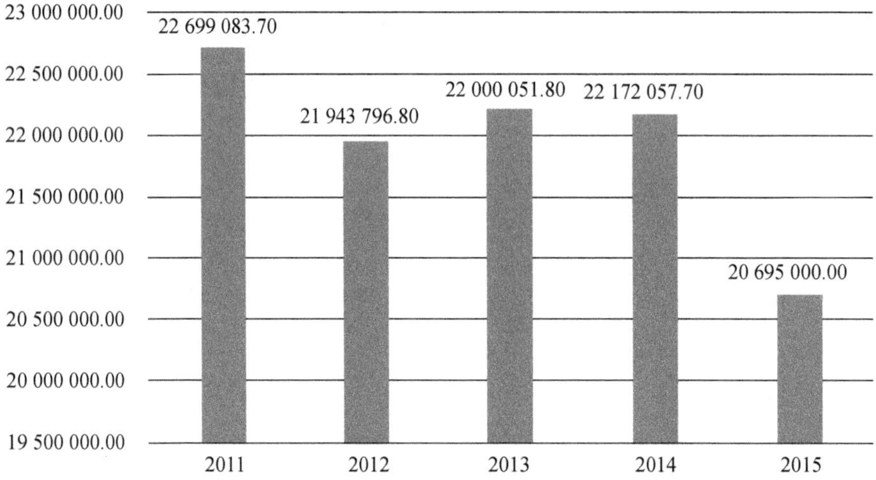

资料来源:根据中国经济网和 2016 年江苏省国民经济和社会发展统计中的数据整理而得。

图 2.6　2011—2015 年江苏省进口额(万美元)

(三) 区域间经济发展水平差距较大

江苏省辖 13 个地级市,按照相近地理位置和相似经济发展水平又分为苏南、苏中、苏北三个区域,苏南包括南京、镇江、苏州、无锡、常州五个地级市,苏中包括扬州、泰州和南通三个地级市,另外的徐州、淮安、连云港、盐城、宿迁五个地级市被划分为苏北地区。

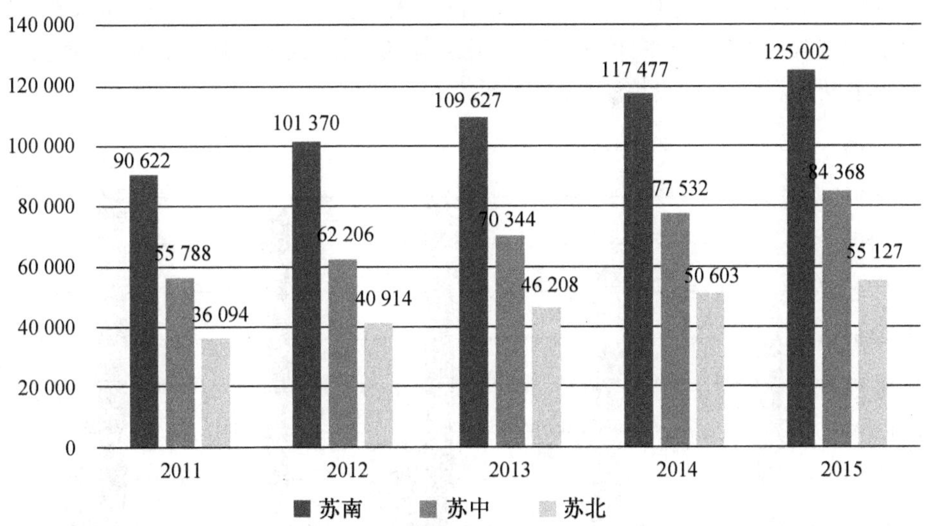

资料来源：根据《江苏统计年鉴》(2012—2016)和2016年江苏省国民经济和社会发展统计公报中的数据整理而得。

图2.7　江苏省各地区人均GDP(元)

“十二五”期间，三个地区的经济都有了长足进步，地区生产总值和人均生产总值一直保持着增长的趋势，这对江苏省物流业发展起到了重要推动作用。截止到2015年，苏南地区的地区生产总值为41 518.73亿元，人均生产总值为125 002元，较2011年分别增长40.1%和37.9%。苏中地区的地区生产总值为13 853.14亿元，人均生产总值为84 368元，较2011年分别增长51.7%和51.2%。苏北地区的地区生产总值为16 564.3亿元，人均生产总值为55 127元，较2011年分别增长54.1%和52.7%。

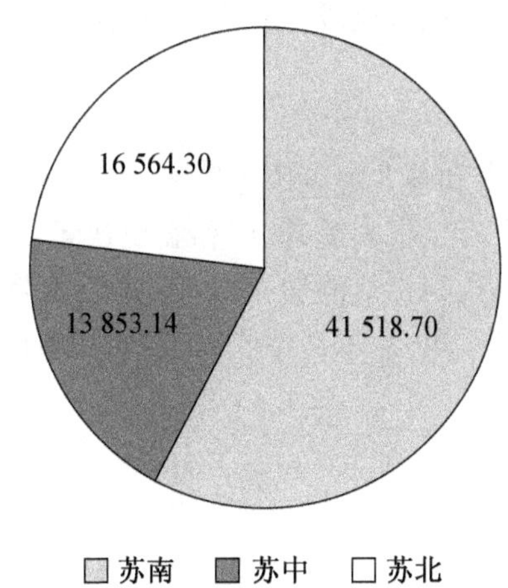

资料来源：根据《江苏统计年鉴》(2016)和2016年江苏省国民经济和社会发展统计公报中的数据整理而得。

图2.8　2015年江苏省不同地区GDP比重

当然，全省良好的经济发展势头并不能掩盖省内区域间经济发展的严重不平衡，区域间的经济平衡虽在不断调整中,但是差距仍很巨大。江苏省三大区域从 2011 年到 2015 年的地生产总值和人居生产总值都呈现上升趋势,但区域经济发展差异显著,而且随着发展水平的不断提高,区域间经济的差距不断扩大。

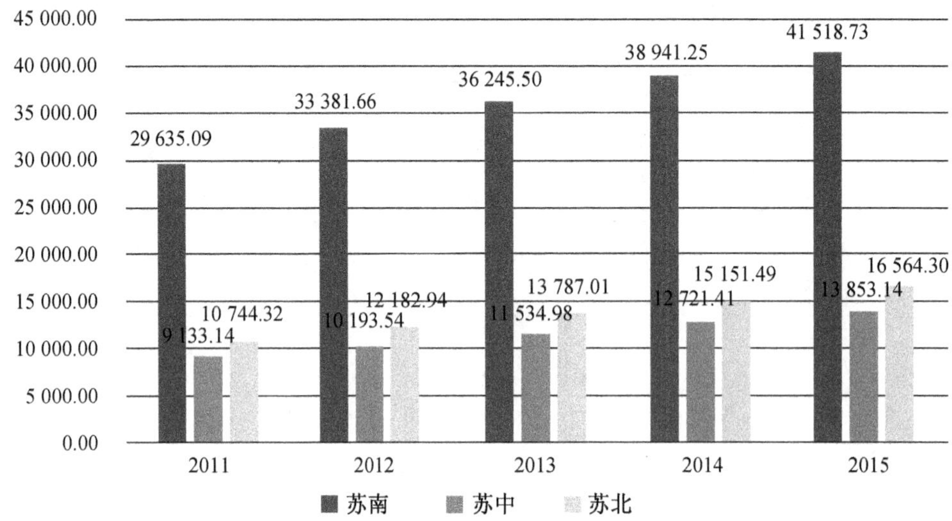

资料来源:根据《江苏统计年鉴》(2012—2016)和 2016 年江苏省国民经济和社会发展统计公报中的数据整理而得。

图 2.9　2011—2015 年江苏省各地区地区生产总值(亿元)

总体来看,三个区域经济发展状况有较大差距,苏南是江苏经济最为发达的区域,也是中国经济发展最快的区域之一,无论是地区生产总值还是人均 GDP,在全省都处于领先水平,其生产总值和人均 GDP 几乎相当于苏中与苏北两个地区之和。地区间的经济不平衡大大制约了江苏省的经济发展,也成为物流业在区域间转移的主要障碍。

三、社会环境

“十二五”期间,苏南、苏中和苏北地区因地制宜,经济发展都取得了重大进步,城乡一体化进程加快,农村生活水平有了很大提升,但和实现共同富裕还有较大差距。无论是就业人口、人均可支配收入还是人均生活消费支出,苏南、苏北和苏中都有较大差距,城镇与农村相比,农村的收入来源过于单一,工资性收入差距大,财产性收入过低。

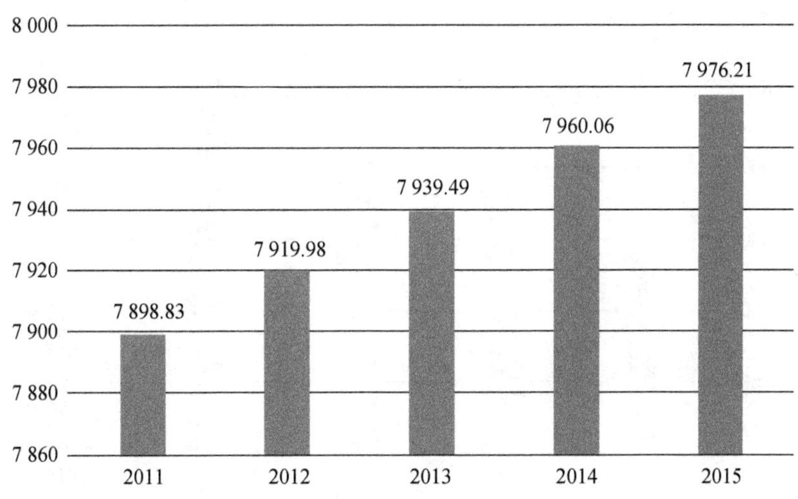

资料来源：根据《江苏统计年鉴》(2012—2016)的数据整理而得。

图 2.10　2011—2015 年江苏省常住人口数(万)

2011—2015 年，江苏省居民消费水平和常住人口数一直保持增长，与 2011 相比，2015 年居民消费水平增长了约 70%，居民的消费热情和消费能力有了巨大的提升。截止到 2015 年，常住人口数已经达到 7 976 万人，在全国处于领先地位。

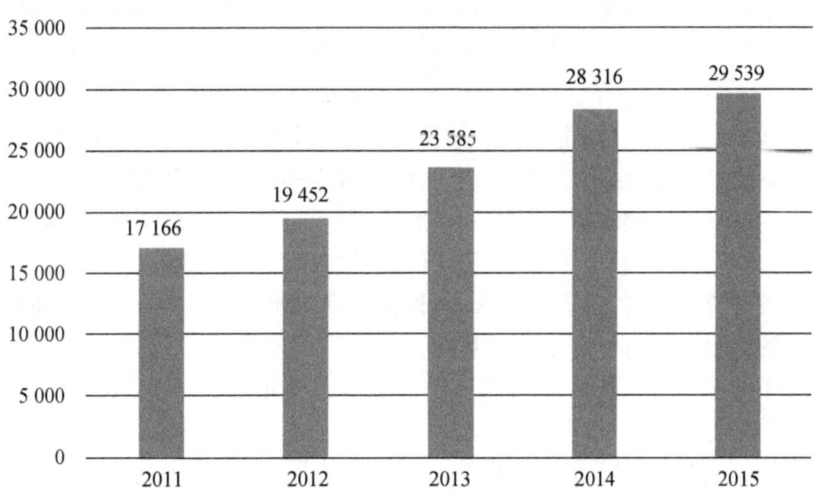

资料来源：根据《江苏统计年鉴》(2011—2016)的数据整理而得。

图 2.11　2011—2015 年江苏省居民消费水平(元)

社会消费品总额方面，2015 年比 2011 年增加了近 10 000 亿元，全年实现社会消费品零售总额 25 876.81 亿元，比上年增长 10.3%。其中城镇消费品零售额 23 252.3 亿元，增长 10.2%；乡村消费品零售额 2 624.5 亿元，增长 10.9%。经济活力与景气程度有了长足进步。

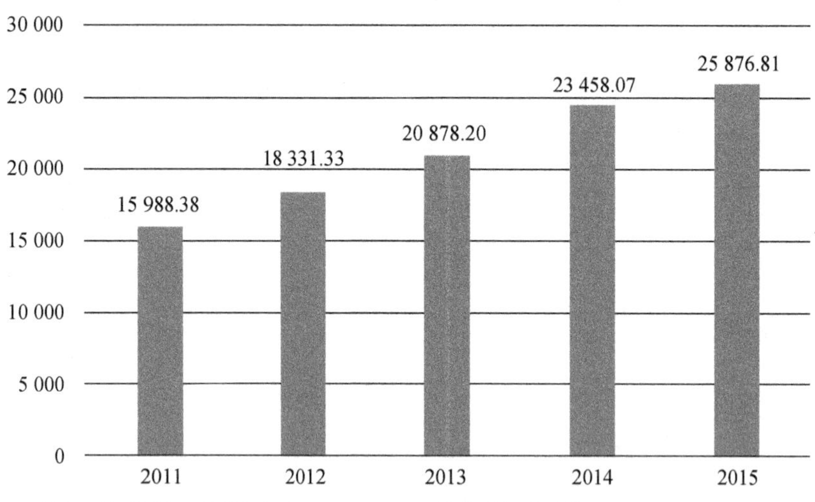

资料来源：根据《江苏统计年鉴》(2011—2016)的数据整理而得。

图 2.12　2011—2015 年江苏省社会消费品总额(亿元)

四、技术环境

2014 年，国务院印发的《物流业发展中长期规划（2014—2020）》（简称《中长期规划》）中，将"进一步加强物流信息化建设"列为 7 个"主要任务"之一。"物流标准化工程"、"物流信息平台工程"和"物流新技术开发应用工程"的开展都标志着物流业发展进入了一个新的阶段。特别是在电子商务领域，物流业受到新技术应用的冲击更为明显。在江苏省，苏宁的物流云平台建设，再到京东的自建物流体系，都是在迎合这一趋势。电子商务的竞争其实就是物流的竞争，也就是物流信息化应用效果的竞争。智能识别、人工智能等技术把智慧物流变成现实。物联网、云计算、大数据、移动互联等先进信息技术在物流领域应用更加广泛，企业物流信息系统、物流公共信息平台建设不断加快。

江苏省教育资源丰富，科研院所众多，科技活动人员基数大，都为江苏省物流业在新技术背景下的健康发展打下了建设的基础。"十二五"期间，江苏省科技机构数量持续增加，是 2011 年的 1.55 倍，数量达到 23 101 个。长三角地区经济发达，就业环境较好，可以充分吸引具备先进技术和理念的物流人才，使得江苏省在"互联网＋"的背景下，拥有较大的比较优势。这些都是江苏省发展智慧物流、绿色物流、物联网物流的巨大优势。

与此同时，江苏省对于科技的重视和扶持力度也在不断加大。研究与发展经费的投入连年保持增长态势，2015 年的增幅是 2011 年的 68%，达到 1 801.23 亿元。科技对于经济的拉动作用和对于社会进步的引领作用得到全社会广泛认同。

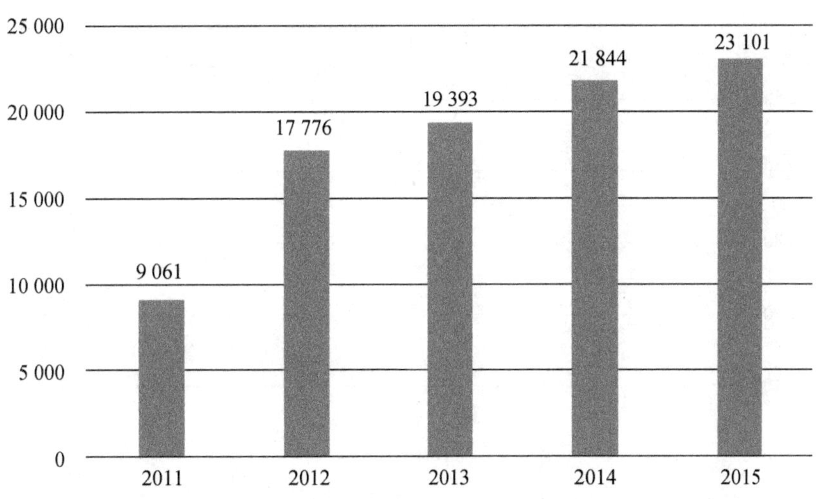

资料来源:根据《江苏统计年鉴》(2011—2016)的数据整理而得。

图 2.13　2011—2015 年江苏省科技机构数(个)

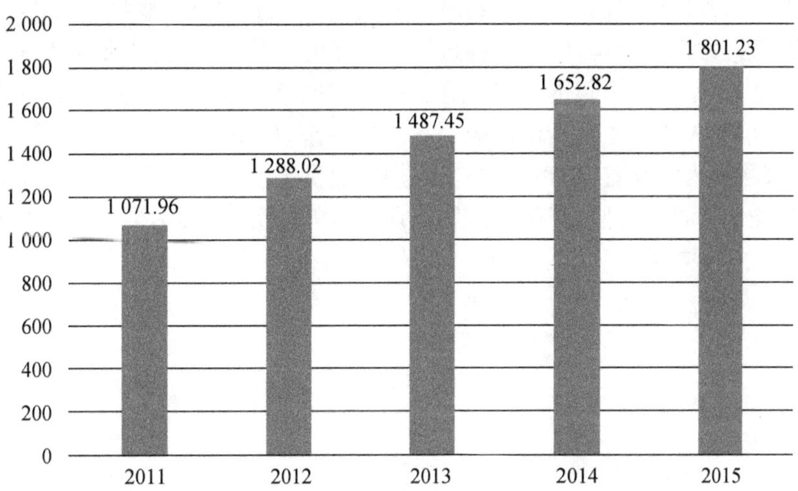

资料来源:根据《江苏统计年鉴》(2011—2016)的数据整理而得。

图 2.14　2011—2015 年江苏省研究与发展经费内部支出(亿元)

从研发经费支出占地区生产总值比重同样可以看出,科技在“十二五”期间受到了更加广泛的关注,在地区生产总值不断扩大的情况下,研发经费支出占地区生产总值比重依然保持了增长态势。

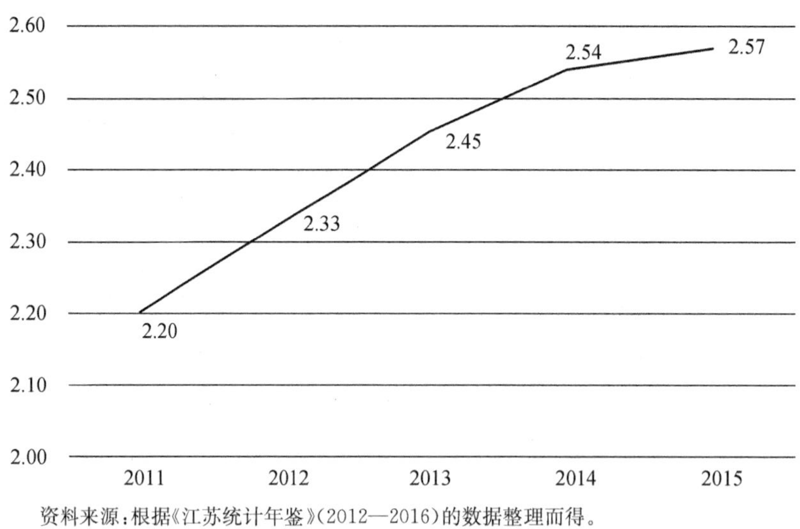

资料来源:根据《江苏统计年鉴》(2012—2016)的数据整理而得。

图 2.15　2011—2015 年江苏省研究与发展经费支出占地区生产总值比重(%)

通过以上分析可以看出,江苏省物流业发展呈现出了“天时、地利、人和”的良好局面,特别是在国家大力推动结构性改革、促进转型升级的大背景下,物流业作为现代服务业的重要组成部分,更是迎来了新的发展机遇。江苏省拥有雄厚的经济实力,民营企业数量多且活跃,具有培养人才的教育资源和吸引人才的地理、历史背景,还有“一带一路”战略的提出,从国家层面为江苏省“走出去”与“引进来”提供了巨大的政策红利,利用好江苏省长期积累的各类优势,从转型升级中找到物流业发展的新契机,必然推动现代物流业的健康快速发展。

第三章 相关发达省市物流业“十二五”发展概况

一、相关发达省市物流业“十二五”发展概况

1. 北京

位于京津冀都市圈和环渤海乃至东北亚中心的北京，具有大力发展物流业无可替代的优势地位。北京具有全国航空、铁路、公路枢纽的优势。有昌平、房山等铁路中心站点，有窦店等以集装箱运输为特点的公铁联运物流中心，大幅提升了物流基地公铁联运的服务功能，东坝、豆各庄、马驹桥等临近六环路的 8 个公路货运枢纽形成了市区支线运输的重要物流节点。北京首都机场的旅客吞吐量、货邮吞吐量、起降架次都居于全国第一，具备了航空货运枢纽型的空港物流基地功能。虽无海运优势，但利用天津港口优势，正加紧建设平谷国际陆港与天津口岸数据交换公共服务平台，扩大以海陆联运为特征的国际物流业务，拥有马驹桥、马坊物流基地海陆联运体系。北京已经初步形成便捷高效、辐射力强的区域物流体系。另外，北京拥有自身的首都教育资源优势，物流人才培养和培训力度较大，全行业的劳动者素质较高，特别是具有国际视野和全球网络运作能力的高端物流人才，这些都为物流业持续发展提供强有力的人力资源保障。北京物流业的服务不再只是传统的仓储保管服务、运输服务、简单配送服务等内容，其服务功能向着体现不同服务差异，提高服务收益的增值服务、一体化服务发展；结合北京的消费市场、科技发展等优势，由传统的实物物流服务向信息流、资金流服务延伸，“互联网＋”趋势已经在北京物流业的发展中明显显现出来。

2. 上海

物流业已成为上海支柱产业，上海市政府把现代物流业列为“十二五”重要产业，为此出台了一系列政策，积极扶持信息产业融入物流产业，以更好地促进物流产业发展。2015 年上海自贸区的建立更为上海高端物流服务发展带来了巨大的机遇，经过五年的发展，上海已经初步发展为全球物流资源配置功能的国际物流枢纽和全球供应链管理中心之一。

在不断引进国外先进物流企业入驻的同时，上海积极培育了出来一批具有国际竞争力的本土企业，并不断融入国际竞争中。同时，上海充分利用其港口物流业不断发展优势，通过现代化管理和技术的运用，成为世界区域物流集中点，产生强大的辐射功能，带动上海物流业整体水平提升。截至 2015 年，上海市物流业增加值年均增速达到 10%，物流业增加值占地区生产总值 13%，社会物流总费用占全市生产总值在 15%以下，集装箱水水中转比例为 55%，物流信息化和标准化水平有较大提升，口岸物流通关单证电子化率达到 80%以上。

深水港物流园区、外高桥物流园区、浦东空港物流园区、西北综合物流园区、西南综合物流园区等重点物流园区建设稳步开展，依托海、陆、空港门户，加强多式联运能力建设，

突出功能提升和联动发展,搭建了对接国际、连接腹地、服务全国的物流设施平台,分别形成了保税功能与临港产业优势融合的港口综合型物流园区、国际物流与进出口贸易紧密结合的区港联动型物流园区、航空产业与物流业联动发展的航空口岸型物流园区、具有国际化城市物流服务特点的物流园区、具有国际供应链管理特征的物流园区。

国际汽车城物流基地、化学工业区物流基地、临港装备制造业物流基地、钢铁及冶金产品物流基地也开始发挥作用。

3. 山东

山东是传统农业强省,也是经济大省,制造业发达,物流需求量大。地理上临近日韩,对外交往便利,具有得天独厚的天然地理优势。长期以来,山东省的港口建设、铁路建和高速公路建设一直处于领先水平,为物流业的发展奠定了坚实基础。经过多年建设,山东省物流企业实力不断增强,各类物流企业成长迅速。物流综合运输网络进一步完善,山东省铁路、公路、海港、内河水运、航空、管道交通四通八达。"五纵四横一环八连"高等级公路网主骨架初步形成,截止到 2014 年,公路通车里程 22.98 万公里,其中高速公路 4 285 公里;港口基础设施逐步完善,沿海港口生产性泊位达到 473 个;铁路里程为 3 800 公里,专用线 450 余条;民航机场 8 个,航线 236 条,其中国内航线 218 条、国际航线 18 条。全省四纵四横和城际铁路正在规划建设当中,纵贯南北、横跨东西,布局合理、快捷高效的现代化铁路运输体系即将形成。物流新技术和信息系统得到推广与应用。目前,在一些大型物流企业中,全球卫星定位系统(GPS)、条形码技术、电子自动订货系统(EOS)、自动分拣系统(ASS)、地理信息系统(GIS)、射频识别(RFID)、无线手持终端等物流技术装备逐步得到推广与应用。同时农村物流网络体系建设成效显著,初步建立了物流人才培养体系。

4. 浙江省

到 2015 年,浙江省物流业取得快速发展,空间布局明显优化,以港口物流、专业市场和产业集群物流、城乡配送和快递物流等为重点的现代物流产业体系基本形成,在服务业中的支柱地位和国民经济中的基础性作用进一步凸显,物流业增加值年均递增 12%左右,达到 4 500 亿元左右,占全省服务业增加值的 23%左右,占地区生产总值比重达到 10%左右,全社会物流总费用相对于 GDP 的比率明显下降。全省物流信息化、标准化和高新技术应用有序推进,规划建设了一批重点物流园区,保税物流园区建设、大宗商品交易中心和大宗商品国际贸易为特色的保税港区取得了重大进展。重点物流园区建设、重点物流企业发展大力推进,物流促进政策落地见效,形成统一明确的物流业发展政策。培养和引进了一批高素质物流人才,行业协会和骨干企业的作用持续发酵,在加强与国内外培训机构的合作,开展物流人才的培训工作,重点学习新理念、新知识和新商业模式等领域不断发力。大力推行物流职业资格证书制度,开展物流领域技能鉴定工作,物流人才基础更加扎实,物流业标准化和规范化有了人才铺垫。

5. 广东

广东港口业发达,拥有广州、深圳等世界级大港,广州港货物吞吐量达 4.72 亿吨,在全国排名第四,在世界排名第五,是中国华南地区枢纽港。深圳港集装箱吞吐量达 2 327.85 万 TEU,在全国排名第二,在世界排名第三。目前,广东地区货物吞吐量超过 5 000 万吨的大港达10个，分别是广州、深圳、湛江、东莞、珠海、惠州、中山、江门、佛山、汕头等港口，已形成以广州、深圳为龙头，东西两翼齐头并进的发展格局。广东现代物流发展速度较快，据广东省统计局测算，广东省现代物流业增加值占全部物流业增加值的比重将近6成，广东是快递业务大省，快递业务量和快递业务收入占了全国的将近1/4，从全国城市排名情况看，广州市快递业务量和快递业务收入位居全国第三，深圳市快递业务量和快递业务收入分别位居全国第四和第二，东莞分别位居全国第八和第七。广东物流业发展步伐持续加快，主要的成就有：① 新兴的快递业发展势头迅猛，快递从业者规模迅速扩大。② 物流分工趋向社会化和专业化。运输代理业取得较快发展，商务包装服务开始起步。③ 信息化和电子商务在物流业的应用加速推进。④ 公路货运建设向绿色化和信息化发展。⑤ 涌现出较多知名的大型物流企业和物流园区物流龙头企业。主要有中远航运、中海散货、盐田国际、广东省邮政速递、顺丰速递、德邦物流，以及深圳飞马国际、信利康、朗华等供应链企业。

二、"十二五"经济数据对比

表3.1 六省市地区生产总值 （亿元）

	北京市	上海市	江苏省	浙江省	山东省	广东省
2011年	16 251.93	19 195.69	49 110.27	32 318.85	45 361.85	53 210.28
2012年	17 879.40	20 181.72	54 058.22	34 665.33	50 013.24	57 067.92
2013年	19 800.81	21 818.15	59 753.37	37 756.58	55 230.32	62 474.79
2014年	21 330.83	23 567.70	65 088.32	40 173.03	59 426.59	67 809.85
2015年	22 968.60	24 965.00	70 116.40	42 886.50	63 002.30	72 812.60

资料来源：根据中经网数据整理而得。

"十二五"期间，六省市经济保持健康稳定发展，地区生产总值持续增长。在名次上，广东省第一，2015年为72 812.6亿元，其次是江苏省和山东省，2015年分别是70 116.4亿元和63 002.3亿元。浙江省、上海市和北京市排在后三位。在总额上，2015年，广东省和江苏省突破了70 000亿元，在全国处于领先地位，山东省也拥有较大的经济量。六省市的经济总量在中国占据重要份额。

表3.2 六省市人均生产总值(元)

	北京市	上海市	江苏省	浙江省	山东省	广东省
2011年	81 658.00	82 560.00	62 290.00	59 249.00	47 335.00	50 807.00
2012年	87 474.74	85 373.00	68 347.00	63 373.55	51 767.81	54 095.00
2013年	94 647.88	90 993.00	75 354.00	68 804.72	56 884.94	58 833.00
2014年	99 994.52	97 370.00	81 874.42	73 002.05	60 879.10	63 469.00
2015年	106 284.00	103 141.00	87 995.00	77 644.00	64 168.00	67 503.00

资料来源：根据中经网数据整理而得。

人均生产总值上，北京市和上海市两个直辖市的优势较为明显，2015 年已经达到 10 万元。江苏省和其他三个省份相比，人均生产总值长期处于领先地位，山东省则位居末位。在增长幅度上，江苏省位居首位，2015 年人均生产总值比 2011 年增加了约 41.3%，北京市、山东省、浙江省、广东省的增幅也突破了 30%，上海市以 24.9%的增幅位居末位。

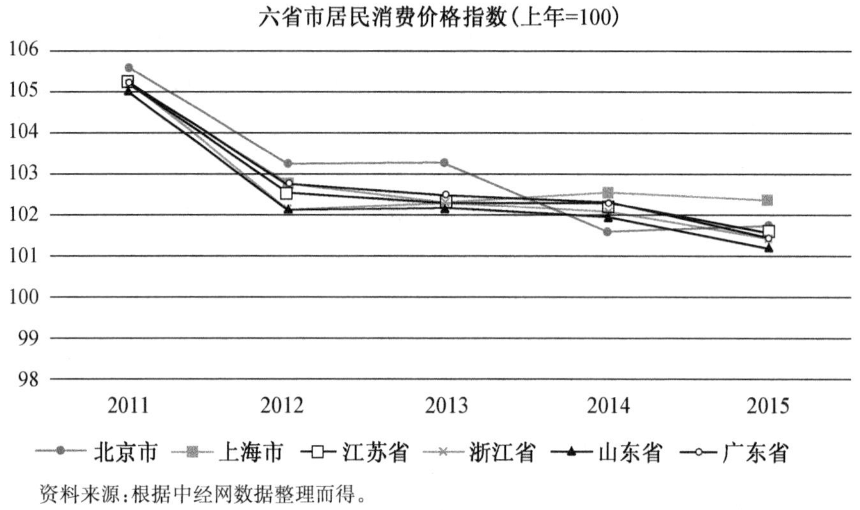

资料来源：根据中经网数据整理而得。

图 3.1　2015 年六省市居民消费价格指数

2011—2015 年，六省市居民消费价格指数都呈现出下降趋势，居民消费压力降低，实际工资增加，居民消费能力都有了很大进步，不同省市的区别不是太大，大致在 1 到 2 之间(见图 3.1)。

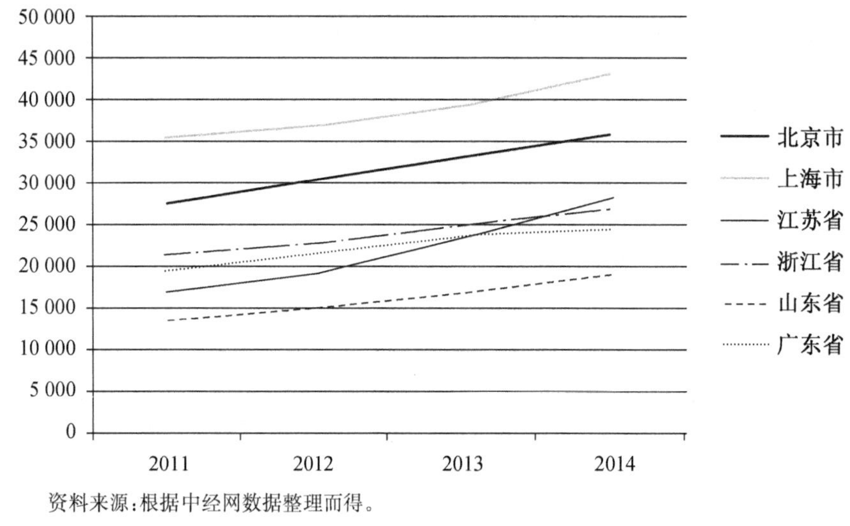

资料来源：根据中经网数据整理而得。

图 3.2　六省市居民消费水平(元)

2011—2014 年，六省市居民消费水平都保持了增长势头。其中，北京和上海可以列为一个梯队，江苏省、山东省、浙江省和广东省为另一个梯队。江苏省增长幅度位居前列，

2013 年已经超过广东省和浙江省，显示出居民消费能力和热情有了很大提升，山东省居民消费水平在全国范围位于领先地位，但和东部地区发达省市相比仍有差距。

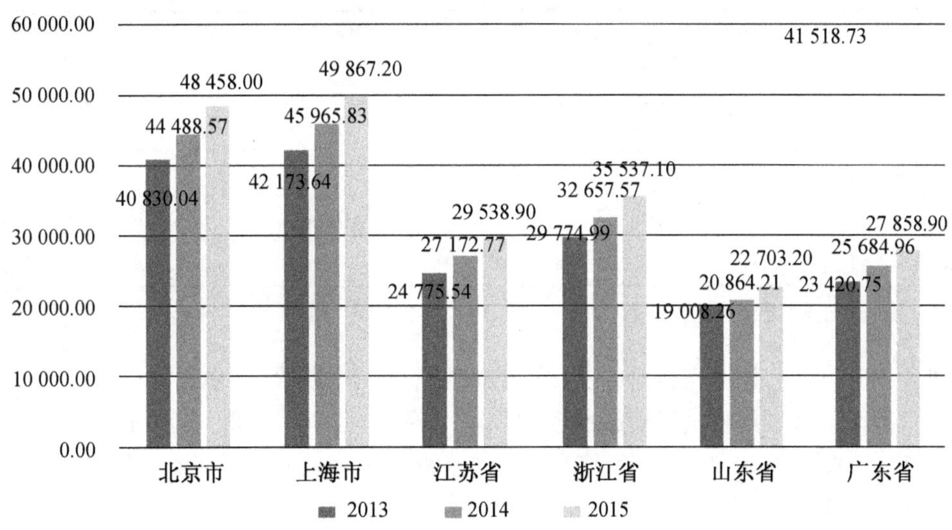

资料来源：根据中经网数据整理而得。

图 3.3 六省市家庭人均总收入(元)

在家庭人均总收入对比上，北京市和上海市同样遥遥领先于其他四省市。山东省落后较多，江苏省和广东省的家庭人均总收入较为相近，浙江省虽然与北京市和上海市差距较大，但在与其他四省市的对比中优势明显。

三、"十二五"物流数据对比

表 3.3 物流业增加值 (亿元)

	北京市	上海市	江苏省	浙江省	山东省	广东省	广东省
2011 年	808.95	868.31	2 127.93	1 206.95	2 328.38	5 681.17	2 090.36
2012 年	816.31	895.31	2 352.40	1 278.91	2 516.19	6 333.62	2 367.46
2013 年	883.58	935.06	2 530.02	1 326.02	2 746.11	7 039.20	2 604.41
2014 年	948.10	1 044.46	2 591.15	1 525.93	2 326.25	7 778.82	2 740.76
2015 年	957.90	1 130.90	2 705.40	1 598.70	2 434.50	8 134.40	2 901.90

资料来源：根据中经网数据整理而得。

和 2011 年相比，2015 年六省市物流业增加值都不断加大。其中，广东省增加幅度最高，为 38.8%，山东省增长幅度最低，仅为 4.6%，江苏省为 27%，居于中间位置。在增加额上，广东省的行业增加值比 2011 年增加了 811.54 亿元，江苏省次之，增加 577.47 亿元，物流业在地区经济发展中扮演的角色越来越重要。对于江苏省而言，按可比价格计算同比增长 8.8%，占全省 GDP 的比重为 6.7%，占全省服务业增加值的比重为 13.8%。"十二五"期间，物流业增加值年均增长 10.5%，占 GDP 的比重累计提高了 0.2 个百分点,占服务业的比重累计下降了 2.1 个百分点。

表 3.4 旅客周转量(亿人公里)

	北京市	上海市	江苏省	浙江省	山东省	广东省
2011 年	412.33	170.87	1 709.70	1 296.25	1 740.41	2 600.23
2012 年	421.16	182.08	1 872.39	1 317.60	1 836.14	2 998.23
2013 年	254.04	195.00	1 365.25	1 025.10	1 083.75	1 780.93
2014 年	273.93	209.87	1 455.21	1 076.76	1 143.60	2 315.37
2015 年	279.00	215.00	1 454.00	1 093.00	1 147.00	1 797.00

资料来源:根据中经网数据整理而得。

"十二五"期间,旅客周转量的变化可以大致分为两个阶段:一是 2011—2013 年,这一期间,六省市的旅客周转量纷纷出现较大幅度下降;二是 2013—2015 年,这一期间,旅客周转量逐步回升,但与 2011 年相比还有较大差距。在总量上,2015 年广东省位居第一,江苏省次之,排在第二。

表 3.5 货物周转量(亿吨)

	北京市	上海市	江苏省	浙江省	山东省	广东省
2011 年	999.60	20 309.56	6 957.99	8 634.91	12 684.26	6 904.99
2012 年	1 001.13	20 373.37	7 904.05	9 183.41	11 077.78	9 566.24
2013 年	1 051.14	14 332.71	9 924.59	8 951.22	8 194.15	9 228.55
2014 年	1 036.71	18 633.36	10 417.86	9 539.70	8 253.03	14 801.03
2015 年	901.00	19 496.00	8 270.00	9 870.00	8 418.00	14 882.00

资料来源:根据中经网数据整理而得。

在货运周转量方面,五省市的变化趋势差别较大,北京市的变化幅度较小,大体维持在 1 000 亿吨左右,上海市在 2011 年、2012 年维持在 20 000 亿吨以上,但在 2013 年有明显的下跌,2013 年以后缓慢提高。广东省、江苏省和浙江省的货物周转量在整个"十二五"期间呈现出增长的趋势,山东省则有明显的下降。

表 3.6 客运量(万人)

	北京市	上海市	江苏省	浙江省	山东省	广东省
2011 年	139 718.00	10 033.19	246 855.20	230 769.20	251 186.60	510 653.40
2012 年	142 731.00	10 859.12	267 710.30	233 115.20	265 631.80	574 265.90
2013 年	64 160.60	11 690.50	151 444.10	135 348.30	75 074.30	153 120.40
2014 年	65 062.87	13 317.19	155 207.00	130 144.70	74 377.61	180 789.10
2015 年	62 752.00	13 844.00	138 308.00	110 951.00	60 142.00	123 709.00

资料来源:根据中经网数据整理而得。

2011—2015年，客运量大幅减少是六省市的共同趋势。除上海市与2015年相比增加约38%外，其他省市都有大幅度的下降。其中，山东和广东下降超过75%，江苏省下降幅度次之，为44%。在总量的对比上，广东省在2013年以前领先较多，2013年以后，江苏省的客运量位居第一。

表3.7　货运量(万吨)

	北京市	上海市	江苏省	浙江省	山东省	广东省
2011年	24 663.45	92 961.88	202 528.00	186 375.60	318 406.70	224 394.00
2012年	26 161.91	94 038.29	220 007.50	191 817.30	333 602.60	256 076.70
2013年	25 747.62	84 304.63	181 775.40	188 679.10	264 100.20	349 011.00
2014年	26 550.67	89 979.96	196 152.90	194 249.70	264 458.60	343 491.10
2015年	20 078.00	90 893.00	198 998.00	201 231.00	261 849.00	339 225.00

资料来源：根据中经网数据整理而得。

和客运量类似，货运量在2015年同样出现下降。除广东省、浙江省以外，北京市、上海市、江苏省、山东省都有不同程度的下降。但是在整个"十二五"期间，六省市的货运量大体稳定，变动不大。

表3.8　六省市中国物流企业50强

省市	数量	企业名称	业务收入(万元)
北京市	9	中国远洋运输集团总公司	12 471 555
		中国外运长航集团有限公司	7 531 999
		中铁物资集团有限公司	3 596 298
		中国物资储运总公司	1 985 395
		中国石油天然气运输公司	1 807 000
		嘉里物流(中国)投资有限公司	825 784
		北京长久物流股份有限公司	339 481
		中铁现代物流科技股份有限公司	238 614
		五矿物流集团有限公司	237 392
江苏省	8	连云港港口集团有限公司	913 693
		中国石油化工股份有限公司管道储运分公司	843 068
		江苏徐州港务集团有限公司	445 803
		上药山禾无锡医药股份有限公司	327 301
		南京港(集团)有限公司	286 588
		林森物流集团有限公司	284 395
		江苏九州通医药有限公司	272 958
		江苏宝通物流发展有限公司	268 993

（续表）

省市	数量	企业名称	业务收入(万元)
上海市	3	中国海运(集团)总公司	7 906 602
		安吉汽车物流有限公司	1 760 700
		全球国际货运代理(中国)有限公司	749 351
山东省	3	山东物流集团有限公司	2 643 449
		日照港集团有限公司	518 736
		青岛铁路经营集团有限公司	265 975
广东省	5	顺丰速运(集团)有限公司	4 810 000
		德邦物流股份有限公司	1 292 149
		广州铁路(集团)公司	101 300
		招商局集团有限公司	948 081
		广东省航运集团有限公司	420 427
浙江省	0	#	#

资料来源：根据中国物流与采购联合会、中国物流信息中心发布数据整理而得。

在由中国物流与采购联合会、中国物流信息中心组织实施的2016中国物流企业50强名单中，六省市除浙江省以外都有本土企业上榜。其中北京市最多，为9个。江苏省紧随其后，占据8席，广东省为5个，山东省和上海市同为3个。无论是收入规模还是入门门槛，这些企业都在发挥行业引领作用，推动我国物流企业做大做强，提高我国物流业竞争力方面发挥了重要作用。

通过以上的分析可以看出，在"十二五"期间，六省市在经济发展、人们生活水平提高、基础设施建设、物流业发展等方面都取得了巨大进步。

其中，北京市五年来地区生产总值年均增长7.5%，人均地区生产总值由2010年的1.1万美元增加到1.7万美元。城镇居民人均收入年均实际增长7.2%；农村居民人均收入年均实际增长7.8%，增速持续高于城镇居民。在物流建设方面，京津冀城际铁路网规划正式上报，京昆高速北京段建成通车，北京新机场主体工程开工建设，一批重大区域生态工程顺利推进，曹妃甸协同发展示范区等合作园区建设步伐加快。浙江省地区生产总值从27 748亿元增加到42 886亿元，年均增长8.2%，人均生产总值从51 758元增加到77 644元，综合实力不断增强，全面完成年初确定的各项目标任务，实现义新欧班列常态化运行，先后设立义乌、宁波国际邮件互换局、交换站，开展海宁市场采购贸易改革试点，加快杭州跨境电子商务综合试验区建设。为"十二五"发展划上了圆满句号。山东省全省生产总值达到6.3万亿元，年均增长9.4%，"十二五"规划27项主要指标中，12项约束性指标全部完成，12项预期性指标超额完成，3项预期性指标接近目标值，综合交通体系建设全面展开，17市实现铁路网全覆盖，96%的县(市、区)通了高速公路。

江苏省地区生产总值年均增长9.6%，2015年已超过7万亿元，人均地区生产总值突破1.4万美元。社会消费品零售总额年均增长13.7%，达到2.58万亿元，消费对经济增长贡献率达到 51.5%，成为经济增长的最大拉动力。进出口总额达到 5 456.1 亿美元，其中出口 3 386.7 亿美元。“一带一路”和长江经济带战略有序实施，与上海自贸试验区的对接不断加强，铁路总里程达 2 755 公里。

广东全省经济综合实力迈上新台阶，地区生产总值从 2010 年的 4.60 万亿元增加到 2015 年的 7.28 万亿元，年均增长 8.5%，人均生产总值从 4.48 万元增加到 6.75 万元，年均增长 7.5%。上海市全市生产总值 2015 年达到 2.5 万亿元，过去五年年均增长 7.5%。第三产业增加值占全市生产总值的比重达到 67.8%，比五年前提高 10.5 个百分点，城镇和农村常住居民人均可支配收入分别比上年增长 8.4%和 9.5%。物流业的科技与信息化水平不断提高，物流人才的管理水平、物流企业的国际化程度显著提升，第三方与第四方物流的参与度不断加强，顺利完成中国(上海)自由贸易试验区扩区工作。

第四章　2016 年面临的问题

一、供给侧改革持续进行，结构调整压力较大

《中华人民共和国国民经济和社会发展第十三个五年规划纲要》强调，要突出抓好供给侧结构性改革，并提出了“去产能、去库存、去杠杆、降成本、补短板”的五大任务，着力提高供给体系质量和效率。物流业作为战略性、基础性产业，也是供给侧结构性改革的重要内容和对象。在有效需求减少、改革力度持续加大的情况下，物流业面临的冲击已经开始显现。2011—2015 年，社会物流总额年均增长 8.5%，2015 年社会物流总额增速进一步回落至 5.8%，社会物流需求增速放缓，有效物流需求不足成为物流业发展的大趋势。

在江苏省的层面来看，2016 年 4 月 6 日《中共江苏省委、江苏省人民政府关于推进供给侧结构性改革的意见》明确提出要“去产能、去库存、去杠杆、降成本、补短板”，采取多项措施化解过剩产能，优化产业结构，同时指出要切实降低企业成本，提高企业市场竞争力。从《意见》可以看出，淘汰竞争力偏低、市场功能重合、产出缺乏有效化解的产业和企业将是长时期内政府的主要工作。因此，利用好供给侧改革的机遇，在产业结构转型升级中重新赢得竞争优势是江苏省物流必须面对的现实问题。

江苏省民营经济发展起步早、社会基础好，但是企业规模和效益仍需提升，经济发展较为粗放，科技对经济的拉动作用依然较低，对新技术和智能化的应用缺乏力度，产业结构不够合理，转型升级潜力较大，在供给侧改革的背景下受到的冲击较多，物流业作为基础和服务行业，在经济整体下行的形势下，如何应对需求总量减少、现代化与信息化步伐加快、物联网趋势的冲击等面临很大挑战。

二、物流企业运营成本过高，营商环境有待改善

长期以来，对于改善企业发展环境的呼吁不绝于耳，国家和地方政府以及有关部门从立法、执法、税收、融资等方面采取了诸多措施，企业营商环境也有了较大改善，但与企业预期仍有差距。“十二五”以来，江苏省物流业各类负担仍然较重，符合物流企业预期的营商环境仍有待完善，影响了企业的可持续发展，增加了结构调整下企业转型升级的成本与风险。但在目前情况下，企业营商环境的改善是一个长期过程，所以在 2016 年，物流企业面临的发展环境依然亟须改善。

（一）税费负担依然较重，财政政策难以转化为企业红利

根据《中国物流发展报告(2014—2015)》的统计，82%的企业缴纳法定税费占企业主营业务收入 15%以下，12%企业占收入的 15%—25%，还有 6%企业占收入的 24%以上，企业税费负担整体较重。针对各地财政补贴落实不到位，以及印花税、防洪保安基金、水利基金、教育附加税等收费不合理问题，企业呼吁应该增加政策透明度，提供政策的延续

性与可操作性，减少重复征税，减少企业负担。

(二) 各类罚款明目多、随意性大，通行环境亟待好转

为了规范物流行业的有序发展，江苏省以及各地级市出台了一系列法律法规，但这些法律法规的预期与实际落地有较大差距，随意执法、分头执法、重复罚款、处罚过重等现象时有发生。具体表现为：① 计重收费：收费标准过高、计重不准、无法使用ETC；② 过桥过路费收取：收费标准过高、超限收费标准不合理、超期收费、延期收费；③ 公路罚款：只罚不纠、监管不严、自由裁量权大、随意性强。这些关系基本营商环境的问题层出不穷、长期存在，大大增加了企业运营成本。

(三) 融资渠道不畅，资金来源单一、成本高

物流基础设施具有资金需求大、投资回收慢且周期长的特点。目前，贷款难以完全满足项目需求，其他融资渠道也有所受限，此外，多数银行还没有根据物流与供应链金融发展特点调整相应的组织机构，也缺乏合适的考核机制与内部激励机制来有效激发银行对物流与供应链金融业务的关注热情，从而使得开展物流与供应链金融业务的范围较为狭窄。由于物流企业在提供物流服务过程中要给客户垫付大量资金，且账款回收周期较长，一般为1—3个月，有时达6个月，由此带来较大的流动资金压力和风险。为了保证信贷资产质量，银行发放贷款多为抵押方式，而物流业由于其特殊性，企业资产结构中固定资产比例小，缺乏可以抵质押的不动产，抵押物创新滞后，难以满足银行的放贷要求，这严重限制了物流企业获得融资的可能性。

(四) 用工成本高，流失严重

物流业作为第三产业，对人力资源有较大的需求，人力成本占企业运营成本的很大比例。随着员工工资上涨、社保基数上调，货车司机、操作性员工的大量流失，物流企业的用工成本普遍上升。并且物流企业外地员工较多，员工难以享受到社保福利，企业缴纳的社保比例难以转换成员工的福利，企业的人力成本长期维持在较高水平。

三、物流业发展缺乏整体的规划与引导

物流业发展牵涉众多，不仅涉及铁路、公路、水路与航空运输，还涉及邮政业、仓储业、包装业、配送业、流通加工业等，需要合理规划、统一协调。在物流政策的制定、物流园区的规划、物流体系的建设、物流信息化的推进上，需要政府、社会各界协调配合，但目前江苏省由省发展改革委会、省经济与信息化委会、省商务厅、省交通运输厅等多个部门分散管理，不同部门协调成本过高，导致物流业发展缺乏整体协调，物流企业面临的多头领导、政出多门、政策冲突等现象时有发生。与物流业发展相关的投融资制度、土地使用制度、市场准入与退出制度等在不同部门、不同行业、不同地区往往有较大差距，影响了物流业的正常发展。

另外，由于各级行政地域以及各部门之间的分割，其建设在不同行政单元、不同部门之间往往缺乏协调，造成恶性竞争、效益低下，容易产生无效投资和重复建设现象，严重影响物流基础设施投资的回报，降低地区物流的整体效益。以物流园区建设为例，江苏物流园区建设缺乏统筹规划，园区布局不够合理，盲目投资、低水平重复建设现象仍然存在；部分物流园区与综合交通设施缺乏有效衔接，集疏运通道不畅；部分物流园区片面追求占地

面积,存量资源改造提升不足,同质化竞争现象较为普遍,建设发展有待规范。物流园区的管理体制尚未理顺,跨部门、跨区域的物流园区规划建设协调机制尚未建立,行政壁垒、行业壁垒依然存在;制约园区建设和发展的土地、投融资、财税等问题较为突出;园区的建设标准、评价体系等基础工作需进一步加强,体制政策环境有待完善等问题。

四、信息化程度偏低,信息系统功能不完善

现代物流业的发展已经不再局限于传统的货物运输、仓储、搬运等低水平、劳动强度大的层次,而是更倾向于利用现代信息技术的广泛应用,通过对大数据的处理、"互联网+"思维的运用、信息平台的构建等,进行自动化程度更高、信息交换更为畅通、产业合作更为紧密的现代物流运作。

目前,江苏省缺乏统一的物流信息交流平台,在信息建设的具体操作标准上存在较大真空,难以进行有效的物流资源整合,难以形成一个区域内的现代物流系统,各物流企业只能根据自己的现有能力为客户提供有限的物流服务。这就形成了大量物流资源浪费,以及社会物流成本的增加,从而导致江苏省内物流运作水平较低、物流总成本过高。在物流基础设施还不完善,物流信息技术开发与应用相对落后的情况下,很难实现物流信息的标准化建设。虽然江苏省以及个别地级市和物流企业建立了一些交流平台和网站,但这些网站信息资源重复,又缺乏时效性。因此,缺少一个具备综合的江苏省物流公共信息平台,将这些分散的信息进行集中管理和维护。在企业物流信息平台建设方面,主要以企业的基础网络建设和物流应用系统为主,企业内部的物流信息分散,缺乏统一的管理,除了个别规模较大的如京东、苏宁等企业,大多数物流企业仍然无法实现电子商务,这极大影响了物流效率。在物流信息技术应用方面,江苏省物流企业主要集中在物流信息采集技术的应用上,以条形码技术应用为主,RFID 技术以及 GIS 的应用少之又少,由于物流信息采集技术应用的限制,使得物流信息缺乏时效性。

五、物流业效率、效益有待提高

近年江苏省物流费用占 GDP 的比重逐渐降低,不过,单纯从绝对数据来看,占比依然较高,总体变化不大。尤其相比于世界发达国家,物流成本依然较高,这个数据在西方发达国家的占比只有 10%—15%,高物流成本削弱了企业的市场竞争力。

表 4.1　江苏省"十二五"期间物流费用表

	运输费用		保管费用		管理费用		总额	占 GDP 比
	数量(亿元)	占费用比(%)	数量(亿元)	占费用比(%)	数量(亿元)	占费用比(%)	(亿元)	(%)
2011 年	4 038.20	53.80	2 664.70	35.50	797.80	10.60	7 500.70	15.27
2012 年	4 450.70	53.50	2 990.10	36.00	872.50	10.50	8 313.30	15.37
2013 年	4 832.60	53.50	3 264.50	36.20	924.50	10.30	9 021.50	15.10
2014 年	5 174.11	52.60	3 647.71	37.10	1 013.45	10.30	9 835.27	15.10
2015 年	5 403.83	51.90	3 914.91	37.60	1 093.26	10.50	10 412.00	14.85

资料来源;根据江苏省发展改革委员会公报整理。

运输费用、保管费用以及管理费用也随着全国社会物流总费用的增长而增长，运输费用最多，其次是保管费用，最少的是管理费用。由此可见，为使物流总费用降低，必须先从运输环节入手。此外，江苏省物流业众多，物流园区建设加快，但公共交流平台尚未形成，重复建设、盲目竞争现象严重，跨企业、跨园区、跨地域的政策沟通、信息交换、资源共享没有形成趋势，这都导致了资源浪费，不能充分发挥有限资源的最大作用。

从总体来看，江苏省物流组织化、规模化程度不高，物流企业小而散的格局没有得到根本改变，物流园区集约化程度低，物流质量和物流效益普遍较低。各种运输方式之间缺乏有效衔接。物流信息共享机制没有形成，公共信息平台作用尚未发挥。物流标准推广力度不够，物流技术、服务标准体系仍需进一步完善。

第五章　2016 年江苏省物流业发展展望

一、加强基础设施建设，夯实物流业发展基础

交通基础设施作为经济社会发展的基础和必备条件，可以为发展积蓄能量、增添后劲。长期以来，江苏省经济发展离不开交通基础设施建设的助推。“十二五”期间，江苏省交通基础设施建设规划总投资约 5 000 亿元，比“十一五”增加约 40%，平均每年 1 000 亿元，涉及项目众多。沪宁铁路、沪宁高速公路、禄口机场、苏南机场、奔牛机场等交通基础设施的建设，以及包括沿江高速公路、宁启铁路、南京港、镇江港、扬州港、江阴港、泰州港、苏州港、南通港等交通基础设施的沿江交通线，连江通海的区位优势和临港产业集聚的优势都为物流业的发展奠定了坚实的基础。在“十三五”期间，加强基础设施建设，夯实物流业发展基础显得尤为重要，要把基础设施的建设与物流业的需求更加紧密地联系起来。一是发挥江苏海、陆、空综合交通枢纽的传统优势，加强不同运输方式的整合，推动多种运输方式的有效衔接，推进多式联运发展，优化完善货物集疏运体系。二是优化提升现有的沿海、沿江港口和铁路、公路设施，提升管理运营水平，改革经营管理模式，创新管理体制和机制，提升使用效能和科技水平，促进基础设施由“硬优势”向“软优势”的转化，推动基础设施由大向强的转变。三是牢牢抓住国家“一带一路”建设的战略机遇，既要在“一带一路”沿线国家和地区增加航空物流的运输比例，提升航空物流业的地位，又要发挥连云港、徐州等城市在“一带一路”建设中的特殊作用，加快物流园区和港口建设，积极争取国家政策和相关扶持，抓紧、抓好大项目的引进与落地，把基础设施的建设融入到物流国际化进程中。四是推动大项目建设，发挥大项目的拉动作用，在铁路与轨道交通、港口航道、公路建设、航空机场、综合枢纽等重点领域实现新的突破。五是努力实现南京、徐州、连云港三大国家级和苏州、南通、淮安等区域性综合交通枢纽错位发展，形成“2 小时江苏”快速交通圈，将节点城市、区域提升、城乡互补综合规划，实现重大突破与全面提升。

二、深化物流管理体制改革，建立合理规范的物流管理体制

建立合理规范的物流管理体制、营造公平竞争的市场环境需要继续深化物流管理体制改革。在深化物流管理体制改革、建立合理规范的物流管理体制的过程中，需要把企业自我发展功能、行业协会自我规范功能与政府公共服务职能紧紧结合在一起。一是要发挥政府的公共服务职能，从江苏沿海大开发、长江经济带和国家“一带一路”三大战略建设视角下，做好“十三五”江苏物流产业发展规划。完善物流信息采集、交换、共享、开放机制，搭建现代化物流业政务交流管理平台，做好服务企业、规范市场行为、开展合作交流、人才培训咨询等方面的中介服务，抓紧研究制定物流业产业政策，建立和完善物流业政策法规体系，通过立法明确物流业产业地位。鼓励物流与制造业联动发展，运输服务升级；

运输与物流装备升级、城市配送、冷链物流、大宗物资物流等的发展，做到有所为有所不为。二是要充分发挥物流、仓储、交通运输、港口和国际货代等协会的桥梁和纽带作用，加强调查研究，提供政策建议，进一步发挥行业组织的功能和作用，从物流产业标准制定、定价权、运营流程、技术管理认证等方面主动发力，提升话语权，扮演好沟通、协调的角色，在企业、政府、市场之间架起桥梁和纽带，参与行业管理。三是要增加企业主动性和话语权，真正做到以市场为导向、以企业为主体。把企业纳入到深化物流管理体制改革的进程中。从物流业税收政策、物流业土地政策、物流企业行政管理等方面为企业松绑。

三、抓住“一带一路”建设机遇，加快物流国际化步伐

“一带一路”政策是2013年习近平主席出访中亚和东盟期间提出的。“一带一路”作为中国对外开放的新战略手段，在促进物流发展，加强中国地区交流中都起到了非常重要的作用，初步形成了东西互济、海陆统筹的发展格局。作为“一带一路”沿线上的经济大省，江苏省在铁路、公路、海运和空运等建设发展方面取得了有目共睹的成就，但物流的快速发展，与发达国家相比还有较大差距，物流行业国际化步伐难以满足国家战略的实施与世界范围内的资源交换。“一带一路”建设的主要内容是加强政策沟通、道路联通、贸易畅通、货币流通、民心相通。这“五通”之间紧密联系、相互促进，关联性和耦合性强。其中，道路联通、贸易畅通、货币流通同物流企业的主业经营密切相关，将给国内物流企业集群式“走出去”提供一次重大机遇。抓住“一带一路”建设机遇，在“一带一路”战略的推动下积极“走出去”，对于推动江苏省物流业发展将会产生重要促进作用。一是要瞄准世界物流产业发展趋势和物流构架，有的放矢，全力加快海运、航空、铁路、公路等物流通道建设，加强物流基础性建设，改善物流发展环境。二是要抢抓国内重点省区加快“一带一路”建设的契机，对接“一带一路”重点省区和节点城市，南通珠三角物流网和长三角物流网，北接环渤海物流网，联通中西部物流通道，力争实现与国内“一带一路”相关省区物流通道的无缝对接。三是要在“十三五”期间着力布局江苏省内物流运输基础设施，重点完善江苏物流运输网络，以外联内通的格局促进江苏物流产业发展。四是要灵活培育物流企业，建设专门物流集群鼓励通过兼并、联合等形式进行资产重组和业务整合，努力培育一批经济效益高、社会影响好、管理水平先进、具有国际领先水平的物流企业，引导企业走联合发展道路，发展一批大型化、社会化、专业化的物流企业。五是要积极培育国际型物流企业及物流人才，为江苏省国际物流企业培育输送优秀人才，满足江苏省对接“一带一路”国际化物流业务快速增长的需求。

四、积极运用“互联网＋”思维，适应“互联网＋”物流发展趋势

“互联网＋”的环境下，物流业的竞争形态发生了很大的改变，物流市场的竞争模式和格局将发生很大的改变，加速洗牌。“互联网＋”的新形势需要物流企业用互联网思维变革物流运作模式，全面推行信息化，实现智慧物流。

一是要搭建区域性云物流服务平台以适应不同物流企业的需求，提高信息化应用水平，推动物流企业信息化建设，全面提升物流业总体水平及综合服务能力，逐步完善利益均沾、信息共享的国际型物流信息服务平台。二是要大力发展第四方物流平台，整合第三

方物流资源和物流基础资源,引导企业合理运用不同的物流模式,降低企业物流成本。三是要紧跟大数据时代物流产业的创新和创意,构建互联互通、及时高效的信息体系,增进物流服务精准化与智能化。四是要选择以物联网和电子商务为载体,搭建 P2P、O2O、O2P 等形式的物流平台,大力发展"互联网 + 物流"。五是要鼓励企业广泛应用条码、射频技术、全球定位系统、订货系统及数据仓库技术等技术和现代物流管理软件,实现物流作业的自动化和信息化、物流管理的专业化和高效化,引导企业根据自身条件和业务需求,完善信息发布、信息查询和综合服务等功能,实现订单处理一体化、仓库管理智能化、货物跟踪全程化、客户咨询自动化,实现信息流与物流的同步统一,拓展信息技术在企业应用的深度和广度。六是要充分发挥江苏省的人才优势,加强与高校科研院所的联系,促进产学研相结合。

五、加强政府规划引导,促进区域协调发展

江苏省是长江沿线运输线的重要省份,也是长三角地区的经济大省,对于沪浙皖等地区的承接和带动作用扮演重要角色。但是在物流业的发展规划方面却长期缺乏联动、协调机制,导致在跨区域的物流运作中物流的效率和效益受到很大影响,协调和转换成本过高。从江苏省省内来看,物流产业的具体发展规划往往是由某地、某个部门或行业牵头完成,带有明显的地方、行业和部门色彩,缺乏从一定区域整体角度去考虑物流设施的投入建设,使江苏省的物流发展缺少相关规划的配合,在地区行政区划的限制下,地方保护主义时有发生,各种运输方式之间无法实现高效的联动和衔接,物流园区建设缺乏统筹规划,园区布局不够合理,盲目投资、低水平重复建设现象仍然存在,公共服务平台建设滞后,设施共用、信息共享机制尚未形成,行政壁垒、行业壁垒依然存在,体制政策环境有待完善。加强江苏省与长江沿线、长三角地区的联系与协调,通过合理的规划与引导促进江苏省省内不同区域的协调发展显得尤为迫切。

在与长三角、浙沪皖等区域的合作与协调方面,一是加强长三角各区域的物流交流与合作,提高省际之间物流节点的衔接,特别是与上海、浙江和安徽等之间。促进区域内物流一体化,共同培育统一开放、通畅高效的现代物流市场体系。二是充分发挥"南京都市圈"体系下的物流系统构建,加强南京都市圈的辐射效应,发挥南京经济中心作用和交通枢纽功能。三是建立区域协调机制,以网络化的物流企业为主体,加强与周边区域的物流合作,共同致力于消除区域物流障碍。鼓励第三方物流企业整合区域内中小型物流企业,构建区域性物流网络,同时引进国内外大型物流企业在江苏设立分支机构。四是通过资金引导和政策扶持等措施对分散的物流企业和资源进行整合,支持有实力的物流企业以资产为纽带,参与区域物流产业合作和区域物流网络建设。

结合省内不同区域经济发展特点和产业特色,构建与区域内物流产业紧密配套的物流联动保障体系。坚持区域联动发展,推进江苏物流业协调发展。加快制定江苏物流专项规划,把握物流业发展新趋势,明确江苏物流业发展重点,合理调整物流业空间布局,突出重点物流园区和基地建设,更好地指导江苏物流业发展。努力形成以苏南为中心,苏中、苏北为两翼的物流发展新格局,在苏南的南京、苏中的南通和苏北的徐州,建立具有区域带动和辐射效应的物流发展增长极。坚持苏南苏中苏北物流的区域联动发展,既形成

各自的特色物流，又能南北呼应，联动发展，构筑江苏物流全面协调可持续发展的良好局面。

六、倡导发展现代绿色物流

物流业的发展不是一个单一或者被动的过程，既需要主动迎合大数据、“互联网＋”等新兴趋势，融入现代发展的潮流，又需要物流从业企业和人员通过物流业的发展进步推动社会的进步、促进社会问题的解决，把自身的发展和整个社会的发展紧密结合起来。目前，我国的经济社会发展面临着严重的环境污染等社会问题。一是我国的城市大气环境污染日益严重。二是我国水资源匮乏及水污染问题日趋严重，全国有 300 多个城市缺水，每年因供水不足影响工业产值 1 200 亿元以上。三是垃圾污染已成为当今社会的重要问题。可持续发展战略的实施，就是要求企业在生产经营活动中承担社会责任，将物流活动同自然环境、社会环境的发展协调起来，使物流活动有利于环境的良性循环。提高资源利用效率，在经济可持续的发展中大力推动物流业的发展，使经济建设与资源、环境相协调，以保证社会实现良性循环是物流在新的发展阶段面临的新课题。绿色物流作为全新的现代物流形态在我国尚处在起步阶段，作为一种新的物流模式，绿色物流符合可持续发展的要求和人类生存发展的利益，代表了未来物流发展的方向和趋势。

首先，对于政府层面，一是政府部门和领导应尽快转变观念，确立发展绿色物流的全新理念，加强舆论宣传和物流绿色化的造势，提高全社会的绿色物流意识，提高绿色物流的社会化程度。二是大力推动对现有的物流体制的改革与构建，做好绿色物流的政策性建设，构筑好绿色物流发展与进步的外部环境。三是合理运用税收、融资等政策措施，以第四次零售革命、云消费等新技术革命为契机，精准实施构建市场消费的最优、便利、快捷物流通道，选择江苏物流产业发展的节点城市，如南京、苏州、徐州、南通、连云港等地，整合物联网、电子商务运营商、实体企业、代销点、直销店等消费平台的物流资源和国际物流园、大型仓库、综合保税区等物流产业载体，建设综合性的物流储存、集疏运产业基地，搭建江苏综合立体的绿色物流网络。四是大力发展多式联运，合理选择物流通道，减少物流中转环节，直接惠及物流客户和主体。五是提高物流设施和各种物流资源的集约利用率，鼓励和推广低碳物流装备和技术的应用，不断降低物流业能源消耗和污染排放，确保物流业安全有序运行。

其次，对于企业而言，一要树立长远发展的观念，把企业自身的发展与国家、社会的发展紧密结合起来，既要从社会的发展趋势中谋求自身利益，又要积极通过自身的发展推动社会的进步，以此赢得更大的发展空间，形成良性循环。二要主动适应新技术、新理念广泛应用的趋势，把绿色物流发展作为企业蜕变、提升的新契机，借助节能设备设施、射频技术、再循环、再利用等的应用，提高企业工作效率、资源利用效率。

参考文献

[1] 江苏发改委. 江苏省“十二五”物流业发展规划(2011—2015 年)[EB/OL]. http://wenku.baidu.com/link? url=T1OPBNEKlZ6nlg_AT5UiEHdCQRejRWhdI1FRHh1dohcr-lHgCUYEBkuFnSXYxddE_e3oms28S5m3oz39eN3xw_udlw5ohCe6DCEsXOsMo1e,2011-11-27.

[2] 江苏省发展和改革委员会. 江苏省物流园区发展规划(2014—2020)[EB/OL]. http://www. xici. net/d203790245. htm,2014-06-10.

[3] 江苏省发改委. 2012 年江苏省物流业发展情况及 2013 年展望分析[EB/OL]. http://wenku. baidu. com/link? url=qB6WcFUgFI3F86z2Lma86bHLR3ujahC9Kh32S4GXOqVXoPw0Fq3vuKYwMghJx0KP-9UwoXAn4L2HunHVFgD2UYPfYoRJPQ6tXN1VO_zSpsO,2013-04-28.

[4] 中国物流与采购联合会. 中国物流发展报告(2014—2015)[R]. 北京:中国财富出版社. 2016.

[5] 广东省现代物流研究院. 广东省物流业发展报告(2014—2015)[R]. 广州:广东出版社. 2016.

[6] 山东省发改委. 山东省现代物流业"十二五"发展规划[EB/OL]. http://www. sdfgw. gov. cn/art/2014/5/29/art_299_82290. html.

[7] 北京市发展和改革委员会. 北京市"十二五"时期物流业发展规划[EB/OL]. http://zhengwu. beijing. gov. cn/ghxx/sewgh/t1212854. htm.

[8] 浙江省发展改革委员会. 浙江省"十二五"物流业发展规划[EB/OL]. http://zh. cnnb. com. cn/zhnews401/xxcs/xx01/20110721173643-4. htm.

[9] 上海市发展和改革委员会. 上海市现代物流业发展"十二五"规划[EB/OL]. http://www. shanghai. gov. cn/shanghai/node2314/node25307/node25455/node25459/u21ai628612. html.

[10] 广东省人民政府. 推进珠江三角洲地区物流一体化行动计划(2014—2020 年)[EB/OL]. http://zwgk. gd. gov. cn/006939748/201411/t20141118_555779. html.

[11] 广东省发展和改革委员会. 广东省物流业调整与振兴规划[EB/OL]. http://csl. chinawuliu. com. cn/html/19885680. html.

地区篇

第一章　南京市物流业发展报告

“十二五”以来，特别是党的十八大以来，南京全面推进物流供给和环境质量，抢抓“一带一路”、“长江经济带”、“江北国家级新区”等战略机遇，物流总额平稳增长，物流供给转型升级态势明显，物流环境持续向好，不仅充分发挥了物流“先行官”作用，而且对于进一步优化经济发展布局、拓展城市成长空间、培育经济增长新动力、提升南京城市综合竞争力，具有重要的牵引和带动作用。

一、南京市物流业发展概况

（一）物流需求进入调整期

1. 社会物流总额平稳增长

2015 年全市社会物流总额 27 787.52 亿元，同比增长 7.96%。其中工业品物流总额 15 600.05 亿元，同比增长 7.19%，占社会物流总额的 56.14%；进口货物物流总额 1 355.36 亿元，同比下降 10.28%，占社会物流总额的 4.88%；农产品物流总额 199.33 亿元，同比增长 8.29%，占社会物流总额的 0.72%；外省市商品购进额 10 476.99 亿元，同比增长 11.68%，占社会物流总额的 37.70%；其他为 155.79 亿元，占社会物流总额的 0.56%。全年社会物流总额呈稳中趋缓的发展态势。

表 1.1　2011—2015 年南京市社会物流总额　　（单位：亿元）

	2011 年	2012 年	2013 年	2014 年	2015 年
社会物流总额	19 108.7	21 764.8	23 437	25 738.6	27 787.5
工业品物流总额	11 425.9	13 162.6	13 859.6	14 552.8	15 600.1
进口货物物流总额	1 711.4	1 466.7	1 457.4	1 510.7	1 355.4
农产品物流总额		152.9	168.6	184.1	199.3
外省市商品购进额	5 799.9	6 930.9	7 909.5	9 381.2	10 477.0

从增速看，社会物流总额增速从 2011 年的 26.4%逐年放缓，到 2015 年回落到 8.0%，进入调整转型期。

2. 国际物流需求总体偏弱，结构不断优化

受国际大宗商品价格大幅下跌等因素影响，2015 年进口物流总额同比下降 10.28%。

（二）物流供给转型升级态势明显

1. 物流业增加值平稳增长

随着南京市现代物流业的快速发展，物流社会化、专业化发展加快，产业细分更加深入，全市物流市场规模进一步扩大。2015 年全市物流业增加值 655.72 亿元，按可比价格

计算增长8.41%,物流业增加值占全市服务业增加值的比重为11.77%。

表1.2 2011—2015年南京市物流业增加值 (单位:亿元、%)

	2011年	2012年	2013年	2014年	2015年
物流业增加值	436.3	485.2	524.7	604.8	655.7
物流业增加值占服务业增加值的比重	13.5	12.6	12.0	12.3	11.77

2. 物流质量加速提升

(1) 社会物流总费用增速回落明显

2015年全市社会物流总费用1 433.03亿元,同比增长7.59%。社会物流总费用与GDP的比率为14.74%,比去年下降0.4个百分点。物流总费用的构成:运输费用702.49亿元,同比增长6.95%,占社会物流总费用的49.02%;保管费用544.13亿元,增长8.43%,占社会物流总费用的37.97%;管理费用186.41亿元,增长7.60%,占社会物流总费用的13.01%。

社会物流总费用、运输费用、保管费用和管理费用增速分别由2011年的13.20%、12.70%、13.90%和13.80%,下降到2015年的7.59%、6.96%、8.43%和7.56%,增速回落明显。

表1.3 2011—2015年南京市社会物流总费用 (单位:亿元、%)

	2011年	2012年	2013年	2014年	2015年
社会物流总费用	994.9	1 126.2	1 219.8	1 331.9	1 433.0
运输费用	499.1	562.5	612.7	656.8	702.5
保管费用	363.4	413.9	449	501.8	544.1
管理费用	129.0	146.8	158.1	173.3	186.4
社会物流总费用与GDP比率	15.7	15.6	15.2	15.1	14.74

(2) 社会物流总费用与GDP的比率进入加速回落期

2015年社会物流总费用与GDP的比率为14.74%,同比下降0.36个百分点,连续四年下降,进入加速回落期,表明物流运行质量和效率有所提升。究其原因,主要受以下两个方面的影响:

首先,产业结构调整稳步推进,服务业主体地位继续强化。在国民经济整体"调结构、转方式"的大背景下,淘汰落后产能和化解过剩产能步伐稳步加快,经济结构加速优化、更趋协调。2015年第三产业增加值占国内生产总值的比重为57.3%,比上年提高1.5个百分点,服务业主体地位继续强化,高于第二产业17.0个百分点。2015年比2010年("十一五"收官之年)提高了9.6个百分点。根据测算,服务业增加值占GDP的比重每上升1%,社会物流总费用与GDP的比率下降约0.3%—0.4%。工业结构升级加快,规模以上工业企业完成高新技术产业产值占全市工业的比重为45.3%。

其次,行业提质增效的成效初步显现。在国民经济整体增速放缓、企业经营效益走低的背景下，各行业重视物流效率的提升，努力实现转型和提升发展，物流费用增速明显减缓。① 生产经营方式向供应链模式转变。2015 年制造业企业货物库存额占营业收入的比重比 2010 年下降 1.49 个百分点，反映出制造业企业存货的流动性水平有所提高。2015 年社会物流总费用中仓储费用增速比 2011 年回落 5.47 个百分点；② 融资难融资贵等问题得到改善。2015 年内国家、省市相继出台的降息、减税、清费等一列政策，对企业降本增效起到积极作用。③ 物流技术、运作等管理方式有所提升。2015 年物联网、云计算、大数据等新兴技术在物流行业得到推广应用，物流管理水平进一步提升。2015 年社会物流总费用中管理费用增速比 2011 年回落近 6.24 个百分点；④ 国家积极推进减免物流相关的收费项目。例如，推进收费公路专项清理，降低偏高的车辆通行费收费标准，农产品冷链物流的冷库用电费降至与工业企业相同，等等。

(3) 物流业发展综合实力省内领先

江苏全省 13 市中，南京物流业发展处于领先位置。2015 年南京物流行业基础条件及效益指数 0.805 9，居全省第一，比全省 0.527 1 的平均水平高了 0.278 8；综合物流指数 0.784 6，居全省第二；物流发展与经济总量关系指数 0.818 5，居全省第二；物流增长指数为 0.095 9 高于全省 0.057 3 的平均水平，这主要是由于物流行业规模大、基数大，行业发展成熟，物流增长相对处于较低状态，仍属正常态势。

(4) 新兴运输业态大量涌现，快递业务突飞猛进

近年来，货运代理、物流服务、多式联运、快递业务和信息服务等多种运输服务业方式发展迅速，货物运输及时性、高效性和实现。延展性极大地提高，“门到门”、“仓库到仓库”，甚至是货物的包装、储存、加工等都已经可以通过运输业的服务来实现。

“十二五”期间，快递业已成为人们关注的热点行业之一，2015 年南京快递业务量突破 5 亿件，达 5.03 亿件，业务量分别是 2013 年的 2.5 倍、2014 年的 1.8 倍，2015 年较 2014 年 77%的增幅创历史新高。快递业务收入完成 60.09 亿元，同比增长 45.96%。

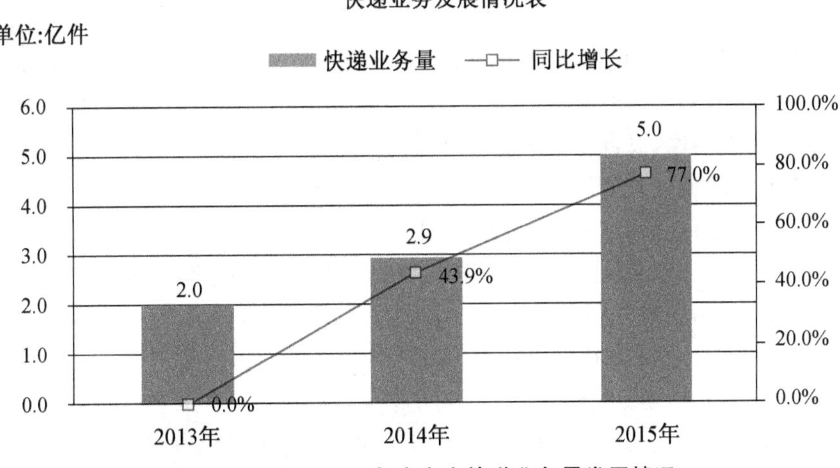

图 1.1 2013—2015 年南京市快递业务量发展情况

快递业务收入在行业中占比继续提升。快递业务收入占行业总收入的比重为 77.90%，比上年提高 2.87 个百分点。

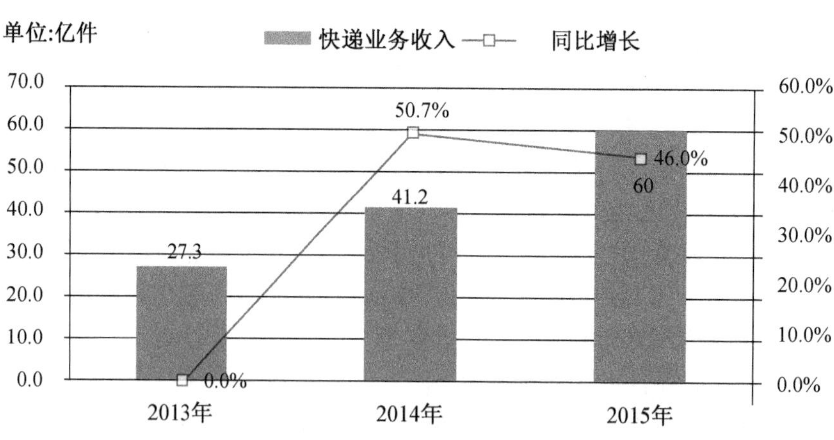

图 1.2　2013—2015 年南京市快递业务收入发展情况

同城快递业务增势强劲。全年同城快递业务量完成 1.70 亿件,同比增长 97.14%;实现业务收入 12.19 亿元,同比增长 96.41%。

异地快递业务快速增长。全年异地快递业务量完成 3.26 亿件,同比增长 70.40%;实现业务收入 39.16 亿元,同比增长 40.31%。

国际及港澳台快递业务小幅增长。全年国际及港澳台快递业务量完成 0.07 亿件,同比增长 4.79%;实现业务收入 5.24 亿元,同比增长 6.35%。

同城快递业务占比小幅上升。同城、异地、国际及港澳台快递业务量占全部比例分别为 34.52%、64.06%和 1.42%,业务收入占全部比例分别为 20.68%、64.49%和 8.21%。与上年相比,同城快递业务比例继续上升。

民营快递企业持续快速发展。全年国有快递企业业务量完成 0.30 亿件,实现业务收入 5.10 亿元;民营快递企业业务量完成 4.72 亿件,实现业务收入 51.94 亿元;外资快递企业业务量完成 0.02 亿件,实现业务收入 3.06 亿元。国有、民营、外资快递企业业务量市场份额分别为 5.95%、93.65%和 0.40%,业务收入市场份额分别为 8.49%、86.42%和 5.09%,与上年相比,民营快递企业市场份额持续提升。

(三) 物流环境持续向好

1. 综合交通枢纽全面发展,客货运输周转量持续增长

"十二五"时期,随着交通基础设施的大规模建设和运输装备的不断改善,公路、铁路、水运、民航、管道五种运输方式全方位、立体化的综合交通运输体系加快构建,开启了我市交通运输业的现代化征程。相比 2010 年,2015 年全市民航、铁路、水运客运周转量分别增长了 85.6%、81%及 40.7%;公路、民航货运周转量分别增长了 37.7%及 26.9%。其中,港口完成货物吞吐量达 2.1 亿吨,增长 32.9%,港口集装箱吞吐量 276.5 万标箱,增长近 1 倍。2015 年全市交通运输、仓储和邮政业实现增加值 307.96 亿元,是 2010 年的 1.2 倍。

2. 城市道路建设快速推进,轨道主干交通成网

"十二五"时期,全市高速公路里程新增 119.36 公里,达 599.36 公里。2015 年 4 月,

随着跨江大动脉全长 44.8 公里地铁三号线的贯通，南京共建设运营 1 号线、2 号线、S8 号线、S1 号线、10 号线及 3 号线 6 条轨道线路，121 座车站，线路总长 225.4 公里，位居全国第四位。轨道交通设施的不断完善，支撑了城市发展与空间拓展，目前南京轨道交通主城“井字三环”快速路网、“经六纬十”主干路网基本形成，轨道交通已覆盖城市主要客流走廊。

3. 民航架起空中桥梁，四大洲客运直航可达

2015 年 6 月 30 日，南京至洛杉矶定期客运航班正式开通，成为江苏首条直飞北美客运航线，这也是南京禄口国际机场继法兰克福、悉尼航线之后开通的第三条远程洲际客运直达航线，目前南京至东南亚、欧洲、澳洲、北美洲四大洲直航可达。禄口机场现有客货运航线通往 55 个国内主要城市、25 个国际和地区城市，在机场运营航班和包机的中外航空公司达到 52 家，每周进出港航班达到 2 850 班。机场还在苏皖两地建立了 18 座异地候机楼和 5 座异地城市货站，使得机场枢纽功能进一步拓展。

4. 融入“一带一路”战略，开拓港口发展新空间

“一带一路”是指建设“丝绸之路经济带”和“21 世纪海上丝绸之路”战略，南京地处“长江经济带”与“海上丝绸之路”交汇处，成为沟通南北、辐射东西的重要综合交通枢纽。“十二五”末，长江南京段形成了从马渡到铜井的 13 个港区，生产性泊位 308 个。2015 年 6 月 29 日，长江南京以下－12.5 米深水航道二期工程正式开工，届时 5 万吨级海轮可从长江口直达南京港，南京将成为真正意义上的“海港城市”，使曾经的“中国内河第一大港”南京港迎来战略地位的再次提升，成为长江流域江海转运的重要节点。2015 年结合港区功能调整和滨江风光带建设，长江二桥至三桥间的生产性泊位全部迁出，为城市发展腾出了 18.2 公里生活岸线，江海联运、海铁联运、水陆联运能力和水平将不断得到提高。在长江经济带、“一带一路”等国家战略带来的机遇面前，南京港地位的提升必将深刻改变城市的经济版图。

5. 高铁时代飞驰而至，路网规模不断扩大

2011 年 6 月 28 日，号称“亚洲第一大火车站”的高铁南京南站正式投入运营，这里连接了京沪、宁杭、沪汉蓉等 8 条高等级铁路，是京沪高铁五大始发站之一，也是“四纵四横”高铁路网中的重要枢纽。南京站、南京南站以其发达紧凑的综合交通体系，成为高效辐射周边的核心节点。南京至北京铁路通达时间减少一半以上，点对点的大站直达和广覆盖的多站停靠等客运产品不断丰富。2015 年 7 月末，运营 86 年的空军大校场机场的搬迁，不仅为寸土寸金的高铁南站附近释放了 10 余平方公里的可开发利用土地，也解除了长期制约城市南部地区规划建设发展的瓶颈，高铁枢纽经济迎来更大的发展空间。

二、南京市物流业发展存在的主要问题

(一) 物流有效供给不足

1. 物流规模、增速低于同等城市

2015 年，南京物流业增加值为 655.72 亿元，远低于深圳 2014 年的 1 614.18 亿元，南京物流增加值增长 8.41%，低于全市 GDP 增速 9.3%，更低于服务业增加值增速 11.3%，也低于 2013 年物流业增加值增速 10.3%。南京社会物流总额 2015 年同比增长 7.96%，增速低于 GDP 增速 9.3%，且 2015 年物流业增加值占 GDP 比重占比为 6.75%，

远低于2014年深圳占比的10.1%。南京这一数据明显较低。

2. 企业主体结构性矛盾

(1) 主体规模结构性矛盾。南京物流业的飞速发展带来了物流企业的数量快速增长，但是大量增加的物流企业中，很大一部分只能称为是物流经营户，大部分属于个体经营，管理理念落后，平均拥有运输车辆不足2辆，很多经营户都是从事单一的送货或者运输业务，只有一辆车甚至一辆车都没有的"夫妻老婆店"也是为数不少，信息化程度低。据统计，截至2014年9月，南京从事物流类的经营户有近35 000户，但法人企业只有2 000家左右，资产在1 000万元以上、从业人员超过50人的不到500家。一方面，这是市场长期发展的结果，符合小规模分散经营的特征；另一方面，由于缺乏事中事后监管，导致市场出现了"劣币驱逐良币"现象，行业集约发展困难重重。从行业从业人员看，劳动密集型特点较为明显。随着新技术应用和装备升级，将缓解基层员工紧缺的局面，也对从业人员素质提出了更高要求。

(2) 产品服务结构性矛盾。从物流企业的从业类别上来说，南京物流业存在批发商物流、经销商物流、生产商物流、专业第三方物流同时并存的现象，但是真正能提供物流新技术、供应链金融等高增值服务的物流企业较少，大多数企业还是从事运输、仓储、报关等传统物流服务。

(3) 创新能力不足矛盾。物流业企业创新动力不强，研发投入很低，商业模式创新、组织创新、技术创新、管理创新等滞后，无法通过创新向资本和知识密集型的高端物流转型。

(二) 物流环境约束明显

1. 综合交通运输体系的建设相对滞后

公、水、铁综合交通运输体系建设多年来没有统筹，公、水、铁的规划和统筹在各个不同的行业主管部门，造成之间无法同步协调，网络上各节点之间不同或者不顺畅，对于物流通道的设计不科学，也会出现造成多通道设计的资源浪费。

2. 物流公共信息平台尚未建成，物流信息化水平有待提高

企业间、和政府部门间信息不畅，无法实现信息交换，特别是横向政府体系和纵向政府体系间的协调，如一关三检部门信息在集装箱和外贸货物上一直无法实现数据交换，造成信息化断层，使得港口EDI信息化建设严重滞后，推进难度加大，制约了集装箱中转效率的提高。

3. 税收政策不合理

南京物流企业运行成本不断上升也是一个很重要的问题。南京是从2012年10月开始实行"营改增"试点的。一年多过去了，"营改增"并没有给物流行业的相关企业带来喜悦，反而出现了企业成本不降反升的情况。究其原因，一是"营改增"后可抵扣项目较少，对于相关物流企业来说运输成本主要包含人工成本、过路费用、车辆购置、燃油、轮胎以及修理费所含的进项税等。但是实际上恰恰是所占成本最大的运输费用和人工费用等不在抵扣范围内，从而造成税负增加。二是税率上调幅度较大。南京市货物运输服务业的营业税税率从3%调整为11%的增值税税率，而物流辅助服务按照6%的税率征收增值税，税率上升较大并且税率不统一，明显造成税负加重。三是缺少相关政策，扶持力度不够。

各个试点省市之间不同的扶持政策加剧了不同地区之间物流企业竞争的不公平性，更使得南京市相关企业在与外省市企业竞争中处于弱势地位，造成成本不降反升。另外，票据管理中存在的一些问题也造成了物流企业成本的增加。在实际的操作中，许多情况下企业拿不到正规的增值税发票，还有一些企业对于增值税发票的开具又有一些规定和人为的限制，造成正规的增值税发票很难取得，增加企业工作量，也直接造成了成本的上升。这一现象在小型汽修企业和一些加油站中更为明显。总而言之，在人力成本、房屋土地成本、燃油成本等经营成本不断上升的同时，"营改增"后物流企业成本更是居高不下。

4. 土地政策约束较大

一方面，许多物流园区或者大型物流企业、物流项目都需要较大的占地面积，而且一旦项目开始在建，随之而来的投入是很大的，建设时间长，产出却较少，与其他的工业项目相比，对开发区或者地方的利税贡献差距是较大的。在这种情况下，许多地方不愿意或者说缺乏对物流项目的招商热情。另一方面，随着城市建设的不断扩容改造，原有物流用地不断减少，而之后的新物流用地又迟迟不能解决，所以，大型物流项目或者大型物流企业的进驻是有一定瓶颈的。

5. 物流人才结构性短缺

2015 年末，南京物流业就业人员达 43.53 万人，但是，物流企业的人员流动性很大，许多大型物流企业对于员工培训也非常不重视，政府也没有相应的扶持政策。在这些物流企业从业人员中普遍存在学历不高，缺乏专业技术培训，甚至没有上岗证等问题。在这点上，苏州市就做得比较好，为了提高物流从业人员素质，苏州市对于通过物流师和高级物流师考试的从业人员是有相应补贴发放的，而南京市就没有。就南京物流行业的情况来看，物流企业从业人员对于高级物流师、物流师等相关行业技术证书的获取热情低于苏州等城市。为数更多的小型企业是家族式管理，更不用提"夫妻老婆店"了。在这种情况下，物流从业人员素质及以后的专业发展情况堪忧。

三、南京市物流业发展思路

（一）推进供给侧结构性改革

1. 打造高效物流服务体系

（1）控成本

首先，库存数量保持在合理的限度之内，既不能缺少，也不能过多。其次，存货应该具有互补性，提高仓库利用率。再次，仓库要及时应用仓库管理软件，减少人工操作。最后，对于库存成本的管理要严格，要有详细的进出库管理清单，管好库存资金。再次，物流基础设施是保证物流活动得以展开的基本因素，中小物流企业如果仅仅是依靠叉车和托盘甚至是人力搬运，是不能保证物流装卸活动安全、快速进行的。以总成本最优而非分项成本最低的原则，加大基础设施的投资，引进部分自动化的设施如带式传送机、叉式装卸车等。最后，信息化是降低物流成本的基础。虽然信息化的投入较大，但是借助现代化的信息管理系统，可以提高管理、服务水平，减少人为造成的过失，使物流作业或业务处理能准确、迅速地进行，进而实现降低物流总成本的目的。

(2) 促集约

货物运输时首先应该考虑整车运输，提高车辆的满载率，降低货物的运输成本；同时，针对回程车，需要在信息共享的平台中寻找货源并进行整合，降低车辆的空驶率，提高企业的经济效益。

2. 融合互动发展

在激烈的市场竞争中，如果只靠企业自身的力量是很难进行发展的，应该积极寻求合作伙伴，建立战略伙伴关系，在一定时期内共享信息、共担风险、共同获利。合作伙伴关系必然要求强调合作和信任。这种关系有利于双方提高信息共享，降低库存和管理成本，提高资产利用率，改善相互间的交流，实现共同的期望和目标。

建立战略合作伙伴关系后，就需要认真分析、明确自己的核心优势所在，将非核心的部分物流业务进行外包，将主要精力放在如何采取措施提升自身的核心能力。除了要识别、形成自己的核心竞争能力以外，还要注意核心能力的发展，加强各部门之间的交流与沟通，定期总结，不断完善。

(二) 管理侧优化发展环境

物流企业要想迅速发展，只靠自身的努力是远远不够的，还需要政府的支持和调控作用，创造完善的宏观环境和外部环境。

1. 加大优质供给

(1) 优化空间布局

依托禄口国际机场、长江港口航道和环城公路铁路基础设施，重点建设以下关国际航运物流服务集聚区、龙潭国际综合物流集聚区、西坝化工物流园、滨江钢铁物流园、七坝物流园为支撑的长江航运物流发展带，以及包含包括禄口片区、柘塘片区的禄口国际航空物流集聚区。同时，结合产业发展和城市生活需求，建设六合物流园、溧水物流园、高淳物流园、上坊物流中心、雨花物流中心、尧化门物流中心、永宁物流中心等节点型物流载体，整体提升全市物流设施建设水平，形成南京市层级合理、布局优化的物流发展空间格局。

(2) 注重人才供给

要实现物流管理水平的提高，还要靠专业素质较高的物流管理复合型人才，因为拥有高素质的物流人才，能够实现企业信息化水平的提高，才能够更加有效地降低物流成本，提高服务质量，提升顾客满意度，赢取市场，以促进企业快速发展。

首先，高校引进。近年来，各大高校也陆续开办物流管理相关专业，所以首先可以从高等院校物流专业毕业生中通过招聘方式引进物流人才。对招聘来的物流专业毕业生，公司可以将其放到工作的第一线，使其对公司的经营状况有更加清楚、深刻的了解。

其次，加强员工培训。物流企业在重视对少数专业人才和管理人才培养的同时，还要重视对所有员工物流知识的普及、服务态度及业务水平的锤炼，这是决定企业发展速度的关键因素。以运输类物流公司为例，其一线工作人员主要是由驾驶人员组成的，这些人员素质参差不齐，衣衫不整、野蛮装卸等不良现象时有发生，服务态度较差，缺少基本的专业培训。提高员工的素质，对提高企业的效益和形象有着重要的意义。

再次，为企业员工提供成长的阶梯。内部人才对企业的发展更为了解，更关注企业的长远发展，所以重视从内部选拔人才，更有利于企业内部员工的职业发展，使优秀的人才更有信心去争取更大的发展空间。

最后，注重吸取先进的管理经验。物流公司应该让一批具有多年工作经验的员工与管理理论丰富的专家进行广泛交流，从中了解先进的物流管理理念、思想，吸取大型物流企业、发达国家物流管理先进经验，形成一批具有创新能力的物流管理人才。

2. 规范行业发展

(1) 物流业法律、法规建设

政府要加强和完善物流法律、法规建设，建立健全的政策法规体系和行业标准，使中小物流企业的发展有据可依、有规可循。

(2) 协调规划

政府发挥组织、协调、规划职能，避免重复建设和资源浪费。以已经建设完成的江北物流园区等四大物流园区为例，引导更多企业入驻空余场地，合理利用现有资源，进一步发挥物流集聚效应。

(3) 培育市场主体

加大对国内外知名物流企业引进力度，鼓励物流企业通过参股、兼并、联合、合资、合作等方式进行资产重组，提升竞争力，培育行业龙头企业；鼓励中小物流企业加强信息交流，加强资源整合，创新物流服务模式，开展专业化第三方物流服务，着力增强企业经营活力。以发展第三方物流企业为重点，逐步建立大型与中小型物流企业相融洽，跨国物流企业、国有控股物流企业、民营物流企业多元化并存的现代物流企业体系。

3. 优化服务体系

(1) 建设“三大支撑体系”

以国际化、区域化的视野，建设集疏运体系、分销配送体系、服务支撑体系“三大支撑体系”。集疏运体系重点是加快推进公铁水一体化的集疏运系统建设和无缝衔接的多式联运体系建设；分销配送体系重点是构筑与主导产业相配套的生产性、专业型物流配送体系和覆盖城乡的生活性物流服务体系；服务保障体系重点是建立融合物流公共服务与管理、企业运行和市场需求等，提供公开、便捷、高效的服务支撑体系。

(2) 打造“三个圈层”

一是1小时高效配送物流圈，以物流基地或园区——物流中心——配送中心为依托，服务于南京都市圈内企业生产、生活消费、商品集散功能需要；二是24小时内分拨及终端配送物流圈，以南京为中心，其他城市物流设施为依托，服务于长江三角洲内城市和全国各大中心城市；三是48小时内与国际物流网络接轨的物流圈，以提高通关能力和通关效率为重点，依托港口、机场等口岸设施和各类物流代理、保税区或仓库，加速与国际物流网络的对接，完成国内外物流的一体化。

(3) 创新发展环境

加快推进电子口岸建设，加快完善相关物流公共服务平台，着力提升对港口、码头等物流公共设施的运行管理效率和水平，逐步确立南京市发展物流的公共服务优势；着力推进构建与空港管理机制、铁路管理机制等条块管理有效衔接的物流发展协调机制，促进南京市优质的航空、铁路设施资源与地方物流发展有效融合；积极研究制订加快物流业发展的政策意见，努力营造有竞争优势的产业发展环境。

第二章　无锡市物流业发展报告

无锡在经济结构转型升级的同时，物流业也经历着一次大的变革，物流基础设施、技术装备和信息化水平不断提升，物流业呈现出较好的发展势头。目前，已初步形成公路货运为主体、水路货运为特色、铁路货运为补充、航空物流为新增长点的布局合理、衔接有序、能力充分的发展格局，具备高新综合保税区、长江综合物流一类口岸、运河二类口岸和铁路二类口岸，并呈现综合化、规模化、专业化的特点。

一、无锡市物流业发展概况

(一) 物流需求进入调整转型期

1. 物流需求平稳增长

公路水路运输总体保持平稳发展。全年累计完成换算货运量 1.7 亿吨，同比增长 2.9%；完成换算货物周转量 436.9 亿吨公里，同比增长 5.3%。公路、水路旅客运输较去年同期小幅增长。其中，公路客运量 7 291 万人，旅客周转量 76.6 亿人公里，分别同比增长 1.0%和 1.4%；水路客运量 425 万人，旅客周转量 2 786 万人公里，分别同比增长 1.9%和 1.6%。公路、水路货物运输保持平稳增长。全年完成公路货运量 1.3 亿吨，货物周转量 146.7 亿吨公里，分别同比增长 2.5%和 7.4%；完成水路货运量 2 503 万吨，货物周转量 282.5 亿吨公里，分别同比增长 6.2%和 4.3%。

2. 需求结构持续优化

从结构看，受传统产业转型升级步伐加快，电子商务、信息平台等新产业、新业态加速发展等因素影响，物流需求结构继续优化。

港口货物吞吐量有所下降。规模以上港口完成货物吞吐量 2 亿吨，同比下降 1.4%，其中江阴港完成货物吞吐量 1.2 亿吨，同比增长 0.5%。港口外贸吞吐量企稳回升。无锡规模以上港口完成外贸吞吐量 1581 万吨，同比增长 7.1%，其中江阴港完成 1 558 万吨，同比分别增长 7.3%。港口集装箱吞吐量下降较快。无锡规模以上港口完成集装箱吞吐量 48 万标箱，同比下降 13.0%，其中江阴港完成 45 万标箱，同比下降 13.6%。大宗散货总量小幅下降。煤炭、矿建、金属矿石和钢铁四大货种完成吞吐量 1.5 亿吨，同比下降 1.0%。煤炭保持增长，同比增长 0.3%；钢铁、矿建持续下降，同比分别下降 5.5%和 6.2%；金属矿石企稳回升，同比增速从上半年的−9.9%回升为当前的 6.0%。

(二) 物流供给转型升级态势明显

1. 物流业增加值平稳增长

2015 年全市物流业增加值 656.77 亿元，按可比价格计算增长 9.60%，物流业增加值占全市服务业增加值的比重为 15.70%。

2. 物流质量平稳有序增长

(1) 综合物流指数

2015年,无锡市综合物流指数为0.6204,全省第三,处于发展水平较好状态,主要得益于无锡市物流行业基础条件及效益更好、物流发展对经济发展的支撑作用更明显。2015年,无锡市的物流行业基础条件效益指数是全省平均水平的1.11倍,高于南通和徐州的0.5516和0.5884,更远高于物流行业基础条件效益指数排名第六的常州(0.5039),为无锡物流综合指数排名第三提供了巨大支撑。同时,依托无锡强大的经济实力,使物流发展与经济总量的关系指数达到全省平均水平的1.50倍,也高于南通和常州的0.5205和0.5398,更远高于物流发展与经济总量的关系指数排名第六的徐州(0.4411)。而物流行业基础条件效益指数和物流发展与经济总量的关系指数权重之和高达90%左右,为无锡问鼎第三提供了有力支撑。

(2) 物流增长指数

2015年,无锡市物流增长指数为0.0254,全省倒数第六,主要由于物流行业规模大,行业发展成熟,基数较大,物流增长相对处于较低状态,低于全省水平。2015年,无锡的物流行业基础条件效益发展指数和物流发展与经济总量的关系发展指数分别为0.64%和5.71%,远低于全省平均水平的4.86%和8.83%。

(3) 物流行业基础条件及效益指数

2015年,无锡市物流行业基础条件及效益指数为0.5856,全省第三,主要由于无锡市正在实现物流行业由量向质的提升与发展。无锡市在物流行业基础条件虽仅为全省平均水平1.11倍条件下,但物流行业发展水平达到全省平均水平的1.50倍。

(4) 物流发展与经济总量关系指数

2015年,无锡市物流发展与经济总量关系指数为0.7213,全省第二,主要得益于地区经济发达,物流业发展对经济增长的促进作用更加明显。2015年,无锡人均GDP达到131048.14元,远高于全省平均水平的88085.24元,更远高于苏中的84198.54亿元和苏北的55168.29亿元;无锡第二产业增加值为4197.43亿元,也远高于苏中的2260.83亿元和苏北的1567.36亿元。可见,物流是社会经济的主要纽带,为经济的增长提供保障,并刺激经济的进一步增长和发展;同样,区域经济的发展水平、规模和产业形态决定了区域物流的发展水平、规模和结构形态,对物流体系的发展和建设具有决定作用。

3. 市场主体结构性变革加快

(1) 物流企业不断壮大

近年来,无锡市的物流企业发展迅速,截至2012年初,共有物流企业221家,其中江阴市71家,宜兴市5家,其他市辖区145家,经营范围涵盖传统工业品运输仓储、电子商务配送、高端产品仓储配送、港口物流、口岸物流等领域。全市已有江苏省级以上重点物流基地和企业25家,市级重点物流企业33家。

(2) 运力结构持续优化

道路客运总运力稳定增长。截至12月,全市共拥有公路旅客运输车辆6445辆、客位数23.1万个,同比分别增长7.9%和2.4%。其中,大型客车4463辆、20.9万客位,同比分别0.7%和1.1%;中型客车586辆、1.3万客位,同比分别增长6.2%和6.6%;小型客车 1 396 辆,9143 客位,同比分别增长 41.0%和 31.9%。为适应当前客运市场形势,客运运力结构往小型化方向发展。道路、水路货运总运力小幅调整。截至 12 月,全市共拥有载货汽车 7.03 万辆、吨位数 53.5 万吨,同比分别下降 1.1%和增长 1.7%。中小型货车下降较快,货车运力进一步大型化。拥有中小型货车 2.6 万辆、4.7 万吨,同比分别下降 6.3%和 5.9%;载货汽车平均吨位数为 7.6 吨,同比增长 2.8%。今年新增使用 LNG 燃料货运车辆 4 辆,全市使用 LNG 燃料货运车辆 39 辆,LNG 货运车辆使用逐步得到推广。水路货运业户 37 家,营运船舶 1519 艘,111.25 万载重吨,启动"十二五"期内河船型标准化工程,完成拆解改造省定内河运输船舶 16 艘。

(3) 物流资源整合加速

首先,通过制度创新,实现合作共赢。在物流业发展的过程中,无锡市还出现了以众盟物流为代表的整合干线运输资源为主的中小企业联盟。无锡众盟物流股份有限公司是由无锡夏氏、诚亿物流、中卡物流等多家中小物流企业采用股份制合作方式联合成立,联盟成员结构分为联盟股东、授权加盟商和业务合作伙伴。众盟物流通过走集约化路线,整合各企业间快货专线运输。联盟成立以来,联盟的业务范围由原来的覆盖全国 20 个城市发展到覆盖 30 多个城市,实现城市服务范围覆盖率提高了 50%以上。制度创新使该公司成为省内最大干线运输联盟企业,为以后供应链上游的整合打下了坚实的基础。

其次,提升信息化程度,加速物流资源整合。现代物流要求提升信息化程度,加大技术含量。无锡市以华讯方舟为代表的高科技物流信息化企业,通过"互联网+物流"模式的改造提升,建设城市配送业务管理系统、智能配货云服务系统、配送 APP 系统、统计分析系统、事件与消息管理系统、微信端应用、企业端增值服务等智慧物流系统,大幅度提高效率,降低运行成本。积极尝试率先在无锡实施城市共同配送信息服务平台,并依托平台逐步整合上下游资源,探索现代城市共同配送服务体系的打造。

信息化程度的提升也给无锡以禾健物流为代表的整合社会货运资源为主的物流园区带来了新的机遇。禾健物流建成了高效实用多功能的货运信息发布系统,日均发布货运信息上万条,通过信息化技术手段整合社会物流资源,达到"三网合一"的效果。客户可通过登录禾健物流网站或内部局域网直接发布货运信息至互联网,并通过集成设备连接到中央数据库,同步传递货运信息至信息交易大厅按区域分布的 8 块 LED 显示屏和 12 台快速查询系统上,同时通过多媒体发布系统将这些货运信息对应的反馈到各个物流运输企业的电脑上,也同步反馈到司机旅馆房间内有线电视的 8 个物流频道上,可以方便地让货运司机和物流企业自主选择和寻找信息配对并达成交易,货运信息的交易效率得到了很大的提高,从传统的货运信息交易方式平均 72 小时完成一次交易缩短到 3 小时内,通过货运信息快速查询系统甚至在十几分钟内就能完成。

(4) 技术创新能力进一步提高

随着知识经济的发展,技术创新能力是影响产业竞争力的关键因素,而专利是技术创新能力实现的最直接、最主要的体现。据世界知识产权组织统计,全世界每年发明创造成果的 90%—95%体现在专利技术中,在科技创新中充分利用专利信息资源,可以缩短 60%的研发时间和节约 40%的研发资金。

逐一求解 2005—2015 年无锡的授权量与申请量的比值、江苏全省授权量与申请量的比值和全国授权量与申请量的比值，并将无锡的比值与后两者对比，来分析无锡物流行业技术创新能力在江苏及全国所处的水平，则无锡在库存技术、流通加工领域处于全国领先地位，在运输、分拣包装配送领域省内领先。

4. 邮电通讯发展快速

全年邮电业务总量158.41亿元，发送函件4 602.57万件。全年规模以上快递服务企业业务量完成26 662.38万件，比上年增长44.1%，2013—2015年无锡市快递业务量年均复合增长率为53.6%。快递收入达312 102.7万元，收入同比增长49.41%，2013—2015年无锡市快递收入年均复合增长率为37.18%。

率先建成国内高标准全光网城市，覆盖用户超过526万户，城域网出口带宽3.44T。建设4G基站累计达到15610个。全市移动电话年末用户数达到883.47万户，其中4G手机用户达到389.55万户。固定互联网宽带接入用户245.92万户，移动互联网宽带接入用户665.79万户。

（三）物流环境持续向好

1. 综合交通运输体系更加完善

当前无锡物流业已经进入由传统物流向现代物流转型阶段，初步形成了以公路货运为主体，水路货运为特色，铁路货运为补充，航空物流为新增长点的布局合理、衔接有序、能力充分的交通物流业发展格局。

无锡市有4条国道（312国道、104国道、沪宁高速公路、锡澄高速公路）以及8条省道从境内经过，市内道路基本形成“一环七射”的格局。市域公路网实现了“市县一级、县乡二级、村村通达”的目标，全市农村行政村通灰黑公路（或航道）比重达到100%。

“十五”期间无锡机场（现苏南国际机场）成功实现通航，机场已开通广州、深圳、北京等多条航线，2015年旅客吞吐量460.93万人次，增速继续保持全国机场前列。仓储和港站方面，2015年无锡港口货物吞吐量19 864.24万吨，国家一类开放口岸江阴港现有各类码头、泊位45个，其中万吨级泊位19个；堆场30万平方米，公共仓库8 000平方米，形成了石化、粮食、钢材、煤炭等大宗物资集散地，2010年集装箱吞吐量突破百万，成为长江沿线第四个达到“百万标箱”的大港。位于下甸桥的内河无锡港是国家水路二类口岸，陆域占地面积450亩，水域面积5 000平方米，岸线总长1010米，辐射无锡周边13个县市，是国际集装箱全程运输的起始港和目的港。铁路无锡南站是沪宁铁路干线上的货运一等站，年到发货运量居沪宁线前列。

2. 物流业集聚效应初步体现

通过整合与规划布局，初步形成了沿沪宁高速、新312国道、沪宁铁路、新长铁路等主要通道节点集聚发展物流园区空间布局的态势。无锡市现拥有物流专业货运市场37个，仓储面积2 500多万平方米；19家各类物流园区，占地面积3 000多万平方米，入驻物流企业总数近3 800家，其中7家物流园区被省发改委命名为省级服务业集聚区。从东南—东北—西北方向，有空港产业园临空物流区、无锡高新物流中心、新港物流园区、西站物流园等大型规模化物流园区。同时，结合制造业企业“退城进园”工作，分别正在建设胡埭物流园、太运物流中心等中小型物流基地。在江阴沿江地区、宜兴城西等区域根据产业发展需求，规划建设了若干个综合性与专业化并存的物流园区。

西站物流成功申报成为国家级物流园区,无锡成为同类型城市中唯一拥有 2 个国家级物流园区的城市。无锡西站物流园是以大规模原材料集散及提供综合服务为主的物流园区。西站物流以铁公水多式联运为核心,在 2.5 公里引航河道上建成 15 个 500—1 000 吨级泊位,年设计最大运力为 470 万吨。依托新长铁路藕塘编组站,投资建设 5 条铁路专用线,其中包括 2 条贯通式装卸线(有效长 850 米)、3 条尽头式装卸线(有效长 380 米),年设计最大运力为 400 万吨,发挥着区域枢纽的重要作用。目前园区已建成各类物流仓储、设施和专业市场近 100 万平方米,物流实际运营面积 200 万平方米。中国五矿、天津物产和浙江物产等一批世界 500 强企业先后在园区投资设立区域性总部基地。深圳国际等一批国内外知名电商物流企业也纷纷落户园区。西站物流园 2015 年被命名为省级物流示范园区。

3. 绿色循环低碳交通城市建设初见成效

无锡作为交通运输部绿色循环低碳交通运输区域性试点城市,无锡交通各领域积极推动、打造,也取得了一定的成绩。根据部批复的《无锡市建设绿色循环低碳交通城市区域性项目实施方案》,区域性试点项目共 45 个,获得节能减排专项资金支持的项目 37 个,绿色循环及地方配套类项目 8 个。截至目前,无锡市区域性项目累计节能量约 0.67 万吨标煤、替代能源量约 5.19 万吨标油、减少二氧化碳排放约 8.04 万吨。交通信息化领域:基于物联网技术的智能交通建设。充分发挥无锡市物联网技术的研发优势,积极推进物联网技术在交通领域的应用。金南物流的"爱卡斯"智能化系统、苏南运河无锡段"感知航道"管理系统、江阴港港口智能化运营管理系统已投入实际运用;"公路客运智能服务系统"在综合枢纽服务中功能得到不断增强,实现网络订票、电话订票,邮政网点订票、手机订票及自动售票等;在实现出租车电话叫车调度服务的同时,提供智能手机自助召车服务;公交出行方式和公交运行实时查询系统向社会提供网络查询、智能手机查询和 96196 电话查询服务,市区公交覆盖面达到 90%以上;此外,342 省道不停车治超预检系统、无锡驾培网管理系统、汽车维修实时监控系统相继推出,智能交通技术在节能降耗中发挥了积极的作用,提升了交通运输节能管理的效率。运输装备领域:全面推广节能环保运输装备。运用政府引导、企业参与、市场化运作等措施,全行业推广高效能低消耗的节能环保型运输装备。目前,全市节能环保公交车约 1 130 辆(清洁能源及新能源车辆),全市 90.2%的出租车加装天然气装置,使用油气混合动力;客运行业中 LNG 客车约 304 辆,用于中短途客运线路;驾培行业中教练车油改气近 1 845 辆和 10 辆纯电动教练车,驾驶模拟器 268 台。与此同时,2013 年完成对全市(含江阴、宜兴)263 辆油罐车实施改造,100%加装了油气回收装置,有效地减少了油气挥发和空气污染。基础设施领域:努力推进绿色低碳港口建设。以江苏绿色循环低碳交通示范省份建设为契机,积极指导企业进行绿色低碳沿江港口建设,形成以"低碳港口基础设施、清洁能源应用、港口物联网技术应用"为特色的发展思路,2014 年江阴港被交通运输部列为绿色港口主题性项目。目前港区堆场和道路 LED 灯应用、靠港船舶使用岸电、风光互补照明、电网谐波治理和动态无功补偿、港口能效管理平台等项目已基本完成,绿色循环低碳港口建设取得初步成效。

4. 城市配送工作初显成效

目前,无锡市共有城市配送试点企业 6 家,城市配送试点车辆 70 辆,试点企业已运营

200多家服务网点的商品配送。根据城市配送发展的基础，出台了《无锡市城市共同配送试点企业实施方案》和《无锡市城市共同配送试点车辆标志标识使用暂行标准》，编制了《城市配送试点企业质量信誉考核办法》。基本建成无锡市城市配送信息服务平台，试点企业信息化、智能化水平得到有效提升。

而以该市金南物流为代表的是提供专业化仓储加工配送的物流企业。金南物流目前已建成以北塘为中心，新区、惠山、江阴、宜兴四大配送基地，形成总部中心管理、辐射区域基地的城市配送体系，并实现甩挂运输与城市配送的无缝衔接。通过与美的、小天鹅、荣事达、海尔等大型企业的战略合作，结合自主研发的基于智能化、信息化的管理系统，提供专业化仓储加工配送服务，业务涵盖供应链一体化的各个环节，为将来提供全程物流服务做出了铺垫。

二、无锡市物流业发展存在的主要问题

(一) 物流有效供给有待提升

1. 物流企业主体结构性矛盾

(1) 产品服务结构性矛盾

无锡现有的221家物流企业呈现"小"(经营规模小)、"少"(市场份额少、功能服务少)、"弱"(竞争能力弱、融资能力弱)、"散"(货源不稳定、缺乏网络或网络分散)问题，物流企业服务功能相对单一，仓储、运输、配载乃至停车场等低层次业态还有相当数量，拥有现代理念和技术手段的第三方物流企业较少，无法满足客户多元化、差异化的需求，缺乏具有区域竞争力的本地龙头企业，产业集聚与优化还需要进一步提升。

(2) 物流企业技术创新能力有待进一步提高

以2005—2014年授权量与申请量的比值来分析无锡物流行业技术创新能力在江苏及全国所处的水平，则无锡在库存技术、流通加工领域处于全国领先地位，在运输、分拣包装配送领域省内领先，但在装卸搬运、物流信息技术领域在省内都无优势可言。

另外，以专利竞争指标①分析无锡技术创新能力，则无锡物流行业专利竞争指标从2008年开始都是逐步提升的，但由于国家政策的调整，2013年开始有些产业出现下滑，这是无锡市在"新常态"下为保持经济中高速增长必须注意解决的问题。

表1.4 2008—2014年无锡市专利竞争指标 单位：%

年度	2008	2009	2010	2011	2012	2013	2014
专利竞争指标	0.566	0.648	1.055	1.342	2.584	2.072	1.074

资料来源：李俊飞，于海全. 基于专利数据的无锡产业现状分析[J]. 科技创新与应用，2015，(31)：32-33.

2. 运输能力结构性矛盾

运力结构配比不合理，节能环保的运输装备偏少，中高级客车比重仍然较低，货车大型化、厢式化专业化所占比重较小，适宜开展江河联运、江海联运的船舶相对缺乏，便捷高

① 具体计算方法参见李俊飞，于海全. 基于专利数据的无锡产业现状分析[J]. 科技创新与应用，2015，(31)：32-33.

效、绿色节能的运输组织模式尚未有效形成。

3. 供需融合度过低矛盾

物流企业速度慢、成本高、渠道不畅、模式陈旧,与制造业、农业、商贸联动不足,已经成为制约制造业由大变强、解决三农问题、商贸服务和电子商务持续发展的瓶颈。如工业与流通企业对外支付的物流费用已占物流总费用的65%,但是,物流外包水平有待提升。物流企业承接业务仍然主要是产前、产后的采购物流、销售物流,供应链设计、采购供应、厂内物流、供应链金融等高端物流服务很小,企业内部的生产物流没有进行有效剥离,主要还是企业自己解决,物流资源分散在不同部门和环节,无法实现一体化运作,供应链融合度过低,降低了整个供应链物流的运作效率。

(二) 物流环境有待进一步提升

1. 传统管理体制制约明显

在传统的条块分割的体制安排下,物流的许多活动被割裂至各个不同的部门,如交通运输、邮电通讯、对外贸易、国内贸易等,各自独立发展,物流资源分布散乱,信息系统自成体系,仅运输业就牵涉到铁道部、交通部等若干部门,部门之间缺乏高效协作,致使运输过程中各运输方式之间的转运环节耗费大量时间和成本,成为物流过程中的“陷阱”。这些与现代物流发展理念相矛盾,现有物流资源的整合难度也较大。

2. 物流空间布局不尽合理

一些传统业态主要集中在高速公路道口附近,给交通组织管理带来很大压力。同时,无锡市物流产业发展面对着高速公路的使用成本偏高、城市周边仓库货场供给不足、信息系统不完善等问题,物流资源非优化配置现象普遍。

3. 物流人才与物流发展不匹配

无锡市物流从业人员初具规模,但大多是从管理、工程、交通运输等专业转行过来,高端物流专业人才较少。高等教育中物流专业建设落后,现阶段培养物流硕士研究生的高校只有江南大学且尚无毕业生,培养物流本科生的高校只有像太湖学院那样的“三本”院校,相关高等教育的缺失导致无锡市物流人才缺口拉大。

4. 行业稳定问题持续发酵

目前,出租车行业正处于深化改革的关键时期,行业的不稳定成为新常态,出租车行业的新政策尚未建立到位,一些历史遗留问题还须妥善解决。

三、无锡市物流业发展思路

(一) 推进供给侧结构性改革

1. 打造高效物流服务体系

(1) 促集约

通过整合优化实现集约发展是现代物流的重要特点。要充分利用兼并重组、平台整合、联盟合作等多种方式,整合分散物流资源,促进市场优化配置,补短板,实现集约发展和组织结构优化,提高市场集中度和行业盈利水平。

(2) 增创新

创新是行业转型升级不变的主题。充分利用现代化信息技术、装备设施,增强物流的个性化、精细化、定制化、高端化水平，实现去库存、去产能、降成本、调结构，提质增效。要推行多式联运、甩挂运输、无车承运等多种运输组织方式，加强模式创新和管理创新；要重点发展精益物流，优化重点产业供应链，促进物流业与相关产业联动融合，努力寻找行业发展新动力。充分利用新技术和"互联网＋"物流，实现与互联网融合发展，互联网平台创新创业。加快创新驱动，激发市场主体活力，提供有效供给，增加优质供给，创造新价值，形成持续发展的新动能。物流企业应用物联网、云计算、大数据、移动互联等先进技术，研究物流云服务。

2. 深入融合互动发展

打破供需环节隔阂，重塑供应链关系，实现资源共享、强强合作，推进物流与相关产业深度融合、全链条互动发展。

(二) 优化物流发展环境

1. 抢抓机遇，推进无锡物流业发展取得新成绩

在新一轮的长江经济带和"一带一路"国家发展战略中，无锡市应当创新对外开放的思路举措，主动参与"一带一路"和长江经济带建设，在"走出去"中提升竞争力。在建设苏南现代化示范区的过程中，无锡要紧紧抓住东接上海，西联南京及长江中上游城市群的优势，加快推进智慧城市建设、物流网络布局、无锡国家传感网创新示范区建设等。

2. 统筹协调，加快推动物流资源整合化、一体化发展

无锡物流业目前存在物流企业多而小，实力较弱，物流服务功能单一，物流资源布局分散等诸多问题，制约了无锡物流业的进一步发展。无锡应以"一体化运作、集约化组织、专业化服务、信息化支撑"为方向，加快交通干线与配送服务的融合，构建"高效、集约、绿色、现代"的城市乡村配送体系。

3. 科学规划物流体系

(1) 优化物流业空间布局

首先，江阴港口物流区域。江阴市以长江港口为载体，重点培育发展港口物流服务业。充分利用沿江的港口、仓储运输条件，发展以无缝钢管、金属材料、石化产品和粮油等为主要内容的现代综合物流园区，努力把江阴临港新城物流园区建设为具有特色的区域物资配送中心，成为长江三角洲物流体系中的重要节点。

其次，宜兴生产性物流区域。宜兴市以区域特色产业为载体，重点培育发展生产性物流服务业。充分利用锡宜高速公路、宜兴港二类口岸、104 国道、新长铁路交叉处的交通优势，重点建设发展生产性物流服务业，主要发挥物资配送、多式联运等服务功能，在服务当地经济同时，辐射苏浙皖三省交界区域。同时，加快推进宜兴港口岸建设。

第三，锡山制造业物流区域。锡山区以交通道口为载体，重点培育发展生产性物流业。依托良好的交通枢纽优势和拥有的物资集散地资源，努力建成集生产资料、生活资料物流为一体的立足苏锡常城市圈、辐射全国的现代综合物流集聚区。

第四，惠山物流配送区域。惠山区以新长铁路、城际铁路惠山站区为载体，整合铁路、公路、水路物流要素和资源，建设成为无锡市区域性现代物流中心建设的重要组成部分。以禾健物流综合性物流信息交易平台为基础，整合全市货运配载交易市场，大力打造无锡公路港项目建设，力争成为长三角地区重要的物流配送集散区。

第五,新区口岸物流区域。无锡新区以出口加工区(综合保税区)为载体,重点培育发展口岸保税物流服务业,提升无锡国际综合物流中心功能,优化通关条件,积极引进国内外著名的大型货运代理公司、物流公司,努力扩大进出口货物的通关量,逐步形成集进出口货物集散和国内原辅材料及产成品的仓储、分拨、配送为一体的国际物流中心。

最后,中心城区商贸物流区域。中心城区以商业经济为载体,重点培育发展商贸等消费性物流业。重点构建由商贸批发、连锁零售两个层次和生产资料、日用工业品、农产品三类产品组成的物流配送体系,积极发展市域共同配送,逐步提高物流配送的社会化、专业化、集约化程度。

(2) 优化物流园区功能

加快调整物流园区功能布局,根据市区物流结构和流向,逐步将市区物流载体和企业向城市外围搬迁转移。以加快调整优化无锡南站货场—华润制钢地域、石塘湾煤站地域、下甸桥二类口岸、通江物流园区功能为抓手,加快建设西站物流园区、新港物流园区、空港物流园等新兴载体,承接市区大宗商品物流业务向外转移,尽最大可能将大型货车控制在城市外围,按"南轻北重、内轻外重"的布局原则,主要形成五个生产型物流园区、四个外围物流功能区、四个生活型物流园区的"五四四"全市物流业空间布局形态。

4. 强化市物流联合会作用

充分发挥市物流联合会的桥梁和纽带作用,积极引领推动物流行业和企业创新发展,利用市物流联合协会了解行业的优势,做好行业调查研究,协助政府加强和改善行业管理,反映企业诉求和行业情况;从行业自律层面加强对物流企业的管理,规范企业行为,推动物流业的有序发展。

5. 加强物流信息化应用

促进物联网技术在物流领域的应用,充分借力无锡的国家传感中心建设,以物联网技术推扩和应用促进无锡物流园区信息化水平提升。加快货运运政管理系统、物流税务管理系统、车辆卫星定位系统(GPS)、无线集群调度系统等物流配套信息系统建设,以信息技术运用实现资源优化整合,促进政府与企业之间、企业与企业之间的信息资源共享,降低社会物流成本,提高经济运行效率。

6. 注重物流人才供给

通过物流协会组织,全方位组织物流在职教育,给物流产业培养了大量专业型人才。加强探索物流基本理论知识,构建多层次的物流人才教育制度,在高校中加入物流专业,给物流企业培养拥有坚实基础的专业型人才。并且,在一些高校与研究机构中设置物流专业培训中心,构建物流产业人员终身学习的系统。要求物流企业必须要积极主动组织员工参与在职训练,不断丰富员工的知识结构,促使其做到与时俱进,适应社会的发展。

第三章 徐州市物流业发展报告

2015年以来，徐州市按照江苏省委、省政府振兴徐州老工业基地战略决策部署，围绕加快建设"淮海经济区区域性物流中心"工作目标，强化产业提档升级、推进集约集聚发展、促进企业做优做强做大，全力推动整体发展水平不断提升。

一、徐州市物流业发展概况

(一) 物流需求进入调整期

1. 物流需求不断扩大

2015年，徐州市社会物流总额增长9.29%，需求增长较快。从调度情况看，县区增速高于主城区，生活性物流优于生产性物流，大型物流企业好于中小型物流企业。特别是大企业集团培育效果明显，宏康物流基地、中国汽配城、淮海综合物流园等省重点物流企业(基地)保持较快发展。

2. 货运需求结构平稳调整

全年完成公路货运量16 909万吨、水路货运量5 656万吨，合计增长2.7%；分别完成公路、水路货物周转量427.91亿吨公里和194.46亿吨公里，分别增长5.5%和14.7%。完成港口货物吞吐量9 030.26万吨，下降1.9%；集装箱吞吐量2 160标准箱，下降60.5%。年末输油管道6 616公里，增长0.6%；管道货物运输量12 881万吨，下降1.4%；管道货物周转量623.25亿吨公里，增长1.2%。航空货物运输量7 039.40万吨，增长11.0%。全年完成铁路货运量3 639万吨。

(二) 物流供给呈现转型态势

1. 市场规模增长较快，但增速回落加快

2015年，全市物流业增加值增长9.0%，增长较快，但远低于2011年的19.2%，增速回落明显。

全年邮政电信业务总量98.89亿元，比上年增长19.3%。分业务类型看，邮政行业业务总量24.09亿元，增长61.9%；电信业务总量74.80亿元，增长9.9%。邮政电信业务收入74.97亿元，增长4.7%，其中，邮政行业业务收入17.33亿元，增长42.4%；电信业务收入57.64亿元，下降3.0%。

2. 物流业运行质量平稳有序增长

(1) 综合物流指数

2015年，徐州市综合物流指数为0.531 7，全省第五，处于发展水平较好状态，主要得益于其物流行业基础条件较好，物流发展对经济发展的支撑作用较明显。

(2) 物流增长指数

2015年，徐州市物流发展指数为0.038 1，全省第六，主要由于物流行业规模居中，基数居中，物流增长也相对居中。

(3) 物流行业基础条件及效益指数

2015 年，徐州市物流行业基础条件及效益指数为 0.588 4，全省第五，主要由于徐州市物流基础条件得到了一定改观，物流规模不断扩大，物流行业的整体效率有所提高。

(4) 物流发展与经济总量关系指数

2015 年，徐州市物流发展与经济总量关系指数为 0.441 1，全省第六，主要由于地区经济相对较低，物流业发展对经济增长的促进作用相对较弱。

3. 市场主体结构逐步完善

(1) 市场主体规模结构不断提升

保税物流工作取得突破性进展，宏康供应链管理公司二期扩建项目——淮海经济区现代物流服务枢纽成功获批保税物流中心(B 型)。目前，徐州市超百亿元物流企业及市场达到 6 家，其中企业 3 家、市场 3 家；超 10 亿元物流企业 15 家，其中企业 10 家、市场 5 家。物流企业的加速发展，有效提升了全市物流枢纽的服务功能。

(2) 产品服务结构逐步完善

徐州市已形成了以制造业物流为龙头，城乡配送物流、专业市场物流、铁路物流、航空物流、港口物流、城市经济(生活)安全保障专业物流为配套的现代物流产业体系。工程机械、煤炭、冷链、医药、烟草、农副产品等专业物流快速发展，雨润全球农副产品采购中心、美的安得物流、必康新医药物流、亿吨大港、杭州易斯通公路港在内的一批国内外知名物流企业和重大项目先后在徐落户，全市物流业正在由传统向现代转变。

(三) 物流发展环境持续向好

1. 战略优势

物流产业是江苏省重点支持产业，徐州市委、市政府一直致力于区域性综合物流和特色专业物流基地的打造。根据徐州市《产业发展规划》，物流产业是徐州重点支持产业，其物流发展的总体目标为：到 2020 年基本形成以先进的物流信息系统为基础，使徐州市成为辐射徐州经济圈的区域物流中心，成为全国重要的物流基地，并为以后发展国际物流奠定坚实基础；《徐州市国民经济和社会发展第十二个五年规划》中明确提出大力建设现代物流基地，重点推进亿吨大港、中国八里国际家居交易博览中心、徐州经济技术开发区物流园、新城区生活物流园等物流业集聚区建设。

2. 交通区位优势明显

徐州是地处苏鲁豫皖四省接壤地区，是淮海经济区规模最大的城市。徐州交通条件优越，铁路、公路、航空、运河为徐州的运输创造了有利的条件，陇海与京沪两大铁路干线在此交汇，京杭大运河穿城而过，高铁的贯通更加突出了其交通优势。在全国区域经济格局中，具有显著的承东接西、南北对接的战略区位特征，是较为典型的物流枢纽城市，具备发展以第三方物流为特征的现代物流的基础条件。

3. 重点项目建设进展顺利

2015 年，徐州市轨道交通、三环北路等一批重大基础设施项目加快实施，郑徐客专、骆马湖第二水源地等项目开工建设，黄河故道综合开发、空军机场迁建等项目进展顺利。

4. 物流产业集聚能力不断提升

一批幅射范围广、集聚效应强的物流基地发展迅速，为产业和物流业互动发展提供了不可或缺的载体平台。依托高速公路或铁路等交通枢纽以及徐州经济开发区，建设了物流服务功能较全、辐射范围较广的综合性物流基地；依托内河港口和航空港，建设了从事多式联运和货物中转等业务的临港物流基地；依托专业商贸市场，建设了主要提供商品储运、配送等配套物流服务的商贸物流基地；依托保税区，建设了以区域性物流服务为主要业务的保税物流基地等。

二、徐州市物流业发展存在的主要问题

(一) 物流有效需求不足

徐州市物流产业还处在起步阶段，虽然市政府高度重视物流产业的发展并制定了相应的规划，但是大部分企业对于现代化物流的发展前景和互联网转型给企业带来的利益认识不足。现存物流企业中，只有 11%左右的管理者是物流专业出身，绝大多数没有专门学习或者很少接受过物流相关专业知识的培训。所以，长期以来，徐州市很多企业物流观念淡薄，对物流的认识仍局限于运输、仓储等，没有认识到现代物流业的发展、互联网技术的进步、供应链管理系统的建立对于企业发展乃至对全社会降低流通成本和交易费用、增加利润、提高企业竞争力的促进作用。落后的意识使得更多的企业热衷于选择自营物流方式，还只限于一次性和临时、分散的物流服务。生产或者商贸企业还存在重生产、轻物流、重自给、轻外协的思想，物流的很多方面还停留在传统的层面上。

(二) 物流供给结构有待完善

1. 市场主体结构性矛盾

(1) 主体规模结构性矛盾

徐州市物流业近几年发展迅猛，有 1 000 余家新的物流发展公司，但规模企业所占比例仍旧较少，整体上仍然呈“散、弱、小”的状况，物流功能过于单一，物流各环节脱节，物流市场无序竞争，这样就直接导致了物流产业整体效益不佳，竞争力不强。

(2) 产品服务结构性矛盾

物流企业功能不完善，设施分散、重复，缺乏合理规划和大型物流信息平台，信息管理和技术手段较落后，物流信息市场能力弱、功能低、收费乱，尚未形成快速、便捷、高效、低成本的物流信息网络，传统物流也仍然占据着主导地位，而且物流人才流失严重。

物流企业服务功能单一、货物联网配送不统一不规范，造成车辆高耗低效，空驶率高，经济效益差。同时，物流企业急剧增加，市场货源少竞争加剧。个别运输企业间恶性竞争，采取车辆改装变形、超限超载、放低运价等不正当手段争抢货源。

2. 物流设备能力结构性矛盾

徐州市现有的 2 000 多家物流企业中，除了 30 家左右达到规模企业外，其余的大多是小型或传统运输、仓储企业。由于企业的规模与资金限制，无法实现现代化的机械作业以及高效率的管理，难以适应市场发展的需要。目前，徐州市有仓储资源约 35 万平方米，但是其中保温仓库、冷藏仓库、高层货架仓库等特种仓库所占的比例十分低下，大约只占 3%。一方面，仓储设施、装卸搬运机械落后，机械化程度低，运输车辆利用率低，空载率

高,辐射范围小,车辆管理与调度信息不畅通等;另一方面,条形码、EDI 等信息技术未能广泛应用,造成了物流企业和客户不能充分共享信息资源,从而严重制约了物流的流通速度。

3. 物流业与区域其他产业联动较差

徐州市现代物流业与大型生产制造业及商贸企业联动支撑的极度缺乏。徐州市目前有工商企业 57 770 家,其中制造业 16 028 家、批发零售业 20 403 家,但是从目前徐州市及周边现有的经济构成和布局来看,生产制造业及商贸业集聚效应支撑物流业发展的优势远远没有达到,物流需求有待进一步释放,物流业与基于供应链管理的制造业的联动发展格局还远远没有形成。

(三) 物流环境有待完善

1. 缺乏区域内的整体规划

虽然徐州市政府专门出台了《徐州市商贸与物流业发展规划》,但是这仅仅是一个宏观的战略规划,对徐州市物流发展的规划政府相关部门来说还需要出台进一步的详尽的配套措施。同时,全市物流业条块分割严重,缺乏统一规划,行业规划体系、政策法规体系、物流统计体系不健全,市场秩序比较混乱。

2. 物流政策有待完善

在综合型物流园区规划实施过程中,由于政策尚未全面配套,规划引导力不够强,土地指标难落实,使部分物流园区建设进展较慢。

3. 缺乏行业标准

目前,由于徐州政府经济部门不协调,物流行业市场零散,企业缺乏统一整合,使得物流环节的运输工具、承载设备、服务提供的标准和规范不一致;物流作业无效环节增加,集约化经营优势难以显现。较低的物流速度和高额的物流成本影响了物流企业的利润和实力。因此,建立与物流业相关的行业标准,对众多物流企业进行规范化、标准化管理,是确保物流业稳步发展的需要。

4. 现代物流产业体系未形成,物流辐射能力也比较弱

传统物流形态仍占主体地位,铁路站场、公路主枢纽、运河码头和综合运输能力等物流资源规模较大,但市场散、小、乱现象严重,管理上缺乏系统整合和统一协调,资源利用效率不高。

从区位角度看,徐州市应该是全国交通的一个重要枢纽,起到连接东西南北的作用。但从目前的实际情况看来,徐州仅仅作为一个中间城市,并没有发挥它的枢纽作用,更没有发挥它的辐射影响力。

三、徐州市物流业发展思路

(一) 释放有效物流需求

1. 树立先进物流观念

物流业对国民经济的作用愈来愈明显,西方先进国家物流成本占 GDP 的 10%上下,而我国约占 20%。徐州市物流成本比例降低,则能够节省很多财力。应认识到这一点,借鉴成功经验,结合自身优势和特点,加强对物流业发展的重视,释放企业物流需求。

2. 实现物流业的联动，构建一体化的供应链

借鉴大型物流公司的先进经验，引进第三方物流产业，把承运的物流货物交给第三方，充分发挥自己的优势，创新自己的发展方式，把大型企业的发展物流方式承包出去，这一点像徐工这样的大型企业可以多学习学习。借鉴海尔发展现代物流模式，创造自己的第三方物流企业，把企业集团物流业务承接起来，开展面向更大市场的物流服务。构建产业一体化供应链，引导徐州市支柱产业与特色产业组成上下游供应商、生产商、分销商间的战略伙伴。

（二）推进供给侧结构性改革

1. 打造高效物流服务体系

(1) 控成本

首先，库存数量保持在合理的限度之内，既不能缺少，也不能过多。其次，存货应该具有互补性，提高仓库利用率。第三，仓库要及时应用仓库管理软件，减少人工操作。第四，以总成本最优而非分项成本最低的原则，加大基础设施的投资，引进部分自动化的设施如带式传送机、叉式装卸车等。最后，信息化是降低物流成本的基础。

(2) 促集约

货物运输时首先应该考虑整车运输，提高车辆的满载率，降低货物的运输成本；同时，针对回程车，需要在信息共享的平台中寻找货源并进行整合，降低车辆的空驶率，提高企业的经济效益。

(3) 增创新

充分利用现代化信息技术、装备设施，增强物流的个性化、精细化、定制化、高端化水平，实现去库存、去产能、降成本、调结构，提质增效。要推行多式联运、甩挂运输、无车承运等多种运输组织方式，加强模式创新和管理创新；要重点发展精益物流，优化重点产业供应链，促进物流业与相关产业联动融合，努力寻找行业发展新动力。充分利用新技术和“互联网＋”物流，实现与互联网融合发展。

2. 产业融合发展

随着国家放松对运输业和仓储业的经济性规制，政策性壁垒降低，生产要素可以在更大范围内的自由流动、合理配置，产业融合已具备了相对成熟的条件。作为服务型产业，物流业必须要和制造业、商业和农业等相关产业实现有效对接，做到联动发展。因此，徐州市的物流企业应开展物流业与本地制造业尤其是重工业，以及电子商务、金融等多行业协调联动运营，将产业合作层次从运输、仓储、配送业务向集中采购、统一管理、协调加工、物流金融、售后维修、仓配一体化等高附加值增值业务、个性化定制服务拓展延伸。产业融合转型升级的任务涉及政策和企业两个层面。从政策层面来讲，应进一步健全物流行业发展政策体系，完善物流基础设施，整顿物流市场竞争秩序，扶持物流资本市场。从企业层面来讲，扩大物流服务范围、增强资源整合能力、强化对互联网的认知。

（三）优化物流发展环境

1. 强化指挥和协调

因为目前物流资源分别受专属部门负责，管理较为分散，使得物流业发展受到局限。所以，相关部门应加强对土地使用、吸引投资、融资、技术引进等方面的支持，加大宣传，鼓

励不同人士参与到物流发展中,保证物流中心工程的建设。建立现代物流机制(集合工商、贸易、民航、港口、海关、金融等),确立核心指挥部门,分配负责事项,审核重要项目,制定战略,优化物流规划方案,使徐州市物流发展规范化。

2. 构建徐州物流对接丝绸之路经济带的发展网络

强化徐州市位于四省物流通道和新丝路经济带交叉点的区位优势,在互融互通上做连接点、转承点、分拨点的大文章。国家层面,主动对接中西部5省丝绸之路经济带沿线城市,全力打造新亚欧大陆桥东部的国家一级综合物流枢纽城市;"粤苏皖赣四省物流大通道"层面,加快实施"广货北上、苏货南下",逐步实现区域内优势互补、资源共享;淮海经济区层面,加快构建一体化物流服务体系;徐州层面,加快构建"3级物流节点"和"3个集聚带、5基地、5园区、5中心"的总体空间框架。

3. 打造物流业"平台经济"

改变过去以单一项目为驱动的合同物流形式,发挥信息化对物流产业的引领作用,加快我市大成物流、金驹物流等物流园区的平台化建设与整合,打造电商物流仓储+配送+系统为一体的供应链服务平台。加快"淮海经济区物流公共信息服务"的开发和完善,加快形成覆盖淮海经济区20个城市,具有徐州市智慧交通服务网、徐州市物流服务网、徐州市城市配送服务网"三网合一"的徐州市物流产业的综合服务性"淮海经济区物流公共服务平台"网站,吸纳区域内物流信息资源的互联互通和高度共享。

4. 调整分散物流的区位,重点连接那些小的弱的物流产业

把那些受地理位置和运输条件制约的三环路等地近400家比较弱的物流企业,同时把仓储配备装置向物流园区有序搬动。按照徐州城市群发展规划要求,迁移三环北路小物流公司到八里国际家居博览中心和香山物流园;三环东路小物流公司可以迁至淮海综合物流园;新建物流企业按照产业分类与区位特点分别向物流园区内集中发展。

5. 充分利用区位优势,实现多式联运,把辐射能力体现出来

发挥徐州在东部产业转移、西资东输的承接作用,既要出门学习,也要吸收利用。建立标准的物流服务体系,把淮海经济区联系起来。与苏南及以上的发达地区加强联系,重点发挥自己的区位优势,加强与沿海城市的合作,把对外开放的水平发展出来,不能仅仅利用区位这一优势,与发达物流城市的联系也是重要的环节,吸收借鉴才有帮助。

6. 加强物流信息化建设,建设共享的网络信息平台

物流信息化是现代物流发展的基础,现代的物流信息也是物流发展成熟的关键。利用网络这一高新技术,把物流的发展系统与互联网的系统结合,利用互联网这个工具把物流产业的结构做到最优化。利用网络这个平台,把徐州各个物流公司的优势信息共同分享,同时针对突出的问题在信息平台上做出统一的解决。集中徐州市的发展优势做到最有利的发展。

7. 推进物流园区的合理布局与科学建设

按照结构布置合理规范,重点促进发展,保证产业的升级等这些要求,重点建设五大现有的物流园区,加快提升现有两大特色物流中心。五大物流园区有:徐州经济开发区生产物流园区、九里综合物流园区、新城区生活物流园区、京杭大运河港口物流园区和空港物流园区。两大专业特色物流中心,即中国八里国际家居博览中心和中国汽配城。在快

速建设以上几个物流园区的同时，一定要将物流园区的基础设施建设作为一项重点，加强管理与服务。加大对物流园区基础设施投入力度，形成必要充分的基础设施和配套条件，增强项目承载能力，确保物流项目更好更快的建成。

第四章　苏州市物流业发展报告

2015年,苏州市认真贯彻江苏省委、省政府的决策部署,沉着应对外需持续不振、制造业内迁、商贸业增速放缓等不利局面,坚持"稳中求进,量质并举"的发展方针,全面落实各项鼓励政策,创新物流工作举措,大力发展物流业新兴业态,促进了全市物流业的持续健康平稳发展。

一、苏州市物流业发展概况

(一) 物流需求进入调整期

1. 物流需求平稳

受工业产值基本持平、消费结构加快调整和国内外大宗商品价格、工业品、消费品价格普遍下跌影响,全市物流市场在调整中保持低速增长态势。2015年1—10月,全市实现社会物流总额3.99万亿元,同比增长0.72%,其中,工业品物流总额下降0.35%,进口货物物流总额下降3.51%。

2. 工业物流总额小幅下降,结构不断优化

受内外需疲软和铁矿石、煤炭等大宗散货需求下降的影响,工业物流总额下降0.35%。

3. 保税物流持续下滑,结构不断优化

受外资向内地转移、自贸区政策"虹吸"效应以及清理外贸奖励政策等影响,全市保税物流业务持续下滑。1—10月,全市保税区进出境仓储或转口货物总值418.24亿美元,同比下降10.4%;其中,出口下降8.8%,进口下降12.1%。保税仓库进出境货物69.3亿美元,同比下降14.5%,其中,出口下降0.4%,进口下降21.4%。综合保税区、保税港区进出口维持去年"一增三降"态势。苏州高新区综合保税区进出口总值增长23.7%;苏州工业园区综合保税区进出口总值下降7.3%;昆山综合保税区进出口总值下降0.4%;张家港保税港区进出口总值下降21.6%。

4. 货运需求结构平稳调整

全年公路、水路完成货运量1.34亿吨,货物周转量209.08亿吨公里,分别比上年增长3.3%和4.3%。铁路货物发送量66.78万吨,货物到达量110.07万吨。苏州港港口货物吞吐量5.4亿吨,比上年增长13.4%,其中,外贸货物吞吐量1.42亿吨,比上年增长15.5%;集装箱运量510.2万标箱,比上年增长17.8%。

(二) 物流供给进入转型期

1. 物流增加值增长较快

物流业增加值同比增长9.2%,增长较快。

2. 物流质量加速提升

(1) 社会物流总费用与GDP的比率进入加速回落期

2015年，社会物流总费用1768.2亿元，增长10.99%，其中，运输费用增长15.16%，仓储费用增长6.77%，管理费用增长2.57%，增长较快。但社会物流总费用与GDP的比率为14.80%，比2012年下降了0.33个百分点，进入加速回落期，表明物流运行质量和效率有所提升。

(2) 物流业发展综合实力省内领先

江苏全省13市中，苏州物流业发展处于领先地位。2015年南京物流行业基础条件及效益指数0.736 6，居全省第二，比全省0.527 1的平均水平高了0.209 5；综合物流指数0.784 9，居全省第一；物流发展与经济总量关系指数0.979 4，居全省第一；物流增长指数为0.041 4低于全省0.057 3的平均水平，这主要是由于物流行业规模大、基数大，行业发展成熟，物流增长相对处于较低状态，仍属正常态势。

3. 市场主体业务创新稳步推进

江苏物润船联网络股份有限公司利用自主知识产权的AIS船舶定位技术，将水上物流运输与移动互联网深入融合，建立了中国水陆联运网公共服务平台，建立起水上物流大数据，为大宗生产资料企业、贸易商、物流企业、船厂、港口、码头和政府监管部门提供一站式智能物流服务和监管。苏州高新区“苏满欧”班列经满洲里出境，经俄罗斯、白俄罗斯全境抵达波兰华沙，全程11 200公里，全程运输时间14天左右，比海运节省三分之二时间，货源为液晶显示屏、稳压电源等电子产品，今年以来出口班列已实现常态化运行，并探索开行进口班列。昆山唯品会落户淀山湖以来发展迅速，2013年销售超过53亿元，税收贡献超过8 000万，2014年两家公司销售突破90亿元，税收突破1.2亿元，其中，昆山公司销售达到52.8亿元，1—10月份，唯品会销售47亿元，在即将迎来的第四季度电商销售旺季，有望在年底达到近80亿元的产量。

(三) 物流环境持续改善

1. 物流设施条件不断优化

在加快物流业发展的过程中，苏州持续追加物流业固定资产投入。经过多年的建设，苏州物流基础设施取得了大发展。

(1) 水陆并进的大交通框架

苏州已基本实现高等级公路主骨架格局和长江、京杭运河主通道入江通海水运网，并在全市域范围大体形成了城郊成环、县乡成网、连江带湖、水陆并进的大交通框架。到2015年底，苏州全市公路总里程13 238.9千米.其中，高速公路550.2千米，

(2) 支持政策得到落实，港口物流增长较快

随着国家、省支持太仓港发展政策的逐步显现、太仓港赴洋山港“五定”班轮水上巴士的开行、张家港整车进口口岸汽车进出口业务的开拓，苏州港在外贸业务下滑的情况下继续保持良好态势。全年预计，苏州港货物吞吐量、集装箱运量分别可达5.4亿吨、510.2万标准箱，同比分别增长13.4%、17.8%。其中，1—10月份太仓港货物吞吐量、集装箱运量分别完成1.66亿吨、300.65万标准箱，分别增长30.04%、22.8%。

(3) 重点项目进展顺利，部分项目竣工投产

列入省“十二五”物流规划的重点项目，已有苏州物流中心现代物流公共信息平台、吴江综合永鼎物流园、昆山(千灯)普罗斯物流项目、张家港正大富通连锁汽配服务中心、张

家港玖隆钢铁物流中心等竣工投运。吴江新地现代物流项目1号、2号、3号库主体完工。苏州越海全球物流项目已建成一期二期库房辅房40 800平米,在建工程44 690平米。昆山众品冷链物流项目一号库房已投运,二号库房正在施工。张家港保税区进口汽车物流园汽车口岸码头、堆场、运营公司、航线、检测站、上牌点等软硬件配套设施已完成,宝马旗舰店、庞大项目、云峰集团项目进展顺利。

2. 集聚发展成效显著,各类效益同步提升

以公路运输、城乡共同配送为依托,苏州物流企业集聚发展势头看好。苏州传化公路港集聚整合物流企业584家,建设运营辐射全国各大城市的零担快运专线近300条,截至2015年10月,公路港平台已实现营业额20.44亿元,入库税收1亿元;运宝网与互联网金融已投入运营,成功打造了"物流+互联网+金融服务"的发展模式。张家港玖隆物流园重点打造华东地区钢材物流的"信息中心、交易中心、结算中心、价格中心、加工中心"五大中心,园区已建成40万平米高标准室内仓储设施、5万平米露天堆场,11.6万平方米玖隆大厦投入使用;1—11月份,物流园营业收入1116亿元,新增入驻企业233家,新增注册资本17.58亿元,累计引入各类企业1 500家,注册资本超150亿元,今年预计将突破1 300亿元,利税超3.5亿元。

二、苏州市物流业发展存在的主要问题

(一) 物流有效需求呈减少趋势

1. 工业物流呈减少趋势

由于招商引资优惠政策影响,1—10月全市工业总产值同比下降0.4%,规模以上工业总产值仅增长0.1%。苏州等地大批加工制造能力向重庆、成都、郑州、西安、合肥等城市以及苏北地区转移,部分能力甚至向东南亚转移。向境外转移的直接减少了苏州物流企业的业务量,向内地、苏北转移的即使物流业务继续由苏州物流企业承担,也大大增加了物流企业运营成本。

2. 商品价格因素影响物流总额增速

近两年国内外大宗商品价格、工业品、消费品价格普遍下跌,造成物流总额增长大大低于货运量增速,物流总额仅增长0.72%。

3. 自贸区虹吸效应的影响

上海自贸区、福建自贸区以促进贸易便利化为核心创新货物监管制度,创新了货物贸易监管方式,弥补了综合保税区的政策缺失,由此吸引周边进出口物流企业、物流业务向自贸区集聚。

(二) 物流有效供给有待进一步完善

1. 总体发展水平不均衡,大多数物流企业规模偏小

不同类型的企业在规模、实力、经营理念、企业文化、管理模式等方面存在较大差异,尤其中小民营物流企业数量多、分散、规模小、面临经营困难;国有大中型物流企业规模大、发展势头好、管理规范,有明确的企业发展战略;外资物流企业,其优良的企业文化不可比拟。

国有控股或国有全资子公司,有强大的资金保障、信用基础以及信息优势,政策把握

度比较好，与相关部门沟通比较容易，融资渠道畅通，垫付资金能力强，通常能在大型项目招投标中获得绝对优势，同时利用资金优势还能从事一些诸如金融供应链等比较高端的业务。

集团型企业有总部强大的资金以及各项资源做保障，可以实现总部范围内各项资源的整合和协调，包括人员、车辆、资金等，充分利用总部全球或者全国的品牌优势，与总部之间既有业务的联系又有独立经营的自主权。

国有企业在经营中主要在是机制问题，采用的是国有企业传统的管理模式，利润须上交总部，缺乏足够的灵活性，包括价格、经营手段以及业务创新方面缺乏自主权，明显的权责不对等，目前有人员流失现象，改制的呼声也比较强烈。

广瑞物流是典型的中小民营物流企业代表，位于传化公路港园区内，以运输业务为主，有20多名员工，用工制度并不完善，主要是成本压力较大，自有车辆少，其业务主要靠长期形成的客户资源，主要凭价格优势和经验优势，服务水平与大企业差别大，并且人员素质普遍偏低，沟通相对困难，更没有对员工进行系统培训。

2. 大多数物流企业信息化水平不高

虽然由政府主导的物流公共信息平台应用了先进的信息技术，取得了较好的效果，但大多数物流企业内部的信息化水平较低。全球定位系统(GPS)应用的最多，占比为63%，其次是财务管理系统，占比为59%，33%左右的企业拥有企业网站、运输管理系统和货物跟踪查询系统，其他较先进的物流信息系统应用很少。究其原因，由于物流企业大多是小微企业，业务功能类同，竞争激烈，利润率低，信息技术和物流技术的应用对于企业来说投资压力很大。但是，先进的物流及供应链管理水平离不开先进的信息技术，信息技术的欠缺直接制约着企业的发展。

3. 产品结构矛盾较明显，物流企业总体效率水平较低

大部分物流企业还是集中在传统的仓储、运输、货代业务上，资源分散，全市登记注册的物流企业达14 000多家，其中名称中带“物流”的企业8 400多家，名称中有“货代”字样的5 000多家，相当一部分物流企业规模小、技术水平较低、管理粗放，严重地影响到了苏州地区整体物流效率。目前，苏州物流园区几十家，入驻企业可以充分利用园区内运输、仓储、报关、加工、金融、信息等服务功能，园区内各项功能日趋完善，但是也存在功能交叉、资源不能完全共享等问题，影响了整体物流效率。

苏州第四方物流还未真正形成市场，有条件的企业只是为了竞争的需要为客户提供更多的增值服务，争取客源，利用现有人员为客户提供一体化的物流整体设计方案，而且没有成立专门的方案设计或者咨询部门，并非真正意义上的供应链管理。

4. 人力资源管理水平低

物流企业中拥有博士学位的企业几乎为零，硕士学位的企业人员比例小，大多数为本科或大专学历，而一线从事运输的司机、从事搬运的搬运工学历水平更低，流动性比较大。根据调查统计，苏州整个物流行业大专学历人员达60%—65%，本科占30%—35%，硕士以上只占5%左右，苏州物流人才整体学历水平非常低。

而苏州供应链管理高级人才并不缺乏，但是到第三方物流企业供职的却不多，可能的原因是高级供应链在苏州还没有真正的市场，供应链管理水平不高，这些人才即使进入第

三方物流企业也无用武之地。

企业间培训的规范性和系统性差异性较大。大型国有企业或国资控股企业、外资企业以及规模比较大的民营企业非常重视培训，而且基本以内部培训为主。与此形成鲜明对比的是相当一部分中小物流企业只有入职时的简单培训，入职后缺乏系统的培训和指导，主要靠经验式的管理，无法保持公司长期的竞争优势。

大多数企业虽然有比较长远的企业战略，但还是缺乏科学的人力资源规划，通常的做法是上大项目时盲目招兵买马，一旦项目没有成功，招聘来的人又不能立即辞退，造成巨大的人力资源成本浪费。

（三）物流发展环境有待进一步完善

1. 政府监管力度不够

政府在物流业发展过程中负有非常重要的监管责任，尤其是对危险品运输和仓储监管。少数企业自律性很强，投入巨资建设消防系统，但是相当一部分企业由于资金和成本问题还达不到规定的消防安全要求。

另外一个问题是运输超载问题，这与运输货品本身价值有关系，少数企业根本不存在超载问题，如电子产品或其他价值比较高的产品，但是对一些大宗货品来说，超载现象极其严重。通常情况下，政府有关部门遇到超载问题都是以罚款处理，其实是默认了超载行为，而严格按照规定不超载运输的企业运营成本过高，在竞争中生存不下去。外地进入苏州地区的车辆有超载现象很难处理，对苏州物流企业来说会形成一定的成本压力，通过罚款只会增加企业的负担，有的企业甚至把罚款计入成本中。从长远看，超载问题不仅会带来严重的安全隐患，更重要的是影响了苏州物流企业的长远竞争力，政府需加强监管力度，营造平等的竞争环境，鼓励企业遵守法规、有序发展。

2. 物流业发展缺乏统筹科学规划，资源浪费严重

苏州共有物流及相关企业大约 11 500 家。物流企业数量众多，但功能单一，企业之间的不正当竞争时有发生。另外，目前物流园区、物流中心、物流基地大约 67 家，除了省级和市级物流集聚区能够依托港口、工业园区、交通枢纽、出口加工区、专业市场等获得较好的发展外，其他物流园区管理模式落后，功能重复、交叉，存在能力闲置、过剩的现象。重复建设比较严重，功能类同问题突出，造成资源的严重浪费。究其原因，伴随着全国的物流园区投资热潮，苏州各市区为了自身的经济利益投资建设出口加工区和物流园区，但缺乏区域之间的统筹规划，对空间服务范围、规模效益等因素缺乏论证。

3. 受国内外经济环境影响，物流企业效益下滑

受国内外经济大环境不佳、制造业和商贸流通业景气下滑、淘汰黄标车等综合因素的影响，物流企业效益普遍下降较多。即使物流业务有所增长，部分企业效益还是有不同程度的下滑。高速公路通行费及路政罚款等居高不下，用工成本增长较快、上海市限制黄标车通行等都影响着物流企业经济效益的持续增长。

三、苏州市物流业发展思路

(一) 做优存量,做强增量,加快实现提质增效新突破

1. 整合资源、集约发展

(1) 通过兼并重组等方式整合资源

有效有序整合物流业,提升物流企业核心价值。通过政府的政策引导,采取兼并重组、合作联盟等方式,充分挖掘物流整合价值,提高资源利用率,改善目前大而全、小而全的现状,提高企业专业化程度,在产业内进行精细化分工,并在此基础上进行紧密协作,提升物流质量和规模效益。另外,大力发展扶持市场高增长的冷链物流、电商物流等新兴物流市场和技术。

(2) 推进物流业向集约化发展

现代物流资源协调发展的目标不是盲目发展和扩充物流资源,而是应合理地整合和集成物流资源,进行各种资源的合理组织和配置,将原来分散的、独立的、小规模的、互不联系的物流资源进行有效分工和配合,形成一体化的物流集团或联盟,从而大幅度降低整体运营成本,改进服务质量,提高物流的竞争力。随着环境资源约束强化,苏州需要利用信息和网络技术,运用现代管理方法,通过重组和共建等方式整合总量、优化存量,由粗放式发展向集约化发展转型,对物流、运输、仓储、配送、信息等环节优化资源配置,坚持统筹发展。此外,要实现集聚区内物流服务的错位经营和互补经营,实现供应链业务的有机集成,推进物流业向集约化方向发展。

2. 产品服务转型升级

(1) 提高物流服务档次

从国内生产制造企业或者从国外引进供应链管理的精英人才,引进懂市场、懂管理、懂供应链,能熟练使用比较科学高端的供应链管理技术,能整合各个环节资源的人才,参与全球化供应链管理,不断提升苏州物流服务档次。成立专门的供应链服务咨询公司,培育真正意义上的第四方物流市场,逐渐将目前很多物流企业的方案设计咨询部门独立出来,提供更专业化的咨询服务,逐步与发达国家的物流服务水平接轨,提升参与全球经济一体化的竞争力。

(2) 不断创新经营模式

企业都能根据客户和市场的需求不断调整企业的经营模式,在发展拐点,不断创新,在新的领域采用新的模式寻求新的发展机会,转型升级已经成为行业共识。伴随苏州产业转型升级,原来在苏州发展得非常好的一部分电子企业,目前70%的业务已经转移到内陆其他地区,物流企业原有的经营模式和业务范围将发生重大改变,在调研中发现,很多企业已经具备足够的风险意识,在为长期合作伙伴提供更好的物流服务的同时,还能及时调整企业经营战略,不断寻求新的发展机会和增长点。

(二) 持续改善物流发展环境

1. 充分发挥政府引导和监管职能

(1) 强化物流规划导向

全面总结"十二五"物流业发展情况。按照国家、省、市"十二五"物流规划提出的目标

任务，充分结合苏州物流业发展实际，对相关目标、任务进行跟踪、检查、总结，配合上级做好“十三五”物流业发展规划调研，继续完善苏州市“十三五”物流业发展总体思路。推进物流园区发展规划实施。深入实施《全国物流园区发展规划》、《江苏省物流园区发展规划》、《江苏省农产品冷链物流发展规划》，严格按照国家、省规划明确的物流园区标准，指导做好重点物流园区的规划编制工作，找准物流园区发展定位，推进全市物流园区建设、管理的规范化，提升规划建设水平和经营发展能力。采取多种鼓励政策引导物流企业进区投资兴业，促进物流园区做优、做强。要严格规范物流中心、物流基地、物流货站的发展，引导其走专业化发展道路。加强物流业发展规划与城市总体规划、土地利用总体规划的衔接，为物流业转型升级预留发展空间。

(2) 制定相关政策保证物流业有序发展

抓好国家、省、市促进物流业健康发展、促进快递业健康发展、促进外贸稳定增长等政策贯彻落实工作，加大土地政策支持，加强物流基础设施建设，促进物流车辆便利通行，鼓励搭建物流公共服务平台，进一步减轻物流企业税费负担。建议将“苏满欧”班列发展列入江苏省重点发展项目，发挥苏州作为长江经济带中上游城市的水上货物集散中心的优势，争取设立苏州铁路一类口岸，扩大运用“苏蒙欧”国际五定班列外贸通道。支持太仓港强化与上海港的合作，不断加密苏州港与上海港的水上巴士和其他内支线。支持城际货运总站、城市配送枢纽、电子商务、共同配送物流的联合发展，引导做大做强城际专线物流、电子商务物流、城乡共同配送物流，增强物流业可持续发展后劲。指导企业充分借助“营改增”政策，加快技术改造，提高物流业装备水平。科学稳妥发展供应链金融，依托核心企业发展供应商融资、经销商融资等方式，拓宽企业资金筹措渠道。重视物流人才培养和引进，支持大专院校物流科研和实习基地建设，提高校企合作的层次和质量。支持物流行业专业组织改革、发展，推进协会与业务主管部门脱钩，推行会长轮值制，强化信息导向和业务培训，扩大内外合作交流，不断增强物流协会、物流商会的服务水平。政府还需制定各种法律法规加强对危险品运输、仓储以及车辆超载、超高、超长的监管力度，切实保证物流行业的健康有序发展。

2. 充分发挥行业协会平台引领作用

苏州市物流协会的作用和任务是协助政府大力促进与发展我市现代物流业，维护企业的合法权益，协助政府开展行业调查、决策咨询制定以及政府委托的其他工作，为当地企业提供专业化的服务，推进苏州物流现代化的建设与发展。

目前物流协会会员单位有400多家，都是在苏州比较有影响力的企业，也基本上代表了整个苏州物流发展的总体态势，可以充分利用行业协会的平台提升整个行业的服务水平。通过协会这个平台，学习优秀的跨国物流企业的管理技术和管理经验，不断改善经营方式和管理水平，提高信息技术的利用程度，提高物流企业的运作效率和市场竞争力；制定发布相关的行业标准，并指导物流企业落实实施，真正起到政府和企业之间的桥梁作用；加强会员之间包括院校与企业之间，企业与企业之间的横向交流与合作，共同促进整个行业的进步。

3. 加强物流项目管理

按照国家发展改革委、省发展改革委的统一部署，全力做好物流项目管理工作。市、县级市、区发展改革部门，要积极做好物流项目储备工作，支持项目单位做好项目前期工作。加快项目审批工作，严格执行好规划和产业政策，做好上级下放审批权限的承接，抓好市级权限项目核准(备案)。指导项目单位有序办理用地、规划、环评、能评等各项手续，做好项目可行性研究和市场需求预测，提高单位土地投资强度和项目产出率。对获得中央预算内投资的物流项目要加强项目建设、招投标、审计、验收指导，确保项目按照原批准方案建设、竣工、投产、验收。对列入《江苏省"十二五"物流业发展规划》、省年度重大项目的物流项目进行重点管理，掌握项目动态进展，及时帮助企业协调解决项目建设中的问题，促进项目早日竣工投产。做好"十三五"物流项目储备工作。以转型升级、平台建设、共同配送、融合发展等为导向，加强物流重点项目筛选、审核，推荐一批投资大、发展前景好的重大物流项目列入上级规划。

第五章　常州市物流业发展报告

2015 年，在国内经济下行压力增大的形势下，常州市物流业运行总体态势较好，物流需求平稳，为全市社会经济较快发展提供了支撑和保障。

一、常州市物流业发展概况

(一) 物流需求进入调整期

1. 社会物流总额增长较快

全市社会物流总额 17 436.4 亿元，同比增长 8.83%。其中工业品物流总额 13 936.6 亿元，同比增长 14.36%，占社会物流总额的 79.93%；进口物流总额 422.8 亿元，同比下降 7.32%，占社会物流总额的 2.42%；农产品物流总额 73.38 亿元，同比增长 5.83%，占社会物流总额的 0.4%。

但社会物流总额增速回落速度加快，2014 年、2011 年、2010 年分别为 14%左右、17.3%和 20%，进入需求加速调整期。

2. 货运需求结构平稳调整

全年公路货运量 1.1 亿吨，增长 3.4%，公路货物周转量 116.4 亿吨公里，增长 4.7%。全年航空货物吞吐量 1.8 万吨，港口货物吞吐量 8 984 万吨，其中常州长江港货物吞吐量 3 619 万吨。快递业务量达 11 709.6 万件，业务量同比增长 46.87%，2013—2015 年常州市快递业务量年均复合增长率为 43.19%。

(二) 物流供给不断优化

1. 物流规模稳步上升

全市社会物流增加值 2010 年为 100.11 亿元，2014 年达 185.11 亿元，年均增长 15%以上。2015 年全市物流业增加值为 337.2 亿元，同比增长 5.8%；占全市服务业增加值的比重为 12.9%。物流业对经济的贡献份额逐步提升。

邮政通信业较快发展。全年邮政业务总量 29.3 亿元，比上年增长 34.3%，全年邮政业务总收入 26.0 亿元，比上年增长 31.6%。全市规模以上快递企业主营业务收入 17.4 亿元，增长 40%，2013—2015 年年均复合增长率为 30.83%。全年通信业务收入 52.7 亿元，比上年下降 2.2%。

2. 物流质量逐步提高

全市社会物流总费用 747.79 亿元，同比增长 7.47%。其中：运输费用 386.88 亿元，同比增长 9.33%，占社会物流总费用的 51.74%；保管费用 273.09 亿元，同比增长 8.8%，占社会物流总费用的 36.52%；管理费用 87.83 亿元，同比增长 8.84%，占社会物流总费用的 11.75%。社会物流总费用与 GDP 的比率为 14.2%，与上年持平，低于全省平均水平 0.9 个百分点。从 2008—2015 年的数据来看，全市社会物流总费用与 GDP 的比例从 16.23%降到 14.20%，物流运行效率有所提高。

3. 市场主体结构提升较快

（1）主体规模提升较快

近年来，中国物流常州综合物流中心、苏浙皖物流中心、亚邦医药物流基地等一批大投入、多功能、现代化的物流园区相继建成，安邦物流、海航国际物流、奔牛港物流中心、录安洲长江码头等一批提供供应链服务和第三方物流服务特色的物流企业快速发展，凌家塘农产品物流、苏浙皖边界物流中心、常运物流、邹区灯具物流等一批农副产品、冷链、城市配送物流企业专业化发展，全市物流园区和物流企业的规模在不断发展壮大。2014年，诚通物流、盐道物流、安邦物流、海航物流、录安洲长江码头、武进港务有限公司、政成物流、易呼通等 8 家物流企业主营业务收入超亿元。江苏长江塑化市场、凌家塘农副产品市场、湖塘纺织城、邹区灯具城等 9 个专业市场交易额均超过 100 亿元。目前，常州市有 12 家省重点物流基地和 27 家省重点物流企业，8 家企业的技术中心通过省级认定，8 家物流企业通过国家物流采购联合会 2A 以上认定。

（2）创新经营模式成效显著

物流企业在当前经济形势多变的情况下，为克服环境给企业发展带来的诸多不利因素，在创新模式、加速转型、做强做优上寻求突破，取得显著成效。

首先，常州生产制造企业、商业企业众多，在整个供应链体系中，居于供应商配套地位。同时，常州大型专业市场较多，在新 312 国道北至邹区镇、南至常金大桥近 5 公里范围内，集聚了凌家塘农副产品批发市、常州钟楼现代商贸集聚区、邹区灯具城 3 个百亿级的省级市场类集聚区，3 个市场 2014 年成交额超 600 亿元，由此产生的供应链服务的条件比较充分。针对这些专业市场及周边企业的物流需求，相伴产生了亚邦物流园、凌家塘农副产品冷链物流及专线物流、邹区灯具物流等 25 家第三方物流和专业物流，为不同类型的企业和专业市场提供制造前、制造后、流通中的伴生性物流配套服务，支撑和服务相关产业和市场的发展。同时，第三方物流、制造业物流、商贸物流、农产品物流等专业物流也得到了发展。据统计，25 家第三方物流和专业物流 2014 年营业额近 40 亿元。

其次，中国物流常州分公司与华夏银行、江苏银行、民生银行等多家国内金融机构、物流管理公司合作的开发金融物流宝平台，为拓宽制造企业融资渠道，增加企业资金链的活度和弹性、集聚并高效利用社会物流资源作出了尝试，平台已进入运行。

第三，政成物流在先进专线配载基础上，按照“互联网＋”思路，建立了政成联盟平台，探索企业经验向行业标准转化的途径，在“公路港”模式之外，实现区域性物流基础资源优势整合。通过全资收购、定向合作、共享资源等多种方式，进一步扩大经营规模。目前，已在全国与其他物流企业合作共享 32 个物流基地，联盟内规模以上企业 9 家，跨区域全国网络初具规模。2015 年预计政成联盟平台将实现物流营业收入 5.2 亿元。

第四，继江苏奔牛物流中心设立了常州市首家纤维板和胶合板期货交割仓库后，今年上海金属期货交易所又在常州市融达物流设立了有色金属期货交割仓库，推动了常州市地区有色金属加工制造业、地板业、家具业、建筑业的发展，有效地实现产业发展方式与期货市场价格有机结合，提升了产业集群的竞争力。

第五，由常州易呼通物流科技有限公司打造并运行的易呼通物流电子商务平台，除了具备一般物流信息平台所具有的信息交互对接、资源共享等功能外，通过与保险公司、银行的对接与合作，在政府职能部门的监管下，提供具备物流公司认证、担保交易、实时定位等功能的物流电子商务平台，并配套有网上投保、诚信评价、物流支付等功能。截至2014年，平台已与常州地区物流公司1 800多家物流专线公司形成对接，聚集了常州地区80%以上的物流公路运输运力资源，累计为10 000多家工商制造企业提供物流电子商务对接服务。提升了货运物流承运方的效益，降低了托运方企业货运成本，得到了江苏省交通厅运输管理局、交通部科学研究院的认可。2014年度易呼通运营的平台交易额2.98亿元，上缴税金1 232万元。下一步，平台业务将逐步推进至南京、无锡、苏州等省内各市，并向浙江、上海、安徽、山东等其他省市进行拓展。

(三) 物流环境持续改善

1. 物流政策环境不断优化

为了进一步促进常州物流产业的发展，各有关部门纷纷从各自职能范围为全市物流园区、物流企业提供资金、税收、土地、人才等方面的支持。市经信委、市交通运输局联合制定了《常州市重点物流园区和企业认定办法》，发挥重点园区和企业示范效应；市商务局以对接上海自贸区为契机，口岸服务效率得到提高；市发改、经信、交通等部门积极为重点物流园区项目和物流企业争取和安排专项扶持资金，帮助解决用地、融资等方面的问题。

2. 综合运输体系逐步完善

在江苏省地级市中，常州市是唯一一个铁路、公路、航空、水运、管道等五种运输方式都有的城市，并已基本形成以高速公路为基础、航空与铁路为远程辐射、港口运输为重要补充的综合运输体系。2015年末，全市公路总里程9 000公里，其中高速公路306公里，高速公路密度位居全省第三。2014年，常州机场作为国家一类口港正式对外开放，铁路直属站年旅客吞吐量达2 300万人，常州巷道初步呈现“接长江、贯运河、衔太湖”的水路运输网络格局。随着常州交通枢纽地位的重新确立，为物流业的发展创造了有利条件。

3. 重点项目有序推进

为进一步优化常州市物流业空间布局，集约利用各类资源，促进产业健康稳定发展，2011年市政府出台了《关于常州市市区物流产业规划管理意见》。按照“意见”确定的常州市“十二五”期间物流业空间布局、功能定位和发展重点，围绕物流集聚区、产业物流、大宗商品物流、保税物流、物流基础设施和信息平台、制造业主辅分离和第三方物流等重点领域，狠抓了一批重点项目和重点工程，有力带动和促进了常州市物流业的发展。“十二五”期间，实施的总投资超3亿元的物流项目30个，总投资达276亿元，截止到目前已累计完成投资144亿元。今年1—11月，24个列入今年全市服务业重点的物流项目完成投资38亿元。安邦物流、诚通物流、亚邦医药物流中心、江苏恒耐物流等20个项目全部或部分竣工并已投入运行，对全市物流业的快速发展起到了十分重要的促进作用。

二、常州市物流业发展存在的主要问题

(一) 物流社会需求释放不足，主辅分离有待强化

长期以来，常州市传统制造业处于“中间在内(生产制造)，两头在外(采购销售)”的状态。制造业物流管理上习惯于自成体系、自我服务，集中表现为集约化程度比较低，企业

内部物流基础设施规模比较大。在物流基础设施拥有量方面，内资企业平均水平远大于外资企业。尤其是一些产业园区还在按照企业自备物流审批土地，既浪费土地，也影响了园区物流效率的整体提升。

（二）物流供给质量有待进一步提升

1. 物流产业规模、效益偏低

与苏州、南京、无锡等相邻城市相比，常州市物流产业无论是在总量上还是在各项指数上都还存在不小的差距，苏州市 2015 年 1—10 月的社会物流总额 3.99 万亿元，无锡市 2011 年也达到了 20 082 亿元，都远高常州市 2015 年才达到的 17 436.40 亿元。在最新公布的《2015 年江苏省及省辖市物流指数》中，常州市物流综合指数、物流增长指数、物流行业基础条件及效益指数在全省分别排在第六位（0.519 5）、第五位（0.041 1）和第六位（0.503 9），低于全省平均水平。物流发展与经济总量关系指数，常州市在全省排在第四位（0.539 8）也只是略高于全省平均水平（0.482 3），与苏州市（0.979 4）、无锡市（0.721 3）等相邻城市差距较大。

2. 市场主体总体偏弱

（1）物流企业物流理念落后，物流效率不高

由于物流业门槛较低，常州市大部分物流企业均从事运输、货代业务，仍停留在传统的运输、仓储经营模式，专业化、综合性程度不高，缺乏现代物流意识。少数较大规模物流企业或物流园区因投入不足造成基础设施相对薄弱，简单机械作业和人工作业比重较大，信息化程度低下，物流效率大大低于现代物流企业，难以承接要求较高的第三方物流配送服务，严重影响参与制造企业供应链管理服务项目。

（2）物流企业规模小，集约化程度不高

物流业仍然存在“小、散、乱”现象，无法形成物流规模效应。截至 2014 年，全市共有公路货物营运车辆 5.68 万辆，涉及公路货运经营业户 29 885 家，户均车辆数仅为 1.9 辆。从货运车辆拥有规模来看，10 辆及以上的企业 423 家，10 辆以下的企业和个体 2.95 万家。常州物流企业规模小，集约化程度不高，导致抗风险能力也较弱。

（3）服务内容单一，增值功能弱

常州市物流企业大都由传统的运输和仓储企业转型而来，物流服务质量、效率、组织水平、资源整合集聚程度均较低，服务方式和手段也较原始、单一。除个别物流企业能提供综合性、系统性的物流专业服务外，绝大多数企业提供的物流服务仍停留在仓储、运输、搬运等单项或分段运作上，物流增值功能弱。

（4）物流信息化程度不高

物流企业的信息系统还局限于物流供需信息发布和库存信息管理，与现代物流业的要求存在较大差距，灵活应用信息科技和利用信息技术进行货物跟踪、配送以及电子商务技术的全面应用亟待提高。

（三）物流发展环境亟待改善

1. 行业管理缺乏协调机制

多年来全市物流行业条块分割、政出多门、多头管理问题始终未能得以破解，物流行业管理职能涉及发改、经信、交通、税务、商务、工商、公安、城管、规划、国土、海关、检验检疫等

政府部门,管理体制的缺位一定程度上制约了物流市场化、功能专业化和服务社会化发展。

2. 物流资源整合不到位

从物流产业发展规划看,缺乏从全市区域角度整体考虑经济发展及产业布局,缺少相关规划的配合支持。从物流设施看,全市物流系统各个环节之间协调配套能力较弱,缺乏系统、科学的运作和管理模式,致使物流效率不高、成本加大。从物流市场看,各个专业物流公司之间缺少沟通和协调,市场上存在低层次的竞争,既扰乱了物流市场运营秩序,也造成资源的较大浪费。

3. 政策措施束缚较多

(1) 物流园区发展束缚较多,政策措施有待突破

随着物流产业的快速发展,具有很强基础设施性质的物流园区也迫切需要得到相应的政策支持。在最新的《全国物流园区发展规划》中江苏省共有 7 个城市入选国家物流园区布局城市,其中南京、苏州等市被选为一级物流园区布局城市,无锡、徐州、南通、泰州、连云港等市被选为二级物流园区布局城市,而常州市却没有入选。其主要问题是:① 常州市物流园区规划与建设缺乏统一安排,落实度低。很多物流业相关规划制定后缺乏有效的引导,也欠缺有力配套措施和相应的保障手段,使各相关部门落实规划时有心无力,规划针对的相关企业参与积极性不高,规划落实力度有待强化。② 物流园区用地存在障碍。由于用地指标的限制,很多园区无法取得《国有土地使用证》,进一步增加了取得银行贷款的难度。这也造成建设成本剧增,使物流园区很难运作物流业务。③ 物流园区融资渠道不足与税负过重并存。物流园区设施设备与周边交通等配套设施急需完善。

(2) 土地资源成为企业发展的瓶颈

物流企业大部分都从运输企业发展起来的,多数企业都存在着土地需求的问题。在争取土地指标时,由于项目投资规模较小,给地方政府带来的效果不明显,取得土地指标难度较大,直接影响企业的发展。

4. 物流信息平台建设水平滞后,物流公共服务水平不足

虽然常州市目前各种运输方式齐全,但各种运输方式间难以无缝对接,铁路、航空及港口难以取得相互中转的资质,致使多式联运网络至今尚未建立。由于不同信息系统之间缺少资源共享的措施与技术支持、物流信息缺乏标准化、物流信息平台对于进入企业网络平台要求较高等原因,导致中小企业很难进入常州市物流信息平台。由于城市物流功能不够完善,物流企业功能单一,全市物流服务能力有待进一步提升。

5. 物流人才短缺

物流企业对客户物流成本管理的贡献不仅在于降低服务价格,更在于所提供物流管理解决方案的服务增值,这就要求物流企业必须拥有一支经验丰富的物流管理人才队伍,但常州市在物流方面的高级管理人才依然严重短缺。

三、常州市物流业发展思路

(一) 释放需求侧社会化需求

1. 宣传教育

加强对需求侧的宣传教育,强化需求侧物流社会分工认识和实践,释放需求侧有效

的、理性的社会物流需求。

2. 主辅分离

进一步优化支持制造企业主辅分离的政策环境，采取切实措施，制定相关配套政策，鼓励制造企业优化物流管理活动，实施主辅分离，成立独立核算的物流公司，自主经营，自负盈亏，开展面向社会的物流服务。鼓励制造企业与物流企业之间，以资产重组、合资、合作等形式，组建第三方物流企业，建立供应链战略合作伙伴关系，并不断扩大合作领域，向物流金融服务、保税物流业务等功能服务延伸。鼓励制造企业资源整合，引导制造企业逐步将整合后的部分或全部物流业务外包给专业化的物流企业。支持制造企业通过分离、外包、合作等形式，释放物流需求，降低物流成本，提高运作效率。

（二）加速供给侧结构性改革

1. 物流企业加快转型升级

（1）推进物流企业战略重组

针对常州地区物流企业规模偏小的现状，政府应鼓励物流企业实施兼并重组，培育一批竞争力强的物流龙头企业，优化物流产业结构，提高产业集聚度。同时，针对兼并重组的资金问题，政府可以通过金融信贷扶持、设置物流产业发展专项资金、帮助企业进军资本市场等各种方式进行解决。政府还可以设立物流企业服务创新将，对发展较好的物流企业给予资金奖励或者政策的优惠。

（2）加强企业间联系，资源共享，从竞争走向竞合

根据波特的价值链理论和微笑曲线理论，物流企业在转型升级过程中应不断发展附加值高的物流服务，如一站式物流服务、物流方案的规划与设计，不断打造物流服务品牌，发展成综合物流和高端物流服务供应商。常州地区物流企业应培育企业内部价值链中自身的核心竞争力，不断取得竞争的领先优势；然后通过分析企业在外部价值链的位置，制定企业与市场其他参与者整合的方案，从而实现差异化经营，使企业成为整个物流行业价值链中不可或缺的节点。在此基础上，通过集群内企业的资源共享，发展成一体化物流供应商，提升产业集聚水平。

（3）提升物流技术装备现代化

物流企业采用先进适用技术和装备，加快食品冷链、医药、机械、干散货、危险品化学品等专业物流装备的研发，积极发展标准化、厢式化、专业化的公路货运车辆；要积极使用全国技术和管理标准。

（4）物流企业加快创新发展

要成为创新型、复合型的物流企业，现有物流企业应导入以客户为中心的服务理念和运作方式，大力发展供应链物流服务、一体化物流和综合服务，开展与相关产业融合的金融、保险等增值服务；要积极拓展第三方物流、快递、航空货运、冷链物流、应急物流等新兴物流市场。

2. 加快与相关产业联动发展

（1）加快与制造业互动发展

结合制造业改造提升，转型升级和由大变强的战略需要，加快与制造相配套的现代物流体系和供应链管理体系建设，实现制造与物流的高效对接，紧紧围绕现代物流业的金

融、信息等衍生属性,促进特色产业群发展提质增效。

(2) 加快与农业互动发展

要充分依托现有农村商业布局,加快构建现代化的农产品物流体系,拓宽农产品销售途径,改变原有的农产品流通组织模式,解决农户小生产和大市场的矛盾。

(3) 加快与电子商务融合发展

鼓励企业从实体经营拓展电子商务,产品终端网上销售促进物流业与电子商务相互延伸。推动物流业与商贸互动发展,在重要商贸区域和重点专业市场,大力发展集各种功能于一体的物流平台,建立以物流配送中心和高校信息管理系统支撑的"电子商务—物流"基地。

(三) 加快改善物流发展环境

1. 要加强组织协调

为加强对物流业发展的统筹协调和组织领导,建议尽快成立全市物流业发展领导小组,切实增强常州市物流业发展的推进合力。

2. 统筹物流业发展规划

要尽快形成常州物流业中长期发展规划、"十三五"规划和空间布局专项规划,通过物流规划统筹进一步明确常州物流业发展的定位、发展思路、发展重点。要突出优势抓提升,进一步发展大宗资源型产品物流;围绕产业抓配套,加快发展制造业物流与供应链管理,大力发展汽车、钢铁、医药、能源、农产品和快递六大专业物流;扩大消费抓延伸,加快完善城乡配送网络体系,大力发展电商物流和冷链物流,产业融含抓创新,推动发展物流金融、期货物流等,要切实加强规划引导和管控,确保物流业发展规范有序。

3. 要完善扶持政策

要对物流业发展形成土地、财税、提升物流业发展平台信息化方面等一揽子的优惠政策,加大对物流行业发展的支持力度;要将物流业规划列入土地利用总体规划。对列入省市重点物流建议项目用地优先予以保障。加大投信额度,实行实物抵押贷款等。加快推进主辅分离,鼓励制造企业分搞外包物流业务,促进企业内部物流需求社会化,着力发展第三方物流。

4. 要规范市场秩序

要加强对物流市场的监督管理,建立完善行业诚信体系,加大对企业失信行为的惩戒力度,加强物流服务质量满意度检测,开展安全、诚信、优质服务创建活动,要做好政府部分职能的转移工作,进一步发挥市交通运输与物流协会在行业管理、行业协调、行业自律和行业服务方面的作用。

5. 实施人才培养与引进工程

引进国内外具有物流管理和物流工程技术的复合型人才,内部实施多方位物流人才的培训体系。利用在常高校及国内高校的教育资源,培养物流应用人才,建立校企结合的物流培训模式,组织在职培训,提高常州物流从业人员的整体素质。

6. 提升物流平台建设

(1) 推进重点物流园区建设

要充分依托公路、铁路、水运和航空运力优势,围绕常州奔牛港物流园区、常州港泰安洲物流园区等重要物流枢纽，整合、集聚资源打造区域性的物流基础，要加快培育钢铁、石油化工、汽车等生产性要素物流服务市场，合理布局医药、农产品等小商品、快速消费品的综合性物流市场。鼓励适度竞争。

（2）推进物流口岸开发开放

充分利用常州及周边外向型经济发展基础好的有利条件，积极打造国际“三港”城市；加快物流口岸的功能整合，积极与上海自由贸易区进行对接，要积极向上争取成为全国二级物流园区布局城市，增设新的报税物流中心；要全力接受上海自贸区功能辐射，积极申报跨境贸易电子商务试点城市。

（3）推进城乡物流配送体系建设

统筹规划、合理布局物流园区、配送中心、末端配送网点等三级配送节点，搭建城乡配送公共服务平台。推进智慧物流体系建设，要以信息化的集约、高效能特性帮助产业升级，从公共信息平台—物流园区—物流企业三个层次推动信息化，依托大数据和智慧物流体系建设构建互联网物流网络，大力推动电商物流发展。

第六章　淮安市物流业发展报告

随着现代物流对经济社会发展的贡献度不断提升，对城市转型、产业融合、民生服务的促进作用也愈发显现。2015 年以来，淮安市主动把握和积极适应经济“新常态”下的发展态势，进一步转变物流发展方式，全市物流业运行势头良好。

一、淮安市物流业发展概况

(一) 物流需求快中趋好

1. 社会物流总额发展较快

2015 年，社会物流总额增长 15.32%，位居全省第一，远高于全省平均值 8.05%，增长较快。

2. 交通运输业稳步增长

2015 年，全市完成货运总量 12 023 万吨、周转量 362.06 亿吨公里，分别增长 6%和 7.5%；完成港口集装箱吞吐量 13.50 万标箱，增长 31%；完成港口货物吞吐量 8 004 万吨，增长 12.7%；完成航空货邮吞吐量 3 754 吨，比上年增长 9.8%。

(二) 物流供给稳中趋好

1. 市场规模平稳增长

2015 年，物流业增加值同比增长 6.61%，平稳增长。邮电业务收入 35.95 亿元，比上年增长 3.4%。其中，电信业务收入 25.56 亿元，下降 5.2%；邮政业务收入 10.39 亿元，增长 33.1%。全市年末固定电话用户 67.97 万户，下降 16.6%。全年移动电话用户 368.57 万户，下降 0.6%；年末互联网注册用户 76.11 万户，增长 5.7%。

2. 物流质量加速提升

(1) 社会物流总费用与 GDP 的比率持续回落期

2015 年，社会物流总费用与 GDP 的比率同比下降 0.1 个百分点，比 2010 年下降 1.1 个百分点，进入持续回落期，表明物流运行质量和效率有所提升。

(2) 物流指数持续增长

2015 年，淮安物流综合指数达到 0.381 9，同比提升 0.023 6 个百分点，物流发展与经济总量的关系指数更是同比增长 11.18%，进入持续增长期。

3. 市场主体竞争力不断提升

(1) 品牌意识不断增强，特色物流企业增长迅速

随着经济发展方式转变和产业升级，淮安市物流业发展突飞猛进，物流运行模式不断出现新变化，物流市场需求不断增加，物流企业快速增长。2014 年底，淮安市国家 A 级物流企业已达到 11 家，其中 4A 级 9 家、3A 级 2 家，总数居苏北首位。淮安交运危货运输有限公司、淮安市翔和翎物流有限公司、淮安市吉安物流有限公司、淮安市三江运输有限

公司等4家道路物流货运企业荣获江苏省交通物流协会评定的江苏省道路货运50佳质量信誉企业。江苏省洪泽县航运有限责任公司上榜江苏省国内水路货运20佳质量信誉企业。

（2）物流业集聚能力不断提升，综合服务能力不断完善

依托淮安市主要交通枢纽、地理位置、产业布局及功能定位形成了以盐化工产业园、空港产业园、综合保税物流园区、电子商务产业区为代表的一批投资多元、功能集成、特色鲜明的物流园区和物流中心，物流集聚规模不断扩大。到2014年底，淮安市物流集聚区域将达到50余个，其中省级重点物流基地和物流企业17家。这些物流集聚区都已基本实现仓储、运输、配送、商务配套等功能集成，成为供需对接、有一定集约化运作能力的物流平台。优良的基础设施和较完善的配套服务，吸引了大量物流企业进驻，物流园区的集聚效应加速显现。

（三）物流发展环境逐步改善

1. 物流基础设施建设逐步完善，物流信息化水平进一步提升

2015年，全市完成交通基础设施建设投资42.30亿元。现代有轨电车一期工程、高良涧船闸扩容工程建成投入使用。南马厂大道、开发大道北接线建成通车，京杭运河黄码大桥半幅通车，连淮扬镇铁路、徐宿淮盐铁路、503省道机场连接线、235、346省道涟水绕城段、348省道洪泽南环段、南门立交、淮海路古淮河桥改造等重点项目开工建设，宿扬高速、235国道盱眙段、新港二期等在建工程快速推进。年末公路总里程13 272.80公里，比上年增加198.60公里，其中，高速公路里程403.40公里，一级公路里程620.10公里。淮安—台湾实现直航，季节性旅游航线、经停航线和航空快递等加快发展。

淮安市综合运输体系正在加快形成，多种运输方式衔接的联运、转运枢纽规划建设步伐加快物流园区资源逐步整合，信息化水平和园区服务功能不断提升，物流中心建设进度加快，拉动了社会就业，带动了区域经济的发展。物流信息化加快发展，仓储管理、运输管理、采购管理、客户关系管理系统得到普遍应用，从事物流业务的企业中有90%以上的建立了内部局域网，20%针对部门级业务流程，企业资源计划（ERP）和供应链管理（SCM）软件应用开始普及，物联网技术在车辆监管、物品定位管理、自动识别分拣、配载配送和路径优化技术等开始应用，出现了网上交易、金融、检测、配送等集成化电子商务服务的信息平台。物流信息平台、物流服务平台，仓储管理系统、运输管理平台、电子报关等一批先进适应的信息化项目，对物流业的发展起到了重要的技术支撑。

2. 重点物流项目持续推进

淮安市围绕制造业与物流业联动、城乡配送、大宗商品和农村物流、物流公共信息平台等重点领域，加大对重点项目的扶持和推进力度，有力带动和支撑了物流业的发展.农产品区域物流网络初步形成，冷链物流初具规模。其中，2014年4月，普洛斯投资管理（中国）有限公司与淮安经济技术开发区就总投资近2亿元的普洛斯淮安物流园项目签约。2014年8月，总投资约10亿元的淮安传化公路港项目落户淮安；新批5 000万元以上物流项目3个，主要包括民贸物流二期项目、淮安宏进农副产品国际物流中心、淮安日日顺物流项目。其中宏进农副产品国际物流中心一期320亩，80亩土地上的综合交易大厅主体建成，7栋商铺全面开始建设，73亩土地已平整，等待挂牌，170亩征地拆迁已启

动;民贸物流二期项目预计2014年底开工建设。日日顺物流项目已经进入开工前期准备阶段;华润苏果加工配送中心、江苏凯德亚农产品冷链仓储物流、苏食食品加工及物流中心二期工程、淮安市永顺德肉联厂生猪加工冷藏等项目已经纳入省农产品冷链物流发展规划。

3. 电子商务物流产业发展成效显著

淮安市电子商务产业发展成效显著。2014年以来,淮安市大力发展电子商务物流产业,淮安软件园获批首批省级电子商务示范基地,新引进敦煌网、全球贸易通等区域运营中心,淮阴师范学院在全省本科院校中首家成立电商学院和电商孵化中心。目前,淮安市电子商务现代物流产业园已入驻圆通、中通、韵达、国通、快捷、康乃馨、咔淘等从事物流相关的服务企业,比去年增加3家,总计营业收入达6 300万元,共纳税款740万元。今年以来,全市开展电商业务及相关物流服务企业850多家,网络卖家3 000多家,同比分别增加近70家、400家。在电子商务快速发展的时代,全市制定了以智慧淮安为中心,形成工业企业两化融合示范区,现代服务业综合示范区的电子商务目标。随着电子商务的快速发展必将带动全市物流运输速度、配送水平、物流企业服务水平的大大提高,有利于淮安市物流业的进一步发展。

二、淮安市物流业发展存在的问题

(一) 物流供给质量有待进一步提升

淮安市物流企业普遍存在着规模小、经营分散、抗风险能力弱等情况,缺乏现代物流经营理念,龙头企业较少,面向整个供应链提供高水平增值服务的更少,示范带动效应不明显。全市650多家物流企业中,90%以上都是一间门面、一块招牌、一张桌子、一部电话、一台电脑的作坊式配载部,利用门前道路或公共场所开展业务,经营混乱,影响市容市貌和交通秩序,且配货车辆对本来给市民通行的道路和桥梁造成严重损坏,货损、货差引起的纠纷,甚至诈骗行为时有发生。另一方面,业主的经营理念和政府管理方式等方面的影响,很少有业户主动进驻到物流园区(中心)经营,导致物流资源整合困难,物流园区使用率过低,人流、货流等不集中,园区的集聚效应和综合功能得不到有效发挥。

(二) 物流发展环境有待进一步提升

1. 政策措施难以落实到位

目前,淮安市成立了物流领导小组,但领导作用不明显,导致政策措施没能落到实处,有关部门对物流企业的扶持不到位、政策不宽松。据物流企业反映,公安部门对物流车辆的查处太严格,导致外地货车轻易不在淮安停留;财税政策不够灵活,物流企业开票税率较高,导致异地开票情况较多,造成税源流失;金融机构对物流企业的贷款申请要求高,特别是船舶、车辆等的动产抵押贷款很难;政府对物流企业的政策扶持或优惠承诺迟迟不能兑现。多年来,淮安市对物流业发展的投入不多,对物流企业的资金扶持较少,虽然在"五大建设"明确了从2009年起每年拨付500万元作为物流引导资金,但从财政部门得到证实,每年并未落实到位。

2. 物流信息传递途径不通畅

目前,全市尚未建成有效的物流信息系统,各物流园区、物流中心也没有建设物流信息平台，导致货源信息、车辆信息、企业信息等各种物流信息传递不畅，“货找车”、“车找货”不顺利的情况时有发生，降低了物流效率，增加了物流成本。物流信息平台的缺乏，表现出政府与企业、企业与企业信息不互通，政策传达和查询不利，物流企业开展业务不利，发展壮大更难。

3. 结合淮安产业和区位特点的特色物流发展不快

对应淮安市着力打造的三大千亿元级产业的配套物流体系尚不完善，高效合理、竞争力强的供应链尚未建立，不利于三大产业的快速健康发展；汇通市场、清江蔬菜批发市场等专业市场，没有实现与物流的联动发展，导致市场发展缓慢，影响力、辐射力逐步降低；围绕生鲜蔬果、肉食及水产品等的冷链物流发展滞后，影响了城乡一体化的进程，不利于社会主义新农村的建设；针对淮安市位于苏北区域中心的区位特点，区域仓储业以及物流配送业务也是动作迟缓，不见起色。

三、淮安市物流业发展思路

（一）进一步完善供给能力

1. 优化物流企业规模结构

现有物流企业与国内外大型物流集团通过参股、控股、合资、合作等多种形式进行重组联合，形成一批核心竞争力强、规模较大的物流企业集团。鼓励有条件的工商企业从主业中剥离物流业务，成立独立的物流企业，或将物流业务外包给第三方物流企业。“十三五”期间重点培育淮通物流、金网物流、翔和翎物流、忠义物流、新港港务等20个物流骨干企业和推进传化公路港、普洛斯仓储、华润苏果物流、康乃馨电子商务产业园、海尔日日顺物流等20个重点物流项目。

2. 创建一批品牌物流企业

积极创建省级重点物流基地和重点物流企业，对创建企业在规划、用地、引导资金方面给予重点支持。“十三五”期间要新创成10家以上省级重点物流企业，保持苏北的领先地位。

（二）进一步优化物流业发展环境

1. 科学规划明确物流发展目标

贯彻“一带一路”国家全方位对外开放新战略，加快淮安苏北重要中心城市建设，向西拓展开放空间，向东加大开放力度，向北增强开放能力，向南推进深度融合，构建互联互融流通大格局；以电子商务为龙头，以发展现代仓储为战略核心，以强化规划引领、优化空间布局为切入点，以加强基础设施建设、实施重大工程项目为支撑，将淮安市打造成“一带一路”物流战略通道重要城市、长三角北翼物流枢纽城市，全国承南启北、辐射东西重要的现代仓储物流基地。

2. 优化服务平台

(1) 实行联席会办审批加强多规融合，增强规划效力。新增物流项目实行联席会办审批，市发展改革委负责项目核准备案，市商务局负责项目联合会审，市规划局负责项目规划选址，项目一律进园区，不得随意布局。市经济和信息化委、交通运输局、邮政管理局等部门各司其职，切实加强项目建设管理。进一步落实“飞地”政策，切实保证招引地区和落户地区共同享有税收分成、共同分享考核业绩。对于目前已经分散在园区以外运营的中小物流企业,以场地置换、政府适当补贴为基本思路,逐步向园区集中。

(2) 优先保障物流用地土地利用总体规划调整完善,要对接现代物流发展规划,统筹考虑现代物流用地,在用地指标中要优先支持重点物流业发展建设。对符合土地利用总体规划要求的物流结点仓储、配送等项目用地(经营性用地除外)参照工业项目用地同等供地方式。

3. 完善综合物流体系

积极发展以现代仓储为重点,干线物流为支撑,城市配送为基础,快递与货物运输并举,内贸与外贸并重的综合物流体系。

4. 推进平台建设

(1) 公共信息平台以信息交互为核心,建设和完善具有物流信息资源配置、供应链管理、政府服务等综合功能的公共信息平台,逐步实现交易、支付、配载、金融、保险及政务服务智能化、一体化,努力将淮安打造成为区域性物流信息服务中心。推动淮安物流公共信息平台同国内运营较好的公共信息平台进行对接融合,复制管理和运营模式,推进公共资源、企业商流信息同物流信息平台融合对接。

(2) 电子商务平台突出电商引领,促进电子商务和现代物流业融合发展。加快推进物流企业实现信息化、自动化、网络化和智能化,鼓励物流企业业务向电商平台、电商企业的业务流程渗透,加快物流园区向"智慧市场+电商创业孵化区"模式转型升级。加快城市末端配送体系建设,支持工厂、商场、市场对闲置设施进行改造,实现向"电商+展示+仓储"经营模式转变。

(3) 科技支持平台大力发展智慧物流,落实"智慧淮安"战略部署,提升物流产业的科技水平。积极推动大数据、云计算、物联网、移动互联网、北斗车载定位等新一代信息技术在物流业中的应用,实现物流的信息化、网络化、可视化、自动化和可控化。积极推进仓储分拨中心标准化建设和标准化设备配置,加快推行新型货物装卸和运输方式,推动物流企业效率提升和物流产业向高端延伸。

(4) 人才支撑平台培养和引进现代物流人才,完善普通高等本科院校、高等职业技术学校、中等职业技术学校三个层次人才培养体系。推广江苏财经职业技术学院等与淮安重点物流企业共建物流技能培训基地,设立驻校工作站合作模式,搭建校企交流合作平台,促进校企合作向物流业更高领域、更深层次发展;支持淮阴师范学院电商学院等建立校内电商物流人才孵化基地的人才培养模式,引导高等院校和中等职业学校建设与物流、电商发展相适应的学科专业,为物流业发展培养专门人才。探索建立物流人才引进机制,重点引进熟悉货代、多式联运、物流园区标准化管理、物流供应链管理等专门人才。

(5) 基础设施平台。首先,积极策应国家"一带一路"战略,加快公路、航道、铁路、机场建设,加强与"一带一路"沿线城市互联互通,打造长三角北翼交通枢纽。加快公路建设。进一步完善"三纵两横一环"高速公路网,扩建京沪高速公路,建成宿扬高速公路,加快盐蚌高速公路前期工作。加密普通干线公路网络,推进503、264、348、420省道、235国道等项目建设。加快城区内快速通道建设,尽快形成便捷、高效的城市配送通道网络。开拓物流园区周边道路,逐步开通地域偏远园区城市公交线路。加快水运建设。推进"借港出海、借港达江”工程，实现与淮河流域城市、长江沿线城市、沿海城市及沿东陇海线城市沟通。重点推进淮河出海航道、盐河入海贯通工程建设，加快推进张福河航道、淮河入江水道(金宝航道)升级整治。推进淮安新港二期、淮阴城东、许渡、清浦黄码和淮安区上河作业区等港口建设，同步实施疏港公路工程建设。加快铁路建设。加快连淮扬镇、徐宿淮盐等快速铁路建设及新长铁路扩能改造，推进宁淮、蚌淮铁路前期研究，实现淮安与新亚欧大陆桥“桥头堡”城市连云港、重要枢纽城市徐州以及长江经济带、淮河生态经济带等沿线城市的有效联动。加快机场建设。加强涟水机场与周边“一带一路”沿线机场的联动发展，加快推进涟水机场二期工程，改善涟水机场集疏运道路条件，建设涟水机场至市区快速通道，开辟国内重要城市和国际航线，推进航空货运业务发展。其次，提升物流园区功能进一步完善园区仓储、集散、中转、配送、流通加工等综合体系建设，加快形成园区企业专业化和互补化，实现企业间资源共享。鼓励园区推出高端物流服务，大力引进电子商务，提升物流展示和仓储水平，扩大园区承载力和吸引力。加快园区供水、供电、绿化、道路、通讯等配套基础设施建设，改善园区投资环境。

第七章　镇江市物流业发展报告

通过近几年的发展，镇江已初步建成了现代物流业的基本雏形，在物流基础设施、交通运输和第三方物流的发展上取得了一定的成绩。但尚存在一定的问题，制约着镇江物流产业化发展的步伐。

一、镇江市物流业发展概况

(一) 物流需求调整明显

1. 社会物流总额增速回落

2015 年镇江市社会物流总额 9 961.50 亿元，同比增长 8.16%。"十二五"期间，年均增长 13.3%，远低于"十一五"的 24.4%，社会物流总额增速回落明显。

2. 需求结构不断优化

全市基本形成了以煤炭、钢铁、矿石等大宗货物和集装箱水路运输为主的港口物流，以大宗商品运输为主、具备铁水多式联运条件的铁路物流，以装备机械、危化品、农产品等为特色的公路物流，以及具备了依托周边三大机场，开展航空快件、电子产品、精密仪器等贵重物品运输的基本条件。全市传统物流服务加速向综合第三方物流服务转变，电商物流、冷链物流、甩挂物流等特色物流逐步发展壮大。

(二) 物流供给质量稳步提升

1. 物流业增加值增长较快

2015 年镇江市物流业增加值为 238.4 亿元，同比增长 11.66%，物流业增加值占全市服务业增加值的比重为 14.5%，与去年持平。

2. 物流质量稳步提升

2015 年镇江市社会物流总费用与 GDP 的比率为 15.4%，同比下降 0.2 个百分点，比 2010 年下降 0.59 个百分点。而 2010 年比 2006 年下降的 3.68 个百分点，说明"十二五"期间，镇江市社会物流总费用与 GDP 比率进入缓慢回落期。

3. 市场主体能力不断优化

(1) 运力结构稳步优化

积极引导货运车辆重型化、大型化发展，截至 2015 年 10 月，全市共有道路货运业户 14 118 户，车辆 23 683 辆，总吨位 187 189 吨。厢式车、集装箱车及专用车占营运货车比重为 44.7%，平均载重吨为 7.47 吨。共有水路货运业户 37 户，船舶 566 艘，同比上升 3.3%，总吨位 188 735 吨，同比增长 3.10%，载重吨 278 802 吨，同比增长 6.0%，标准船型船舶 67 艘，占比 11.8%；专用运输船舶 80 艘，占比 14.1%。继续推进老旧运输及小吨位船舶吨位拆解工作，6 条老旧船舶退出运输市场，船舶平均载重吨增长到 494 吨/艘，较去年年底增长 3%。新增运输车辆、船型大型化趋势明显，运输效率提升明显。

(2) 骨干企业支撑有力

2014 年底,全市共有重点物流企业(基地)31 家,其中,营收亿元以上物流企业 10 家。全市共有 5A 级物流企业 1 家,省重点物流企业和基地 14 家,省级物流企业技术中心 5 家,涌现出了惠龙易通、建华物流、索普物流、飓风物流、中联网仓等一批在电商物流、危化品物流、供应链物流等诸多领域具备核心竞争力的物流企业。

(3) 创新发展步伐加快

首先,供应链管理服务能力不断增强。飓风物流有限公司与上海宝钢、大亚集团等多家制造业上市企业建立了物流供应链管理战略合作关系,四通物流有限公司与厦门金龙客车签订长期服务合同。

其次,物流服务体系不断创新。惠龙港国际钢铁物流探索通过国际商品网上现货电子交易平台,与银行合作创建专用于网上现货电子交易的无抵押或担保金融授信业务,在授信总额度内银行按三方协议在线上进行放贷,货款在交易摘牌后 24 小时内放贷到账,实现线上客户自主还贷,线上资金收付。宝华物流致力于打造国内最高端的标准化危化品运输物流;恒伟冷链物流目前已经在全国 10 多个城市构筑了集冷链运输、加工、冷产品保鲜仓储为一体的冷链全物流体系。

第三,物流信息平台服务功能逐步完善。镇江市首个公益性综合交通物流信息平台"金山交通网"运营更趋完善,已形成 10 多万国内车辆的社会车源运输网络,每日电子交易信息发布量达 2 000 余条,已成为镇江最大的城市物流配送基础。

最后,推进先进运输组织形式。按照《江苏省甩挂运输试点工作实施方案》的要求,培育具有示范效应的甩挂运输企业,引导有条件企业创新营运组织管理方式,探索形成适合不同区域、不同货类的甩挂运输模式。鼓励符合条件的企业异地设置经营网点,按照甩挂运输作业和技术特点,对传统货运站场进行升级改造。今年申报通过了镇江宝华物流有限公司甩挂运输项目,新增牵引车 20 辆、挂车 41 辆,已开通镇江—兖州等甩挂运输线路,投入牵引车 15 辆,挂车 30 辆,今年据统计甩挂运输货运量 14.77 万吨,货运周转量 4 317.97万吨公里,企业经济效益显著提升,企业单位运输成本显著下降,单位周转量运输成本由 0.394 1 元/吨公里下降到 0.354 1 元/吨公里,下降了 10.16%。由于运输效率提高,在承担同等货运量的情况下,年节约标准煤 975 吨。

(三) 物流环境稳中向好

1. 现代物流体系逐步形成

全市基本形成了以煤炭、钢铁、矿石等大宗货物和集装箱水路运输为主的港口物流,以大宗商品运输为主、具备铁水多式联运条件的铁路物流,以装备机械、危化品、农产品等为特色的公路物流,以及具备了依托周边三大机场,开展航空快件、电子产品、精密仪器等贵重物品运输的基本条件。全市传统物流服务加速向综合第三方物流服务转变,电商物流、冷链物流、甩挂物流等特色物流逐步发展壮大。

2. 物流载体能力逐步增强

全市以沿江、沿路、沿河为轴线的物流园区初步形成,承载能力不断增强。按照全市"三集"发展要求规划的 5 家物流园区加快推进,形成了综合物流园与专业物流园共同发展的格局。东部依托亿吨大港和国家级开发区形成港口综合物流园;西部以惠龙港物流为主体形成钢铁专业物流园;扬中和丹阳沿江区域形成以工程电气、汽配等地方特色制造业为支撑的专业物流园;城市南部形成以金山物流、农批市场为主的城市配送物流基地。

3. 物流基础设施更加完善

港口码头建设方面,实施了大港四期2个5万吨级及60万标箱集装箱码头,中储粮、新民洲等一批万吨级以上码头;物流载体平台方面,建设了新区港口物流大厦、惠龙钢铁物流电子交易平台、宏福物流、萧梁物流等一批重大项目;物流装备水平大幅提升,宝华沃尔沃危化品专用车,恒伟全进口特种冷藏车、基于3G的车载信息系统在骨干企业加速推广应用。

4. 成功申报综合运输服务示范城市

按照《交通运输部关于开展综合运输服务示范城市建设的通知》,镇江市已成功申报第一批综合运输服务示范城市。通过市场调研和不同形式座谈会,编制了《镇江市综合运输服务示范城市建设实施方案》,在城市货物集疏运中心、运输服务信息共享、综合运输组织模式等方面确定了34个子项目。通过示范城市建设,进一步提高城市综合运输效率和服务能力,从而进一步扩大镇江在区域范围内的吸引力和辐射作用,带动区域经济发展。

5. 行业监督、监管机制更加完善

(1) 加强行业日常监管

认真开展2015年道路运输"两证"审验工作,分三期对三辆车以上的货运企业法人进行了培训考试,培训率达100%,道路运输经营业户及车辆审验率达95%以上。根据部、省关于开展2015年度水路运输业及水路运输服务业核查工作的文件要求,进一步完善水路两证年审"一条龙"服务,对镇江市水路运输经营业户及船舶进行了核查,水路运输经营业户及船舶审验核查率均达100%。对全市5辆车道路货运企业和所有水路运输企业开展年度质量信誉考核工作,已向社会公布考核结果。

(2) 严格行业安全监管

严格执行全省道路、水路危货运输管理工作规范,坚持"安全第一、预防为主"的方针,切实加强重点时段、重点车辆、重点环节的安全管理。在重大节假日和突发事件期间对全市危险品运输企业和重点物流企业进行安全专项检查。目前,全市危险货物运输车辆按规定北斗动态监控装置安装率达到100%,参加年审的重型普货车辆和牵引车安装率达到100%,并实现与运政管理系统数据共享对接,企业车辆违法信息和监控在岗情况已实现运证系统多级流转处理,有效督促企业加强车辆运行期间的实时监控,强化企业履行对所属车辆动态安全监控的主体责任。全面开展水路运输企业安全标准化工作,水路危险品运输企业已经全部达标。为加强危险货物道路运输企业和货运站场安全监管,镇江市专门下发了资质核查通知,制定了38项内容的检查表,对危险货物道路运输企业和货运站场逐户进行了核查。

6. 行业统计工作日趋完善

完善经济运行分析制度,加强运输经济信息的收集和整理分析,全面、准确、科学地反映全市道路、水路货运业发展状况、对国民经济的贡献以及燃料消耗状况。3月份组织重点物流企业参加道路货运成本与运价填报培训,确保数据填报工作常态化运行,目前共有样本企业6家、线路28条,覆盖广东、北京、上海、浙江、山东等省市,包含普货整车运输危险品运输。做好车船能耗调查数据库更新工作,并对企业能耗填报人员进行专门培训,提升了企业上报数据的真实性和准确性。

二、镇江市物流业发展存在的问题

(一) 物流供给侧质量有待进一步完善

1. 对物流业缺乏正确和充足的认识、专业化程度低,成长缓慢

目前,镇江市物流企业的共同特点是小(经营规模小、市场份额小)、少(服务功能少、高素质人才少)、散(货源不稳定且结构单一、网络分散)、弱(竞争能力弱、融资能力弱)、差(设施陈旧、机制僵化)、低(物流认识程度低、信息化水平低)等问题。第三方物流企业整体实力较弱,产业集中度低。缺乏物流一体化的整体认识。物流知识的普及推广、物流业人才培训和物流信息工作亟待加强。

2. 基础设施、技术装备落后,管理分散,社会化服务水平低

许多仓库设施落后,设备老化,绝大部分物流企业的信息化建设还是空白,现代化的集装箱、散装运输发展不快,高效专用运输车辆少;汽车以中型汽油车为主,能耗大,效率低,装卸搬运的机械化水平低。由于条块分割、部门分割,市场发育滞后,物流企业处于小、多、散、弱的状况,难以形成有效的社会服务网络。

(二) 物流产业发展环境制约明显

1. 缺乏对物流系统发展的整体规划

缺少统一规划,存在物流设施重复建设,社会资源浪费现象。物流业既然是全社会的服务行业,关联国民经济的所有产业,就更应该重视它的总体发展规划。应当把物流作为国民经济大系统中的一个重要子系统来抓,就像对工业和农业进行总体规划一样,制订具体的发展目标,分部门组织实施,使物流行业各个部门协调发展。

2. 物流园区入驻企业税源流失

受"营改增"政策或当地扶持政策较少的影响,部分物流企业选择在外地开票,导致税源流失较多。

3. 土地、资金等要素资源瓶颈制约明显

例如,扬中四通物流、句容韵达物流等均由于土地指标问题,项目迟迟未能开工。

4. 受制造业复苏缓慢影响,物流业发展相对受限

近年来,我国制造业发展处于调整期,相关的物流需求也不稳定,物流业直接受到影响。

三、镇江市物流业发展思路

(一) 加快二三产分离,释放有效需求

切实落实全市推进二三产分离的相关政策,鼓励已经具备一定物流服务规模的生产型企业将物流业务分离,成立专业化物流企业,尽快形成竞争优势,成为物流发展领先者。如鼓励二三产分离典型索普危化品物流及建华物流等。

(二) 推进供给侧结构性改革

1. 优化市场主体能力结构

(1) 突出重点做强特色物流。以港口物流、危化品物流、冷链物流、电商物流、汽配物流、农产品物流等物流企业群体为重点,进行重点引导、支持和培育发展,形成多层次、全方位的现代物流服务网络体系。

(2) 资源整合，创建物流品牌

根据省“曙光计划”相关要求，推动重点领域企业整合资源，联动发展；加强重点企业培育和物流品牌创建，争创省级以上品牌1—2个；引导企业申报各类资质、品牌，增强企业知名度。

(3) 加快物流企业信息化步伐

传统物流业加快运用现代信息技术，提高物流技术的自主创新能力，加快向现代物流业加快转型。重点物流企业利用自身管理信息系统和互联网对接整合，整合车辆和从业人员信息，依据车辆和从业人员的状态，充分利互联网打造全新的运输模式，开展O2O业务发展模式，注重客户体验，提供多元化、精准化的物流服务服务。

(4) 加速提升服务供给能力，满足经济社会快速发展的需要

随着产业结构的升级调整，交通物流基础设施的日益完善，特别是《镇江市综合运输服务示范城市建设实施方案》的实施推进，必定会给镇江市交通物流业的发展带来前所未有的机遇。物流企业、物流园区创新经营模式，提供完善的信息、咨询、修理、物业等综合服务，物流企业向物流园区聚集，形成物流企业总部基地和供应链管理基地。积极加强与物流发达地区的交流与合作，提升自身服务供给能力。

2. 进一步推进运力结构调整

推进车辆结构优化，引导购置厢式货车、集装箱车、罐式车辆等专用车辆，实现道路货运车辆重型化和专用化。加大节能环保车型的推广和补贴力度，大力发展使用新能源的节能环保型车辆，引导企业购买使用LNG货车、厢式货车、集装箱、罐式等专用运输车辆，完成年度淘汰老旧运输车辆300辆车辆。鼓励甩挂试点企业、“江苏快货”线路企业在干线运输通道上使用LNG汽车。推进内河船舶专业化、标准化，认真完成老旧运输船舶、小吨位船舶及单壳危险品船拆解，配合海事做好船舶防污改造，提高标准化船舶比重。

(三) 进一步优化物流产业发展环境

1. 完善保障措施

(1) 组织保障。完善物流产业发展领导小组工作机制，设立办公室，牵头负责推进物流业协调发展。定期组织召开联席会议，针对物流业发展中的新问题、新情况，适时调整规划方案，加强部门之间的协调合作，统筹物流发展资源，促进全市物流产业健康发展。

(2) 政策保障。认真贯彻落实国家相关政策文件，并积极争取省级政策支持，同时制定加快镇江现代物流业发展的政策意见，进一步发挥财政资金对物流产业的引导和激励作用。重点物流项目的仓储设施用地涉及农用地的，由所在地政府从年度用地指标计划中优先解决，符合点供条件的，支持其争取省土地点供指标。积极支持利用工业企业旧厂房、仓库和存量土地资源建设物流设施或者提供物流服务。加大投融资政策扶持力度，支持符合条件的物流企业通过发行公司债券、非金融企业债务融资工具、企业债券和上市等多种方式拓宽融资渠道。继续通过政府投资对物流业重点领域和薄弱环节予以支持。通过鼓励开辟航线航班，集装箱运输优惠通行，清理规范港口税费，优化大港、高桥、谏壁、高资岸线资源，保障港口建设资金等支持港口发展的一揽子政策，引导港口提升服务功能，扩大货源，增强核心竞争力。鼓励以PPP形式组建市港投集团，整合镇江全港(包括运河)岸线资源及大港一、二、三、四期资产，通过互相参股、股权转让等方式组团发展。

(3) 人才保障。构建物流专业人才引进、培养和使用的激励机制，加快搭建高校和企业互动对接平台，积极引导高校和科研机构与国内外知名大学和著名物流企业开展交流合作。建立镇江市十大杰出物流人才评选制度。依托江苏大学、江苏科技大学等院校，重点培训仓储管理、运输配送、货运代理等物流管理人才，重点引进物流规划师、国际贸易运输和物流经营型人才。以提高实践能力为重点，按照现代职业教育体系建设要求，探索形成高等学校、中等职业学校与有关部门、科研院所、行业协会和企业联合培养人才的新模式，建立多层次的物流综合培训体系、实验基地和人才孵化基地。

(4) 市场保障。通过规划引导、政策扶持等综合措施，重点扶持本地经营状况较好、有发展潜力的省级以上重点物流企业，使之发展成为镇江乃至苏南地区物流标杆企业和领军企业。

2. 积极推进现代物流体系构建

(1) 合理规划交通物流基地网络布局

对全市交通物流基地进行全面梳理，按照占地面积、功能和地理位置进行分类，完善交通物流基地服务功能，实现对货物快速中转、城乡配送服务。加快推进丹阳萧梁物流产业园、惠龙港物流基地、扬中四通物流中心等一批新建、改扩建项目，优化金山物流、宏福物流、飓风物流、兴港物流等物流基地的基础设施和服务能力。做好“十三五”物流园区规划布局，进一步明确功能定位，整合和规范现有园区，节约、集约用地，提高资源利用效率和管理水平。整合优化农村物流基地，规划城市社区和村镇共同配送网点，形成层级合理、规模适当、定位明确的物流基础设施网络。

(2) 推动城市物流配送服务体系建设

争取市政府出台《镇江市城市物流配送发展实施意见》，设定镇江市城市物流配送准入门槛、服务标准等内容，选取1—2家作为试点企业，逐步完善镇江市城市物流配送服务体系，规范城市配送运输经营活动，提升城市整体形象和软环境建设的区域竞争力。结合新型城镇化建设和居民消费升级，完善城市配送设施，创新物流配送模式，解决当前镇江市物流行业存在的“最后1公里”问题。

(3) 加快推进物流园区集聚发展

首先，吸引物流园区集聚发展。结合镇江市产业“三集”发展要求，按照《全市现代物流产业发展规划》，进一步提高对物流园区发展的重视，以产业发展优势为依托，重点发展培育一批具备综合服务功能的物流园区和物流基地，吸引分散的物流企业进驻，发挥产业集聚的规模效应，形成物流产业的集聚效应。

其次，推进重点物流园区建设。大力推进惠龙港等5家重点园区申报省级物流示范园及示范后备园，大力培育港口综合物流园、丹阳宏福物流园等重点园区，指导园区加快基础设施、配套设施建设，提升服务功能。督促园区加快招商，同时根据园区发展规划做好目标考核工作。

3. 加大物流信息平台建设

镇江市加快建设“智慧物流”，提高运转效率，积极推进物流信息平台建设。继续向市场和其他地市运管部门推介惠龙e通电子商务物流平台，促使平台不断整合社会零散物流资源，提升平台经济。

第八章　扬州市物流业发展报告

在经济增长迈向“新常态”,三大需求以及三次产业均将由“高速增长”转为“中高速增长”的背景下,全市物流发展在总量规模增速放缓、物流成本平稳降低的基础下,顺应经济发展新特征,结合“两带一路”、跨江融合综改试点等带来的物流产业发展新机遇,积极推动扬州“十三五”现代物流发展。

一、扬州市物流业发展概况

(一) 物流需求持续增长

1. 社会物流总额持续增长

2015 年,扬州市社会物流总额突破 1 万亿元,实现 12 280 亿元(估算),同比增长 11.8%。

2. 工业品物流主导地位突出

对比五大类物流总额数据,“十二五”期间,全市工业品物流始终占据主导地位,占全市社会物流总额比重达 75%以上。2015 年三季度,全市工业品物流总额、进口货物物流总额、农产品物流总额、外省市商品购进额和其他物流总额分别为 6 797.42 亿元、443.50 亿元、128.23 亿元、1 396.14 亿元和 288.76 亿元,分别占社会物流总额 75.1%、4.9%、1.5%、15.4%和 3.1%。

3. 实物量结构不断优化

(1) 公路货运总量负增长。“十二五”期间,公路物流企业承担的公路货运量占全市货运总量的 55%以上,但从发展速度来看,公路货运规模增长滞缓,2011—2014 年全市公路货运总量、公路货运周转量年均增长−1.9%、10.2%。2015 年三季度,全市公路货运总量、公路货运周转量分别实现 4 768 万吨、83.3 亿吨·公里,同比增长 0.3%、0.1%。

(2) 水路、港口物流增长趋缓。“十二五”期间,水路物流发挥运输距离优势,水路货运周转量占全市货运周转量的 60%以上,年均增长 10.8%;港口货物吞吐量年均增长 12.8%,其中,集装箱吞吐量年均增长 10.6%。2015 年三季度,全市水路货运总量、水路货运周转量分别为 3 902 万吨、149.5 亿吨·公里,同比增长 1.5%、3.4%;港口货物吞吐量 8 246 万吨,同比增长−7.1%,其中,集装箱吞吐量 45 万标箱,同比增长 8.1%,比上年同期下降 7.5 个百分点。

(3) 铁路运输规模较小。截至 2014 年底,全市铁路货运量 292.5 万吨,同比增长 31.1%,其中,发送量 89.8 万吨,同比增长 39.8%;到达量 202.7 万吨,同比增长 27.5%。

(4) 航空运输快速发展。截至 2014 年底,扬州泰州机场货邮吞吐量 4 729.5 吨,同比增长 53.7%,总量及增速分别位居全省九大机场第五和第一。2015 年三季度,扬州泰州机场货邮吞吐量 5 064.9 吨,同比增长 68.7%。

(二)物流供给质量不断提升

1. 物流增加值增长趋势放缓

物流业增加值由 2011 年的 156.4 亿元增长到 2015 年的 259.6 亿元,年均增长 13.5%。受经济下行压力影响,"十二五"期间全市物流增加值增速放缓,总体呈现"M"型的态势。

2. 物流质量加速提升

(1) 社会物流总费用平稳降低

"十二五"期间,全市物流总成本整体呈现平稳下降趋势,社会物流总费用占 GDP 比重由 2011 年的 15.6%下降到 2015 年的 14.9%,比"十一五"期末降低 1.7 个百分点。从费用构成来看,运输费用、保管费用和管理费用总体比例由 2012 年的 57∶33∶10 调整为 55∶35∶10,运输费用占比呈下降趋势,保管费用占比呈增长趋势,管理费用占比基本保持不变。

(2) 社会物流总费用与 GDP 的比率进入回落期

2015 年社会物流总费用与 GDP 的比率为 14.9%,持续下降,表明物流运行质量和效率不断提升。

3. 运输供给能力不断提升

(1) 公路物流供给能力。截至 2015 年 9 月,在扬注册公路物流企业共计 1 590 家(含分支机构,另从事道路运输货运经营业户约 3.6 万户),占物流企业总量的 75.3%,其中,道路危险货物运输物流企业 50 家、专业货物运输物流企业(集装箱、罐式或冷链)124 家、普通货物运输物流企业 1 110 家;共有营运货车总数 4.6 万辆 30.1 万载重吨。

(2) 水路、港口物流供给能力。截至 2015 年 9 月,在扬注册从事港口、水路运输及其相关的企业共计 242 家,占企业总量的 16.0%,其中,水路普通货物运输物流企业 72 家、水路危险货物运输物流企业 14 家、代理企业(货代、船代等)130 家、港务相关企业 26 家。共有货船 3 083 艘 479 万吨,其中,标准船型船舶 478 艘、专用运输船舶 452 艘。

(3) 铁路运输供给能力较小。目前,全市拥有宁启铁路沿线 3 个铁路货运站。截至今年 9 月,全市共有在扬注册铁路运输相关物流企业 20 家,其中铁路运输代理企业 15 家、铁路运输企业 6 家(4 家为中铁快运分支机构)。

(4) 航空运输供给能力快速发展。目前、全市拥有一类航空口岸—扬州泰州机场 19 条航线。截至今年 9 月,全市共有在扬注册航空物流相关企业 24 家,其中航空运输代理企业 23 家、航空运输企业 1 家(为深圳航空分支机构)。

(5) 管道运输能力方兴未艾。目前,全市境内油气长输管道总长已达 380.62 公里,其中,投入运营或试运营的管道有 4 条,即中石油西气东输冀宁管道扬州段(165.7 公里,管输能力 245 亿 M^3/年)、中石化川气东送江苏仪征段(39.6 公里)、中石化管道储运公司扬州仪征段(73.36 公里、管输能力 6 000 吨/年)、中石化苏北成品油管线扬州段(91.8 公里)。此外,尚有江苏油田扬州境内原油输送管道、扬州境内各燃气公司连接主干道的支线和大型燃机发电企业天然气专线等。

4. 特色物流供给能力继续优化

快递物流持续高速增长,全市规模以上快递服务企业业务量、业务收入年均增速分别达 49.7%和 38.9%。汽车物流保持营业收入超过 7 亿元规模。医药物流加快第三方化进程,基本构建了医药“物流分拨中心—公共配送中心—末端配送网点”三级共同配送网络。冷链物流加快发展,共有冷库总容量 6.29 万吨,加工冷藏能力 6 万吨、冷冻能力 3.1 万吨,冷链物流运输企业 10 家。石化物流保持稳定,共拥有各类储罐 508 座,容积 290.8 万方,初步建成国内有较大影响力的乙烯、丙烯仓储中转基地。粮食物流平稳发展,共有粮食仓储企业 62 家,仓容 159 万吨,主要集中在江都、高邮、宝应等粮食主产区。农村物流加快布局,畅通城乡双向物流渠道,通过农村产业布局和城市物流的延伸,全市已建成省级农村交通物流基地 8 个,设置 60 个货物配载点,服务范围覆盖全市 80%的乡镇。

(三) 物流发展环境日益完善

1. 物流基础设施逐步完善

截至今年 9 月底,全市共有生产用码头泊位 350 个,设计吞吐量能力 12 337 万吨,最大靠泊能力 10 万吨级;拥有航道 183 条,总里程 2 298.6 公里(含京杭运河扬州段 127.5 公里),其中等级航道 516.2 公里;拥有公路里程达 10 641.7 公里,其中,高速公路 317.8 公里,等级公路占比达 88.2%;拥有一类航空口岸——扬州泰州机场,共开通北京、深圳等国内热点航线 19 条;拥有宁启、连淮扬镇等铁路途径。随着区域性交通枢纽的不断完善,扬州铁路、公路、水路、空港有力支撑起了货物联运和口岸互通的框架。

2. 物流集聚区发展趋于平淡

“十二五”期间,扬州市基本构建了“物流集聚区—物流基地—农村物流示范点”三级物流体系。目前,全市拥有 3 星级以上物流集聚区共计 9 家,其中,省级物流集聚区 2 家、省级物流基地 3 家、省级农村交通物流基地 2 家。截至今年三季度,9 家三星级以上物流集聚区累计完成固定资产投资 29.0 亿元,同比增长 25.7%,比上年同期下降 21.6 个百分点;实现营业收入 310.9 亿元,同比增长 9.0%,比上年同期下降 14.7 个百分点;实现税收 3.74 亿元,同比增长 16.2%,比上年同期提高 2.1 个百分点;集聚企业 2 680 家,同比增长 0.5%,比上年同期下降 6.4 个百分点,物流集聚区建设进度基本趋缓。

3. 园区转型激发产业活力

物流园区是产业发展的主战场、主阵地。按照省级物流园区标准,扬州着力推动全市物流集聚区规模化、专业化、规范化和标准化发展。一方面,积极探索多样化管理模式和利益分享机制,支持物流园区以合作共建等形式,实行资源整合和功能布局优化。另一方面,加快优化物流园区集疏运体系,开展物流园区多式联运、甩挂运输试点工作。同时,不断完善物流园区综合服务功能,积极构建园区公共信息、投融资等服务平台,全面提升园区配套服务能力。结合物流配送末端“最后一公里”问题,扬州加快推动城市共同配送体系建设,推动整合连锁企业物流基地、大型物流企业和快递分拣中心等城市配送物流节点,建立城市共同配送中心,培育共同配送企业。

4. 企业培育打造产业龙头

在企业培育方面,扬州开展了“物流大企业培育计划”,扶持物流企业创 A,着力培育和扶持在信息化、标准化、品牌化、专业化等方面绩效显著的物流龙头企业和成长型企业,按照汽车物流、港口物流、石化物流等专业物流开展行业专业物流十强认定工作,引导支持大型物流企业资源整合。编制《物流信息化示范企业认定管理办法》,开展市级物流信息化示范企业认定工作,推动建设物流业综合信息服务平台。参与“传统服务+互联网”

行动，实施一批“物流＋互联网”示范项目。编制年度物流招商计划，全方位开展境内外物流业招商推介，大力引进和发展城市共同配送等第三方专业物流企业。

5. 人才培养增强发展后劲

人才是产业转型发展的核心竞争力。在实施人才建设“十三五”规划过程中，扬州市对“十三五”扬州物流人才需求概况进行了摸底调查，编制完成物流人才培育计划。以政府购买服务的方式，在现代物流领域开展高层次管理人才、实际操作技能型人才的培训。大力支持海峡两岸物流实训基地建设，打造国内第一家结合培训、专业物流规划、物联网技术、现代物流科技及硬件供应为一体的实战型物流人才培养基地。支持市现代物流协会、物联网协会以引导智能化、服务化智慧物流发展为目的，召开扬州市智慧物流研讨会，引导和提升物流园区、物流企业高层次管理人才发展理念。

二、扬州市物流业发展存在的问题

（一）市场主体能力有待完善

1. 物流企业规模偏小

截至 2015 年 9 月底，全市拥有规模以上(年营业收入 1 000 万元以上或就业人数 50 人以上)物流企业 231 家，A 级物流企业 26 家，分别占物流企业总量的 10.9%和 1.2%，规模物流企业总量偏少，且企业竞争力不强，目前没有一家本土物流企业进入全国物流行业百强。以三大专业物流行业为例，汽车物流：2014 年，仪征 25 家汽车物流企业物流营业收入仅占 30 万辆整车及其零部件物流营业总业务收入的 1/6，一半以上在仪征运营的汽车物流企业未在仪征注册和纳税。快递物流：扬州快递物流基本被申通、顺丰、圆通等非本地快递品牌瓜分，2014 年外地品牌快递业务量占全市的比重为 100%。水运代理：目前在扬注册从事货代、船代业务的企业分别为 147 家、48 家，其中 39.3%和 31.3%为外地大型代理企业分支机构，主要集中在上海、南京等地。宏观经济下行将加剧物流企业竞争压力。

2. 个体从业者多

在近两万家的物流业经营户中，物流企业仅 3 160 家，个体运输户近 17 000 家。三是业主户均车辆少。全市近 2 万家物流业经营户平均拥有 1.8 辆车，近 4 个车吨位。无锡市全市现拥有物流专业货运市场 37 个，仓储面积 2 500 多万平方米，100 亩以上的交通物流基地拥有 6 个，集聚效应初步体现。通过对比可以看出，扬州市物流业经营主体数量多、规模小、缺龙头、少车辆的小本经营模式没有根本改变，也正是由于缺少大的经营主体，物流市场总体呈现出小、散、乱的格局，经营的规模效应无法得到体现。

（二）物流产业发展环境有待进一步完善

1. 区位战略地位不高，物流对外依存度较低

中央确立的“一带一路”战略涉及江苏地区主要是连云港等地，“长江经济带”战略明确打造的江苏港口主要是“南京区域性航运物流中心”。目前，无锡在柬埔寨建设了“西港特区”工业园、南通在印尼和柬埔寨分别建立了农工贸经济合作区、现代农业示范园；连云港与哈萨克斯坦携手建立了中哈(连云港)国际物流合作基地，而扬州市与“一带一路”沿线特别是中亚、西亚和南亚国家往来较少，对国际货运班列也难以有效利用，对外经济依

存度较低难以支撑全市物流走出去。而相比江苏省入选《全国物流园区发展规划》一、二级物流园区布局的8个城市，扬州市经济总量偏低(国内生产总值、货运总量、规模以上工业总产值、社会消费品零售总额和进出口总额五个指标均在第6、7位)，导致全市物流需求规模不高。目前，全省已初步形成南京、苏锡常、徐州和连云港四大物流城市集群，处于苏中地区的扬州物流失去城市物流集群发展的先发优势。

2. 现代化物流基础发展滞后，物流质态有待提升

从集疏运体系来看，扬州市基本实现了公路、水路、铁路、航空口岸、管道“五位一体”，但五种运输方式缺乏无缝连接，集疏运体系有待完善。从物流组织方式来看，“十二五”期间，全市仅开展了扬州—成都(扬州—水—重庆—公—成都)1条公水联运试点和扬州港集装箱、扬州天成物流、扬州三笑物流3个物流甩挂试点项目，甩挂和多式联运等现代化物流方式的应用亟待加强。从信息化应用水平来看，目前，除扬州长江石化物流中心、扬州公铁水联运物流集聚区及扬州三笑物流园等部分物流园区和企业建有物流信息中心或交易平台外，扬州没有统一的物流公共信息平台，不同物流信息系统之间无法实现资源共享。从物流市场化情况来看，扬州工业企业自有仓储占全社会仓储面积的70%以上，仅20%的原材料物流和15%的产品销售物流由第三方物流企业承担，物流需求潜力未能充分释放制约了第三方物流市场的发展。

3. 物流体系结构有待构建，城乡协调发展有待加强

从物流体系构建来看，以医药领域城市共同配送体系为例，作为全市唯一一家规模医药物流中心国药控股医药物流集散配送中心，其主要承接国药控股集团药品配送业务，还需加大其第三方化引导。从物流城乡发展来看，目前扬州共有83个乡镇街道，仅建设了8个省级农村物流示范点，60个货物配载点，农村物流发展有待进一步提高。

4. 缺少大产业支撑

“十二五”以来，受国际金融危机影响，扬州市重点发展的机械装备、汽车及零部件、船舶及配套件、石油化工、新能源等5个产业集群中，船舶及配套产业、新能源、新光源、机械装备等产业受到冲击较大：国际市场总体疲软导致对机械装备等工业的母机产业需求下降，国外发达国家居民消费能力和国家补贴的下降导致对新能源、新光源产品需求下降，国际贸易的总量下滑导致对船舶及配套产业的需求下降。全市物流产业发展的产业支撑力尚不够强大。

5. 缺少大数据保障

目前扬州尚未建立服务全市物流产业发展的物流信息系统。企业对物流业的需求信息、物流业的供给保障能力信息更多的还处于孤立状态。围绕供应链的全市物流信息化系统建设有待实质化推进。就本质而言，扬州物流业缺少大数据的保障，正是扬州物流业缺少大的经营主体、缺少龙头型的物流园区的后果。

三、扬州市物流业发展思路

(一) 加快市场主体转变发展方式

1. 提升市场主体规模

加大对物流企业兼并重组政策支持力度。制订物流行业及相关企业的准入标准，通

过兼并重组、资产划转、增资扩股、加盟连锁和委托管理等方式，引导支持三笑物流、超达、诚信等一批大型物流企业整合、重组存量物流资源，尽快形成主营业务突出，核心竞争力强的现代化大型物流集团。积极引进和发展物流企业总部，鼓励物流企业以扬州为总部基地或结算中心，到国内或境外布设物流网络。

2. 物流企业提高技术含量

加速物流装备现代化，推进物流信息化、标准化发展，鼓励重点物流园区（集聚区）和重点企业参与物流领域标准制订。倡导发展绿色物流。鼓励和引导物流企业选用节能环保车辆、新能源汽车等节能环保物流设施，促进资源的循环利用。

3. 提高物流模式创新

逐步提高连锁经营企业统一采购、配送比例。引导便民连锁超市和餐饮企业加强生鲜农产品配送中心和中央厨房建设，建立安全放心的食品配送网络。支持商贸、物流企业以联盟、共同持股等多种形式开展共同配送。支持各类批发市场完善和提升物流服务功能，形成集展示、交易、仓储、加工、配送等功能于一体的集约式商贸物流园区。

（二）完善物流发展环境

1. 立足国家战略，积极打造综合立体交通体系

（1）加快沿江沿运港口物流一体化。抓紧实施京杭运河航道建设和船闸扩能工程，推进扬州运河集装箱中转中心建设，优化扬州港、运河港合理布局和功能提升，推进宁镇扬港口一体化联动错位发展，推动与上海港口的“国际中转集拼”业务合作，与京杭运河水水中转、共同打造长江经济带“江海河联运”枢纽。借助长江经济带海关区域通关一体化改革实施的契机，积极推动沿江港口口岸资源整合，实施全省沿江沿运河港口“港港联动”，提升扬州水港口岸核心竞争能力。力争开通国际近洋航线以及至连云港、宁波港等的内河航线，打通与中西亚国家的国际物流大通道。

（2）加快融入全国铁路网。加快连淮扬镇铁路及五峰山过江通道建设，积极推进北沿江高速铁路、江北沿江城际铁路、宁扬、扬马城际铁路等前期工作。加快推进铁路入港工程，加强与霍尔果斯、满洲里等口岸合作，搭建连接“苏满欧”、“苏新欧”、“连新欧”等跨国货运铁路直达通道。

（3）推动机场资源整合。借助扬州泰州机场开放一类航空口岸，加快推进扬州泰州机场口岸开放配套工程和机场等级提升工程，积极开通国际国内、特别是“长江经济带”中西部省份、“一带一路”重要节点城市的国际国内航线，增加航空口岸容量和规模。深化空域管理改革，加强与上海、南京、无锡等机场合作，依托空港资源，大力发展通用航空，发展空港物流。

（4）完善油气管道布局。根据《长江经济带综合立体交通走廊规划》，建设仪征至长岭原油管道复线，加大成品油库建设，继续优化 LNG 接收站及分销转运站建设，进一步提升、完善仪征长江油气码头，扶持引导扬州市造船业加快发展适合长江运输的 LNG 运输船。

（5）建设综合交通枢纽。推动火车东站、汽车西客站等交通枢纽设施建设，加强水运、铁路、公路、航空和管道的有机衔接，建设和完善能力匹配的集疏运系统，加快推进区域性综合交通枢纽建设。

2. 优化载体布局,着力打造区域性物流节点城市

(1) 加强物流园区规划布局。基于扬州物流园区遍地开花、各自为政、规模不大的现状,打破部门割裂,创新机制体制,因地制宜的制定《扬州市物流园区发展规划》,引导县(市、区)政府分工协作,根据网络化运营的思路,按照沿江、沿运、临空港和沿路网“四大物流带”进行物流园区规划布局,防止重复建设,其中,沿江物流带重点整合提升扬州港口物流园区、扬州长江石化物流中心、江都沿江物流集聚区;沿运河物流带重点整合提升公铁水联运物流集聚区、扬州商贸物流园、江都邵伯沿运物流园、开发区公路物流园区、高邮港口物流园、宝应运河综合物流园;临空港物流带重点规划建设苏中空港物流园;沿路网物流带重点优化整合扬州现代物流产业园(邗江)、扬州电子商务快递产业园、杭集公铁水联运物流集聚区、江都商贸物流园、仪征汽车物流园、高邮湖西灯具物流园、宝应开发区物流园等。

(2) 加快物流园区转型升级。一是开展物流园区整合试点,积极探索多样化管理模式和利益分享机制,支持物流园区以合作共建等形式,整合周边物流园区,实行资源整合和功能布局优化。二是优化物流园区集疏运体系,加强园区内多式联运、甩挂运输等设施建设,加强园区与外部运输网络的有效对接。三是提高物流园区现代化水平,积极推进物联网、云计算、移动互联网等高新技术在物流园区的开发应用,加快推进先进物流装备在园区的应用。四是完善物流园区综合服务功能。积极提高园区的物流金融、供应链设计、管理咨询、技术研发等增值服务能力,积极构建园区政务服务、公共信息、投融资等服务平台,全面提升园区配套服务能力。五是推动物流园区创新发展。鼓励园区发展城市公共货运、共同配送等新型物流形式,推广“物流+商贸”、“物流+金融”、“物流+电子商务”等新型业态。

(3) 鼓励物流园区跨区域合作。顺应“两带一路”主要交通节点物流中心建设,商贸物流企业“走出去”需求,鼓励和引导扬州物流园区在打造与跨境电子商务发展相适应的跨境物流、区域物流、城市配送、多式联运等现代物流领域的基础上,推动其与国内开展“两带一路”物流业务的物流园区、物流企业联合联动,整合境内外物流资源。推进扬州物流园区与上海港、连云港开展战略合作,实现资源整合一体化发展。积极开拓海外市场,不断丰富与欧洲、中亚、东亚等相关国家的物流合作内容,加大与中亚、欧洲物流市场对接力度。

3. 立足专业化,加快专业物流发展

(1) 加快发展冷链物流。分类打造扬州冷链物流基地。以扬州食品产业园农产品加工及冷链物流配送基地、戚伍水产品冷鲜物流中心、诚信物流园等冷链物流基地为载体,逐步构建果蔬、肉禽、水产品、速冻产品等冷链物流体系。加强冷链物流基础设施建设和冷链物流装备技术升级,加快节能环保的各种新型冷链物流技术的自主研发、引进消化和吸收。立足食品科技园等项目建设,逐步完善孵化企业、整合创新、人才培育、技术辐射、产业聚集、信息交流等服务功能,打造冷链物流公共服务平台。建立区域性各类生鲜农产品冷链物流公共信息平台,为建立冷链物流产品监控和追溯系统奠定基础。立足扬州食品工业园食品保税仓库及交易中心,开辟冷链物流保税业务。

(2) 大力发展石化物流。建设和完善长江石化物流中心运输管道、仓储等基础设施

和装备，整合长江石化物流园和仪征港区及临近码头的空间资源，将长江石化物流园向港区拓展。加快筹建件杂货物流园，拓展长江石化物流中心散货运输功能。优化岸线利用，突出现有码头升级改造，重点发展甲醇、乙烯、丙烯、丙烷等液体化工品仓储，打造石化运输码头；依托扬州港、仪征港区和南京港，规划园区铁路专用支线和铁路货运站，完善铁路运输功能，逐步推动公铁水多式联运化工综合物流港建设，建立多式联运中心。

(3) 加快发展汽车物流。优化提升仪征汽车物流园规划设计，完善仪征汽车物流园基础配套。借力－12.5米深水航道改造和宁启铁路复线电气化改造契机，强化铁路专线跟踪申报，推动绿地汽车物流码头建设，规划汽车滚装客运码头，为汽车物流铁运、水运创造条件。加快建立区域汽车物流需求信息平台，促进汽车零部件物流企业“走出去”和市场资源“引进来”双向互动。密切跟踪上海大众整车二期、汽车后市场等项目，探索建立具有一定辐射能力的二手车交易、回收拆解市场，拓展物流领域，拉长增粗产业链，提升汽车物流产业附加值。

(4) 聚力发展电子商务物流。在推动长江石化物流中心石化大宗产品公共交易平台、扬州公铁水联运物流集聚区百分百电子商务创意产业园、高邮诚信电子商务物流园、扬州电子商务快递物流园等电子商务物流载体建设的基础上，结合扬州市船舶、化纤、汽车、旅游日化等特色工业产业和蔬菜、瓜果、花木等特色农产品，针对性地打造3—5个全国性的特色产业垂直型电商平台，逐步提升物流与电子商务的协调发展。鼓励企业、园区建立电子商务物流公共服务设施，自建物流园、物流仓、物流配送中心，大力招引国内知名第三方物流配送企业、快递企业进园区开设区域分拣中心。整合扬州现有快递服务中心、O2O社区智能便民服务点、社区物流等末端配送模式资源，推进建设“扬州现代快递末端配送网”。

(5) 促进农村物流发展。整合农业、农机、农资、邮电、供销社的现有网络资源，以兼并、联合、加盟的方式，建设服务“三农”的物流体系。鼓励实施农村电子商务和连锁经营，带动农村电子商务物流发展，基本构建以县城为中心、乡镇为重点、村为基础的农村消费品和农业生产资料连锁经营网络，做好网络延伸和市场管理。引导城市物流网络进一步向农村延伸，引导在城市已不具备比较优势或市场饱和的物流企业向小城镇与乡村有序转移。

4. 加快物流基础信息平台建设

以物流基地、物流节点中心、公共配送中心和重点物流企业为载体，加快建设专业物流信息管理平台。充分整合现有资源，加快口岸物流网建设，推进物联网管理模式，满足多种组织、多种业务形态一体化作业要求，实现航运公司、货主、各类代理机构以及与口岸航运相关的金融、保险、海关国检等供应链各环节的信息以高效、准确、快速的方式传递，形成便捷高效的物流信息走廊。推动物流企业、客户终端及相关管理部门之间的信息技术共享、数据资源共享。加强专业物流信息平台与公共信息服务平台以及其他区域物流信息平台对接，实现物流资源共享和信息互联互通。

第九章　南通市物流业发展报告

2015 年,在市委、市政府的正确领导下,全市紧紧围绕"加快建设服务长三角和长江流域的区域现代物流中心"要求,以载体打造、项目建设、企业培育为抓手,以加速产业集聚、强化资源整合、提升物流效能为导向,强化目标考核,力求工作创新,加速推进现代物流业发展。

一、南通市物流业发展概况

(一) 物流需求稳步平稳增长

1. 社会物流总额

2015 年,全市社会物流总额为 20 124.48 亿元,同比增长 10.61%,占全省社会物流总额的 8.74%。

2. 实物量需求结构逐步优化

2015 年民航货邮吞吐量 3.61 万吨,增长 13.3%;年末铁路货运量 84.3 万吨,下降 7.5%。全年公路货运量 111 662 万吨,增长 3.4%。南通港全年货物吞吐量 22 077 万吨,增长 1.1%。其中,进港 13 043 万吨,增长 0.2%;外贸吞吐量 5 152 万吨,增长 7.0%。集装箱吞吐量 75.9 万标准箱,增长 6.7%,其中,外贸航线 31.3 万标准箱,下降 1.1%。

(二) 物流供给持续优化

1. 市场规模平稳增长

2015 年,物流业增加值增长 10.60%,远低于 2011 年的 19.08%,增速下降明显。

2. 物流质量提升明显

(1) 社会物流总费用与 GDP 的比率持续回落

2015 年社会物流总费用与 GDP 的比率比 2010 年下降 1 个百分点,持续回落,表明物流运行质量和效率有所提升。

(2) 物流指数持续提升

2015 年,南通物流综合指数 0.537 8,排名全省第四,同比增长 2.43%,连续 5 年持续提升。

3. 市场主体规模结构迅速优化

预计 2015 年底,全市规模物流企业超 200 家,实现业务总收入预计超过 210 亿元,同比增长 20%以上;预计 2015 年底,全市 A 级以上物流企业突破 100 家,全市省重点物流企业 24 家。海门叠石桥物流网络已覆盖全国 300 多个城市和地区,2015 年实现货运总量 240 多万吨。南通经济技术开发区集中了一批体量较大的物流企业,如百成大达、大地物流、一德物流、嘉达港务、中化储运等进入全市物流企业应税销售前二十强,同时也集中了一批规模大、仓储容量大的贸易企业,如东海石化全年应税销售超过 40 亿元、长江石化约35亿元、天诚石化15亿元，这类企业全年应税销售合计超百亿元。

(三) 物流产业发展环境稳步改善

1. 载体建设有序推进，集聚效应初步显现

目前，南通综合物流示范园、江苏海安商贸物流园、南通洋口港现代物流产业园等11个重点物流园区，其中省级物流基地5家。预计2015年底，园区内物流企业超500家，预计物流业务总收入超过70亿元，同比增长30%以上。今年南通综合物流示范园、江苏海安商贸物流园积极申报升省级示范物流园区。如皋港信息交易中心基本建成即将投入运营，物流总部大厦已有部分企业入驻；如皋港保税物流中心(B型)去年获国家海关总署等四部委批准，一期保税、监管仓库建成运营，二期仓库、堆场、办公设施等基本建成，今年已通过省海关初验。在国家发改委等12个部门联合发布的《全国物流园区发展规划》中，南通市被列为国家二级物流园区布局城市。

2. 项目建设稳步推进，发展后劲不断增强

2015年，全市继续安排了一批重点现代物流项目，落实具体责任人，加强项目库管理，形成"开工一批、竣工一批、达产一批、储备一批"的良好格局。重点建设了崇川农副产品物流中心二期、南通粮食物流中心、林森物流二期等一批最重点物流项目；依托如东洋口港、如皋港区、吕四港区，积极推进大型天然气、成品油、煤炭交易中心建设；海安棉花物流中心、通州棉花仓储配送中心、国际棉花交易服务中心等一批项目也陆续投运；通州湾华东商贸城、国际物流园以及华电煤炭集散交易中心等项目落户，通州湾综合物流保税仓库2栋共4万平方米的仓库主体在建，通州湾电子商务城主体基本竣工，以通州湾电商城为平台的江海国际(南通)商品贸易中心正在快速筹建，江苏(通州湾)—东盟大宗商品贸易中心已向省政府申报；南通市开发区江苏百成大达物流有限公司投资1.86亿元的长三角零担货物快速分流配送网项目已投入运营，预计今年实现应税收入近2亿元；今年南通市苏通科技产业园区落户了南通宇培仓储有限公司、南通苏普仓储有限公司、乐歌物流(南通)有限公司、江苏中投国际物流有限公司等一批重大物流项目。

3. 智慧物流不断提升，新技术应用不断加快

自南通电子口岸建设2013年正式启动以来，全市物流企业信息应用能力提升明显。南通港口集团通过港航EDI(电子数据交换)系统建设，已经实现与上海港航EDI系统联网；如皋港现代物流基地引进了先进的物联网技术，建立了如皋港现代物流电子信息平台；海安县委托惠普(中国)有限公司和奥铁士信息科技(江苏)有限公司开发海安物流公共信息平台。南通市部分园区和物流企业在原有信息系统基础上，进一步采用物联网、RFID(无线射频识别)技术、NFC(近距离无线通讯)等先进技术，提升数据收集能力，科技创新能力不断增强。

二、南通市物流业发展存在的问题

(一) 物流供给能力有待进一步提升

1. 对区域物流的理解仍停留在低层次上

目前，南通物流界尚有不少人甚至个别对口管理部门、少数中高级物流管理人员，对区域物流理解不到位、认识不深刻，表现为南通区域物流存在外延发展快速，内涵建设匮

乏,很多项目仍停留在表面的大张旗鼓上,热衷于用基建规模和投资总额衡量物流发展态势;相反,对物流项目(物流园区或中心)的运作效率关注不够,单位面积土地的GDP产出及税收贡献偏低,项目资源利用率和利润率都不够理想,对产业的集聚作用微弱。在当前城市仍需高速发展,用地指标极其稀缺、金融业"钱荒"加剧、企业资金压力陡增的背景下,这种粗放的物流发展模式,致使重复建设严重,极大地浪费了政府的城市土地资源,挤压其他产业的用地需求;极大地浪费了政府给予的税收优惠,给政府造成了隐性的税收损失;放大了企业资金链断裂的风险,不利于南通物流企业精耕细作,实现长远发展,也不利于南通城市经济朝着高效、低碳的方向持续发展。

2. 龙头企业竞争力不强

全市物流业总量虽然增长较快,但与先进地区相比,企业总体规模较小,龙头企业数量偏少,物流企业经营水平不高,服务方式和手段比较传统单一,流通加工、物流信息服务和物流成本控制等物流增值服务拓展不够,尤其是物流方案设计、全程物流服务等更高层次的物流服务还没有完全展开。南通市运力规模结构呈现散、弱、小等特征。

3. 企业发展层次仍然偏低

全市目前物流企业是以传统的运输、仓储等形式为主,在运输、储存、贸易、加工、包装、装卸、配送、信息处理和综合管理等多式联运上还不多,第三方、第四方物流企业还很少;在快速反应、功能集成、作业规范、组织网络和智能管理等方面还不完善,服务辐射能力还不强。

(二) 物流产业发展环境有待快速提升

1. 已落户项目带动效应有待提高

目前已建成投入使用的部分物流园区、专业市场仍处在起步培育阶段,在区域经济份额中没有达到支柱产业的标准。特别是在专业化程度、产业链服务配套等方面,还没有形成显著的竞争优势,需要进一步加大对项目的培育力度。同时还存在集聚区内已落户的知名企业偏少、公共服务平台功能有待完善、区域性的总代理、总经销占总商户比例偏低等问题。

2. 要素瓶颈依然存在

土地指标难以解决,"营改增"后物流企业税负不降反增,物流企业财政扶持政策不到位,针对物流企业的乱收费、乱罚款问题突出,信用体系建设滞后,成为制约南通市物流业发展的重要因素。

3. 港口岸线等资源利用不够,经济社会效益需要进一步提升

南通市物流企业业态相对传统,附加值不高,每亩岸线资源税收产出较低,特别是沿江深水岸线资源已基本用完。已建成的码头且多为企业自有,码头、泊位利用效益偏低,后续发展所需的港口岸线资源和配套用地不足,需要加强资源整合力度,统一规划、统筹利用。

4. 物流专业人才缺乏

南通本地仅有南通大学以及几所高职大专类院校,培养的物流人才有限,而且规模小,层次低,实际应用能力不强。同时,传统的交通运输、包装工程等已不能适应现代物流产业发展的需要,缺乏具有专业技术、实践和管理经验的人才,物流专业人才匮乏成为制

约南通物流业长远发展的重要障碍。

三、南通市物流业发展思路

(一) 推进供给侧结构性改革

1. 优化供给侧规模结构

推进规模企业做大做强，做好国家 A 级企业和省重点物流企业的认定工作，引导有条件的传统物流企业积极向第三方、第四方物流企业转型。

引进一流大型物流配送中心，推动物流业实现跨越式大发展。物流的发展将最终体现于大量先进物流企业的成长，而现代物流"一体化"的特点使物流相关企业间的相互依赖和互补性增强，大型物流企业的影响力和吸引力越来越突出。一家"超一流"跨国物流公司的全球或全国性物流配送中心，往往能吸引一大批物流相关企业围绕在它周围，作为其客户或者合作伙伴，客观上起推动该地区物流业快速发展的作用。同时，政府要鼓励各种物流企业通过兼并重组，形成大型物流企业，提供完整的物流供应链服务，促进传统运输、仓储、代理等服务企业向现代物流企业转型，通过物流企业的成长进一步推动物流业的发展。

2. 走专业化发展道路

积极推动船舶、电子等产业物流发展，建立专业化物流服务体系。加强石油、煤炭、重要矿产品等物流设施建设，加快发展航空快递运输、集装箱运输、多式联运、第三方物流、物流咨询和国际货代等多种物流业态。大力推广采购、生产、销售和物品回收的物流一体化运作方式，完善物流配送体系，推动物流企业向供应链两端拓展，促进物流产业的现代化、网络化。

(二) 进一步优化物流产业发展环境

1. 加快重点项目推进

推进一批重点物流项目建设，重点建设通州供销物流中心、开发区福汉兴业物流、海安现代综合物流中心、亚太亿发物流、如皋港货运物流中心、如东洋口港 LNG 液化品、海门宝钢物流、启东广汇物流等项目；推进一批重点物流基地建设，加快建设大型天然气、成品油、煤炭交易中心、粮食物流中心、棉花物流中心，形成区域性的能源、粮食、棉花配送、仓储中心；推进海门叠石桥和通州家纺城、启东电动工具等专业市场建设，形成全国性的家纺和电动工具物流基地；积极推进专业化保税仓库建设，推动中国华粮物流集团南通粮油接运有限责任公司公共型保税仓库的设立。

(三) 加快物流信息化建设

1. 加快智慧物流建设

进一步完善《南通市智慧物流建设工作方案》，围绕"大通关、大口岸、大物流、大商贸"目标，积极完善南通市电子口岸信息平台功能。积极推动地理信息系统(GIS)、全球定位系统(GPS)、船舶自动识别系统(AIS)、射频标签识别(RFID)等信息技术的应用，整合港口、海关、口岸等相关资源，建设南通市口岸监控中心，实现数据监控、视频监控、物流监控、数据展示，进一步提高港口、海关、口岸等相关政府职能部门的监管水平和服务效率；积极开展道路交通运输、物流金融等领域政务平台探索。

利用互联网技术推动物流信息化变革。在移动互联、4G信息通路的推动下，在电子商务高速发展的带动下，中国的传统产业将会产生革命性的颠覆，物流业也不会例外。互联网技术促使物流过程变得更加可视化。在互联网引领的信息时代，每一个包裹、每一辆卡车每一个时间段的动态信息都会与成本、时效、KPI数据相关，而这些动态数据背后蕴藏着商品的流通动态，通过动态可以实现海量的数据分析，这些数据不仅仅用于物流运营管理，而且可对消费者进行需求分析。

2. 加强物流行业自律

积极培育和支持物流行业协会(商会)的发展，充分发挥社会中介组织的作用，规范物流企业行为，强化企业诚信建设，促进物流市场有序健康发展。

3. 加强物流人才"内培外引"，满足南通物流市场的需求

内培和外引相辅相成、相互促进。通过内培，一大批物流人才将为那些外来企业的发展提供强有力的配套支撑，解决外来企业的后顾之忧，减少外来企业的发展成本，客观上成为本地物流投资环境的重要条件，从而推进南通物流的发展。同时，引进大量既懂信息技术又懂现代物流管理的复合型人才，更可能带动物流的发展，因此，从这个角度看，外引是内培的动力，内培是外引的条件，在物流人才培养方面，缺一不可。

参考文献

[1] 赵瑾，崔瑾娟，谢小东. 南京市物流业发展现状及存在问题分析[J]. 经济研究导刊，2014，(11)：51-53.

[2] 孙国楠. 南京物流业发展现状及对策研究[J]. 中国市场，2014，(44)：21-22，48.

[3] 李英. 基于SWOT分析的苏州物流集聚区发展路径研究[J]. 苏州市职业大学学报，2012，(9)：54-57.

[4] 何慧，潘武华，孙学文. 苏州物流业发展现状及对策分析[J]. 物流工程与管理，2013，(12)：22-24.

[5] 王仲君. 苏州物流业：新挑战与新发展——基于上海自贸区的思考[J]. 苏州科技学院学报(社科版)，2014，(11)：33-42.

[6] 刘伯超. 常州市物流产业转型升级路径研究[J]. 交通企业管理，2014，(11)：9-11.

[7] 谢振华. 上海自贸区辐射下常州物流业升级分析[J]. 中国储运，2014，(11)：110-112.

[8] 陈东. 区域物流业发展中政府的作用—以连云港市区域物流业发展为例的研究[D]. 苏州：苏州大学，2009.

[9] 淮安市发展和改革委员会. 淮安市物流业及物流园区发展规划(2013—2025)[EB/OL]. http://www.doc88.com/p-0856893775024.html，2014-05-24.

[10] 高慧. 现代物流业发展策略研究——以江苏省宿迁市为例[J]. 中国集体经济，2013，(34)：52-53.

[11] 宿迁市发展和改革委员会. 宿迁市"十二五"物流业发展规化[EB/OL]. http://www.suqian.gov.cn/sfgw/rcl/201310/677b29ef72684e5e8572100a6b3b1099.shtml，2013-03-08.

[12] 王友发，刘荷生，李明星. 镇江市现代物流业发展策略探析[J]. 中国物流与采购，2012，(2)：58-59.

[13] 镇江市发展和改革委员会. 镇江市现代物流业发展"十二五"规划[EB/OL]. http://fgw.zhenjiang.gov.cn/xxgk/zwgk/fzgh/zxgh/201108/t20110831_576362.htm，2011-08-23.

[14] 王斌. 扬州物流产业发展政策研究[D]. 扬州：扬州大学，2014.

[15] 李俊飞，于海全. 基于专利数据的无锡产业现状分析[J]. 科技创新与应用，2015，(31)：32-33.

[16] 无锡市发改委课题组. 无锡建设长三角区域物流中心的可行性研究[J]. 江南论坛，2014，(5)：

26 - 28.

[17] 冯之坦.徐州物流业发展现状及对策分析[J].价值工程,2014,(19):24 - 25.

[18] 王萍.徐州市物流产业现状分析及发展思路[J].物流工程与管理,2014,(9):23 - 26.

[19] 郗亚坤.苏州物流产业竞争力现状及提升路径研究[J].物流技术,2015,(34):80 - 83,90.

[20] 施新平.常州地区物流业集聚度测算及对策分析[J].物流工程与管理,2014,(5):69 - 71.

[21] 孙军."一带一路"战略下的连云港交汇点构建研究[J].江苏大学学报(社科版),2015,(7):39 - 42,49.

[22] 唐培玲.关于淮安市现代物流业发展情况的调查和建议[J].物流工程与管理,2013,(11):31 - 32.

[23] 高慧.现代物流业发展策略研究——以江苏省宿迁市为例[J].中国集体经济,2013,(34):52 - 53.

[24] 高翔.镇江重点物流企业及基地发展现状及策略研究[J].价值工程,2013,(31):21 - 22.

[25] 黄健.南通物流业发展中存在的问题及对策[J].物流技术,2015,(34):5 - 6,12.

[26] 徐悦宁,于童.徐州市传统物流业向"互联网+"转型策略探析[J].现代商业,2016,(19):25 - 26.

[27] 曹前.徐州市现代物流业发展方向解析[J].现代经济信息,2016,(11):462 - 463.

[28] 刘伯超,袁旭东,沈立青.新常态下常州物流产业可持续发展研究[J].港澳经济,2016,(17):10 - 11.

[29] 淮安市政府关于加快现代物流业发展的意见,http://swj.zghy.gov.cn/art/2015/12/25/art_1842_111710.html.

交通运输篇

第一章　江苏交通运输发展概况

“十二五”以来，江苏交通运输发展取得显著成绩，公路网、铁路和港口等基础设施建设大幅度提速，管道建设也在加快，许多方面走在全国前列，交通基础设施和运输服务能力总体上基本能够满足社会发展的需求，发展质量和管理服务水平国内领先，已经进入了结构调整优化、网络衔接强化和运输一体化发展、加快构建综合交通运输体系的新阶段，具备了在全国率先探索推进交通运输现代化建设的基础与条件。

一、基础设施建设进一步完善，规模总量不断壮大

到 2015 年底，江苏省公路、铁路、航道和管道线网总里程超过 20 万公里，面积密度居全国各省区前列。交通运输行业紧紧围绕全省“两个率先”的目标，紧密呼应沿海开发和长三角一体化国家战略，全面推动率先发展、科学发展、和谐发展。在积极推进公路率先实现基本现代化的同时，加大对航道、港口发展的倾斜力度，努力实现公路水路协调发展。在大交通管理体制改革的过程中，抢抓机遇，顺势而为，逐步确立了“三个一体化”和“三个有机衔接”的发展思路，加快铁路、航空发展，加快综合客运枢纽和集疏运设施建设，基本形成了较为完善的综合交通运输体系。

（一）公路

截至 2015 年底，江苏省高等级公路里程达 15.9 万公里，比上年新增 1 283.8 公里。其中，高速公路里程 4 539.1 公里，新增 50.8 公里；一级公路 13 009 公里，二级公路 24 832 公里，二级以上公路是 1987 年的 22.6 倍。目前，高速公路覆盖全部省辖市，基本覆盖全部县(市、区)和 10 万人口以上城镇；二级及以上公路占 25.4%，约为全国平均水平的 2 倍，基本实现市—县、县—县一级公路短直连通；农村公路率先实现“村村通”。2015 年公路完成旅客运输 267 502.6 万人次，同比下降 1.3%；完成货物运输 185 789.45 万吨，同比增长 2.5%(见表 1.1)。

表 1.1　2015 年江苏公路建设情况

类别	指标	2013 年	2014 年	2015 年
公路	(1) 高速公路里程(公里)	4 443	4 488.3	4 539.1
	(2) 一级公路(公里)	11 283	12 516	13 109
	(3) 二级公路(公里)	22 677	24 609	24 832
	(4) 其他普通公路(公里)	116 597	116 387	116 619.9
	公路总里程(万公里)	15.5	15.8	15.9

资料来源：根据《江苏统计年鉴》(2014、2015、2016)中的数据整理而得。

（二）铁路

铁路实现电气化铁路、高速铁路和铁路综合客运枢纽三大突破，进入跨越式发展阶

段,铁路营业里程 2 679.2 公里,铁路正线延展长度 4 569.7 公里,其中高速铁路、电气化铁路和复线铁路分别占 31.6%、63.3%、75.1%。2015 年铁路完成客运 15 171 万人次,完成货物运输 7 282.4 万吨(见表 1.2)。

表 1.2 江苏铁路建设情况

类别	指标	2010 年	2014 年	2015 年
铁路	运营里程(公里)	1 908	2 632.4	2 679.2
	复线率(%)	48	61.1	63.3
	电化率(%)	48	73.6	75.1

资料来源:根据《江苏统计年鉴》(2014、2015、2016)中的数据整理而得。

(三) 水路

水运建设呈现平稳增长势态,重大项目建设亮点纷呈。京杭运河苏北段二级航道全线贯通,连云港港疏港航道建成,京杭运河苏南段等干线航道全面建设。长江南京以下 12.5 米深水航道二期工程南通到南京段,在镇江正式开工。连云港港 30 万吨级泊位建成投产,30 万吨级航道开工建设。太仓港一至三期集装箱码头建成。江苏省港口万吨级泊位新增 14 个、总数达到 384 个,其中 5 万吨级以上泊位新增 6 个、总数达到 113 个。到 2015 年底,江苏省内河航道总里程 2.4 万公里,其中千吨级及以上内河航道 1 716 公里。2015 年水路完成客运 498.3 万人次,完成水路货运量 70 704.37 万吨(见表 1.3)。

表 1.3 2015 年江苏内河航道和港口建设情况

类别	指标	2013 年	2014 年	2015 年
内河航道和港口	干线航道新增达标里程(公里)	1 716	735	568
	内河港口吞吐能力(亿吨)	13.46	14.82	15.27

资料来源:根据《江苏统计年鉴》(2014、2015、2016)中的数据整理而得。

表 1.4 2015 年江苏沿海沿江港口建设情况

类别	指标	2013 年	2014 年	2015 年
沿海沿江港口	沿江港口吞吐能力(亿吨)	9.55	14.65	15.86
	其中:集装箱吞吐能力(万 TEU)	1 124	1 189	1 220
	沿海港口吞吐能力(亿吨)	1.43	1.53	2.03
	其中:集装箱吞吐能力(万 TEU)	681	806	914
	万吨级泊位数(个)	214	370	384

资料来源:根据《江苏统计年鉴》(2014、2015、2016)中的数据整理而得。

(四) 航空

"十一五"以来,江苏的枢纽机场能力得到提升与新机场建设齐头并进。江苏省 7 个机场都进行了改造或扩建,航空运输保障能力得到进一步提升。南京禄口国际机场二期工程开工建设。淮安涟水机场建成通航,填补了苏北腹地航空运输服务空白,苏中江都机场启动建设，建成后将极大地改变江苏航空客货运输的现状。2015 年航空业完成客运 3 057.3 万人次，同比增长 13.9%，完成货物运输 51.3 万吨，同比增长 10.4%。

（五）管道

“十二五”以来，利用西气东输的国家战略契机，江苏省的管道建设开始提速，管道建设取得了显著成绩，输油管线密度增加，输送天然气的管道连接到每个县市。到 2015 年年底，江苏省油气主干管道里程达到 5 169.6 公里，管线年设计总输油量达到 1 136 万吨，主干管道输气每年达到 744.8 万吨。

二、城乡客运一体化格局基本形成，体系逐渐完善

综合客运能力不断提升，总体适应江苏经济社会发展所带来的高强度客运需求，2015 年江苏省完成客运量 29.73 亿人次、旅客周转量 2 516 亿人公里（见表 1.5）；客运量强度达 2.76 万人/平方公里，超过全国平均水平的 6 倍。城市“公交优先”发展战略加快实施，南京、苏州“公交都市”建设深入推进，2015 年江苏省城市公交分担率达 23.7%。省内市际、县际客运班线公司化率达 75%，居全国第一。以城市公交、城镇客运、镇村公交为主体，其他客运方式为补充的城乡客运体系初步形成，行政村客运班车实现全覆盖，居全国各省、区第一；交通运输基本公共服务向农村延伸，镇村公交发展稳步推进，2015 年江苏省镇村公交覆盖率达到 64%，苏锡常地区实现镇村公交全覆盖；江苏城乡道路客运一体化发展经验，已经由交通运输部向全国推广。

表 1.5　2011—2015 年江苏客运情况

指标	2011 年	2012 年	2013 年	2014 年	2015 年
客运人数（亿人次）	25.589 2	26.792 5	27.902 4	29.32	29.73
同比变化（%）	6.93	4.70	4.14	5.1	1.3

资料来源：根据《江苏统计年鉴》（2012—2016）中的数据整理而得。

表 1.6　2011—2015 年江苏私人轿车拥有量

	2011 年	2012 年	2013 年	2014 年	2015 年
私人轿车（万辆）	369.7	456.2	554.6	665.6	773.9
同比变化（%）	21.29	23.39	21.60	20	16.25

资料来源：根据《江苏统计年鉴》（2012—2016）中的数据整理而得。

三、物流货运能力进一步提升，现代物流运输体系逐步形成

交通建设、养护和运输市场彻底开放，基本形成了统一、开放、公平竞争的道路和水路运输市场。2015 年，江苏省完成综合货运量 27.76 亿吨、货物周转量 10 448.99 亿吨公里，其中，水运占比分别达到 25.3%、72.2%（见表 1.7），分别比全国平均水平高 14.4、25.8 个百分点，水运在货运与物流体系中的骨干作用不断增强，显著降低了社会物流成本，2015 年，江苏省社会物流总费用与 GDP 的比率降至约 15%，较全国平均水平低约 1

个百分点。公路甩挂运输发展成效突出,试点企业甩挂周转量占比提高到15%以上,平均单位运输成本下降约12%,车辆里程利用率提高到83%以上,在全国率先建立区域性甩挂运输实体联盟。以物流园区为骨干、物流中心为支撑、农村物流站点为补充的三级物流基地格局逐步建立,连云港港、太仓港、南京港、南通港等重点港口的现代物流功能显著增强,物流集聚效应日益显现。铁水联运发展迅速,连云港港集装箱铁水联运列为全国示范项目,近年来到发总量及增幅在全国沿海港口居于领先水平。

表 1.7　2015 年江苏货物运输量

指标	公路运输	铁路运输	水路运输	管道运输	航空运输
承担货运量(万吨)	185 789.45	7 282.4	70 704.37	1 880.8	51.3
占比(%)	69.9	2.74	26.6	0.7	0.019
货运总量(万吨)	265 708.32				

资料来源:根据《江苏统计年鉴》(2016)中的数据整理而得。

四、多种运输方式统筹发展,综合交通网络布局和结构不断优化

"十二五"期间,江苏在全国各省区中率先改革形成公铁水空齐抓共管的省级大交通管理体制架构,为构建综合交通运输体系奠定了基础。2009 年机构改革后,江苏省进一步明晰和强化了对公路、水路、铁路、民航、邮政的统筹规划、建设和管理协调。率先开展省级综合交通运输体系的顶层设计,指导推进结构调整和一体化发展,省及各市县政府相继出台一系列扶持水运、铁路、公路和航空产业加快发展的政策措施,强化港口、机场集疏运体系建设,多部门联合推动综合客运枢纽规划建设,在综合交通运输体系建设方面取得显著成效,综合交通运输体系的雏形初步形成,结构不断优化。

五、信息化加快,交通智能化水平不断提高

到 2015 年底,江苏共建成新型道路材料国家工程实验室等 2 个实验室和 7 个科研中心。在特大跨径桥梁建设、高等级公路和内河航道建养技术等方面取得一批拥有自主知识产权、具有国际先进水平的科研成果。在全国率先解决沥青路面早期病害问题,形成成套技术,为江苏公路工程质量水平始终保持全国领先提供有力支撑。1999 年江阴长江大桥通车以来,累计建成南京二桥、南京三桥、南京四桥、润扬大桥、泰州大桥等 9 座特大跨江大桥和 2 座过江隧道,苏通大桥作为国家科技支撑计划支持的首个工程建设项目,取得多项世界级技术创新成果,获国家科技进步一等奖及国际桥梁大会乔治・理查德森奖,江苏跨江大桥成为我国从桥梁大国迈入桥梁技术强国行列的标志。

广泛应用现代信息技术提升行业管理和服务水平,在全国率先建成交通信息化基础骨干网和交通信息专网;公路 ETC 技术水平、规模和各项运营指标均居全国前列,率先试点运用水上 ETC 系统;在全国率先建成覆盖全省的交通服务热线;公路客运联网售票系统、铁水联运信息服务平台、交通应急指挥视频联网监控平台以及"感知公路"、"感知航道"建设等取得重要成果;道路危险货物运输车辆和二类以上线路客运班车卫星定位联网

联控总量均居全国前列。

六、资源节约型建设成效显著，可持续发展能力不断提升

江苏在交通基础设施建设方面，节约、集约利用土地成效明显，统筹实施公路、航道与水利项目建设，高效利用土地资源，积极探索和推广生态、环保、旅游、景观公路建设和航道生态护坡建设。积极引导运输装备升级，长江干线和京杭运河船型标准化工程走在全国前列，江苏被交通运输部列入全国道路运输行业推广天然气汽车试点省份和推广应用LNG船舶试点省份。研发推广港口节能减排新技术成效明显，靠港船舶使用岸电项目被交通运输部列为重点节能减排项目在全国推广。2013年6月，交通运输部与江苏省政府签订了框架协议，支持江苏争创全国绿色循环低碳交通运输体系建设示范省份，这将使江苏交通基础设施和管理建设走上良性轨道，不断提升交通运输业的可持续发展能力。

尽管江苏交通运输经过发展取得了显著成绩，为未来发展奠定了坚实基础，但还存在一些问题和薄弱环节：一是结构性矛盾依然存在。各种运输方式发展仍不平衡，铁路骨架网络有待完善，城际轨道交通建设相对滞后，内河干线航道尚未成网，民航机场整体竞争能力亟待提升，城市交通拥堵问题日益严重。二是各种运输方式之间的衔接不充分。主要港口普遍缺少铁路、高速公路、高等级航道等集疏运方式；货运枢纽发展滞后，货物运输转换效率低、成本高；各层次公路网络间衔接仍待加强。三是运输服务水平还不能适应经济社会发展的更高要求。物流成本依然偏高，多式联运和甩挂运输还处在起步阶段，国际运输服务能力不足，公交优先战略未得到全面落实。四是交通筹融资能力有待加强。公共财政的保障仍然不足，交通债务负担沉重，投融资渠道不宽，还不能适应交通运输发展的需要。

第二章 江苏交通运输发展的动力

2003年在全国"两会"之后，根据党中央的部署，江苏省委在十届五次全会上明确提出"率先全面建成小康社会，率先基本实现现代化"的"两个率先"发展目标定位。对照江苏推进"两个率先"的最新要求，对照经济社会发展的新需求和人民群众的新期盼，江苏交通运输要为经济转型与产业升级、新型城镇化和城乡发展一体化提供更加有力的支撑和引导，为公众和货物出行提供更加安全、便捷、经济、高效的运输服务，为江苏生态省建设做出更大贡献，并为全国交通运输改革和现代化建设探索新路、积累经验。

一、"两个率先"发展战略，要求交通运输系统做出积极贡献

早在2003年，江苏省委、省政府就提出了"两个率先"发展战略，这个目标涉及综合实力、居民收入、城乡均衡发展、交通出行等方方面面，不可能一蹴而就，必须经过较长时间的不懈努力。

"十二五"期间，江苏省综合经济实力、自主创新能力、国际竞争力和可持续发展能力进一步增强，为率先基本实现现代化打下坚实的基础。江苏省地区生产总值年均增速约9.6%，2015年江苏的GDP总量达到7.01万亿元，人均地区生产总值达到1.4万美元新台阶。根据国际经验，这一时期，客货运输需求将继续保持稳定增长态势。能源、原材料等大宗物资运输需求稳步增长，集装箱和高附加值产品运输需求快速增长，旅客运输需求呈现多样性特征，城际和城市客运需求迅速增长，并对运输的安全性、舒适性、时效性提出更高要求。实现"两个率先"战略目标要求，交通运输保持适度超前，进一步扩大供给能力，提高服务效率，在更高水平上为经济社会发展提供强有力的支撑。

二、技术不断进步，要求交通运输系统智能化水平进一步提升

人类社会进入21世纪以来，科学技术日新月异，很多新发明、新技术被成功嫁接到交通运输领域，交通运输行业也加强了研发能力，使得交通运输领域的技术革新层出不穷，传统的交通运输理念和做法，如计算机智能控制技术、RFID无线远程识别技术、高速铁路建设技术、新型沥青铺设技术、航道清淤技术、混凝土桥梁技术、现代航空技术、远程管道输送技术等飞速发展；各种大型机械装备不断涌现，如集装箱叉车、AGV(自动导引搬运车)、门座起重机、全回转浮式起重机、大型岸吊等，这些新技术、新装备为交通运输快速发展插上了起飞的翅膀。

江苏交通运输系统不仅重视对新技术、新装备的应用，也高度重视研发能力的提高。江苏交通系统依托大型工程建设开展科技攻关取得了一批拥有自主知识产权、具有国际先进水平的科研成果。苏通大桥创造了4项"世界第一"，获得了众多国际、国内重大奖项。建成了江苏省水运技术研究中心等4个科研基地。成功地将国产改性沥青大量用于

高速公路,江苏"沥青路面十年不大修"的品质享誉全国。铁路电化率由"十五"时期末的空白迅速提升至2015年的接近73.6%,主要铁路干线客车平均时速由"十五"时期末约120公里提高到2015年的250公里以上。内河专业化和标准化运输船舶吨位占内河船舶总吨位比例达30%以上。沿海淤泥质海岸建港、深水航道建设等关键技术取得重大突破,高速公路、跨江大桥等建造技术达到国际先进水平。

随着科学技术的不断发展,交通基础建设、自动智能控制、装卸搬运、管网融合等技术必将不断完善。江苏必须充分利用这些现代化技术及装备,才能使公、铁、水、空、管等各种运输方式的骨干网络基本形成,基础设施的建设质量和技术水平基本达到同时代的世界先进水平,综合交通通道、枢纽和网络的供给能力与经济社会发展水平相适应。

三、城乡一体化,要求优化交通资源配置

"十二五"时期,城镇化深入推进,社会主义新农村建设进入关键阶段,需要优化调整交通运输系统空间布局,合理、优化配置交通发展资源。首先,要求综合交通运输体系具备更加充足的客货运输保障能力,满足城际间、城乡间、城市内部不断增长的交通运输需求;其次,随着城市化进程加快和城镇化水平提高,城市规模不断扩大,要求切实加强城市交通基础设施体系的统筹规划、建设和管理,优先发展公共交通特别是城市轨道交通,有效防治"城市病";第三,要提升城乡交通一体化水平,缩小城乡交通基本公共服务差距,实现基本交通服务均等化。

2013年6月,江苏省政府下发了《宁镇扬同城化发展规划》(征求意见稿),提出6年内南京、镇江、扬州三市全面实现同城化。宁镇扬同城化的总体目标是:到2020年,基本建成具有较强活力和竞争力的国际大都市区,城镇化率达到75%以上,实现基础设施同城通达,宁镇扬主枢纽站之间半小时通达、主城区之间一小时通达;形成和谐、幸福、宜居的优质生活环境和生态文明区域,城乡基本养老、医疗保险及失业保险覆盖率达到98%,城市空气质量优于二级标准的天数比例大于90%。宁镇扬同城化的战略目标,也主要依赖于区域交通能力的提升。

四、提升综合竞争力,要求交通运输系统提高服务水平

近几年来,江苏经济实力稳步提升,进一步巩固了全国第二经济大省的地位(仅次于广东省),人均GDP超过1万美元大关,稳居全国第五,充分说明江苏经济已经达到国际中等发达国家的水平(见表2.1)。同时,经济国际化继续深入发展,江苏将在更高层次上扩大开放,要求加快构筑国际、省际、城际综合交通通道,提升深水海港、枢纽机场的国际交流功能和服务水平,打造集商品、资金、技术、信息交流于一体的全球供应链,全面增强江苏的国际竞争力。

构建现代产业体系要求进一步加快发展交通运输业,提高交通运输设施装备的技术水平和信息化水平,提高交通运输从业人员的技术水平和管理水平,提高运输组织效能,提供更高水平的旅客运输和物流服务,通过降低旅客出行成本和货物运输成本,全面增强江苏的产业竞争力。

表 2.1　2011—2015 年江苏 GDP

指标	2011 年	2012 年	2013 年	2014 年	2015 年
GDP(亿元)	48 604	54 058	59 162	65 088.3	70 116.38
GDP 增速(%)	11.0	10.1	9.6	8.7	7.7
人均 GDP(元)	61 649	68 347	74 607	81 874	88 085.24

资料来源:根据《江苏统计年鉴》(2012—2016)中的数据整理而得。

五、社会和谐发展,要求交通运输系统应急保障能力进一步提高

社会安定、经济平稳发展,需要多方的共同努力,交通运输系统无疑是其中重要的一环,具有无可替代的重要作用。进入 21 世纪以来,江苏的政治、经济和社会生活发生了巨大变化,形成了全新的发展格局,对交通运输科学发展提出了更高的要求,特别是工业化、信息化、城镇化、市场化、国际化不断深入发展,物流、人流、信息流将更加活跃。人们选择交通方式的理念发生了重大变化,安全可靠、经济高效、便捷舒适乃至个性化的价值取向不断增强。首先要健全和完善行业各级安全监管制度,加大安全人员、经费、设施的投入力度,完善行业安全监督管理工作。其次要继续加强交通运输安全生产和运行的监管,完善安全事故责任倒查制度,推进安全管理制度化、规范化和责任化,建立安全生产长效机制。第三要加强对行业安全管理人员的专业知识培训,提高行业安全监督管理水平。强化对化学危险品运输的安全管理和从业人员的技术培训,提高处理突发事故的能力。第四要健全道路运输应急保障制度,完善运输应急保障预案,确保突发性事件、重大节日和黄金周旅客运输及重点物资运输任务的完成。

六、生态省的建设目标,要求交通运输系统注重资源节约

江苏致力打造生态省和率先建成全国生态文明建设示范区。交通运输在资源能源消耗中占有较大比重,是节能减排和应对气候变化的重点领域之一。交通运输部发布了《关于推进绿色循环低碳交通运输发展指导意见》,并支持江苏建设绿色循环低碳交通运输示范省,这都要求江苏交通运输完善行业绿色循环低碳发展的法规政策和标准,建立行业能源消耗监测考核体系,探索土地等资源消耗和能源消耗的总量控制,保障单位 GDP 碳排放目标实现,促进各种运输方式的生态环境保护和污染治理,从而为江苏如期实现生态省建设目标作出重要贡献。

增强环境保护意识,促进交通运输与生态环境协调发展。加强交通设施施工和运营过程中的污染治理,优化工程设计,改善工艺设备,确保污染物达标排放。推动运输装备节能减排,加快船型标准化工作,鼓励使用低排放车辆,推广电动车辆、燃气车辆等新能源车辆在城市公交和镇村公交中的使用。强化对营运车船定期监督、检查和维修,严格控制和减少营运车辆的污染排放。加强环境影响动态监测,建立健全污染事故应急响应机制,注重对重要生态功能保护区,特别是国家级自然保护区、饮用水源保护区的保护。坚决落实国家有关规定,严格执行环境影响评价制度,认真做好各类交通项目的环评工作。

第三章　江苏交通运输发展的区域比较

从地理区位、经济特征和社会人文习俗等因素划分，江苏省习惯上被认为由苏南、苏中和苏北三大区域构成。苏南由南京、镇江、常州、无锡和苏州5个地市组成，区域面积27 939.42平方公里，常驻人口3 317.46万人；苏中由扬州、泰州和南通3个地市组成，区域面积20 965平方公里，常驻人口1 641.45万人；苏北由徐州、连云港、宿迁、淮安和盐城5个地市组成，区域面积54 331平方公里，常驻人口3 070.03万人。人口密度和经济发展的差异，导致苏南、苏中和苏北在交通运输方面，都有各自的特点。

一、从北向南，公路路网密度逐渐增加、交通拥挤程度逐渐提高

在江苏地域范围内，苏南的经济一直较为发达，人口的密度也最高，2015年，苏南的人均GDP约为12.5万元，人口密度为1 288.2人/平方公里；苏中地区的经济发展水平稍落后于苏南，但稍强于苏北，人均GDP为8.35万元，人口密度为810人/平方公里；苏北地区的经济发展水平尽管近些年增速较快，但仍处于相对落后地位，人均GDP为5.34万元，人口密度为595.2人/平方公里(见表3.1、表3.2)。苏南地区的公路路网密度高于苏北、苏中地区，公路路网密度最高。总体来看，从北向南，江苏的公路路网密度逐渐增加、交通拥挤程度也逐渐提高。

表3.1　2015年苏南、苏中和苏北的公路路网密度比较

指标	苏南	苏中	苏北
公路总里程(公里)	88 031	45 516	65 678
公路路网密度(米/平方公里)	3 069	1 978	859
高速公里里程(公里)	1 689	1 074	1 792
高速公路路网密度(米/平方公里)	59.83	49.81	32.27

资料来源：根据《江苏统计年鉴》(2016)中的数据整理而得。

表3.2　2015年苏南、苏中和苏北的私人汽车拥有量比较

指标	苏南	苏中	苏北
私家轿车总量(万辆)	591.3	196.4	250.4
平均每百人拥有量(辆)	17.82	11.96	8.15

资料来源：根据《江苏统计年鉴》(2016)中的数据整理而得。

二、苏中、苏北的综合运输系统有待完善

从经济发展水平和人均收入的比较来看，苏北目前还落后于苏南和苏中地区，从地理

结构来看，苏北是大平原，山区少、河道少，这些因素造成了苏北地区的交通运输方式以公路、铁路为主，徐州观音机场是苏北最大的民用机场，而连云港的白塔埠机场以军用为主，淮安机场和盐城机场的客运、货运的业务量都很小，还没有开通国际航班。而苏南、苏中地区水网密度较大，又有824.8公里的长江天然水道(其中负12米以上的深水岸线达到141.9公里)，水上交通资源丰富，苏南有南京禄口、常州奔牛、无锡硕放3个国际机场，苏中有扬州泰州机场、南通兴东机场，苏南、苏中地区还有占江苏省约79.6%的管道运输管线，综合运输系统较为完善。

通过比较可以看出，苏北的交通运输方式是以公路、铁路为主，成本较低的水路运输受条件限制，能力不足，综合运输系统有待进一步完善(见表3.3)。

表3.3　2015年苏南、苏中和苏北的港口货物吞吐量比较　(单位:万吨)

指标	苏南	苏中	苏北
水路货运	119 092.24	52 563	47 177.06

资料来源:根据《江苏统计年鉴》(2016)中的数据整理而得。

三、苏南、苏中的货物运输量较大

苏南地区是江苏省经济的龙头，从历史上看，苏南的经济发展一直强于苏中和苏北地区，苏中地区近几年经济发展势头强劲。苏南和苏中大型企业较多、制造业国内领先，苏南地区还紧靠上海国际化大都市和经济较为发达的浙江，区位优势明显，存在大量的生产和销售物流需求;长江黄金水道横穿、两岸深水港口众多，还有较为密集的水网，水路运输的低成本优势得到充分发挥。同时，横穿我国东西的沪蓉高速、沪陕高速形成苏南、苏中大经济动脉，京沪高速、宁连高速纵贯南北，为江苏省南北联通的主干道，便利的交通基础设施，也为过境物流提供了保障。另外，在江苏的沿江和沿海，拥有苏州港(包括太仓港)、南京龙潭港、南通港等10多个深水岸线港口，也为国际物流的快速发展提供了便利条件。

表3.4　2015年苏南、苏中和苏北的货运总量比较　(单位:万吨)

指标	苏南	苏中	苏北
货运总量	92 507.67	69 132.9	86 337.21

资料来源:根据《江苏统计年鉴》(2016)中的数据整理而得。

四、苏南交通拥挤程度明显偏高

苏南的南京市、苏州市、无锡市、常州市和镇江市地处我国经济较为发达的长江中下游，社会车辆和人均拥有的私家车都远高于苏中和苏北地区。从表3.2可以看出苏南2015年的私家车达到591.3万辆、平均每百人拥有量为17.82辆;苏中地区的南通市、扬州市泰州市私家车为196.4万辆、平均每百人拥有量为11.96辆;苏北地区的徐州市、连云港市、宿迁市、淮安市和盐城市的私家车总数为250.4万辆、平均每百人拥有量为8.15

辆。苏南地区的社会车辆和过境车辆也远远高于苏中和苏北地区，沪宁高速、京沪高速苏南段和沿江高速等高速公路的平均行车密度远远高于苏中的沪陕高速、宁连高速、徐宿盐高速和徐连高速等高速公路；从城市拥堵程度来看，苏南各大城市的交通拥挤程度明显偏高，也明显高于苏中和苏北的各大城市。

五、苏北的管道密度有待增加，货物输送能力有待提高

管道运输方式，其安全性、低成本和稳定性等优势非常明显，尤其将管道用于输送油、气，其优越性难以替代。目前，尽管西气东输的支线已经抵达苏北，但是，只是到达省辖市和部分县市，还有部分县市没有联通；成品油通过管道向苏北输送的工程还没有完工，造成到苏北的成品油、部分天然气依旧是通过公路运输。这样的油、气输送方式，不仅成本高，而且安全性差，保障性也较差。现在，江苏省的管道运输量，苏南约占 54.6%，苏中约占 24.6%，而人口占江苏省 38%、面积占江苏省 52.6%的苏北在管道运输能力方面，仅仅占江苏省的 21.8%。

可见，必须尽快加大苏北在管道建设方面的投资力度、加快管道建设速度，完善苏北的管道网络铺设，提高苏北在油气方面的保障能力。

第四章　江苏交通运输与发达省市的比较

上海、广东、浙江和江苏都是地处我国东南沿海地区，同属于经济发达省市，制造业基础雄厚，人口密度高。从经济总量来看，2015年广东省以72 812.55亿元居全国第一位，江苏省以70 116.4亿元居全国第二位，浙江省以42 886亿元居全国第四位，上海市以24 964.99亿元居全国第12位；从人均GDP来看，上海市超过广东、浙江和江苏三省。在交通运输方面，上海、广东、浙江和江苏同样处于领先地位，但又各有特点。通过与上海、广东和浙江的比较，可以发现不足，找出努力的方向。

一、与上海市的交通运输能力比较

上海市是中国最大的经济中心和贸易港口，是全国最大的综合性工业城市，也是全国重要的科技中心、贸易中心、金融和信息中心。上海的交通运输能力领先全国，洋山港是世界上最大的货运港口，浦东机场、虹桥机场的客货吞吐能力雄冠全球。

(一) 投资力度偏弱，交通基础设施建设进展稍慢

截至2015年底，上海市全市常住人口总数为2 415.27万人。其中，户籍常住人口1 433.62万人，外来常住人口981.65万人，约为江苏省常住人口的30%；上海市土地面积6 340.5平方公里，约为江苏省面积的6.17%(见表4.2)。但由于是直辖市、国际金融中心，经常举办国际活动，尤其是2010年举办了世博会，所以上海对交通的投资较多。近五年上海市在交通方面的投资，接近江苏省同期总投资的一半，2009年上海市在交通方面的投资额是江苏全省的58.35%，2010年更是达到江苏全省的72.7%(见表4.1)。由于政策原因，江苏近几年在交通运输领域的投资放缓，导致全省交通基础设施建设进展较慢。

表4.1　2011—2015年江苏省、上海市交通基础设施投资情况比较　(单位:亿元)

省份	2011年	2012年	2013年	2014年	2015年	近5年总投资
江苏	1 175.8	1 383.1	1 676.3	2 163.3	1 855.2	8 253.7
上海	595.75	473.37	458.7	510.42	794.56	2 832.8

资料来源：根据《江苏统计年鉴》(2012—2016)、《上海统计年鉴》(2012—2016)中的数据整理而得。

表4.2　2015年江苏省、上海市社会指标比较

省份	人口		面积(平方公里)	人均GDP(元)	总财政收入(亿元)
	户籍常住人口(万人)	常住人口(万人)			
江苏	7 965.29	7 976.3	102 600	87 995	8 028.6
上海	1 433.62	2 415.27	6 340.5	103 100	5 519.5

资料来源：根据《江苏统计年鉴》(2016)、《上海统计年鉴》(2016)中的数据整理而得。

（二）大型港口能力差距明显，水运规模较小

上海市是我国对外开放最早的城市之一，外向型经济特征明显，也是国际航运的枢纽，上海港口是目前世界最大、现代化程度最高的港口。洋山港自 1996 年 5 月正式开展深水港区选址论证，2002 年 6 月正式开工建设，到 2005 年底一期工程全面建成，还配套建设了 32.5 公里长的中国第一跨海大桥东海大桥，洋山港工程总投资超过 700 亿元，形成了多个 10 万吨级以上的超大型泊位，港口集装箱、普通散货的吞吐能力据世界首位，远远超过新加坡港（见表 4.3）。

表 4.3　2011—2015 年上海港、连云港港、苏州港、南通港和南京港货物吞吐量比较

港口	指标	2011 年	2012 年	2013 年	2014 年	2015 年	合计
上海港	货物（亿吨）	7.28	7.36	7.76	7.55	7.17	37.12
	其中集装箱（万 TEU）	3 174	3 253	3 362	3 528.53	3 653.7	16 971.23
连云港港	货物（万吨）	1.66	1.85	2.02	2.1	2.11	9.74
	其中集装箱（万 TEU）	485	502	549	501	501	2 538
苏州港	货物（亿吨）	3.80	4.28	4.54	4.79	5.4	22.81
	其中集装箱（万 TEU）	470	586	531	445	510.2	2 542.2
南通港	货物（亿吨）	1.73	1.85	2.05	2.2	2.21	10.04
	其中集装箱（万 TEU）	54	50	60	71.1	75.9	311
南京港	货物（亿吨）	1.89	1.92	2.02	2.1	2.14	10.07
	其中集装箱（万 TEU）	184	230	267	276.5	293	1 250.5

资料来源：根据《江苏统计年鉴》（2012—2016）、《上海统计年鉴》（2012—2016）中的数据整理而得。

从上面的上海港与江苏省几个较大型港口的实际货物吞吐量比较，可以看出上海港货物吞吐能力已经远远超出江苏省的各大港口，优势非常明显。

（三）国际货运、国际客运能力差距大

上海市在国内具有特殊的地位，是国内最大的集国际经济、金融、贸易和航运中心于一身的国际化大都市，国际化程度高。上海港现代化程度高，拥有宝山、张华浜、军工路、外高桥、共青、高阳、朱家门等 10 多个港区，实行了专业化分工，提高运输组织化水平，加快发展大宗货物和集装箱等的多式联运，推进完善陆海联运体系，拥有直达五大洲的多条海运航线，在 2015 年的航运货物量中 60％以上是国际物流；浦东机场、虹桥机场是全球最繁忙的国际机场，2015 年在 9 918.9 万人次的客运量中大约 32％是国际客运（见表 4.4）。江苏与上海相比，国际货运和国际客运能力差距就非常大。

表 4.4　2011—2015 年上海、江苏国际客运量比较　（单位：万人次）

省份	2011 年	2012 年	2013 年	2014 年	2015 年
上海	2 221.04	2 397.09	2 598.14	2 892.33	3 275.02
江苏	238.54	241.82	265.23	301.65	334.17

资料来源：根据《江苏统计年鉴》（2012—2016）、《上海统计年鉴》（2012—2016）中的数据整理而得。

(四) 城市公共交通水平差距明显

上海第一条轨道交通线路于1995年4月10日正式运营，截至2015年底，上海轨道交通共开通线路14条线路全网运营线路总长571公里，车站342座，公交专用道路达到161.8公里。2015年上海市内公共交通客运量达到78.54亿人次，其中，轨道交通客运量达到32.15亿人次。江苏的城市公交客运量远远不如上海，江苏拥有地铁的城市是南京、苏州、无锡、常州和徐州，南京市2015年完成公交客运量20.57亿人次，其中，地铁客运量为7.17亿人次，其他城市的数量就更少。

二、与广东省的交通运输能力比较

广东省地处中国大陆最南部，面积约为17.98万平方公里。东邻福建，北接江西、湖南，西连广西，南临南海，珠江三角洲东西两侧分别与香港、澳门特别行政区接壤，西南部雷州半岛隔琼州海峡与海南省相望。

(一) 客运、货运总量均处于劣势

广东是我国最早对外开放的省份之一，经济较为发达，交通运输条件较好。从全国来看，广东省是国内较早开始建设高速公路的省份，省内的第一条高速公路是1989年建成通车的广佛高速公路，随后陆续建设了广深高速、京珠高速，到2015年底，广东拥有高速公路的总里程达到7 021公里，长度居全国之首，各种公路通车里程21.60万公里；广东省铁路运营总里程达到3 915公里，城际轻轨约为2 176公里；广东的水运也十分发达，深圳港、珠海港和广州港等港口国内知名度较高。

与广东省相比，江苏省在公路总里程、高速公路通车里程、公路客货运量、铁路客货运量、水路客货运量和航空客货运量等指标方面，全面处于下风(见表4.5)。

表4.5　2015年江苏、广东两省的主要运输指标比较

省份	公路		铁路		水路		航空	
	货运(亿吨)	客运(亿人次)	货运(亿吨)	客运(亿人次)	货运(亿吨)	客运(万人次)	货运(万吨)	客运(万人次)
江苏省	18.58	26.8	0.73	1.52	7.07	498.3	51.3	3 057.3
广东省	28	16.80	1.009	2.65	7.809	2 728	148	9 988

资料来源：根据《江苏统计年鉴》(2016)、《广东统计年鉴》(2016)中的数据整理而得。

(二) 交通基础设施投资力度较小，建设相对较慢

从2005年广东省确立“重点完善交通基础设施、提高全省交通运输能力、提升全省现代物流也发展水平”的战略目标以后，对交通基础设施的投资开始提速，投资规模不断加大，投资重点指向高速公路、铁路、城际轻轨、机场和重点港口等重点领域。2011—2015年，广东省在交通基础设施方面的投资总额是同期江苏省的150.6%，使得广东省在交通基础设施方面能力全面领先于江苏省(见表4.6)。

表 4.6　2011—2015 年江苏省、广东省交通基础设施投资情况比较　（单位:亿元）

省份	2011 年	2012 年	2013 年	2014 年	2015 年	近 5 年总投资
江苏	1 175.8	1 383.1	1 676.3	2 163.3	1 855.2	8 253.7
广东	1 752.35	1 818.99	2 523.39	2 668.12	3 104.00	11 875.85

资料来源:根据《江苏统计年鉴》(2012—2016)、《广东统计年鉴》(2012—2016)中的数据整理而得。

（三）交通拥挤程度相对较好

截至 2015 年底,广东省民用汽车保有量 1 468.15 万辆,其中,私人汽车 1 293.51 万辆、大型客运车辆 17.22 万辆,甩挂运输车辆达到 15.31 万台,全省公交日均客运量 3 557 万人次,居全国第一。而江苏省民用汽车保有量 1 247.9 万辆,其中,私人汽车保有量 1 076.9 万辆、大型客运车辆 12.37 万辆,江苏省公交日均客运量 973.69 万人次。

交通拥堵指数是综合反映道路网交通运行状况的指标,是对交通拥堵在空间、时间、强度等方面特征的综合化、简单化描述。据统计,2015 年江苏省高速公路、国道的年平均拥挤度分别为 0.443 和 0.631,而广东省高速公路、国道的年平均拥挤度分别为 0.459 和 0.696。由此可见,广东省的交通拥挤程度超过了江苏省。

（四）大型港口综合能力差距明显

广东的水运业一直都较为发达,拥有深圳港、广州港、湛江港、汕头港和珠海港等 5 个货物吞吐量过亿吨的大型港口,2015 年广东全省规模以上港口完成货物吞吐量 17.11 亿吨,其中集装箱吞吐量 5 512.12 万标准箱(见表 4.7)。广东省开辟国际集装箱班轮航线超过 250 条,欧洲、北美市场继续巩固,东盟、南美、非洲等新兴市场港口合作不断加强。疏港公路、铁路等集疏运条件继续改善,港区公共基础设施统筹利用进一步强化,阳光引航工作加快推进,港口作业的现代化程度不断提高。

表 4.7　2015 年江苏、广东两省代表性港口吞吐量比较

类别	指标	江苏省		广东省	
		苏州港	连云港港	深圳港	广州港
吞吐量	总吞吐量(亿吨)	5.4	2.11	2.17	5.2
	其中集装箱吞吐量(万 TEU)	510.2	501	2 420.5	1 759

资料来源:根据《广州市统计年鉴》(2016)、《深圳市统计年鉴》(2016)中的数据整理而得。

三、与浙江省的交通运输能力比较

浙江省位于我国东部沿海,周边紧邻上海、江苏、安徽、江西和福建,经济发达,尤其民营经济更是国内首屈一指。交通运输属于较为发达省份,浙江境内水运资源丰富,尤其杭嘉湖地区水网密布、河流纵横,是我国内河水运最为发达的地区之一。

（一）客货运输总量占有一定优势,结构有待优化

对比浙江省,江苏省在公路、铁路和航空方面的总里程、客运量和货运量占有一定优势(见表 4.8)。2015 年,江苏的公路总里程为 15.9 万公里,浙江省的公路总里程为 11.7

万公里。但是江苏省在水路运输方面处于明显的劣势,水路客运量约为浙江省的八分之一,水路货运量约为浙江省的84.6%,在管道运输方面,无论是已经铺设管道的总里程,还是管道的油气运输量,江苏省也都居于劣势。可见,江苏的综合运输结构,有待于进一步优化,提高水路运输能力,才能更好地降低运输成本。

表4.8　2015年江苏、浙江两省主要运输指标比较

省份	公路		铁路		水路		航空	
	货运(亿吨)	客运(亿人次)	货运(亿吨)	客运(亿人次)	货运(亿吨)	客运(万人次)	货运(万吨)	客运(万人次)
江苏	18.58	26.8	0.73	1.52	7.07	498.3	51.3	3 057.3
浙江	12.25	22.21	0.33	1.32	7.48	3 846	35	4 521

资料来源:根据《江苏统计年鉴》(2016)、《浙江统计年鉴》(2016)中的数据整理而得。

(二)投资力度不足,发展速度较慢

从2005年开始,浙江省就高度重视交通基础设施的建设,"十一五"期间,浙江交通投资五年连续全国第一,累计投资达到3 035亿元,创下历史新高;而"十一五"的五年时间内,江苏省交通基础设施总投资约为2 000亿元,只有浙江省的三分之二。而对比两省的人口、国内生产总值,江苏省都远高于浙江省,只有财政收入略低于浙江省,由此可以看出,江苏省对交通基础设施的投资力度不够,造成交通运输行业发展速度较慢的现状(见表4.9)。

表4.9　2015年江苏省、浙江省社会指标比较

省份	人口(万人)	面积(平方公里)	人均GDP(元)	总财政收入(亿元)
江苏	7 965.29	102 600	87 995	8 028.6
浙江	5 539	105 500	77 644	8 549

资料来源:根据《江苏统计年鉴》(2016)、《浙江统计年鉴》(2016)中的数据整理而得。

(三)水路客运、货运能力有较大差距

浙江省于2010年就在全国率先实施港航强省战略,着力提高交通运输服务全省经济社会、带动经济转型和提升全省三产比重的能力,加大沿海港口和内河港口的投资力度,沿海港口万吨级以上深水泊位达到159个(不含洋山港区),浙江还成为全国首个交通物流业发展试验先行区,大型物流园区和A级物流企业数量均位居全国第一。2015年港口完成货物吞吐量13.8亿吨,比上年下降0.7%,其中,沿海港口完成11亿吨(宁波港完成货物吞吐量5.1亿吨),集装箱吞吐量突破2 000万标准箱,达2 062万标准箱,增长11.2%,增幅居国内主要港口首位。内河港口货物吞吐量完成2.8亿吨(见表4.10)。

2011年1月,国务院正式印发了"国务院关于加快长江等内河水运发展的意见",标志着加快长江等内河水运发展上升为国家战略,明确要求"利用10年左右的时间,建成畅通、高效、平安、绿色的现代化内河水运体系"。浙江省积极利用域内水网密布较好的自然条件,重点建设嘉兴内河港海宁、杭州港萧山、建德、桐乡、嘉善和平湖等港区,极大地提高

了浙江的内河能力。

表 4.10　2011—2015 年宁波港货物吞吐量、集装箱吞吐量

港口	指标	2011 年	2012 年	2013 年	2014 年	2015 年
宁波港	货物吞吐量(亿吨)	4.33	4.53	4.96	5.26	5.1
	其中集装箱(万 TEU)	1 451.24	1 567	1 677.4	1 870	1 982.4

资料来源：根据《宁波统计年鉴》(2012—2016)中的数据整理而得。

从表 4.10 可以看出，宁波港的货物吞吐量、集装箱吞吐量都超过江苏省最大港苏州港的货物吞吐量和集装箱吞吐量。

(四) 铁路、公路客货运输优势逐步缩小

由于地域面积较大和人口数量众多，江苏省与浙江省相比，在铁路、公路客货运输甚至航空运输方面都有较为明显的优势(见表 4.8)。但是从近五年的两省国民经济和社会发展统计公报分析可以看出，由于浙江省投资建设力度的不断加大，江苏省在铁路、公路和航空客货运输方面的优势逐步缩小。2011 年浙江省的公路货运量约为江苏省货运量的 48%，2015 年浙江省的公路货运量提升到江苏省的 60%以上；2011 年浙江省的铁路货运量约为江苏省货运量的 27%，2015 年浙江省的公路货运量提升到江苏省的 40%以上；2011 年浙江省的航空货运量约为江苏省的 42%，2015 年浙江省的公路货运量提升到江苏省的 68%。同时，浙江省在铁路、公路和航空客运方面也有较大幅度的提高，逐步缩小与江苏省客运数量的差距。

第五章　江苏交通运输发展方向与重点

到 2020 年,江苏交通运输发展总体上达到世界中等发达国家水平,有效支撑和保障江苏基本实现现代化进程。交通基础设施能力充分、结构合理、衔接顺畅,率先基本实现现代化。城乡居民出行更便捷、更公平,货运与现代物流业更具竞争力。信息化、智能化有效引领行业转型升级。交通运输治理能力显著提升,法治交通、安全发展和绿色发展深度融合于全过程各领域。改革与创新成为可持续发展的主要驱动力。到 2020 年,苏南地区基本实现交通运输现代化,区域交通协调发展进一步加强,苏中、苏北与苏南发展差距明显缩小。

一、江苏交通运输发展方向

紧紧围绕江苏率先基本实现现代化的目标要求,顺应人民群众安全便捷出行的新期待,适应产业结构调整、新型城镇化建设和生态文明建设对交通运输的新要求,合理确定发展目标。

(一) 进一步完善综合交通系统网络布局

到 2020 年,江苏交通运输系统力争建成"三纵三横"铁路干线主骨架,营业里程由 2015 年的 2 679.2 公里争取 2020 年增加到的 3 500 公里左右,时速 250 公里以上的电气化铁路可以通达省辖市,实现长江三角洲核心城市 1 小时通达、省会城市与省辖市 2 小时通达。城市轨道交通运营里程由 750 公里增加到 1 000 公里左右,南京城市轨道交通初步成网,苏州、无锡城市轨道交通主骨架初步形成。建成"两纵三横一网"干线航道网络,干线航道达标里程由 2 451 公里增加到 3 000 公里,达标率由 52%提升到 80%,三级以上航道通达全部省辖市。公路网总里程增加到 25 万公里左右,"五纵九横五联"高速公路网络基本形成,高速公路里程由 4 539.1 公里增加到 6 000 公里以上,实现重点经济开发区通高速,普通国省干线公路基本覆盖重点中心镇、省级以上经济开发区和主要交通节点,农村公路通达度、建设标准进一步提升。输油气主干管道总里程由 5 169.6 公里增加到 8 000 公里以上,油气管道的年输送能力达到 2 500 万吨。

综合交通通道全面覆盖主要产业聚合轴和城镇发展带,完善沿海、沿江、东陇海和沪宁四大国家级综合交通通道功能,积极推进沂淮扬镇、宁杭、宁连和徐宿淮盐四大省级通道建设,通道内客货运输有两种以上方式可供自由选择。煤炭、原油、矿石、集装箱等大宗物资运输通道能力充分、保障可靠。

(二) 重点打造综合交通枢纽

重点突出南京、连云港、徐州三大国家级枢纽建设,把南京打造成为面向亚太、辐射中西部的长江三角洲重要门户;充分发挥连云港新亚欧大陆桥东桥头堡功能,建成全国综合运输体系的海港枢纽;进一步发挥徐州沟通南北的门户作用,强化其国家铁路枢纽和主要内河港口地位。基本形成分工协作、功能完善的沿海、沿江港口群，全省港口年通过能力力争到2020年提升至25亿吨，其中，集装箱年通过能力提升至3 000万标箱；连云港港、太仓港两大集装箱干线港吞吐量分别由501万、300万标箱大幅提升至1 000万、800万标箱。铁路综合客运枢纽覆盖省辖市和部分重要县级城市。机场年旅客吞吐能力增加到5 600万人次、货物吞吐能力增加到120万吨，航空运输服务范围覆盖省内全部县级市和10万人口以上城镇，实现1.5小时车程内可享受到航空服务。在南京、无锡、淮安、南通和徐州建立5个快递集散基地（园区），建设快递处理中心（分拨中心）35处，增强快递处理和运输能力。

（三）构建便捷多样与通畅的公共出行服务体系

构建多样化的客运服务能够有效提升公众出行满意率。国际客运便捷覆盖75%的重要贸易国家和地区；城际客运充分满足多样化、个性化需求，铁路客运周转量占比提高至30%以上；城市公交网络完善、服务高效，乘坐便捷体面，城市公交出行分担率达到40%；一体化的城乡客运体系基本形成，镇村公交全覆盖。城镇化深入推进，社会主义新农村建设进入关键阶段，需要优化调整交通运输系统空间布局，合理、优化配置交通发展资源。首先，要求综合交通运输体系具备更加充足的客货运输保障能力，满足城际间、城乡间、城市内部不断增长的交通运输需求；其次，随着城市化进程加快和城镇化水平提高，城市规模不断扩大，要求切实加强城市交通基础设施体系的统筹规划、建设和管理，优先发展公共交通特别是城市轨道交通，有效防治“城市病”；第三，要提升城乡交通一体化水平，缩小城乡交通基本公共服务差距，实现基本交通服务均等化。

（四）进一步完善现代货运物流体系

货运与物流业转型发展取得重大进展，运输市场更加开放、更具活力、更加集约，综合运输能力明显增强，港口和航空物流功能充分发挥，先进的运输组织方式广泛应用。现代货运与现代物流业融合发展，成为江苏现代服务业的重要支撑和提升江苏综合竞争力的重要因素，水、铁货运周转量占比分别提高至75%和6%以上，社会物流总费用与GDP的比率下降至14%。货运和物流组织化程度明显提高，初步构建物流园区、物流中心和物流站点的三级交通物流基地框架。港口在现代物流中的功能显著增强，无水港建设、区港联动、电子口岸、多式联运、甩挂运输等得到快速发展。

（五）科技创新和信息、智能技术应用能力显著提升

发展现代化的交通运输体系，应该以企业为主体、市场为导向、产学研相结合的技术创新体系更加完善，交通运输设施、装备、管理等方面的创新能力大幅提升，关键工艺技术、高端产品、管理集成研发等取得重大突破，使得现代信息技术在交通运输各领域全过程深度融合，开放、兼容的现代交通运输信息网络基本建成，公众出行信息化智能化服务、货运与物流信息化和政务信息化水平显著提升。到2020年力争科技贡献率达到70%以上，省域范围实现公交一卡通，内河干线航道船闸ETC和沿海沿江港口EDI系统覆盖率达到100%，交通行政权力网上公开透明运行。

（六）交通运输治理能力进一步提高

交通运输行业核心价值体系基本建立，全社会交通运输文明素质普遍提高。依法行政水平和行政效率明显提高。安全成为交通运输发展的基础价值理念，安全监管能力显著增强，安全运营水平显著提升，江苏省年均万车死亡率下降到2人以下，水上一般等级以上事故发生率下降到0.3起/万艘次以下。绿色循环低碳的价值取向贯穿交通运输发展的全过程和各领域，单位周转量能源消耗和碳排放分别比2010年下降30%和25%，单位周转量土地利用率提升40%。

到2020年，江苏交通运输发展水平总体上达到当时世界发达国家水平，现代综合交通运输体系全面建成，发展的协调性、系统性和可持续性显著提升，将“安全出行、文明交通、现代化物流”落到实处。

二、江苏交通运输发展的重点

按照率先基本实现交通基础设施现代化，率先基本建成布局合理、功能完善、衔接畅通、安全高效的综合交通运输体系的要求，大力推进以铁路和轨道交通、水运(港口和航道)、机场为重点的新一轮基础设施建设，实现各种运输方式的集约发展、协调发展、绿色发展。突出综合交通大通道、大枢纽、大网络建设，提高主要运输通道能力和枢纽换乘(装)效率及辐射能力，全面提升交通网络化、一体化、公共化服务水平。

(一) 打造综合交通大通道

增强通道功能，提高保障通行能力，构建省际范围内交通路网体系，对接国家交通运输发展规划，重点建设沿海、沿江、东陇海和沪宁4个国家级综合交通大通道，加快建设沂淮扬镇、宁杭、宁连和徐宿淮盐4个省级综合交通通道，提升沪宁沿线的通道容量，科学利用长江黄金水道，是未来几年江苏构建综合交通大通道的重点。到2020年，基本形成纵贯南北、横贯东西的“四纵四横”综合交通大通道。

1. 强化国家级综合交通通道建设

构建沿海通道。充分发挥沿海土地、岸线和区位优势，加快完善交通基础设施建设，积极推进沿海地区产业带成长、城镇带发育，促进苏中、苏北跨越发展。重点打造沿海港口、水路和铁路运输，完善公路运输，建成适应沿海地区北煤南运、北粮南运以及原油等重要物资运输，连接环渤海地区与长江三角洲的运输大通道。利用港口资源丰富的优势，加快推进以连云港港为核心、盐城港和南通港为支撑的沿海港口群建设，加强与我国近、远洋运输网络的连接，壮大港口实力，增强辐射带动能力。加快提升连申线、盐河等航道等级，加强与重点港区相连的铁路支线建设。

强化沿江通道。充分发挥长江深水航道资源优势，进一步提高通道能力，提升通道功能，引导沿江产业带集聚发展和转型升级，增强对长江中上游地区的辐射带动作用。重点发展长江航运，完善其他运输方式，满足沿江地区原油、煤炭、铁矿石等大宗物资和集装箱运输需求。加快实施长江南京以下12.5米深水航道建设和主要港口扩能改造，积极推进沿江铁路干线建设和高速公路扩容。

完善东陇海通道。依托陇海铁路和连霍高速公路，完善通道运输功能，促进东陇海经济带建设，满足中西部地区出海运输的需求。重点发展铁路运输，推进客运专线铁路建设及铁路干线客货分线，提升通道能力。到2020年，通道客运能力达到1.6亿人/年、货运能力1.2亿吨/年，分别比2014年提升10%和5%。

提升沪宁通道。依托沪宁城际铁路和高速公路，进一步优化运输结构，提升运输效率和通过能力，促进高新技术产业带和现代服务业密集带建设。重点提升铁路、水路运输能力，完善其他运输方式，形成上海及苏南地区与中西部、北部地区联系的畅通高效的客货运输大通道。加快建设高速铁路、城际铁路，进一步推动铁路客货分线，提升铁路通道运输能力。以推动国家水运主通道京杭运河全线达标为重点，提升干线航道等级。

2. 完善省级综合交通通道建设

建设沂淮扬镇通道。发挥长江三角洲北翼南北向交通通道功能，引导产业集聚，促进区域协调发展。重点发展铁路，完善其他运输方式，加快构筑贯通江苏省中部的综合运输大通道，满足长江三角洲地区与我国北部地区大宗物资和长距离过境旅客的运输需求。加快推进铁路、高速公路过江设施建设，服务过江出行需求。推动淮安经扬州至镇江铁路建设、新长铁路新沂至淮安段扩能改造工程。推动国家高速公路扩容，提升通道运输能力。

建设宁杭通道。发挥长江三角洲核心区城际联系交通通道功能，提升沿线交通区位优势，形成对国家级交通通道的补充和完善。重点发展铁路，加快长江三角洲城际轨道网建设，沟通南京、杭州两大国家级综合交通枢纽。

建设宁连通道。发挥南京都市圈与苏中、苏北地区联系的交通通道功能。重点发展铁路，进一步增强通道能力建设，加强南京、连云港两大国家级综合交通枢纽的沟通。推动连淮扬镇铁路连云港至淮安段建设，加快打通沿海桥头堡与苏北腹地快速铁路联系。

建设徐宿淮盐通道。发挥苏北地区东西向联系的交通通道功能，拓展沿海港口群辐射范围。加快发展铁路和港口集疏运设施，初步形成一条新的由中西部地区通往沿海的运输通道。建成宿淮铁路煤运通道，推动徐宿淮盐铁路徐州至宿迁段建设，开工建设新长铁路淮安至盐城段扩能改造、大丰港疏港铁路、疏港高速公路。

3. 增建过江通道，缓解过江交通压力

随着南北社会经济的发展，社会公路运输车辆越来越多，私家车呈现爆发式增长，近五年来仅仅是江苏省的各种车辆就增加了 2.2 倍，同时其他各省的车辆也在大幅度增加，车辆过江的需求越来越多。以 2015 年为例，已经过去的春节、清明节、“五一”小长假和“十一”长假期间，在江苏省境内的南京二桥、三桥、四桥、江阴大桥和苏通大桥等所有通道都非常拥挤，有时短短几公里的长江需要 8 个小时才能通过，节庆期间过江通道成了国内外关注的堵点。尽快增建过江通道，缓解过江交通压力，成了急需解决的重大问题。因此，必须尽快建设多条过江通道，包括过江大桥和过江隧道。

（二）打造健全的综合交通网络体系

以扩大能力、提高效率为重点，继续拓展交通网络规模，优化完善网络结构，进一步提高系统供给能力；整合交通资源，充分发挥综合交通整体优势，缩小区域间交通发展差距，全面提升交通运输的系统效率和服务水平。

1. 优化完善公路网络体系

积极策应沿海开发和长江三角洲一体化战略，提升区域公路网覆盖范围与通达程度，重点实施全省干线公路网、过江通道、高速公路网完善及主骨架扩容工程建设，加强路网衔接，推进农村公路建设。

高速公路。着力推进高速公路主骨架扩容，消除通道瓶颈，提高通行能力和可靠性，建成江苏境内所有国家高速公路，基本建成省际高速公路，全面覆盖省内所有县级以上经济节点。到2020年,需新增高速公路里程约2 000公里,预期投资2 000亿元。高速公路网运输周转能力比2014年提升40%左右。

干线公路。围绕服务区域协调发展、城乡一体化、交通场站枢纽,加快推进干线公路建设改造。重点优化沿海地区干线公路网络,构建临海高等级公路通道,加强干线公路与城市主要道路的衔接,加快建设通达县、乡、经济节点和客货运枢纽的高等级干线公路。到2020年,规划建设普通国省干线公路10 000公里,预期投资1 500亿元。规划建设各类路网连接公路约2 000公里,预期投资400亿元。干线公路网运输周转能力比2015年提升40%左右。

农村公路。服务社会主义新农村建设,进一步改善农村交通条件,保障生产生活要素在城乡之间自由流动,加快实施农村公路危桥改造、城乡客运配套、安保设施完善、农村经济社会节点通达"四大工程"。到2020年,新改建和完善农村公路4万公里,新改建农村公路桥梁8 000座以上,预期投资400亿元。农村公路网运输周转能力比2014年提升30%左右。

2. 进一步加快铁路网和轨道交通建设

积极推进铁路建设,重点建设江北铁路网、铁路过江通道和全线贯通我省南北的沿海铁路大通道。以繁忙干线客货分线为目标,全面提升京沪、陇海两大国家级铁路通道运输能力。以服务长江三角洲一体化为目标,构筑完善铁路干线网。以保障大宗物资运输、推动沿海港口发展为目标,积极构筑全省铁路货运系统。到2020年,新增铁路运营里程约1 500公里,总里程达4 300公里左右,预期投资1 500亿元左右,力争建成"三纵三横"铁路干线主骨架,构建到上海、杭州、合肥等周边重点城市的快速通道,路网运输周转能力比2015年提升40%左右。

城市轨道和城际轨道。推动江苏省经济发达城市内部的轨道交通建设,构建高品质公共交通网络,有效应对日益增长的城市交通拥堵压力,提高居民出行效率。加快南京、苏州、无锡等城市轨道交通骨干线网建设,积极推进徐州、常州、南通等城市轨道交通规划和建设,鼓励其他有条件的城市开展城市轨道前期研究,做好规划预留和控制。到2020年,江苏省城市轨道交通新增运营里程约300公里,总规模达1 000公里左右,预期投资3 000亿元左右。积极推动南京都市圈、苏锡常都市圈和其他有条件地区的城际轨道交通建设。

3. 大力推进内河高等级航道网建设

抓住内河水运发展上升为国家战略的重大机遇,深入贯彻落实国家加快水运发展的意见。稳步推进碍航桥梁改造,提升船闸通过能力,逐步消除碍航瓶颈。加快长江三角洲高等级航道网建设步伐,基本建成长江南京以下12.5米深水航道工程,国家水运主通道京杭运河全线达标,推进苏南高等级航道网建设,全面提升主要通江口门航道等级,加强沿海港口疏港航道建设,加快省际航道建设。到2020年,新增达标里程1 500公里,基本建成"两纵三横一网"航道主骨架,预期投资1 000亿元,高等级航道网运输周转能力比2015年提升40%左右。

4. 着力推进机场建设

苏中江都机场建成通航,完成机场布局。南京禄口、无锡硕放等机场的改扩建工程完工，全省机场年旅客吞吐能力达到 4 800 万人次，货邮吞吐能力达到 120 万吨。① 南京禄口机场完成二期工程建设，新建第二跑道和第二航站楼，机场吞吐能力达到旅客 3 600 万人次，货邮 80 万吨。② 无锡硕放机场完成总体改扩建，扩建航站区和航空货站，机场吞吐能力达到旅客 800 万人次，货邮 30 万吨。③ 连云港机场完成航站区扩建工程，完成新机场选址、可行性研究工作，适时迁建连云港机场。④ 徐州机场完成二期总体改扩建工程。⑤ 常州机场完成飞行区扩建工程。⑥ 南通机场完成飞行区、航站区扩建等工程。⑦ 盐城机场完成飞行区扩建工程，开展新机场选址工作，为适时迁建机场创造条件。⑧ 淮安机场开展飞行区、航站区扩建工程。

5. 进一步强化油气管网建设

积极引入油、气资源，强化储运基础设施建设，提高安全、稳定的油、气供给能力。

石油输送管网。结合炼化一体化基地和石油储备基地布局与建设，以大型石化码头为支撑，建成覆盖主要炼厂和地区的原油、成品油输送管网，到 2020 年，新增原油管道 1 500 公里，力争 100%原油实现管道输送；新增成品油管道 4 000 公里，力争 85%以上成品油一次运输实现管道输送。

天然气管网。利用沿海地区港口条件，加快推进如东、连云港、滨海等地 LNG(液化天然气)项目，建设沿海天然气接收储备基地，强化配套管网建设。结合国家"西气东输"、"川气东送"等工程，布局建设江南、江北"两片互联、片内互通"的主干管网输送体系，以及通达县城、重要用户的天然气支线，形成多气源、多形式的供气格局。

(三) 推进综合交通枢纽建设

按照"无缝化衔接"的要求，以强化衔接为核心，重点推进南京、连云港、徐州 3 个国家级枢纽城市的综合交通枢纽建设，加快推进一批省级综合交通枢纽建设，同步配套建设枢纽集疏运设施。客运枢纽注重与城市交通系统形成便捷、顺畅的有机整体。货运枢纽重点建立和完善能力匹配的铁路、公路、水运集疏运系统，实现货物运输的无缝衔接。

1. 重点打造国家级综合交通枢纽

依托南京、连云港、徐州 3 个国家级枢纽城市，围绕衔接综合交通大通道的重要港口、车站、机场建设综合交通枢纽，实现跨区域客流和物流的便捷中转、无缝衔接，充分发挥国家级综合交通枢纽的作用和影响。

南京枢纽。积极发展铁路、水运、公路、航空综合交通，加快国际机场、特大型铁路枢纽站、江海中转枢纽港建设，完善其服务长江流域的大宗散货江海联运，以及服务长江三角洲地区北部及其周边地区的国际物流功能，建成江海陆空综合运输枢纽和物流中心。重点实施禄口国际机场国际化发展战略，提升机场功能，形成国家大型枢纽机场、航空快件集散中心、上海机场主要备降机场，年吞吐能力超过 3 600 万人次；将南京南站建设成为亚洲最大的铁路客运枢纽站之一；加快南京港建设，提升航运物流中心功能，新增货物年通过能力 5 000 万吨，新增集装箱年通过能力 120 万标箱。

连云港枢纽。加快连云港港建设，充分发挥新亚欧大陆桥东桥头堡功能和优良的港口资源优势，带动苏北地区产业集聚发展，把连云港港建设成为国家沿海主要港口、上海国际航运中心北翼重要组成部分、全国综合运输体系的重要枢纽。重点推进连云港港核心港区开发和大型专业化深水码头建设，新增货物年通过能力 7 500 万吨，新增集装箱年通过能力 300 万标箱。加快进港深水航道、防波堤等港口公共基础设施建设,进一步提升沿海基础设施支撑能力,带动沿海地区产业发展。

徐州枢纽。完善徐州铁路、公路枢纽功能,充分发挥徐州港及观音机场的功能和作用,加快建设铁路、水运、公路、航空联运的综合性运输枢纽和区域物流中心,发挥沟通南北的门户作用。重点建设衔接京沪、郑徐两大国家客运专线主骨架的徐州东站客运枢纽;加快推进国家级内河港建设,新增货物年通过能力 2 500 万吨,进一步提升徐州港煤炭运输专业化、集约化、机械化水平,为“北煤南运”服务,增强徐州地区的水路外运能力。

2. 进一步完善省级综合交通枢纽

突出重点,提高服务能力和水平,加快建设苏州、无锡、常州、镇江、扬州、泰州、南通、盐城、淮安、宿迁、海安、昆山等一批省级综合交通枢纽,进一步增强区域经济竞争力。

重点加强南通、盐城等沿海城市专业化深水码头泊位和进出港航道建设。积极推进苏州、无锡、镇江等沿江城市港口大型化、专业化、规模化发展。重点推动以太仓集装箱干线港为龙头的沿江港口功能升级,促进集装箱向太仓港集聚;着力优化镇江港、无锡港港口结构,推进港口错位发展。

徐州、无锡等有条件的城市进一步扩大主要机场吞吐能力,积极推进大容量的陆地交通方式与机场衔接,提升机场综合竞争力,打造现代化、立体化机场综合枢纽。重点建设苏南硕放机场成为区域枢纽机场、苏南地区对外开放的门户机场、上海大型复合枢纽机场的重要组成部分。以铁路站为重点,整合高速铁路、城际铁路沿线城市公路客运站、城市轨道站、公交站建设,完善集疏运设施,同步建设一批零换乘、综合性、立体化铁路综合客运枢纽。

(四) 构筑便捷多样的公共出行服务体系

着力推进城乡居民出行基本公共服务均等化,加快构建多方式可选、多层次融合、全过程连贯的一体化客运换乘体系,引导客运结构优化升级,努力实现国际客运便捷化、城际客运多样化,提升城市公交和农村客运服务水平。

1. 优先发展城市公交体系

实施公交优先发展战略,统筹城市发展和交通发展,倡导公交引导城市集约用地的发展模式,切实提高城市公交的通达性、可靠性、便捷性和舒适性。

完善公交网络。南京、苏锡常和徐州都市圈核心城市加快建立以轨道交通为主骨架、常规公交为主体、其他公交方式为补充的城市公共交通网络;鼓励有条件的城市因地制宜发展以快速公交系统(BRT)、有轨电车等为骨架、常规公交为主体、其他公交方式为补充的城市公共交通网络;中小城市发展多种形式的特色公共交通。

提升公交服务水平。开展“公交都市”、“公交优先示范城市”示范工程建设,着力提升公交保障能力和服务水平。推进特大城市、大城市和其他有条件的城市公交专用道成网并推行优先通行措施。加大公交运力投放,提升调度运营水平,改进公交信息服务,提升准点率。加快公交车辆更新换代,提高乘坐的舒适性。落实财政责任,推进差别化票价政策。鼓励绿色出行、文明出行,引导私人机动化出行向公交出行转移。确保场站设施用地供应,鼓励公共交通场站设施用地综合开发。

发展多元化的公交服务。发展商务快线、旅游专线、大站快车、社区接驳公交、高峰通勤班车、定制公交等特色公共交通服务。合理控制城市出租汽车规模，引导城市出租汽车行业有序发展。鼓励汽车租赁业规模化、连锁化发展和跨地区协作。积极发展公共自行车，多措并举解决城市中短距离出行和公交“最后一公里”的无缝对接。尊重慢行空间，重视慢行交通系统的规划和建设。

2. 进一步完善城乡客运服务体系

根据新型城镇化、城乡发展一体化和新农村建设需求，构建符合江苏城乡空间特征的农村客运体系，以公交基本公共交通服务为导向，提升农村客运均等化服务水平。

发展宜居便行的小城镇客运。适应中小城镇居民出行量质齐升的特点，结合区域交通网络、枢纽及换乘节点布局，进一步发展毗邻镇区间公交化客运班线。结合小城镇休闲旅游和乡村旅游，发展慢行客运网络，为建设宜居家园提供出行便利。合理规划小城镇内部公共交通服务系统，重视慢行交通、静态交通设施的规划和配置，避免小城镇交通拥堵。

推进城镇客运班线公交化运营。适应县(市、区)城与乡镇间居民出行需求，结合实际出行特征配置运力，推动城镇客运班线公司化改造和公交化运行，实现城镇客运班线与城市公交、镇村公交的紧密对接。

提升镇村公交服务水平。结合新型城镇化和城乡发展一体化趋势，构建镇村公交网络，使农村居民乘车单次出行直达乡镇，一次换乘到达县(市、区)城。形成布局合理、功能兼备、衔接顺畅的镇村公交基础设施系统，打造线路优化、层次互配、网络全覆盖的镇村公交线网运行系统，构建优质安全、便捷经济的镇村公交运营服务系统。

开放客运服务。打破条块分割的行政壁垒，推动区域及城市交通资源整合，促进城乡客运融入区域交通一体化体系，促进城市公交拓展、毗邻区域公交对开，实现省内跨行政区公交出行顺畅便捷。

(五) 构建一体化的现代货运物流体系

1. 积极推进货运服务系统建设

构筑能源物资运输系统。充分挖掘铁路和港口能力，依托京沪铁路、陇海铁路、宿淮铁路，长江干线航道、京杭运河以及连云港港、徐州港等发展铁海联运、铁水中转和江河联运的煤炭运输系统，大幅提高煤炭运输能力；结合沿海大型储煤基地布局，加强集疏运设施建设，改善煤炭运输条件；加快沿海大型原油码头、LNG 接收站建设，进一步完善油气管道输送网，积极发展以管道—沿海联运和管道—长江联运等为主的原油、成品油运输系统。进一步完善能源物资运输机制，保障特殊情况与紧急状态下的运输需要，确保经济和国防安全。

打造集装箱国际运输系统。完善以连云港港和苏州太仓港为干线港，南京港、镇江港、南通港为支线港，其他港口为喂给港的集装箱运输系统；着力推进港口国际物流业务发展，打造连云港新亚欧大陆桥国际航运中心功能集聚区，开辟集装箱国际远洋运输航线；依托连云港、太仓、南京、江阴等保税物流中心和张家港保税港区，加快连云港保税港区建设，深入推进区港联动、港企合作；加强与国内外知名船公司的战略合作，重点开辟至欧美国际直达航线。

2. 推动货运组织方式的现代化

引导企业实施甩挂运输方式。组织实施甩挂运输试点工程，可以显著提高全省甩挂运输发展水平。鼓励运输企业积极发展甩挂运输,鼓励企业优化运力配置,合理提高拖挂比,加强区域性甩挂作业站场建设,建立健全相关标准规范,积极培育挂车租赁市场。

鼓励实施多式联运。实施多式联运推进工程,有效降低物流成本。加快推进苏南、苏北水网地区江海河联运工程,实现沿海、沿江与内河港口之间的有效对接;加快延伸至核心港区的铁路专用线建设,大力推进公路、铁路、水运联运的发展。

鼓励企业技术装备现代化。通过组织实施运输装备优化工程,积极应对运输需求变化。引导营运车辆优化升级,实施营运客车类型划分和等级标准评定,鼓励发展大中型高档客车,大力发展适应农村客运的安全、适用、经济型客车;逐步扩大厢式车、集装箱车及各类专用货车的比例。推动内河船舶标准化、专业化、系列化发展,鼓励使用集装箱船和滚装、成品油、液化气等专业化船舶。推动城乡客运车辆、重点船舶、规模以上货运企业车辆全部配备卫星定位系统,推广 AIS(船舶自动识别系统)和 RFID(射频识别)在船舶中的应用。

(六) 全面提升技术装备和运输服务水平

1. 促进营运车辆优化升级

综合运用法律法规、行政许可和资金引导等手段,提高客运装备水平。继续实施营运客车类型划分和等级评定标准,鼓励发展大中型高档客车,中高级班车和旅游客车占营运客车比例达到 75%以上,大力发展适合农村客运的安全、适用、经济型乡村客车。厢式车、集装箱车及各类专用货车比例达到 35%以上。

2. 逐步提高智能化水平

客、货车辆与现代运输组织的适应性进一步增强,厢式车、集装箱车及各类专用车比率达到 35%以上。船舶与航道、港口发展的适应性进一步增强,长江干线、京杭运河船型标准化率达到 70%,内河货运船舶船型标准化率达到 50%。营业性客车、危化品运输车辆、500 吨级以上营业性船舶全部配备卫星定位系统。铁路电气化率达到 80%。建立准入机制,推动城乡客运车辆、重点船舶、规模以上货运企业车辆全部配备卫星定位系统,研究 AIS 和 RFID 在船舶中的应用并加以推广。

3. 提高公共服务的信息化应用水平

整合公共交通、民航、铁路、公路等各种客运交通方式的信息资源,完善“江苏出行网”。全面推广城市公交 IC 卡“一卡通”,逐步实现城市公交与农村客运 IC 卡“一卡通”,争取实现市域联网、区域联网。道路客运联网售票系统拓展至所有乡镇客运站,力争实现公铁客运联网售票。加强交通服务热线和交通广播网服务功能的完善和提升。加快不停车收费系统(ETC)专用车道建设和用户发展。加快城市公共交通智能信息系统建设和出租汽车服务管理信息系统建设。建立省级卫星定位系统数据交换中心,逐步实现省市县数据共享。

(七) 加强交通资源的节约和环境保护

加大节能减排力度,切实推进绿色交通系统建设,节约社会资源,全面提高综合交通运输体系可持续发展能力和水平。

1. 大力推进资源节约集约化利用

以节能减排为重点,建设以低碳为特征的综合交通运输系统,提高资源利用效率。优先发展水路、轨道、公交等低耗高效的资源节约型运输方式。在交通运输建设、运营、养护等各环节集约利用土地、线位、岸线、空域等资源，提高资源的综合利用水平。统筹利用综合运输通道线位资源和运输枢纽资源，协调通道内各种运输方式的线位走向和技术标准，促进各种运输方式在枢纽节点的有效整合，提高枢纽建设对土地资源的利用率。积极探索交通运输资源循环利用的发展模式，完善相关标准规范和评价指标体系，提高交通废旧物资循环再利用水平。推广节能新技术、新工艺、新材料、新装备在交通工程建设、养护领域中的应用。建立健全能耗统计、监测、考核和节能激励机制。

2. 进一步加强生态环境保护

增强环境保护意识，促进交通运输与生态环境协调发展。加强交通设施施工和运营过程中的污染治理，优化工程设计，改善工艺设备，确保污染物达标排放。推动运输装备节能减排，加快船型标准化工作，鼓励使用低排放车辆，推广电动车辆、燃气车辆等新能源车辆在城市公交和镇村公交中的使用。强化对营运车船定期监督、检查和维修，严格控制和减少营运车辆的污染排放。加强环境影响动态监测，建立健全污染事故应急响应机制，注重对重要生态功能保护区，特别是国家级自然保护区、饮用水源保护区的保护。坚决落实国家有关规定，严格执行环境影响评价制度，认真做好各类交通项目的环评工作。

参考文献

[1] 江苏统计局. 江苏统计年鉴(2011—2015)[EB/OL]. http://www.jssb.gov.cn/,2011—2015.
[2] 上海统计局. 上海统计年鉴(2011—2015)[EB/OL]. http://www.stats-sh.gov.cn/,2011—2015.
[3] 广东统计局. 广东统计年鉴(2011—2015)[EB/OL]. http://www.gdstats.gov.cn/,2011—2015.
[4] 浙江统计局. 浙江统计年鉴(2011—2015)[EB/OL]. http://www.zj.stats.gov.cn/,2011—2015.
[5] 2015 年南京市国民经济和社会发展统计公报
[6] 2015 年镇江国民经济和社会发展统计公报
[7] 2015 年常州市国民经济和社会发展统计公报
[8] 2015 年苏州市国民经济和社会发展统计公报
[9] 2015 年无锡市国民经济和社会发展统计公报
[10] 2015 年南通市国民经济和社会发展统计公报
[11] 2015 年扬州市国民经济和社会发展统计公报
[12] 2015 年泰州市国民经济和社会发展统计公报
[13] 2015 年徐州市国民经济和社会发展统计公报
[14] 2015 年盐城市国民经济和社会发展统计公报
[15] 2015 年连云港国民经济和社会发展统计公报
[16] 2015 年宿迁市国民经济和社会发展统计公报
[17] 2015 年淮安市国民经济和社会发展统计公报
[18] 2015 年深圳市国民经济和社会发展统计公报
[19] 2015 年广州市国民经济和社会发展统计公报
[20] 2015 年宁波市国民经济和社会发展统计公报
[21] 2015 年上海市国民经济和社会发展统计公报
[22] 江苏省交通运输厅. 江苏交通“十二五”发展规划纲要[EB/OL]. http://www.jiangsu.gov.cn/jsgov/tj/jtyst/201212/t20121207_300178.html,2014-04-11.

[23] 江苏省人民政府. 江苏省“十二五”综合交通运输体系发展规划[EB/OL]. http://wenku. baidu. com/link? url=hT5goCfSmeYy9XjuAQpnVcfHj_xIGYb0FdZPnThJsqOFl69eLnv0z4I5h06G9xXQIAssskdCt0Key-fbKJ_jY3vYiayi1NF6gZD-FKtAZgG,2012-07-19.

[24] 江苏省人民政府. 江苏交通运输现代化规划纲要(2014—2020年)[EB/OL]. http://www. jiangsu. gov. cn/jsgov/tj/bgt/201407/t20140703_449273. html,2014-06-16.

技术篇

第一章　江苏物联网技术发展及应用概况

“十二五”期间，我国经济发展进入新常态，经济增速放缓，结构调整加快，经济下行压力不断加大，但是物流行业仍然保持中高速增长。2015 年，我国社会物流总额达到 220 万亿元，“十二五”期间年均增长 8.7%，社会物流总费用与 GDP 的比率约为 15%左右，明显低于 2010 年 17.8%的水平，物流运行效率较“十一五”期间有明显提升，这离不开物流技术的快速进步。“十二五”期间，物联网、云计算、大数据等新兴技术在物流行业得到广泛推广应用，给物流行业的发展带来巨大变化。嵌入物联网技术的物流设施设备不断普及，车联网技术从传统的车辆定位向车队管理、车辆维修、智能调度、金融服务延伸；云计算服务为广大中小物流企业信息化建设带来福音；大数据分析帮助快递企业预测运力需求，缓解了“双 11”等高峰时期的“爆仓”问题。2015 年，由菜鸟网络牵头，国内主流快递企业全部普及使用电子面单，快递基础业务的信息化管理水平得到进一步提升。总体来看，以物联网为代表的新兴技术正在不断向传统物流行业加速渗透，促进物流业管理方式向智能化、精细化、网络化方向转变。

物联网是把所有物品通过射频识别、近距离无线通讯技术、传感器等技术与设备通过互网连接起来，实现智能化识别和管理的一种网络，是新一代信息技术的高度集成和综合运用，推进物联网的应用和发展，对于提高物流信息化水平，推动物流业结构调整和发展方式转变具有重要意义。《国家中长期科技发展规划纲要(2006—2020)》在重大专项、优先主题、前沿技术三个层面对物联网相关内容进行了部署。在 2016 年的政府工作报告中，我国明确提出将推动物联网技术的广泛应用列入“十三五”发展规划。因此，本章将重点围绕江苏省物联网产业的发展情况，介绍现代物流技术在江苏物流业中的应用现状和发展趋势。

一、江苏省物联网产业发展概况

江苏省是国内物联网产业起步较早和相对集中的地区，在产业集聚、技术标准、市场应用、研发资源等方面具有明显优势。近几年来，在江苏省委、省政府的重点支持和强力推动下，全省物联网产业创新呈现良好发展态势，形成了较为完善的物联网产业链，在硬件产品制造、软件开发、系统集成、运营服务等各环节已拥有以国睿集团、美新半导体、南瑞集团、三宝科技、熊猫电子、中兴软创、华为技术、华东科技、双桥传感器、江苏中矿智慧物联网等为代表的一批骨干企业。

“十二五”期间，江苏省物联网产业规模从 2010 年的 810 亿元快速增长至 2015 年的超过 3 000 亿元，年复合增长率超过 30%，重点打造了以无锡为核心、苏州和南京为支撑“一体两翼多元联动发展”的全省物联网产业布局，物联网技术和产业已步入发展快车道，总体规模国内领先、产业特色鲜明、企业竞争力不断增强，并在一些核心关键领域取得了突破,物联网应用示范项目已达160多个,涵盖经济社会发展各领域,继续保持全国领先地位①。江苏省物联网产业主要有以下六个特点。

(一)一体两翼,产业集群差异化发展

“十二五”期间,江苏省基本形成以无锡为核心、苏州和南京为支撑的“一体两翼”的全省物联网产业布局,三大集群内产业规模占全省的比重达到75%以上。江苏省同时布局建设了无锡太科园物联网系统、苏州工业园区融合通信、昆山周庄传感器件、南京徐庄物联网器件软件等7个优势明显、各具特色的省级物联网产业基地。此外,根据各地市的具体情况,苏北、苏中地区打造了矿山物联网、医疗物联网等一批专业化的行业应用产品与服务。全省在传感器、集成电路、无线通信、智能控制、软件和信息服务业等物联网产业支撑领域集聚优势逐渐形成②。

(二)依托科研院所,创新平台布局完善

“十二五”期间,江苏省围绕物联网产业技术创新加快布局,依托与中科院共建的中国物联网发展中心瞄准物联网产业链研发薄弱环节,在无锡建设了以MEMS器件设计加工、感知终端集成封装、系统与芯片设计验证测试、物联网软件开发评测、应用示范验证评测和物联网知识产权服务等为内容的产学研联合创新服务平台,其中MEMS设计加工平台得到国家重大专项2亿多元资金支持。全省围绕物联网产业链发展要求已布局建设重点实验室、工程技术研究中心、公共技术服务平台,以及产业研究院、企业研究院和企业院士工作站等各类科技基础设施50多个,基本涵盖了物联网的各个创新与服务环节。其中,依托无锡物联网研究院建设的传感网工程技术研究中心和南京三宝建设的射频识别工程技术研究中心被批准为国家工程技术研究中心;依托南京农业大学建设的信息农业重点实验室被批准为国家工程研究中心;依托中国矿业大学建设的感知矿山物联网工程研究中心和江苏长电科技股份有限公司建设的集成电路封装工程技术研究中心被批准为国家工程实验室。

(三)产学研相结合,创新力量不断增强

江苏省东南大学、南京大学、南京理工大学、南京信息工程大学、南京邮电大学、江南大学、中国矿业大学等高校积极整合资源,分别建立物联网研究开发机构。以无锡为核心,省政府与中科院共建的“中国物联网研究发展中心”,吸引中科院系统与物联网相关的中科院微电子所、中科院上海微系统所等研究机构进驻无锡;中国电子科技集团公司整合集团与传感网有关的6个研究所的研发力量,在无锡建立了中国物联网创新研发中心。此外,还引入北京大学、清华大学、北京邮电大学、上海交通大学、成都电子科技大学等国内十多所国内在传感网领域有较强科研能力的高校到江苏省建设物联网研究开发机构。中国移动、中国电信、中国联通以及国家广电总局等也在江苏省设立物联网技术实验室、物联网研究院或物联网应用和推广中心等,进行传感网与通信网的融合研究和应用研究。

---

① 民进江苏省委.关于大力推进我省物联网产业发展的建议[EB/OL]. http://www.jsmj.org.cn/zt/2016jslh/jyxc/201601/t2635158.shtml,2016-01-21.

② 新华网.推进六项工作 夯实江苏物联网产业领先地位[EB/OL]. http://www.js.xinhuanet.com/2014-06/16/c_1111157540_2.htm,2014-06-16.

目前，全省开展物联网研究开发的机构有100家左右，研发人员超过1万人，其中50%以上的研发机构、40%左右的研发人员集中在无锡。

（四）研发与应用并重，自主创新能力持续提升

"十二五"期间，江苏省通过基础研究、科技支撑、产学研合作和科技成果转化等各类科技计划启动了一批物联网创新和示范项目，覆盖物联网射频识别技术、传感器技术、芯片技术、通信技术、网络技术、智能嵌入技术等，累计安排资助经费10多亿元，带动社会投入超过150亿元，突破了核心芯片、通信协议、协同处理、智能控制等一批关键技术，并实现产业化应用；推动技术标准建设，在传感器网络接口、传感器网络与通信网融合、物联网体系架构等方面标准研究取得重大进展。据初步统计，由江苏省起草制定的国际标准已达近20项，国家标准和行业标准共计60余项。例如，无锡物联网研究院刘海涛团队完成的"共性平台＋应用子集"产业模式研究成果已被国际标准化组织全面采纳，成为推动物联网规模产业化的关键技术之一。

"十二五"期间，江苏省在物联网技术应用方面也取得了积极进展。在物流领域，物联网技术被广泛推广到物品仓储、运输、监测等多个环节；在交通领域，物联网技术多维度融入交通路网监测、车辆管理和调度、ETC不停车收费项目；在安防领域，物联网技术在视频监控、周界防入侵、重要设施健康监测方面应用效果显著。

（五）重点培育，骨干企业加速成长

江苏省通过实施"十百千亿"企业培育计划，采取"一企一策"重点培育，在物联网产业链各个环节形成了一批骨干企业，对全省物联网产业发展构成了有力支撑。其中，无锡美新半导体、昆山双桥的MEMS传感器技术国内领先；南瑞集团、中兴软创、联创科技在物联网软件领域优势明显；三宝科技、感知物联网集团、中兴智能交通、国睿集团的物联网系统集成应用在国内有一定的行业影响力；中国电信、中国移动等运营商依托面向公众服务的规模化应用形成了较强的竞争力。同时，江苏省还涌现出了一批专业的物联网技术应用公司。例如，江苏天泽公司提供车辆运行管理信息服务及配套软硬件，对全国90%工程挖掘车辆实现运程监控和调度；观为公司为石化、煤炭、电力等行业企业在线提供设备健康体检服务。

（六）稳步发展，无锡物联网优势领先全省

作为我国唯一的国家传感网创新示范区，无锡在全国和江苏省物联网发展大局中起着重要的引领和示范作用。经过"十二五"期间的建设和发展，各类资源要素加速集聚，创新成果持续涌现，产业规模不断壮大，应用水平显著提升，品牌形象日益彰显。无锡物联网技术创新与示范应用的广度和深度不断拓展，形成了覆盖信息感知、网络通信、处理应用、共性平台、基础支撑等五大架构层面的物联网产业体系，在物联网技术研发、应用推广、产业发展等多方面形成了国内领先优势，进一步夯实了物联网高地的地位。目前，由无锡企事业单位起草制定的国际标准达14项，国家标准14项，行业标准19项，另有67项物联网国际标准化提案获得通过；应用项目已推广到17个国家和地区、200多座城市。

二、物联网技术在江苏省物流业的应用及影响

"十二五"期间，随着物联网、云计算、大数据、移动互联网等现代信息技术在江苏省物

流领域的深入应用,现实物理世界的物流实体运作与网上虚拟的物流信息开始了全方位融合,江苏省现代物流业已经进入新的发展阶段。各类物联网技术广泛应用于全省物流业各个领域,涵盖了江苏省物流的生产、运输、流通和监管等各个环节,直接推动全省物流行业走向集约化、智慧化、智能化。

(一) 江苏省物流业常用的物联网技术

"十二五"期间,基于RFID的条码自动识别技术、GPS定位追踪技术、各类传感器技术等各类物联网技术在江苏省物流业均得到广泛应用,常用的主要有以下几种:

1. RFID技术

在物流信息化领域,应用最普遍的物联网技术就是RFID技术,在中国产业信息网对2015年中国物流信息化优秀案例进行分析时,有超过70%的物流信息化案例运用RFID技术,该技术在江苏省物流业的运用也极为广泛。RFID是一种非接触式的自动识别技术,它通过射频信号自动识别目标对象并获取相关数据,识别工作无需人工干预,可工作于各种恶劣环境。RFID技术可识别高速运动物体并可同时识别多个标签,操作快捷方便。在江苏省物流领域,RFID电子标签主要应用于自动仓储库存管理、产品物流跟踪、供应链自动管理、产品装配和生产管理、产品防伪等多个方面。通过大量使用RFID电子标签,江苏省的供应链和物流作业管理水平得到有效提升。

2. GPS技术

全球定位系统(Global Positioning System,简称GPS)是美国国防部发射的24颗卫星组成的全球的定位、导航及授时系统。我国的北斗卫星导航系统也是与GPS相类似的技术,是除美国的全球定位系统(GPS)、俄罗斯的GLONASS之后第三个成熟的卫星导航系统,已于2014年6月6日进入民用领域。这些全球卫星定位导航系统与电子地理系统结合,可以对移动的物体进行定位、追踪、检测、联网,这是对移动中的物品进行联网与定位追踪的最好的技术手段。在江苏省物流行业,GPS技术主要运用到了车辆运行管理、物流配送监控系统、公共GPS监控平台、智能港口物联网等领域,超过30%的物流相关企业运用了这项技术。2015年度《中国卫星导航与位置服务产业发展白皮书》显示,2015年我国卫星导航与位置服务产业总体仍然保持高速发展态势,产业总体产值达到1 735亿元,较2014年增长29.2%,未来GPS技术在我国物流领域应用前景极为广阔①。

3. 传感器技术

基于传感器的感知识别技术,是物联网技术的重要发展方向。通过传感器,人类社会可以实现物与物之间的信息交互,打通物理世界和信息世界融合的重要一环。直到近两年,传感器感知技术及传感网技术才在江苏省物流领域得到重视,主要是与RFID、GPS等技术结合起来运用,被用于对危险物流系统、粮食物流系统、冷链物流系统的物品状况及环境进行感知,预计今后在食品、医药冷链物流和危险品物流中将得到广泛应用。

4. 云计算与大数据技术

随着物联网传感器、RFID、GPS、机器与机器之间通信(M2M技术)等技术应用范围

---

① 中国经济网. 2015年我国卫星导航与位置服务产业总产值达到1735亿元[EB/OL]. http://finance.huanqiu.com/roll/2016-07/9203538.html,2016-07-20.

的不断拓展，现代物流业产生的数据正在不断激增，这些数据处理量巨大、结构复杂、类型繁多，唯有依托云计算和大数据技术，才能对这些数据进行存储、分析和挖掘，依托数据创造价值。2014年的"双十一"，淘宝物流的订单相比2013年同期几乎翻番，但是整个物流体系运作却非常顺畅，没有出现以往的爆仓现象。原因在于：作为淘宝和天猫物流支撑体系枢纽的"菜鸟网络"，根据快递公司开放的物流数据，结合天猫和淘宝的买家预售、浏览、加入购物车、店铺收藏等行为，以及商家的备货数据，给物流合作伙伴提供数据预测，使快递公司在应对上更加准确和从容①。

5. 智能终端与管控技术

在智能终端方面，江苏省目前主要运用了机器人技术、RFID手持终端、语音提示终端、视频监控终端、无人搬运车等技术，实现了物品的自动搬运、机器人自动堆码跺、物品自动识别、智能辅助人工拣选等作业。在智能管控方面，目前江苏省能够实现对物流全过程智能控制与管理的企业还不多，物流信息化还仅仅停留在对物品自动识别、自动感知、自动定位、过程追溯、在线追踪、在线调度等一般的应用上。专家系统、数据挖掘、网络融合与信息共享优化、智能调度与线路自动化调整管理等智能管理技术应用还未取得突破。

(二) 江苏省物联网技术在物流业中的应用领域

"十二五"期间，是江苏省物联网技术在物流业中得到快速运用的五年，是物流实体网络和物流信息网络借助于物联网技术实现深入融合的五年。总体来看，物联网技术在江苏省物流业中的应用领域主要有以下四个方面：

1. 物流设备的自动化和标准化

这是物联网技术在江苏省物流业应用发展速度最快的一个领域，主要包括自动化立体库集成技术、自动输送分拣技术设备、智能穿梭车与货架系统、物流机器人搬运、无人机配送等技术。2015年，自动化立体库建设由起初只涉及原料、材料、成品等，延伸至生产现场包括供应、分拣、制造、配送、装配等环节的缓存物流全面自动化管理，且应用逐步深入，集成更加紧密；自动化立体库融入供应链物流体系，适应与满足"互联网＋生产/贸易"的需求，最终实现自动化立体库向网络化、一体化物流服务发展。从应用领域来看，增长较快的是电商自动化立体库建设，仓储服务趋向专业化、网络化、供应链化及平台化。2015年，全自动立体库建设市场需求增长超过35%；自动输送分拣系统市场需求增长30%左右；智能穿梭车与货架系统近两年发展迅猛，增长速度超过50%；物流机器人市场增长速度超过30%；电商领域货到人的机器人系统也开始引起广泛关注，即将进入高速增长阶段。

2. 传统物流设施设备的智能化与网络化

这方面的应用主要体现在物流设施和物流设备的互联网领域。在江苏省，一般是通过视频监控的物联网技术、各类传感器技术和物流信息化技术来实现物流设施互联网，通过视频监控联网实时了解仓库情况，2015年增长速度在15%左右；通过传感器的感知技术实时感知仓储的温度、湿度和感知监控危险品，主要用在危险品仓库、冷库等特殊物流

---

① 首席财务官. 物流遇见大数据[EB/OL]. http://www.ceconline.com/it/ma/8800076713/02/, 2015-09-21.

领域,2015 年增长速度在 10%左右。在物流设备互联网方面,主要是通过叉车互联网、物流周转箱和托盘加装 RFID 等方式实现联网追踪,2015 年增长速度为 20%左右。物流信息化技术是对物流互联网的管理与控制,涉及到 WMS 等多种信息技术,应用较为广泛,2015 年继续保持 15%左右的增长速度。

3. 智能追溯系统的推广应用

2015 年,江苏省物流业中运用最多的物联网技术是 RFID 技术,其次是 GPS 定位技术和智能手持终端产品,推动江苏省物品追溯系统实现超过 30%的增长速度。2015 年,RFID 标签及智能手持终端产品被广泛的应用于传统物流装备,如仓储设备、输送设备、集装单元等。快递行业手持终端扫描设备增长超过 40%,很多快递企业的快递员都配备了手持终端扫描设备,可以实现配送终端接货信息的实时上网,实现对配送货物的透明化管理和信息追踪。从追溯产品情况来看,食品和医药仍是主要的产品,同时,危险品追溯、疫苗追溯、贵重物品追溯、古董产品追溯、奢侈品追溯等领域发展势头迅猛。

4. 物联网技术在实体企业物流各个环节中的应用

这也是物联网技术服务于实体企业的集中体现。在生产环节,江苏省企业主要通过生产管理信息系统(如 ERP)实现对原材料的监控,根据库存及订单情况组织排产,实现准时制生产。在运输环节,物联网主要运用到运输过程的监管方面。以电子关锁为例,货物在进行装箱之后,由海关人员进行验关并办理相关手续,通过对运输线路、时间、上锁开锁人员等信息的监控,既能提高通关效率,又能减少运输成本。在流通环节,射频识别系统能够自动识别物品、确定物品信息,GPS 卫星定位系统,可以实时对运输车辆、运输物品进行定位、监控和在线调度等操作。在监管环节,管理部门通过物联网系统实时掌握物品入库、装卸、搬运、运输、配送等流程信息,有利于确保物流全过程公开化、透明化。

(三) 物联网技术对江苏省物流业带来的影响

对物流业而言,通过运用物联网技术,可以达到两个目的:一是实现了对物品信息的自动化采集与处理,更好地满足客户需求,提升物流企业的市场竞争能力;二是实现了物品移动的自动化操作等环节,节省人力和物力,提高企业的工作效率。从 2015 年情况来看,运用物联网技术给江苏省物流业带来的影响在以下三个方面:

1. 极大地提高了供应链的可视性以及适应能力

随着 RFID 技术与传感器网络的普及,物与物的互联互通,将给企业的物流系统、生产系统、采购系统与销售系统的智能融合打下基础,而网络的融合必将产生智慧生产与智慧供应链的融合,企业物流完全智慧地融入企业经营之中,打破工序、流程界限,打造智慧企业。企业将物联网技术应用于整个供应链的各个环节中,使得所生产的商品信息在整个供应链的过程中都可以得到及时、准确的反映。企业通过物联网对商品的信息实施监控,从而使供应链的可视性得到了极大提高,管理人员可以对整个供应链的全过程进行有效管理。企业可以根据市场上的变化来进行相应的调整,从而提高供应链的适应能力。

2. 有效地降低物流成本,进一步提高库存管理水平

在生产环节,企业可以对库存信息进行实时监控,进而根据市场需求安排自动补货,在确保商品数量满足需求的同时,降低库存成本。在运输和配送环节,通过运用物联网关键技术诸如物体标识及标识追踪、无线定位等新型信息技术,能够有效实现物流的智能调

度管理、整合物流核心业务流程,降低物流消耗,从而降低物流成本。

3. 加速物流信息化进程,优化管理流程

将物联网技术应用于仓库出口、搬运设备、车辆、货架、托盘、集装箱等物流基础设施和设备,能够实现自动化入库、出库和盘点。在物流的各个环节可以自动进行信息采集,为客户提供优质的物流服务。同时,物流企业和货主等相关方能够实时掌握物流动态信息,简化工作流程、降低沟通成本,从而提高工作效率。

三、江苏省物联网产业存在的问题

从全国范围内来看,江苏是物联网产业起步较早的省份之一,产业基础较为扎实,技术研发实力强,"十二五"期间在技术标准、人才资源、商业化应用开发以及网络运营服务等方面已形成了一定的国内领先优势。但是,对标发达国家的成功经验,江苏省无论是在产业规模方面还是在核心技术方面,都存在较大差距。从目前来看,主要存在六个问题:

(一) 关键技术受制于人,核心竞争力仍然不强

目前,江苏省在传感器件制造、局部传感网设计等环节优势突出,但在物联网网络通信、信息处理等应用开发核心技术环节方面的实力相对薄弱,物联网核心技术与产品依赖进口,这种被动局面短期内很难改变。江苏省中高端传感器件进口率约 80%,传感器芯片进口率更是高达 90%以上。因此,在部分应用开发中不得不大量使用国外技术与产品,导致建设成本高昂,不适用于大范围推广应用。例如,无锡监视太湖蓝藻的物联网应用项目中,高端进口传感器价格不菲。与发达国家相比,江苏省超高频芯片天线设计与制造、RFID 卷标封装技术与装备、读写器关键芯片、测试技术和设备中间件,以及营运系统软件开发应用等技术亟待突破。

(二) 国内外标准规范不完善,制约物联网产业发展

物联网产业链多线交叉,是一个多技术融合、多设备连接、多渠道传输、多项目应用、多领域交叉的一个大"网",它所有的接口、规格、通信协议等都需要有权威标准的指引。然而,物联网标准制定涉及到产业链各方利益,目前在国内外都处于研究讨论阶段,江苏省虽然在标准制定方面已具备一定优势和主导地位,但总体上看,可供执行的标准内容缺口很大,并且不同地区和行业缺乏统一标准体系,这在很大程度上制约着江苏物联网技术的大范围推广应用,影响着整个产业的规模化发展。随着物联网应用范围的不断扩大,标准规范的不完善将极大制约江苏省物联网产业的长期发展。

(三) 产业链发展不成熟,行业间协同程度较低

目前,江苏省物联网产业链的上、中、下游都已经有多家企业参与,其中不乏一些有实力的龙头企业。但从整体来看,物联网产业链各环节的发展极不均衡,体系尚不成熟。在利益驱动下,多数企业将投资眼光集中到了短期可能上规模、上效益的物联网应用项目上,且大多是在特定领域的闭环应用,从而造成物联网产业链上、中、下游的不平衡推进。从"十二五"期间的发展情况来看,江苏省物联网目前除了在产业链上游的传感器厂商、中游的系统设备商及下游的通信运营商等方面具备产业领先优势外,在其他环节都较为薄弱,整体上尚未形成从关键芯片设计、研发到传感器和终端设备制造,再到物联网系统集成以及相关运营服务的完整的产业链体系。

同时，由于目前物联网应用处于产业启动期，各企业设计的应用方案缺乏行业沟通，行业融合度不够，缺少规范化、标准化的系统解决方案，仍然存在着应用方案和行业之间的信息资源缺乏整合、行业参与度和开放度不够、产业链各环节不畅通、缺乏协同效应等问题，限制了物联网技术的应用和产业发展。此外，尽管江苏省物联网企业在各级政府的关心和支持下成立了行业联盟、商会等组织，但大多活跃度不高，聚集效应不够，对行业的推动力不强。

(四) 物联网企业多而不强，缺少极具竞争力的龙头企业

“十二五”期间，江苏省在物联网软件领域培育了南瑞集团、中兴软创、联创科技等一批行业龙头企业，但在传感器制造、物联网系统集成应用、面向公众服务等领域，企业实力相对较弱，物联网核心产业产值普遍不高。与北京、广州、浙江等其他物联网产业发达省市相比，江苏缺少像北京航天信息、中科曙光，深圳华为、中兴、远望谷，杭州海康威视、浙大网新这样的综合性行业领军型企业。在实际应用中，江苏省物联网整体技术集成创新能力、集成服务能力相对偏弱，物联网各类应用系统的普及率较低，区域特色化应用与服务能力尚未形成规模，推广遭遇很大的市场阻力。

(五) 商业模式不成熟，制约物联网技术的产业化发展

研发成果能不能快速实现商业化，是物联网产业发展的关键问题。“十二五”期间，江苏省物联网产业的发展主要是采取了政府主导的发展模式，虽然已投入了较大的物力、财力、人力，但这种发展动力不具有持续性。随着政府职能和社会管理模式的变革，物联网应用的发展需要以市场需求为导向作为驱动力。从江苏省当前推广的物联网相关应用来看，其主要模式还是各级用户通过自建平台、识读器、识读器终端，然后租用运营商的 M2M 网络进行通信传输。这些模式残留着太多传统互联网产业的影子，同质化竞争现象十分严重。这种商业模式比较难以调动各行业用户和个人参与的积极性，不能促进相关产品的规模化应用，难以形成良性市场循环。

(六) 人才资源匮乏，不足以支撑物联网产业的快速发展

江苏省虽然有着丰富的教育资源，但在物联网人才的培养上还远远不能满足目前日益增长的物联网企业发展对人才的需求，这已经严重制约了江苏省物联网企业的发展，主要表现在：有物联网企业管理经验的人才较少，人才来源渠道窄，企业间互挖人才现象普遍，这种人才生态不利于行业发展；高层次物联网技术开发人才匮乏，必须高薪从外地聘请，且进入企业后的稳定性不够；工资水准和技能倒挂，人力成本高；当前的员工数量、质量不能满足物联网产业发展的需要。

第二章　江苏物联网产业发展的环境

"十二五"时期，江苏省地区生产总值超过 7 万亿元，年均增长 9.6%，人均地区生产总值突破 1.4 万美元，经济发展稳中提质，综合实力显著增强，在产业实力、技术水平、市场发育、对外开放等方面均处于全国领先地位。"十二五"期间，江苏省物联网产业的发展得到了省委省政府的高度重视和全方位支持，连续五年保持了高速增长势头，综合实力稳居国内第一梯队。总体来看，江苏省经济运行实现了跨越式发展，物流业实现快速稳定增长，物联网发展的政策环境日趋完善，电商物流为物联网产业带来新机遇，物流基础设施明显改善，这些都构成了物联网产业健康快速发展的积极因素。

一、经济运行稳中有进，产业结构不断优化

2015 年是"十二五"的收官之年，也是经济发展面临挑战最大的一年。面对错综复杂的宏观经济环境和艰巨繁重的改革发展稳定任务，江苏省坚持稳中求进工作总基调，主动适应经济发展新常态，统筹做好稳增长、促改革、调结构、惠民生、防风险各项工作，经济社会发展总体平稳，稳中有进、稳中有好，主要经济指标保持在合理区间，综合实力再上新台阶。2015 年，全年实现地区生产总值 70 116.4 亿元，比上年增长 8.5%。其中，第一产业增加值 3 988 亿元，增长 3.2%；第二产业增加值 32 043.6 亿元，增长 8.4%；第三产业增加值 34 084.8 亿元，增长 9.3%。全省人均生产总值 87 995 元，比上年增长 8.3%。全社会劳动生产率持续提高，全年平均每位从业人员创造的增加值达 147 314 元，比上年增加 10 584 元。产业结构加快调整。三次产业增加值比例调整为 5.7∶45.7∶48.6，实现产业结构"三二一"标志性转变。全年服务业增加值占 GDP 比重提高 1.6 个百分点。全年实现高新技术产业产值 6.1 万亿元，比上年增长 7.6%；占规上工业总产值比重达 40.1%，比上年提高 0.6 个百分点。战略性新兴产业销售收入 4.5 万亿元，比上年增长 10.4%；占规上工业总产值比重达 29.4%，比上年提高 0.7 个百分点。经济活力继续增强。全年非公有制经济实现增加值 47 398.7 亿元，比上年增长 8.8%，占 GDP 比重达 67.6%，其中私营个体经济占 GDP 比重为 43.4%，分别比上年提高 0.2 个和 0.6 个百分点。年末全省工商部门登记的私营企业达 182.2 万户，当年新增 39.4 万户，注册资本 72 965.4 亿元，比上年增长 30.7%；个体户 387.2 万户，当年新增 63.7 万户。新型城镇化成效显著。年末城镇化率为 66.5%，比上年提高 1.3 个百分点。区域发展更趋协调。苏南现代化建设示范区引领带动作用逐步显现，苏中融合发展、特色发展加快推进，苏北大部分指标增幅继续高于全省平均水平，苏中、苏北经济总量对全省的贡献率达 46.2%，比上年提高 1.4 个百分点；沿海开发有力推进，沿海地区实现生产总值 12 521.5 亿元，比

上年增长 10.1%,对全省经济增长贡献率达 19.4%①。

二、物流需求稳中有增,运行效率继续提高

2015 年,全省物流业景气指数(LPI)平均值为 54%,反映物流经营活动比较活跃,物流经济运行总体平稳。全省社会物流总额实现 230 955 亿元,同比增长 8.1%。其中工业品物流总额、进口物流总额、农产品物流总额、外省市商品购进额、单位与居民物品物流总额、再生资源物流总额分别占 81.8%、5.6%、1.2%、11.0%、0.2%和 0.2%。"十二五"期间,社会物流总额年均增长 11.4%。全省物流业增加值实现 4 720 亿元,按可比价格计算同比增长 8.8%,占全省 GDP 的比重为 6.7%,占全省服务业增加值的比重为 13.8%。"十二五"期间,物流业增加值年均增长 10.5%,占 GDP 的比重累计提高了 0.2 个百分点,占服务业的比重累计下降了 2.1 个百分点。2015 年,全省邮政业务总量达 516 亿元、业务收入达 407.2 亿元,分别是 2010 年的 3.5 倍和 3.7 倍;其中,快递业务量达 22.9 亿件、业务收入达 290.7 亿元,分别是 2010 年的 9.6 倍和 5.2 倍。2015 年,全省社会物流总费用 10 412 亿元,同比增长 5.4%,社会物流总费用与 GDP 的比率为 14.8%,比去年底下降 0.3 个百分点。"十二五"期间,社会物流总费用年均增长 8.5%,社会物流总费用与 GDP 的比率累计下降 0.7 个百分点。

2015 年,受大宗商品交易量和进出口贸易双双回落的影响,全省货运需求继续呈现增速放缓趋势。货运量为 211 648 万吨,比上年增长 1.5%,货物周转量为 7 374 亿吨公里,同比下降 33.1%。其中,铁路货运量 5 066 万吨,同比下降 16.8%,货物周转量 303.7 亿吨公里,同比下降 12.3%;水路货运量 113 351 万吨,同比增长 6.7%,货物周转量 5 886.75 亿吨公里,同比下降 27.2%;公路货运量 113 351 万吨,同比下降 1%,货物周转量 2 072.96 亿吨公里,同比增长 4.8%;全年完成港口货物吞吐量 233 289 万吨,同比增长 3.2%。

表 2.1　2011—2015 年江苏货运量情况　　(单位:万吨/亿吨公里)

指标	2011 年	2012 年	2013 年	2014 年	2015 年
1. 货运量总计(万吨)	212 594	231 295	194 048	208 623	211 648
1.1　铁路	7 282	7 223	6 806	6 090	5 066
1.2　公路	140 803	153 696	103 709	114 449	113 351
1.3　水运	54 012	58 639	70 909	75 328	80 343
1.4　民用航空	6.08	6.69	6.67	7.10	7.00
1.5　输油管道	10 491	11 730	12 617	12 749	12 881
2. 货物周转量(亿吨公里)	7 514.00	8 474.63	10 536.84	11 028.50	7 374.00
3. 港口货物吞吐量(万吨)	180 683	195 417	213 987	226 049	233 289

资料来源:根据《江苏统计年鉴》(2012—2016)中的数据整理而得。

① 江苏省统计局. 2015 年江苏省国民经济和社会发展统计公报[EB/OL]. http://xh.xhby.net/mp2/html/2016-02/25/content_1378994.htm,2016-02-25.

三、各级政府高度重视，政策环境日趋完善

“十二五”期间，国家、江苏省和各地方政府均对促进物联网产业的发展出台了有利政策，从产业引导、发展规划、财政支持、技术引进等方面都予以了大力支持，江苏省物联网产业发展的政策环境日益完善。

在国家层面，2011 年，工信部发布了《物联网“十二五”发展规划》，规划提出到 2015 年，中国要在物联网核心技术研发与产业化、关键标准研究与制定、产业链条建立与完善、重大应用示范与推广等方面取得显著成效，初步形成创新驱动、应用牵引、协同发展、安全可控的物联网发展格局。2013 年 2 月 5 日，国务院印发了《关于推进物联网有序健康发展的指导意见》进一步明确发展目标和发展思路，推出十个物联网发展专项行动计划落实具体任务。在国家其他有关信息产业和信息化的政策文件中也提出推动物联网产业发展。2013 年 7 月，国家标准委下达了物联网等 47 项国家标准计划。10 月，工信部电子工业标准化研究院发布了首个国家标准《信息技术射频识别 800 MHz/900 MHz 空中接口协议》，标志着我国物联网行业标准体系基本形成。2013 年 8 月 8 日，《关于信息消费扩大内需的若干意见》提出增强电子基础产业创新能力，重点支持智能传感器等三大产业发展。2013 年 9 月 5 日，国家发改委联合其他部委联合下发了《关于印发 10 个物联网发展专项行动计划的通知》，建立物联网发展部际联席会议制度和物联网发展专家咨询委员会，以加强统筹协调和决策支撑，发布了促进物联网产业健康发展的 10 个专项规划。2014 年 8 月 27 日，《关于促进智慧城市健康发展的指导意见》则高度重视和突出物联网在智慧城市发展中的重要作用。2014 年 9 月 12 日，国务院印发《物流业发展中长期规划(2014—2020 年)》，规划提出的七大任务中，有三项与物联网产业高度相关：一是大力提升物流社会化、专业化水平；二是进一步加强物流信息化建设；三是推进物流技术装备现代化。2015 年 7 月 4 日，国务院发布《关于积极推进“互联网＋”行动的指导意见》，对“互联网＋”便捷交通、“互联网＋”高效物流进行了规划。国家出台的多项政策对于提振产业信心、推动产业发展成效显著。

在江苏省层面，2009 年，江苏省委省政府制定了无锡“感知中国”中心建设的总体方案和产业规划，力争建成引领中国传感网技术发展和标准制订的中国物联网产业研究院。江苏省委已将传感网列为全省重点培育和发展的六大战略性新兴产业之一，在 2010 年江苏重点实施的“新兴产业倍增计划”中，提出三年内要实现包括物联网在内的六大新兴产业销售收入翻一番。2012 年，江苏省发布了《江苏省物联网产业“十二五”发展规划》，将物联网产业确定为“十二五”期间重点培育的新兴产业，立足物联网产业发展中遇到的突出矛盾和问题，提出了提高技术创新能力、优化产业布局、推进领域应用示范、提升人才队伍建设等要求。2014 年 9 月 29 日，江苏省政府办公厅印发《智慧江苏建设行动方案(2014—2016 年)》，对于将物联网技术应用到制造业、农业、交通运输等行业提出了要求。2014 年出台的《江苏交通运输现代化规划纲要(2014—2020 年)》、《江苏省农产品冷链物流发展规划(2014—2020 年)》和《江苏省关于加快电子商务发展的意见》，均提到了要加大物联网技术的应用，以信息化技术为突破口改造传统行业。江苏省各级地方政府也对物联网产业的发展出台了相应的发展政策。2010 年，南京市出台了《南京市物联网产业

发展规划纲要》;2012 年,无锡市出台了《无锡国家传感网创新示范区发展规划(2012—2020)》;2012 年,苏州市制定《"智慧苏州"规划》;2011 年,徐州市出台了《徐州市物联网产业发展规划纲要》。

四、电商物流蓬勃发展,产业发展空间广阔

"十二五"期间,中国电子商务取得了长足的发展,涌现了一大批电子商务平台、电子商务服务商、网络营销商,各类电子商务新模式、新业态也不断产生。"十二五"期间,中国电子商务交易额和网络零售交易额年均增长分别超过 35%和 50%。

据江苏省工商局统计数据显示,截至 2015 年底,江苏省有 145 992 家购物网站、248 508 家网店,其中,苏州网店数量最多,有 64 976 家,占 1/4 以上。江苏网络交易平台总交易规模达 4 939. 45 亿元,其中,B2B 总交易规模达到 3 645. 60 亿元,B2C 领域交易达 1 290. 05 亿元,同比增长了 168. 18%。从各地区平台交易规模来看,南京、苏州、无锡稳居前三,交易额占到全省的九成以上,主要原因是苏宁易购等全国知名电商平台的拉动。盐城、南通和扬州地区交易额则实现了翻番增长。到 2015 年底,江苏拥有国家级电子商务示范城市 5 个,与广东并列全国第一;全省国家级电子商务示范基地有 7 个,居全国第一位;共有 127 个淘宝村、11 个淘宝镇,沭阳和睢宁 2 个县都进入全国十大淘宝村集群。具体到电商模式方面,苏宁云商探索的 O2O 模式在全国影响较大,目前在互联网金融、国际快递等方面稳步推进。五星控股打造的汇通达融合互联网技术和现代物流,专为乡镇市场提供家电供应链服务。江苏九樱整合电商企业和中国福彩一些销售门店,扎根社区提供网上购物、收寄包裹等服务,有效解决了快递"最后一百米"问题。南京众彩物流依托农副产品批发市场,打造了"E 鲜美"电子商务平台专供生鲜食品,叠加并放大原有优势,对电子商务和专业市场起到了双向促进的作用①。

据阿里研究院预计,截至 2015 年底,网络零售已经占到社会零售的总额的 12%,到 2020 年,整个网络零售将会超过 10 万亿元,在社会零售总额的占比将超过 20%,5 到 8 年之后,全年包裹量将超过 1 000 亿件,按照阿里研究院就业测算模型,届时电商物流从业人员将超过 500 万人。电商物流的市场需求不断激增,对于物流配送的效率和成本提出了更高要求,一方面要求高效整合供应链上下游的信息流、商流、物流、资金流,另一方面又对输送设备、储存设备、搬运设备、拣选设备、分拣设备等的智能化和自动化提出了迫切需求,这都离不开物联网技术的支持。2016 年 8 月,菜鸟联盟位于广州增城的首个自动化仓库正式开仓,其最大的亮点就是自动化程度相当高:从收到订单到出库,平均用时仅 10 分钟,除条码复核等环节几乎全程自动化。阿里巴巴的最终目标是通过物联网、机器人和大数据技术,打造全程无人化的智能物流。

五、投入力度持续加大,基础设施显著改善

"十二五"期间,江苏省交通建设完成投资 3 973 亿元(不含城市轨道和管道),较"十

① 人民网. 江苏电商 2015 年交易规模 4939 亿[EB/OL]. http://js.people.com.cn/n2/2016/0603/c360301-28447855.html,2016-06-03.

一五”增长 7.9%。全省综合交通线网总里程达到 19.1 万公里，较 2010 年增加 5.0%。铁路建设后程发力，投资增速迅猛，“十二五”后两年铁路完成投资是前三年的 2 倍；全省铁路干线达到 2 755 公里，较 2010 年增加 41%；时速 200 公里以上快速铁路达到 1 530 公里，其中高铁 810 公里，分别是 2010 年的 2 倍和 3 倍。水运建设完成投资 990.4 亿元，比“十一五”增长 57.5%；新增千吨级航道 723 公里，县级及以上城市覆盖率由 45%提升到 74%；亿吨大港由 5 个增加至 7 个，港口货物综合通过能力达到 18.6 亿吨。公路建设完成投资 2 095 亿元，比“十一五”增长 17%；高速公路里程新增 482 公里，总里程达到 4 541 公里，10 万人口及以上节点覆盖率达到 94%；一级公路里程增加 3 000 公里，对省级以上开发区、服务业集聚区等经济功能区的连通率达到 95%以上；启动实施农村公路提档升级工程，五年来新改建农村公路 2.4 万公里、桥梁 7 300 座。民航建设完成投资 180.6 亿元，是“十一五”的 2.4 倍，9 个运输机场布局全面落地，实现地面交通 90 分钟车程覆盖全部县(市)，通用机场增加至 8 个。综合客运枢纽由 1 个增加至 15 个，港口、机场集疏运体系规划建设扎实推进，多种运输方式之间、城乡交通之间的衔接得到明显改善。交通扶贫工程和国防交通建设得到加强。扎实开展施工标准化、品牌创建、质量通病治理等工作，交通建设管理更加公开、公平、公正、规范，全省交通工程质量稳步提升，“十年路面百年桥”的品牌打造取得实效。

表 2.2　2011—2015 年江苏运输线路长度情况　　(单位:公里)

指标	2011 年	2012 年	2013 年	2014 年	2015 年
铁路营业里程	2 348	2 348	2 554	2 632	2 679
铁路正线延展长度	3 720	3 725	4 125	4 200	4 570
公路通车里程	152 247	154 118	156 094	157 521	158 805
内河航道里程	24 272	24 280	24 315	24 342	23 559
输油管道里程	6 067	6 264	6 299	6 116	6 116
公路桥梁(座)	65 815	67 159	68 306	68 774	69 925
公路桥梁长度(米)	2 910 978	3 050 891	3 174 281	3 204 617	3 376 516

资料来源:根据《江苏统计年鉴》(2012—2016)中的数据整理而得。

在重点项目方面，五年来新开工快速铁路超过 1 000 公里，顺利建成京沪高铁、宁杭客专、南京南站等一批铁路重大项目，极大地缩短了江苏省与北京、上海等城市间的时空距离，促进了沿线城市新区和新城发展，引导了城镇布局优化。泰州长江公路大桥等多座桥隧建成通车，跨江通道由 7 个增加至 14 个，有力支撑了江苏省跨江融合发展。连云港港 30 万吨级航道一期工程、临海高等级公路等一批重大项目顺利建成，有力促进了沿海开发战略的实施。长江南京以下 12.5 米深水航道一期工程、南京禄口国际机场二期工程等建成投运，显著增强了区域运输、国际运输能力。

在信息化建设方面，江苏省在全国率先建成覆盖省市县三级交通运输部门的交通信息专网，骨干传输环网带宽提升至 400G。江苏智慧交通“232 畅通网”工程基本完成。高速公路 ETC 实现全覆盖及全国联网，苏通卡用户达到 283 万，ETC 车道流量占路网客车总流量的 32%；普通公路 ETC 覆盖率超过 50%；水上 ETC 实现长三角高等级航道网江苏境内船闸全覆盖。连云港港、南京港铁水联运信息化系统研发应用全国领先、取得实质性突破。公众出行信息服务水平稳步提升，省市两级交通服务热线 96196 与全国交通运输服务监督电话 12328 并线运行；公路客运联网售票系统升级，新增电子客票、手机购票和在线改签、退票等功能；研发推广的“巴士管家”APP 率先提供定制客运服务。

第三章 江苏物联网产业发展的区域比较

自印发《江苏省物联网产业发展规划纲要(2009—2012年)》和《江苏省物联网产业"十二五"发展规划》以来,江苏省充分发挥自身在物联网产业方面的规模效应和集聚效应,形成了以无锡为核心区、以苏州和南京为支撑区的"一体两翼"物联网产业布局;同时,省内其他区域(如扬州、常州、徐州等)立足自身产业基础,为全省物联网产业提供服务与配套,在装备制造、农业、物流、环保、电力、交通等重点领域建设了物联网示范工程,走出了一条特色化发展路线。根据江苏省物联网产业发展格局,本章将分别介绍无锡、苏州、南京及省内其他物联网技术发展特色区域的情况。

一、无锡市——江苏省物联网产业发展的核心区

无锡是全省物联网创新发展的核心区,也是我国唯一的国家传感网创新示范区,"十二五"期间,无锡物联网产业保持了高速增长势头,在产值规模、企业数量、研发实力等方面走在了全省乃至全国的前列。截止到2015年底,无锡物联网产业技术创新与示范应用的广度与深度不断拓展,已经形成了覆盖信息感知、网络通信、处理应用、共性平台、基础支撑等五大架构层面的物联网产业体系。

(一)产业发展规模持续领跑全国

在产业发展方面,2011年以来,无锡国家传感网创新示范区加快集聚研发资源与创新要素,商业模式持续创新,市场运行机制不断完善,物联网生态持续优化,已经进入新的发展阶段。工业、环保、医疗、交通、安防、水利、物流、仓储等领域的应用示范成效显著,应用广度和智能程度领先全国。"十二五"期间,无锡物联网核心企业从2011年的361家增长至2015年的超过2 000家,年均增长300家以上;物联网及相关产业营业收入从2011年的600亿元增长至2015年的2 658亿元,年复合增长率超过35%。年营业收入超10亿元和超2 000万元的企业分别达到30家和500家①。截止到2015年底,无锡市物联网产业的从业人员超过15万人,全市物联网领域各类联盟(协会)增至13家。

(二)有一定的标准制定话语权

在标准制定方面,无锡物联网企业也先行一步。截至2014年底,无锡企业在物联网领域中已主导或参与制定9项国际标准,占国际标准总数的50%以上;两项物联网国际标准获国际标准组织(ISO)正式发布,77项标准提案获国际标准化组织通过,14个项目列入国标委2013年物联网国家标准项目计划。目前国内已经制定的10多项物联网核心技术的国家标准,几乎都出自无锡物联网产业研究院,该院还在物联网标准化基础理论研

① 江苏信息化. 2015年无锡市物联网及相关产业产值达2658亿元[EB/OL]. http://www.jsia.gov.cn/news/information/2016/0229/2038.html,2016-02-29.

究上取得一系列重大突破,提出的物联网三层架构、共性平台应用子集等总体思路,被国际标准采纳,标志着我国在物联网国际标准制定中拥有了重要话语权和主导权。

(三)物联网产业资源集聚优势明显

截止到2015年底,无锡市几乎集聚了国内所有顶尖的传感网产业资源,建立了传感网信息技术公共服务、网络技术公共服务和展示应用交易公共服务三大公共平台。无锡已集聚重点物联网研发机构39家,加强了与微软、西门子等世界500强企业和中航工业、中国诚通、中国医药等央企合作,促进资源共享和优势互补。建立涉及物联网的投资基金150个,基金总规模达474亿元。引进物联网高层次人才超过2 000人,其中国家"千人计划"人才28人,承担国家级物联网技术研发项目54个,多项成果填补国际、国内空白,获得物联网领域专利1 970项。在物联网研发方面,无锡市拥有中国科学院、中国电子科技集团和一批国内知名高校及各大通信、广电、电力运营商在无锡的物联网研发机构;在物联网产品方面,有美新半导体、长电科技、华润微电子等骨干企业;在物联网总体架构和系统集成方面,有无锡物联网产业研究院等企事业单位;在物联网应用方面,已启动机场防入侵、感知环保、感知水利、感知电力等领域的应用。另外,无锡市的引智优势、产学研优势、开放性经济优势以及培育壮大新兴产业的经验和模式,也为物联网技术创新和产业发展奠定了基础。

(四)应用示范项目涵盖诸多领域

在技术应用方面,截至2015年底,无锡市已累计建设物联网应用示范项目超过100个,涵盖工业、环保、医疗、交通、水利等众多领域。2015年,无锡市人民政府与新华社江苏分社联合主办的2015无锡物联网十大应用案例评选发布活动中,推选出了感知科技物联网动产监管平台、"无锡安装机电管家系统"、"无锡国家农资物联网应用平台"、"中科西北星智慧养老管理服务云平台"、"华润无锡智能医药物流系统"、"英飞凌安全芯片后道智能制造"、"海澜之家RFID流水化读取系统"、先导智能车间综合管理系统、"无锡双龙彩票物联网智能化信息管理系统"和"INFINIT机动车维修质管信息系统"等十大应用案例,生动展示了物联网技术为生产、生活、社会管理带来的深刻变化和多彩图景。

目前,无锡企业在示范区外承接的物联网工程遍及全国20多个省市、全球近30个国家和地区的200多座城市。

二、苏州市——江苏省物联网产业发展的两大支撑性城市之一

苏州市是江苏省物联网产业的两大支撑性城市之一。苏州市将物联网产业作为八大战略新兴产业之一。"十二五"期间,苏州市物联网产业取得了较快发展,在研发能力、产业基础、行业应用等方面处于全省领先地位,形成了昆山周庄的传感器件、工业园区的通讯及集成电路两大物联网产业集群。

(一)产业基础雄厚

"十二五"期间,苏州市打造了良好的物联网产业基础。苏州市传感器产业已经形成红外、光电、霍尔、气敏、压力、热敏、超声波、图像等八大系列,其中红外传感器、光电传感器、霍尔传感器分别占世界同类产品市场份额的60%、20%和15%,高频铁氧体磁性材料占世界同类产品市场份额的15%。苏州市拥有较强的超算能力,如国家高性能计算中

心、中科院纳米所超算平台、综合数据中心等都将为物联网的大规模应用提供支撑。按苏州市政府规划,“十二五”期间,苏州市物联网相关产业产值规模将从2011年的400亿元增长至2015年的过1 000亿元。

(二)产业集群建设成效显著

“十二五”期间,苏州市已初步形成较为完善的物联网产业链。依托雄厚的电子信息产业基础,苏州市已拥有一大批物联网产业配套支撑企业,涵盖传感器、芯片、网络设备、智能终端、应用软件、增值业务及数字内容。近几年来,苏州市高新区先后引进了中国移动研发中心、中科院地理所、浙江大学工研院等一批知名院所;吸引了松下网络科技、富士通、易程科技等一批行业龙头企业;引进了科达科技、怡和科技等一批拥有自主品牌和核心技术的骨干企业;集聚了工信部电子五所华东分所、国家电器产品质量监督检验中心、国家知识产权局专利审查协作江苏中心等一批高水平、高规格的公共服务平台;在智慧医疗、智慧安防、智慧物流、智慧通关等方面实施了一些特色应用。苏州高新区正携手中科院地理所等单位共同推进智慧高新区建设,形成了覆盖研发创新、生产制造、系统集成、行业应用等多个环节的物联网产业集群和完善的配套服务体系。

(三)产业发展方向明确

围绕物联网核心产业,重点发展与物联网产业链紧密相关的硬件、软件、系统集成和运营服务四大领域核心技术,着力打造物联网核心产品及服务的产业集群。围绕物联网支撑产业,支持微纳器件、集成电路、融合通信设备等支撑物联网产业发展的技术和产品研发,打造良好的支撑环境。围绕物联网应用示范,支持典型行业物联网示范工程及大规模产业化的技术应用开发,推进物联网在具有强大带动效应的现代装备制造业、现代服务业、现代物流业等产业的应用发展。

(四)政策扶持力度不断加大

2016年,苏州市政府印发《关于加快智能装备和物联网应用的若干政策》,从财政、金融、服务等方面部署了2016—2018年的若干鼓励政策,要求大力实施企业装备智能化改造和物联网应用,推动制造业高端化发展,率先将苏州市建设成为国内领先的智能装备和物联网应用示范基地。开展特色物联网基地或园区评定,对获得国家、省、市认定的特色产业基地或园区分别给予50万元、30万元、20万元奖励。加快发展智能装备和物联网企业孵化器,鼓励现有科技企业孵化器吸纳智能装备和物联网项目入驻,提供孵化空间、创业辅导、融资支持等服务。

“十三五”期间,苏州将围绕智慧城市建设,积极探索开展物联网技术的集成应用,提升物联网专业服务和增值服务,扶持物联网骨干企业,加快推动区域物联网产业健康发展。

三、南京市——江苏省物联网产业发展的两大支撑性城市之一

南京是国内物联网产业起步较早和相对集中的地区之一,也是江苏省物联网产业的两大支撑性城市之一。2012年,南京把“物联网”列入6大类11个方向重点发展的战略性新兴产业之一。“十二五”期间,南京市物联网产业的发展和技术应用均取得了良好成绩。

(一) 产学研合作机制初步形成

2012 年 9 月,由南京 100 多家物联网重点企业联合建成了“南京物联网产业联盟”,并发布了《南京市物联网产业发展规划纲要》,同时,南京物联网产业研究所和专家委员会也相继成立。南京物联网产业联盟是由南京物联网产业和技术领域内的企事业单位、企业、高校和科研院所自愿结成的行业性的非营利性的社会组织,旨在规范行业规则,促进会员单位有效整合,形成整体优势共享市场资源,提高南京物联网产业核心竞争力,促进产业快速发展①。

(二) 产业资源持续集聚

经过“十二五”期间的发展,截止到 2015 年底,南京拥有规模以上物联网企业超过 200 家,包括江苏移动、联通、电信三大运营商,国睿集团、莱斯电子、联创集团、三宝科技、南瑞集团、江苏集群、南京大学、东南大学、南京邮电大学等;省级以上物联网研发机构超过 30 家,形成了一批核心技术和产品。江苏省物联网产业联盟的牵头企业都在南京,南京市还拥有一家科技部认定的国家级 RFID 工程技术研究中心。多年来,南京市物联网产业都保持了 30%以上的增速,与物联网相关的各项智能应用已经深入到市民的日常生活中。

(三) 优势企业不断进驻南京

鼓楼区已形成以智能电网、智能交通、智能医护、智能公共安全、智慧家居、城市地下管网数字化系统建设等六大物联网产业板块,集聚了一批从事物联网领域研究的两院院士、科技领军人才和一批骨干企业。国电南自、联创科技、南大苏富特、瑞中数据、长江科技、朗坤软件、安元科技、康尼电子、泰通科技、万全科技、中图数码等物联网领域龙头企业开展相关的技术和产品研发,形成了一定的规模和市场优势。栖霞区的仙林物联网产业基地,是江苏省首批物联网产业基地,位于南京市马群板块,是南京智慧产业最为密集的区域,现已入驻相关企业超过 30 家,业务涵盖了通信芯片、传感网节点设备、RFID& 传感器、系统集成、软件 & 平台等领域。其中,南京物联网产业联盟理事长单位三宝科技集团位于基地的马群科技园,是国家重点高新技术企业、国内首家智能交通香港上市企业,该公司自主开发的超高频 RFID 电子标签和读写器产品拥有自主知识产权,被认定为首批国家自主创新产品,已广泛应用于海关物流监控、医药流通等领域。

(四) 物联网技术应用融入城市发展

“十二五”期间,物联网技术已经融入到南京市城市发展的各个方面,如智能工业示范工程、智能农业示范工程、智能节能环保示范工程、智能交通示范工程、智能公共安全示范工程、智能物流示范工程等。以秦淮区为例,2015 年申报的 20 个物联网类项目被列入 2015 年南京市物联网产业重点项目,共涉及智能工业、智能交通、智能健康医护、智能节能环保、智能公共安全等多个领域,总投资近 4 亿元。在智慧农业发展方面,2015 年,南京市全市规模设施农业物联网技术应用程度达 15%,居全省第二,台创园、七一畜牧养殖场等一批物联网技术示范应用点,节水、节肥、节药、节劳力、提高农产品品质等效果显著,经营效益普遍提高 20%左右。南京市正加快推进市智慧农业中心建设,有条件的区也在

① 许钧.南京市物联网产业发展研究[J].商情,2013(30):239.

探索建区级智慧农业综合服务平台，与市级中心互联互通，数据交互，在全市建一张大的物联网应用信息系统。

值得注意的是，南京市在长江航运物流中心建设方面也进行了一系列部署，对物联网及相关产业发展有积极意义。根据行动计划，南京将建设“智慧港口”物流数据中心，搭建数据交换平台，构建 6 个综合应用子平台，打造 1 个门户网站。完善口岸功能，推进长江通关一体化，提供完备、高效、优质的电子口岸服务。

四、省内其他城市物联网产业发展情况

“十二五”期间，无锡、苏州、南京三个地级市在物联网产业发展方面领先优势明显，其他地级市的物联网产业发展也各有特色。本部分内容选取具有代表意义的徐州、常州和扬州的发展情况进行介绍。

（一）徐州市

“十二五”期间，徐州市的物联网产业依托自身的优势资源，在智能矿山、智慧农业等方面的建设发展取得了一定成绩，走在了全省的前列。

在发展基础方面，徐州市物联网产业在技术研发、产业化、市场应用、人才资源等方面拥有一定的基础优势。一是在技术研发方面，中国矿业大学在矿山安全物联网核心技术研发、科技成果转化、应用示范推广等方面，拥有一流的研究队伍、良好的实验环境和多学科的支撑条件，研究成果在国内外具有重要影响，在国际国内相关标准制定中发挥着重要作用。二是在产业基础方面，拥有江苏集群信息产业股份有限公司、徐州中矿华洋科技有限公司、徐州精英电器有限公司、徐州弗莱斯德物联网公司等一批骨干企业，2012 年全市物联网列统企业达到 94 家，2012 年物联网产业产值达到 268 亿元，技术创新与市场化能力较强。三是在应用领域方面，先后启动了物联网在智能矿山安全、智能机械制造、智能电网、智能仓储与配送等领域的研究和应用，为物联网技术和产业快速发展奠定了较好基础。

在政策支持方面，徐州市出台了《徐州市物联网产业发展规划纲要》。规划提出的发展目标是：力争通过 3—6 年左右的时间，将徐州市建设成为物联网领域技术、产业、应用的先导基地，形成徐州市产业发展的空间布局和功能定位；将徐州建设成为国家矿山安全物联网创新示范区，引领全市物联网产业快速发展，成为全国先行区。在突破“感知矿山”之后，徐州还将以此为基础，构建“智慧徐州”的主体框架，重点研究物联网的广泛应用技术，形成包括标准制定、运营服务、网络构架、系统集成、材料制造等多个关节，涵盖制造和服务两个领域的物联网产业链，推动徐州物联产业的发展。发展目标是：物联网产业规模由 2012 年的 268 亿元增长到 2015 年的 450 亿元，努力打造“感知矿山”等具有徐州特色的物联网产业基地。

在产业发展方面，徐州依托中国矿业大学煤矿传感技术及自动化等技术优势，以“感知矿山”为突破口，已初步形成智能矿山物联网产业链，集聚物联网企业超过 90 家，被国家批准建设“国家安全科技产业园”。徐州市政府与中国矿业大学正式签约合作共建徐州物联网产业发展研究中心，共同打造物联网产业基地。该研究中心依托 1 个国家级、2 个省级研发平台，为物联网产业产品测试、公共研发和技术创新服务，建立了基于物联网的

矿井提升机安全状态监测中心,陆续成功研发了井下无线双向个人信息终端、感知矿山M2M平台、无线网络摄像机、千兆环网交换机等新产品,为企业提供源头创新保障与持续科技支持。另外,徐州市围绕智能工业、智能农业、智能交通、智能医疗等重点领域的示范工程也取得了积极进展,徐州天荣医疗通讯设备有限公司基于物联网技术研发的移动监护和远程胎监项目、贾汪"丰硕农业设施蔬菜物联网监测系统"、邳州的"GPS车辆管理系统"、徐工成立的国内首家工程机械物联网应用研发基地等。

"十三五"期间,徐州市将以"感知矿山"作为物联网应用发展的核心,以徐州国家安全科技产业园为基地,围绕徐州矿务集团煤矿试点建设矿山安全物联网示范工程,集成中国矿业大学在采矿、地下工程、物探、采矿机电设备等多个领域的国家重点学科和重点实验室,充分发挥物联网在数字矿山及地下工程建设中的作用,着力突破智能传感器、射频识别、智能传输、智能信息处理等核心技术,打造全国领先的物联网应用示范先行区。

(二)常州市

"十二五"期间,常州市的物联网产业处于起步阶段,产业发展初具规模,在物联网技术应用方面进行了一定的探索,总体处于招商引资、积蓄力量的发展阶段,发展优势尚不明显。

在发展规划方面,常州市在《常州市培育和发展战略性新兴产业三年行动计划(2013—2015年)》中提出,积极培育和发展与物联网感知功能密切相关的制造业,重点突破传感器/节点/网关、传感器、RFID、二维条码等制造业。加快智能农业、智能医护、智能交通物流、智能节能环保等应用示范工程建设。积极开展虚拟化、云计算应用平台、云储存等技术研发,推动智能终端等设备的产业化。整合现有各类网络资源,推动各领域信息共享和业务协同,打造智慧常州。

在产业发展方面,常州市物联网产业已具有一定基础和生产能力,在环境监测、智能电网产业、智能家居等领域均取得了很好的进展。例如,远宇集团、中科院常州机电所、河海大学物联网工程中心、OKI冲电气公司、梅特勒-托利多测量技术有限公司、煤炭科学研究总院常州自动化研究院等一批企业及研发机构,已在物流网核心器件、传感器、软硬件等方面取得突破并部分投入市场运营。但是,常州市物联网企业依然存在总体实力规模弱小,发展路线模糊,技术标准缺乏,创新体系不够完善,应用领域与影响面有限,运营模式不成熟,关键核心技术、基础技术研究开发与生产能力不强等一系列问题。

在招商引资方面,常州市签约落户了中兴能源云计算华东基地、百度大数据产业园、常州钟楼中关村物联网产业创新创业园、中科院技术转移中心、四季大通绿色冷链物流等一批科技含量高、投资规模大、带动能力强的税源型、龙头型、基地型项目。另外,常州市于2016年1月与中关村物联网产业联盟签约筹建"常州钟楼·中关村物联网产业创新创业园",加大对大数据、物联网、智慧服务业关键技术的研发力度,同时,建立物联网产业研究院,为物联网产业发展提供顶层设计和技术支持,设立总额100亿元的工业物联网产业发展基金,重点扶持特种设备综合信息、智能制造等领域相关项目。

(三)扬州市

"十二五"期间,扬州市物联网产业进步较快,引进了一批优秀的物联网企业进驻,同时在"智慧城市"建设方面加大了对物联网技术的示范应用。

在产业发展方面，扬州在射频标签设计及封装应用等环节已具备一定实力，但在数据采集、分析系统设计，重大平台及重点产业示范应用方面仍处于起步阶段。在物联网技术应用方面，扬州市实施了智能交通综合应用系统、环境监测系统等项目。“十三五”期间，扬州市将通过以射频标签为代表的物联网技术应用试点工程，推进城市信息化管理，以“智慧城市”建设为契机，发展低功耗射频标签、无线传感器芯片、光电集成芯片等元器件制造技术，基于自动识别和信息的互联与共享的物联网通信和物联网数字身份认证等关键技术，参与相关技术规范及标准的制定，推动产品应用。

在园区发展方面，扬州市邗江区、仪征市物联网产业发展态势稳健。2014 年 1 月 23 日，扬州市与南京联创科技集团股份有限公司签署协议，双方将携手推进智慧城市建设及汽车物联网产业发展，把扬州打造成中国最具影响力的汽车物联网技术集群区域和汽车智能化配套服务产业集群。据了解，联创集团于 2011 年进驻扬州，在邗江区投资建设联创扬州国际软件园。另外，仪征市物联网产业仪征物联网产业正在加速发展，现已拥有姚键铨企业院士工作站、扬州 RFID 工程技术研究中心、国家商用密码定点生产单位、国家 IC 卡中心认证单位等机构，与多所重点高校达成了产学研合作，并陆续启动了针对物联网关键技术研发和成果产业化的资源整合，初步形成了射频识别、网络通信、信息终端产品制造、云计算等链式发展格局。

在物联网的应用方面，“十三五”期间，扬州市计划建成集停车管理、公共汽车、公共自行车、充电桩、停车诱导“五位一体”的智慧交通体系。完善全省长途客运联网售票扬州分中心，推广微信召车、约车服务，提升市区“掌上公交”平台服务功能。加强交通大数据分析，充分整合公路、水路、铁路、民航和城市交通等动静态出行信息资源，开展对公众出行特征、枢纽客流规模、车辆船舶行驶特征的大数据挖掘，增强智能交通管控能力。

五、江苏省物联网产业发展的区域比较

“十二五”期间，江苏省内各城市物联网产业均实现了较快发展，产值规模、研发实力、行业地位都有了较大提升。总体来看，不同城市的物联网产业发展又有不同之处，在产业规模、发展定位、产业格局等方面存在一定差异。

(一) 产业规模不同，城市之间存在差异

“十二五”期间，无锡市在物联网产业方面起步早，具有明显的先发优势。2015 年，无锡市的物联网相关企业超过 2 000 家，物联网相关产业实现收入超过 2 600 亿元，连续多年保持了接近 40%的增长速度，发展势头强劲，是全省物联网产业发展的龙头。苏州市、南京市处于物联网产业的第二梯队，物联网产业年产值均未突破 1 000 亿元。徐州市、常州市、扬州市等处于第三梯队，物联网产业年产值在 500 亿元以下。

(二) 发展定位清晰，不同城市侧重点有所不同

无锡市是我国唯一的国家传感网创新示范区，在全国物联网发展大局中起着重要的引领和示范作用，形成了覆盖信息感知、网络通信、处理应用、共性平台、基础支撑等五大架构层面的物联网产业体系。苏州市在传感器制造、通信设备制造等方面具有明显优势，形成了较为完善的产业配套格局；南京市是江苏省省会，在科教资源、软件开发、无线通信等方面具有较大优势，物联网产业发展的基础雄厚。徐州市的产业发展势头较好，其依托

中国矿业大学、徐工集团等知名院校和企业,在智慧矿山、智慧农业、智慧机械、智慧城市等方面取得了较大进步,在物联网技术应用的细分领域具有优势。扬州市、常州市尚处于起步阶段,在某些细分领域有一定积累。

(三)产业格局清晰,不同城市各具特色

从发展历程来看,江苏省各地级市在物联网产业的发展方面均走在了全国的前列,多数都制定了中长期发展规划,从政策和资源方面给予了倾斜。经过近几年的发展,以无锡为核心区、以苏州和南京为支撑区的"一体两翼"物联网产业格局更加完善,在物联网技术研发、设备制造、产业化、示范应用等方面取得了较大进步,走在了全国的前列,是产业发展的龙头和重要支撑;其他地级市结合自身的产业和资源情况,在装备制造、农业、环保等领域建设了物联网技术应用的示范工程,也培育了一批优秀的物联网企业,是全省物联网产业发展的重要组成部分。

第四章　江苏物联网产业发展与发达省市的比较

自2010年10月国务院印发《关于加快培育和发展战略性新兴产业的决定》，将物联网确定为战略性新兴产业的重要组成部分以来，我国物联网产业进入高速发展期。截至目前，我国物联网产业已形成包括芯片和元器件、设备、软件平台、系统集成、电信运营、物联网服务在内的较为完整的产业链。我国物联网产业规模已经从2009年的1 700亿元，跃升至2015年的超过7 500亿元，连续多年保持了迅猛发展势头，年复合增长率超过28%。据中国物联网研究发展中心预计，到2020年我国物联网产业规模将达到2万亿元，未来5年复合增速22%。2015年，我国M2M(Machine to Machine)连接数突破7 300万，同比增长46%。RFID产业规模超过300亿元，传感器市场规模接近1 000亿元，但产业优势主要集中在中低端硬件领域。整体来看，我国在M2M服务、中高频RFID、二维码等产业环节具有一定优势，在基础芯片设计、高端传感器制造、智能信息处理等产业环节较为薄弱，物联网大数据处理和公共平台服务处于起步阶段，物联网相关的终端制造、应用服务、平台运营管理仍在成长培育阶段①。

"十二五"期间，我国物联网产业空间格局基本确立，已形成长三角、珠三角、环渤海以及中西部地区等四大物联网产业集聚区，四大集聚区优势凸显，已有4个国家级物联网产业发展示范基地和多个物联网产业基地。其中，长三角地区产业规模领先，成为传感器、软件开发与系统集成企业的集聚区和项目应用的先导区。珠三角地区聚焦智能设备制造、软件及系统集成、网络运营服务等三大领域。环渤海地区以京津冀一体化为契机，加快建设综合性平台，成为物联网产业重要的研发、设计、设备制造及系统集成基地。中西部地区结合自身优势，大力推进标准化试点应用②。根据我国物联网产业格局，本章将重点介绍长三角地区(上海、浙江省，外加福建省)、珠三角地区(广东省)、环渤海地区(山东省、天津市、河北省、辽宁省)相关省市和中西部地区典型省市(四川省、湖南省、湖北省、陕西省、重庆市等)的发展情况。

一、长三角及周边地区

长三角地区是我国经济发展的龙头，也是我国物联网产业规模最大的地区，在芯片、传感等基础环节有一定产业积淀，特别是在新型MEMS力敏传感器的研发和产业化方面一枝独秀，依托高铁城市群联动效应，整体产业汇集力很强。其中，江苏省是龙头，浙江

① 计世网. 2016年物联网行业现状分析及趋势预测[EB/OL]. http://mt.sohu.com/20160519/n450365174.shtml,2016-05-19

② 新华网.《2014—2015年中国物联网发展年度报告》在无锡发布[EB/OL]. http://news.xinhuanet.com/fortune/2015-09/24/c_1116671441.htm,2015-09-24

省、上海市的物联网产业都实现了快速发展。为便于介绍,本章将距离长三角区域较近、但又不属于目前四大产业集聚区的福建省放入本部分内容。

(一) 上海市

1. 产业链整体实力强,细分领域竞争力突出

上海是国内物联网技术和应用的主要发源地之一,已经形成了较具竞争力的产业链,在一些关键环节具备国际产业竞争力。目前,上海率先建立了国内最为完整的 RFID 产业链,形成了一条从芯片、标签、卡操作系统、读写机具到应用系统完整的产业链,集聚了一批国内领军企业。在 ETC、船联网、集装箱电子标签、酒类防伪、高铁车票、电子车牌、电子营业执照等方面,上海的 RFID 企业都实现了规模化应用。M2M(机器到机器通信模块)领域,上海厂家占据全球超过 30%的市场份额,将继续在 GPRS、3G、4G LTE 模块方面实现规模化增长。CMOS 图像传感芯片的年出货量达到 9 亿颗,占全球市场份额第一。"上海芯"入选国家工商行政管理总局电子营业执照首批试点,占有率超过 50%。

截止到 2015 年底,上海累计形成了 40 多项物联网技术和应用标准规范。如在药品冷链、集装箱检验检疫、火电厂生产监控等方面,上海技术成果和应用示范经验成为国家标准的主要贡献者。在射频识别标签、图像传感器、机器到机器通信等物联网核心产业领域具有全球竞争力。

2. 产业规模超千亿元,应用范围不断拓宽

"十二五"期间,上海市物联网产业年均增速近 30%,到 2015 年,上海市物联网产业规模达到千亿元规模,相关企业超过 700 家。同时,物联网应用已渗透到各个行业。在民生领域,如危化品监管、公共交通、车联网、移动生活等领域,培育了 6 个百万终端规模的应用示范工程。在集装箱检验检疫、药品冷链、船联网等方面,上海技术成果和应用示范经验成为国家标准的主要贡献者。例如,进出境(集装箱)货物检验检疫物流溯源系统应用于全国集装箱吞吐量最大的外高桥和洋山口岸,并与日本、韩国相关物流企业实现互联互通,实现"即查即放"的创新监管模式。上海市的综合交通信息平台,将传感器技术、RFID 技术、无线通信技术、数据处理技术、网络技术、自动控制技术、视频检测识别技术、GPS、信息发布技术等运用于整个交通运输管理体系中,建立起了实时、准确、高效的交通运输综合管理和控制系统。

3. 产业发展格局清晰,物联网技术研发与应用齐头并进

《上海推进物联网产业发展行动方案(2010—2012 年)》明确提出打造嘉定和浦东两个物联网基地。嘉定的上海物联网中心主要专注于传感和智能应用整体解决方案;浦东新区的张江物联网产业基地则主要以"国家射频识别(RFID)产业化基地"发展作为一个重要突破口,推进物联网产业发展;杨浦则成为物联网应用示范基地。2011 年 3 月嘉定上海物联网中心揭牌,积极吸引物联网研发、示范和产业化项目落户,逐渐在核心技术研发和国标制定上发力;而浦东新区策划则完成了"物联网双核联动"的行动规划,不仅就 2010—2012 年上海浦东新区物联网发展的技术研究、产业发展、应用示范及标准建设目标进行了明确,还特别设计了 18 项物联网应用示范工程,张江园区、上海综合保税区、华虹集团、中国移动、中国电信、大唐电信、中国联通、宝信软件、同方股份、上海贝尔、融创天下、桑锐科技、美邦服饰、久将国际、中国宝力等多家公司参与其中。

随着上海自贸区的建设发展，“十三五”期间，上海市对转口功能和物流功能的要求大大提高，将吸引大量高端制造、加工、贸易、仓储物流企业在此落户。上海市有望成为泛亚地区的供应链枢纽，建成世界领先的大宗商品交易中心，将有效带动海关吞吐量的快速增长，并对物流运输、仓储管理、人员管理、场景监管提出更多需求，这将为物联网产业提供良好的发展机遇。

（二）浙江省

1. 产业基础扎实，具有一定领先优势

浙江省是物联网产业起步较早、技术实力较强、产业基础较为扎实的省份。“十二五”期间，杭州、嘉兴、温州等地已初步形成产业集聚，在关键技术攻关、新型仪表和传感元器件制造、商业化应用开发以及网络运营服务等方面已形成一定领先优势；在射频识别技术、无线传感器网路、系统集成等技术领域，浙江省内多家企业掌握核心自主知识产权，并主持和参与多项国际国内标准的制定；浙江省内企业开发的运用于物联网智能电网、物联网智能安防、物联网智能交通、物联网环境监测等领域的多项产品在国内处于领先地位，具有较高知名度和较强竞争力。

“十二五”期间，浙江安排财政扶持资金 4 亿元，设立物联网相关领域省级重点企业研究院 33 家，省级重大攻关项目 48 个，促进了物联网企业的发展。到 2013 年，浙江省拥有物联网相关企业 2 500 多家，比 2010 年的 1 500 多家增长了 60%。

2. 杭州市领先优势明显，产业规模已超 500 亿元

杭州市是国内物联网技术研发和产业化应用研究的先行地区之一，也是全国传感器产业发展“第一方阵”中的重要一员。截至 2015 年底，杭州从事物联网相关业务的企业有 200 多家，主营业务收入超过亿元的企业近 40 家，收入超 100 亿元的企业有 2 家。2013 年，杭州市物联网产业实现主营收入 524.38 亿元，近三年年均增速为 12%左右，到 2015 年物联网产业主营收入约为 650 亿元。杭州市高新区（滨江）是全国四个国家级物联网产业示范基地之一，已成为杭州市、浙江省乃至国内物联网产业发展的核心示范区。

“十二五”期间，杭州市物联网产业的产业链日趋完善，已形成了涵盖感知层、网络层、应用层的较为完善的技术体系，涌现出了海康威视、大华股份、宇视科技、中控科技、聚光科技等龙头企业。根据《杭州市建设全国物联网产业中心三年行动计划》，到 2017 年，杭州市将培育规模超百亿的龙头企业 3 家以上，发展“专、精、特、新”重点企业 200 家以上，孵化创新创业企业 500 家以上，全市物联网产业实现主营收入力争达到 1 000 亿元，产业规模跃上新台阶；要将城西科创园打造成城西物联网产业发展集聚区，将钱江开发区打造成为杭州国际传感谷，并重点发展传感器、数字安防、网络通信、智能装备等产业，培育挖掘数字健康、车联网、北斗导航、智能家电等产业，推进物联网标准体系、公共技术服务、检测认证服务、应用展示体验与交易等平台建设。

（三）福建省

1. 政府大力扶持，物联网产业发展速度较快

“十二五”期间，为支持物联网产业发展，福建省出台了一系列有利政策。2010 年，福建出台了《福建省加快物联网发展行动方案（2010—2012 年）》，率先对物联网产业的发展进行了规划；2011 年，福建省级财政拨付近 4 000 万元扶持物联网行业，成立了国内首支

物联网产业创投基金，首期规模 2.5 亿元；在全国率先启动物联网专业人才培养改革试点，在厦大、福大等高校成立物联网专门实验室，成立海西物联网研究院和福建省物联网科学研究院。2013 年，福建省印发了《加快物联网发展行动方案(2013—2015)》，提出将重点建设平潭、南平和福州市的鼓楼、马尾四大重点示范区，集中开展物联网智能化应用项目建设，重点投入物联网在工业、农业、能源、交通物流、生态保护、民生服务等领域的应用，重点培育 15 家以上全国领先的物联网应用服务商、高端传感和网络设备制造商，并形成千亿物联网产业规模。

"十二五"期间，福建省物联网产业规模实现了高速增长。2010 年，物联网产业产值突破 100 亿元；2013 年物联网产值突破 400 亿元，物联网企业为 150 多家；2015 年，全省物联网产业产值超过 800 亿元，物联网企业超过 300 家，在两年的时间产值、企业数量翻了一番。

2. 着眼产业集群建设，在多个细分领域领先全国

"十二五"期间，福建省在物联网产业集聚发展方面取得了积极进展，其思路是：在产业发展基础较好的地区，整合创新资源，建设物联网产业基地、园区，集聚形成特色产业集群和完整产业链，提升信息识别产业的主导地位，夯实通信传输产业支撑基础，培育发展新型物联网信息服务。"十二五"期间，福建省重点建设了福州物联网信息识别产业基地、厦门闽台云计算产业示范区、泉州物联网通信传输产业基地等，形成特色产业集群和完整产业链。目前，福建省物联网产业在多项领域全国领先，其中福大自动化工业控制、厦门雅迅 GPS 车载终端、科拓智能停车引导系统、冠林智能家居系统、思迈特车载智能型移动数字终端、四创防灾减灾自动测报系统、慧翰微电子车联网产品无线蓝牙传输模块等产品市场占有率保持全国第一。新大陆、上润、联迪、信达汇聪、英诺尔等企业，在食品溯源、传感仪器仪表、手机支付、销售管理、安全监控等领域的研发和应用达到全国领先。

二、珠三角地区

珠江三角洲地区是有全球影响力的先进制造业基地和现代服务业基地，是我国参与经济全球化的主体区域，全国科技创新与技术研发基地，全国经济发展的重要引擎，辐射带动华南、华中和西南地区发展的龙头，是我国人口集聚最多、创新能力最强、综合实力最强的三大区域之一。珠三角地区物联网产业的市场化程度最高、产业链条衔接最为紧密，各环节对市场的感应程度较为明显，市场转向灵活。深圳拥有国民技术、远望谷、先施科技等一批龙头企业，在传感器、微机电和无线传感网络领域，集聚了近 600 家企业，在国内超声波传感市场，广州奥迪威成功替代国外品牌，在汽车电子、工控等领域受到市场广泛认可。"十二五"期间，广东省在物联网产业发展方面优势明显，稳居国内第一梯队。

1. 起点高，物联网产业规模稳居国内第一梯队

2012 年广东省物联网产业市场规模突破 1 000 亿元，2014 年总产值达到 2 400 亿元，2015 年达到 2 800 亿元，连续多年保持了高速增长势头，稳居国内第一梯队。按照我国 2015 年物联网 7 500 亿的产值规模计算，广东省占比达到 37%，稳居我国物联网产业第

一梯队。从企业数量上看，2015 年底广东的物联网相关企业达到 3 400 家，同比增长 9%①。

2. 技术领先，广东省物联网产业实力雄厚

根据国家知识产权局数据库的统计，2014 年广东物联网相关专利申请数量为 4 694 件，比 2013 年同口径增长近一倍，并在当年立项 27 行业标准。在物联网技术所涉及的 4 个关键技术层次中的 15 个技术分支中，广东省的申请量均位于全国前三。在物联网产业的重要技术——射频识别(RFID)技术方面，广东省 RFID 市场规模占全国 42%以上，具有明显优势。深圳拥有国民技术、远望谷、先施科技等一批龙头企业，已在 RFID、传感技术、信息集成平台、智能控制等领域形成了比较优势，以深圳为中心的珠三角地区物联网核心产业群正初步形成。

值得注意的是，企业是广东技术创新的主体，在某些技术领域的申请量甚至达到 95%。备受关注的华为、中兴两家企业，对专利数量和核心技术的掌握都处于全国乃至全球的领先位置。华南理工大学、中山大学具备突出实力。

3. 广泛应用，物联网技术融入经济发展各个方面

2013 年，广东省物流与供应链领域重点企业射频识别(RFID)应用普及率达 36%，到 2015 年已达 40%以上。例如，在智能交通应用方面，从 2010 年发放第一张卡片至 2016 年 4 月份，广东省公交一卡通“岭南通”技术标准卡累计发卡量突破 5 000 万张；岭南通累计消费交易量 262.5 亿笔，消费金额约 447.6 亿元，跨区域消费笔数 12.6 亿笔，跨区域消费额 27.5 亿元，日均刷卡量超过 1 200 万人次，跨区域日均刷卡量超过 100 万人次，成为我国规模最大的区域交通一卡通系统。在食品安全跨境追溯方面，广东省通过推行供港活猪电子耳标标识管理，在从 2008 年 4 月至 2013 年 7 月的时间里，实现电子标识管理的供港活猪近 11 万批次 341 万头，在商贸流通当方面充分发挥了物联网的优势作用。广州还是全国首个尝鲜“城市服务”的微信“智慧城市”，广州市民通过该入口就可实现医疗挂号、违章缴费、招考查询、社保缴费，甚至报税都可以在微信上完成。

4. 分工明确，产业集聚效应明显

“十二五”期间，广东物联网企业主要分布在广州、深圳、惠州、东莞、佛山等地。通过省市共建，广东已形成了广州 RFID 芯片、传感器、新一代无线网络等物联网产品研发产业基地，东莞物联网创新、智能制造、智慧应用产业基地，佛山物联网和云计算产业基地，惠州物联网终端及应用产业基地，顺德物联网技术及应用示范产业基地，云浮三网融合基地等物联网新兴产业基地。整体产业链分工细致，供应链较长，配套相对完整②。

根据广东省的规划，到 2020 年，广东省物联网领域专利受理量和技术标准发布量计划超过 2 500 项，M2M 应用终端数量超过 3 000 万台，物流与供应链领域重点企业 RFID 应用普及率达到 70%，全省物联网产业市场规模达 7 400 亿元。

① 南方日报. 珠三角物联网核心产业群渐成[EB/OL]. http://news.sina.com.cn/o/2016-03-25/doc-ifxqssxu8141131.shtml, 2016-03-25

② 李晓钟，王莹，王倩倩. 苏粤两省物联网产业发展比较研究[J]，财政论丛，2014(1)：22-27

三、环渤海地区

环渤海地区则主要依靠京津冀、山东半岛的区位与资源优势，以集成和模式创新为主发展物联网产业。在环渤海地区相关省市中，山东省、天津市的物联网产业技术实力和产值规模领先，为第一梯队；北京市、河北省、辽宁省为第二梯队。

(一) 山东省

1. 明确物联网产业发展方向

为促进物联网产业的快速发展，2013 年 11 月，山东省政府印发了《关于贯彻国发〔2013〕7 号文件推进物联网有序健康发展的实施意见》。意见提出，将在工业、农业、节能环保、商贸流通、交通能源、公共安全、社会事业、城市管理、安全生产等领域实现物联网试点示范应用，利用物联网技术进一步提升新能源、新材料、新医药、海洋工程、节能环保、航空航天、文化创意等战略性新兴产业的发展水平，培育一批物联网应用服务优势企业。将依托济南、青岛等省级物联网产业基地，重点发展新型显示、智能传感器、新光源、新一代宽带无线通信、移动互联网、云计算与大数据服务、物联网运营及应用服务等产业，集聚培育规模以上企业 500 家以上、年销售额超 10 亿元的龙头企业 5 家以上，到 2015 年物联网产业规模超过 2 000 亿元。

2. 物联网产业规模持续扩大

“十二五”期间，山东省物联网产业在技术研发、产业化应用、人才培养等方面取得了显著的成绩，涵盖了电子信息、软件服务、物流、交通、家居、医疗等各个领域，培育了潍坊、威海、济宁、日照等七个省物联网基地。截止到 2015 年 12 月底，山东省在物联网产业链上已聚集了 3 000 多家从事研发、生产到应用、培训、服务等企业，同比增加约 23%，是“十二五”期间规模增长最快的一年。2015 年全省物联网及相关企业实现主营业务收入超过 2 000 亿元，同比增长保持在 20%以上，全省 263 家物联网重点调度企业相关产值达到 851 亿元，同比增长 39.9%，其中，物联网产品及设备制造 427 亿元、软件产品开发 239 亿元、系统集成 122 亿元、网络及运营服务 63 亿元。

3. 物联网与实体产业融合发展

“十二五”期间，山东省物联网重点调度企业产品技术以自主研发居多，RFID 射频技术等物联网产品和服务趋于成熟，在交通、医疗、餐饮、养殖、消防等领域进行了多项示范应用，提升了重点示范区域智能管理和民生智能化水平，推进了全省物联网产业发展。例如，山东诺安诺泰公司运用物联网技术打造新型医联体 · 云健康服务平台，济南盛和锐进公司利用物联网技术建设消防物联网智能管理系统，山东启光电子公司提出的企业安全生产信息化管理平台，物联网技术与实体产业相互融合，创造了新的发展模式。从数据来看，2015 年 1—12 月份，重点调度企业核心物联网产品(服务)营业收入占物联网营业收入 73.2%，其中，网络运营和服务产业相关企业的比例为 30%，物联网技术应用企业占比 15%。

(二) 天津市

1. 物联网产业先发优势明显

天津是国内物联网产业起步较早的地区，拥有较好的科研基础、产业基础和应用基础，初步形成了从感知、超算、芯片、标准制定、解决方案、系统集成等较完整的产业链，率先从技术研发阶段进入到应用驱动阶段。与国内其他地区相比，天津市的高性能计算机及存储设备国内领先，传感器产业初具规模，信息安全产业加快发展，物联网技术在二代身份证、视频监控、货物通关、设施农业等方面得到了广泛应用。

2. 中长期发展规划清晰

“十二五”期间，天津市着力打造云感知、云计算、云存储、云安全、云方案、云灾备“六云”产业，坚持“以应用促进产业，以产业带动应用”两翼发展模式，充分发挥财政资金引导带动作用，着力在工业、农业、生产性服务业三领域推进物联网技术的示范应用。根据《天津市物联网产业发展十二五规划》，天津市的发展目标是：到 2015 年物联网产业实现销售收入超过 2 000 亿元，培育和聚集物联网企业 1 000 家以上；聚集国家级科研机构与研发中心 20 家以上，掌握一批国内领先国际先进的物联网核心技术，形成一批在国际和国内发挥关键作用的相关标准。

“十三五”期间，天津市将重点支持先进传感器、网关芯片及产品、短距离无线通信芯片及模块、核心控制设备等的研制，构建集研发、生产、应用、推广于一体的物联网产业体系和产业发展格局。

3. 物联网技术得到广泛应用

“十二五”期间，天津市首先在工业、农业、生产性服务业等领域物联网应用示范上，先后实施了天钢、天铁、荣钢等重点企业能源中心建设、化学品去留监管系统、全国农业物联网区域试验工程、农产品冷链物流信息化应用试点等建设，推进精细化管理和科学决策，提升生产和运行效率，促进产业升级，推动落实节能减排。以全国农业物联网区域试验工程为例，天津市积极探索推进信息技术在农业应用的模式和路径，初步建成了数据资源云中心，并实现 25 个基地环境数据在线采集，集成了 17 个数据库、各类应用系统 88 个。

（三）北京市

1. 物联网产业发展基础扎实

北京物联网技术研发及标准化优势明显，是物联网应用的先行城市，积累了物联网技术和产业发展的创新资源，拥有中科院、清华大学、北京大学、北京邮电大学、北京科技大学等众多高等科研院校，以及全国信息技术标准化技术委员会、中国电子技术标准化研究所、中国移动研究院、中国联通研究院、中国电信北京研究院等标准化组织。同时，北京拥有中星微电子、大唐电信、清华同方、稳捷网络、时代凌宇等业务领域涉及物联网体系各架构层的物联网企业，在核心芯片研发、关键零部件及模组制造、整机生产、系统集成、软件设计以及工程服务等领域已经形成较为完整产业链。据不完全统计，2010 年，北京市物联网直接相关企业超过 600 家，已经形成了较为完整的物联网产业链。

2. 物联网技术得到广泛应用

“十二五”期间，北京已在城市交通、市政市容管理、水务、环保、园林绿化、食品安全等多个领域实现了自动化的监测和管理。北京市政府也陆续出台了《北京市城市安全运行和应急管理领域物联网应用建设总体方案》《北京市“十二五”时期城市信息化及重大信息基础设施建设规划》《“十二五”智慧北京行动纲要》等具体的物联网建设规划及方案。

北京市物联网应用支撑平台是“智慧北京”的基础性平台，目前，该平台已经成功实现了对北京市烟花爆竹燃放监控、安全迎汛、森林防火、扫雪铲冰、交通保畅、轨道交通安全、电梯安全运行等物联网应用的支撑，能够保证物联网应用系统实时获取感知设备的实时感知信息、综合信息。该平台已经实现了市安监局（批发企业、烟花爆竹流向等）、市城管执法局（车辆轨迹等）、市地勘局（位移、雨量监测等）、市消防局（GPS 数据）、市环保局（噪音数据）、市交通委（烟花企业车辆 GPS）、市气象局（站点、实时气象等）、市水务局（雨量、河道水情数据等）、市卫生局（120、999 车辆 GPS 数据）等向市应急办、市网管中心、市交通委、市公安局、市城管执法局的数据共享和交换。

（四）河北省

1. 出台发展政策，明确物联网产业发展方向和目标

“十二五”期间，河北省先后出台了《关于加快物联网产业发展的意见》、《关于进一步推进物联网发展的实施意见》和《河北省工业和信息化发展“十二五”规划纲要》等文件，对物联网产业的发展进行了规划。在物联网产业发展方面，河北省将搭建技术研发中心和创新平台，重点加快 RFID（射频标签）、新型传感器的研发及产业化；推进中电科河北物联网、廊坊物联网服务、秦皇岛数据产业、唐山物联网技术应用、邯郸北京邮电大学物联网等 5 个产业基地建设。加快海量数据存储、容灾备份等基础服务平台建设。积极推进润泽信息港建设，在环首都地区建设为政府机关、大型企业、跨国公司等提供服务的大型信息存储产业园区。

2. 明确城市分工，加强产业集群建设

对石家庄物联网产业基地，重点发展卫星导航产品、传感器设备、微电子和光电子产品、网络与接入设备、无线通信设备和信息服务平台，推进食品安全、位置服务、信息监测、现代物流、医疗卫生服务等领域物联网产品产业化发展和集成服务。对承德智能化仪器仪表产业基地，在水、电、气、暖等领域打造国内领先的集物联网技术研发、产品制造、工程应用和综合服务于一体的完整产业链。对唐山物联网技术应用与产业化基地，重点发展基于物联网的行业管理、工业控制、智能仪器仪表等软件产品的研发应用。对保定智能电网产业基地，推动新型储能、智能输变电、节能环保等电力装备和电力传输设备智能化发展。

“十二五”期间，河北省在物联网技术研发、产业发展、应用推广等方面取得较大进展，部分技术和产品处于国内领先水平。河北广联等 19 家企业承担国家物联网专项工程，在工业、农业、环保、医疗、安防、电力等领域开展了一系列应用示范，其中康泰医学“远程医疗系统”等三个项目入选国家物联网示范应用案例，2013 年全省物联网相关产值已突破 1 000 亿元。在智能交通应用领域，河北汉佳电子科技有限公司开发了 RFID 的营运车辆身份认证和维检管理系统。

（五）辽宁省

1. 有一定基础，物联网产业发展处于起步阶段

“十二五”期间，辽宁省物联网产业整体上处于起步阶段，在制造业、软件产业和城市交通软硬件产品方面具有相对优势。辽宁省嵌入式软件全国闻名，有沈阳软件园和东大软件园两个国家级软件产业基地，仅沈阳市浑南新区目前从事 RFID 生产、位置信息服务、电梯运行监控、智能交通及移动支付卡等研发和生产企业已达数十家，产品技术水平

和占有率国内领先。辽宁省物联网产业发展基础良好，尤其是软件和信息技术服务业发展较快，2015 年主营业务收入超过 3 000 亿元，有力地支撑了全省物联网产业发展。

2. 形成两大产业集群，物联网产业发展格局初步成型

“十二五”期间，辽宁省形成了两大产业集群——大连市的高新区物联网产业基地和沈阳市的云计算产业联盟和沈阳物联网产业联盟。大连市从事物联网和云计算相关业务的企业已超过 100 家，物联网和云计算产业初具规模。例如，哥伦布公司通过搭建航运物联网综合服务平台，包括航运信息化管理平台、航运电子商务平台，帮助航运企业管理船舶日常运营，确保船舶航行安全，促进企业商品交易，提高企业竞争力。沈阳基地聚集了 EMC、东软集团、辽宁移动、北方重工、三一重工、新松机器人等公司和机构，首批沈阳云计算产业联盟成员单位 40 家，沈阳物联网产业联盟成员单位 55 家。

四、中西部地区典型省市

中西部地区物联网产业发展平稳，重庆推动电子车牌地方立法保障，以新区为基点出台优惠政策，以中移物联为核心形成产业聚集，成都集聚了一批研发机构和企业，基于 RFID 的区域行业应用开展较好。按照物联网产业的实力和规模，本部分将重点介绍中西部地区的四川省、湖南省、湖北省、陕西省和重庆市发展情况。

（一）四川省

1. 产业规模超过千亿元，物联网发展格局构建完成

“十二五”期间，四川省物联网产业销售收入年均增长约 30%，2015 年物联网产业销售收入达 1 000 亿元以上，全省物联网应用进入实质性推进阶段。到 2015 年底，成都高新区已集聚物联网企业和研发机构 400 余家；双流县物联网产业园入住、在建和签约企业达到 50 余家，初步形成了物联网成果孵化基地和产品制造基地；绵阳国家科技城感知物联网产业园积极申报国家级物联网创新示范园区，建设西南地区有特色的物联网应用示范区和产业集聚区；遂宁市把发展物联网产业作为“绿色遂宁”发展目标现代化产业之一，给予重点扶持；德阳、广元、南充、达州、广安、泸州、攀枝花等 14 个市（州）已先后出台政策加大产业扶持力度，推动产业发展。全省物联网产业快速聚集、持续发展的基础条件和区位优势已基本形成。

目前，四川省在光纤传感技术、微电子机械系统传感技术、自组网技术、高分辨对地观测技术、传感核心芯片与射频识别芯片设计、天线设计、应用软件、中间件等领域具有较强实力；物联网信息安全方面处于国内领先水平；在物联网技术军转民应用方面具有较强优势和较大发展潜力。

2. 物联网技术应用进入实质性推广阶段

截止到 2015 年底，四川省物联网应用进入实质性推进阶段。成都市按照“成熟一个启动一个”的原则，确定在智能交通、食品安全、环境保护、危险（化）品安全监管等领域的应用示范；乐山市确定了 2 个批次 15 大类物联网应用示范领域，全市应急指挥、智能交通、智慧教育、智慧医疗等多个系统正在建设中；甘孜州投资近 3 亿元建成全州智慧教育信息化系统，全州 85%的学校通过远程教育平台，大山里的孩子和城市里的孩子一样享受优质教育资源。此外，成都、绵阳、雅安、泸州等市电子政务“云”已建成投入使用，并依

托“云”中心开展智慧政务、智慧教育、智慧交通、智慧医疗等物联网应用示范工程,加快推进物联网应用示范工程和项目建设,积极运用物联网技术创新社会管理方式。四川作为白酒大省,川酒的“6 朵金花”五粮液、泸州老窖、郎酒、剑南春、水井坊、沱牌,联合茅台酒厂,成立了白酒物联网应用联盟。

“十三五”期间,四川省将攻克一批物联网核心关键技术,着重突破智能传感器、智能终端、WSN、物联网大数据处理与管理、物联网安全等领域关键技术,形成 1 000 项以上重要研究成果;加强产学研合作,增强自主创新能力,建设一批创新载体,包括重点实验室、产业研究院、企业技术研发中心、工程中心等。目标是到 2020 年,形成 1 000 亿元规模的物联网产业集群,培育 100 个以上具有全国影响力的物联网企业和 20 家物联网上市公司。同时,四川省将在智慧城市、智慧工业、智慧农业、交通物流、智慧教育、智慧医疗、智慧环保、智慧能源、智慧旅游、智慧家居 10 个领域建设应用示范工程。

(二) 湖南省

1. 物联网产业发展具有一定的基础,发展速度较快

湖南省物联网产业发展具有一定的基础。一是有较强的研发力量。湖南既有国防科大、湖南大学等一批从事物联网研发的知名高校,又有中电 48 所、中联重科等一批科研院所和骨干企业。二是有一批重大项目支撑。全省实施了“国家 863 传感器网络”、“物联网在交通运输领域的应用”等一批重大课题研究,国家 11 个物联网发展专项等重大专项项目在湖南落地。三是有较好的产业基础。“数字湖南”战略加快推进实施。“十二五”期间,全省电子信息制造业和软件服务业保持了 30%以上的年均增长速度。南车时代在智能传感器、点式应答器、电子标签、高速智能列车信息化系统等方面展开了深入研发;湖南电信在 Ipv6 商用网络建设方面处于行业领先;国防科大、湖南大学、中南大学共同承担了国家 863 传感器网络专项研究课题,对传感网技术进行了实验性的应用研究;湖南大学成立了物联网研究中心等专门研究机构并建立超级计算机中心;湖南伊爱卫星监控科技有限公司等企业在全球定位系统应用产品的研发、制造、销售、服务和网络运营方面已有不少成功的案例。

截止到 2015 年底,湖南有 250 多家从事物联网研发、制造、运营和服务的企业,涉及传感器、芯片设计、电子标签与读写机具、智能终端、应用软件、系统集成等产业链环节,形成了初级产业链,实现主营业务收入 400 多亿元,其中产值过亿元的企业 20 多家。

2. 物联网技术应用方面取得积极进展

“十二五”期间,湖南省在工业、农业、物流、交通、安防、医疗、电网、环保、家居、智慧城市等领域开展了一系列的试点示范。湖南省作为移动电子商务试点示范省,建成了中国移动全网手机支付平台;作为国家“三网融合”试点城省群,拥有长株潭国家级“两化融合”实验区和十一个省级“两化融合”实验区,建成了湘潭九华物联网示范基地、长沙百果园现代农业示范基地、郴州 IPv6 物联网示范基地、湘西物联网云计算平台等一批产业示范基地,并在智能水利、智能农业、智能工业、智能交通等多领域率先应用物联网技术。中联重科的泵车、吊车全部出厂预装 GPS 车载终端,实施 GPS 实时监测管理系统来监测车辆的里程、运行状态、吊臂作业等数据;对租赁及按揭的车辆进行日常的监控,以保证租赁费用及按揭款得到及时回收等。

（三）湖北省

1. 物联网产业具有一定的发展基础

湖北省科教资源丰富，“十二五”期间，在与物联网相关的技术和产业领域，如计算机、网络、无线传感、智能信息处理、微芯片设计、信息安全、遥感遥测、通信、微纳加工、光机电一体化等，形成了一批科技成果、创新型企业和人才队伍。在物联网基础研究方面，省内有关高等学校与科研院所已在立体数据采集、微机电系统芯片传感技术、信息处理、可信移动互联网络理论与应用等方面取得了显著的研究成果。目前，湖北省已在智能变电站、城市ETC（电子不停车收费系统）、视频监控等领域成功实施了一批物联网技术应用项目，物联网技术研发、产业培育和行业应用等方面已具备一定基础。

具体到企业来看，在以无线传感、光纤传感为代表的物联网传感领域，有理工光科、四方光电、华工高理、东方微磁、兴勤电子等典型代表；在二维条码、RFID感知及应用领域，有矽感科技、华工图像、精伦电子、武汉安通、武汉天罡、709所等企业；在空间信息领域，武汉东湖国家自主创新示范区拥有全国第一个“国家地球空间信息产业化基地”，集聚了中地数码、立得空间、武大吉奥、卓越科技、光庭导航、武汉依迅等一批行业知名企业。

2. 全省物联网产业规模接近500亿元

“十二五”期间，从产业应用来看，湖北省内物联网企业已经在智能变电站、城市ETC（电子不停车收费系统）、视频监控、制造业流程信息化、环境监测和管理、物流车辆监控调度、食品药品可追溯等领域成功实施了一批物联网技术应用项目。武汉理工光科的光纤光栅传感装置；武汉光谷奥源的家庭版光纤周界、门窗地波探测产品；武汉长盈通公司的光纤陀螺产品；武汉长芯盛公司的物联网核心芯片；武汉光谷互连公司的光互连线缆产品；武汉康普长青公司的电力光传感；武汉奋进电力的智能工厂产品等，都为“光联万物”计划的实施奠定了坚实的技术基础。

根据《湖北省物联网发展专项行动计划（2014—2017）》，湖北省力争到2015年湖北省物联网产业实现产值500亿元，2017年超过1 000亿元。武汉市东湖国家自主创新示范区是湖北省物联网产业的核心区域，截至2015年底，武汉东湖光谷从事物联网相关产业的企业多达1 000余家，产值规模超过300亿元。

（四）陕西省

1. 有一定研发优势，细分领域有产业支撑

陕西是全国重要的科研教育和高新技术产业基地，在电子信息软硬件产品、通信网络、数据处理、传感传动、微电子等物联网技术领域有优势，汇聚了西安交通大学、西安电子科技大学、西北工业大学、中国科学院西安光学精密机械研究所等一批高校和科研院所，涌现出了华迅微电子、优势微电子、烽火集团、中星测控、大唐电信等一批优秀企业，引进了中兴、华为等龙头企业，技术和产品涵盖了物联网核心芯片、智能传感器、射频识别RFID、智能天线、软件与应用平台、系统集成方案等全产业链。

2. 产业规模超200亿元，处于快速发展期

据不完全统计，“十二五”期间，陕西物联网产业相关企业超过400家，产业规模超过200亿元，产业已进入快速发展期。在物联网核心芯片、传感器、射频识别RFID、通信网络设备与运营服务、软件与应用平台、数据处理、物联网系统集成方案等领域，陕西省物联

网产业相关企业均有涉及,并形成了一定优势。以物联网系统集成与服务领域为例,陕西物联网企业的方案已在装备、煤矿、石油、文物、水利、交通、农业、环保等领域得到成熟应用,诸多应用领域位居国内领先水平,其中,在煤炭行业的市场占有率达到40%,在核电行业的市场占有率达到80%,位居国内同行业首位。

(五) 重庆市

1. 产业布局不断完善,规模超过200亿元

"十二五"期间,重庆市已形成以南岸区为核心,以具有较好的产业基础的北部新区、高新区、西永微电子园区为辅助的物联网产业布局,并已建成中移动物联网全国运营管理平台、冶金行业远程监控与设备管理平台等一系列物联网运营平台。据不完全统计,截至2015年底,重庆市从事物联网研发、制造、运营的单位已达220余家,产业规模在200亿元以上,主要集中于芯片和传感器等硬件研发及生产、物联网软件开发及集成和物联网运营三大领域,其中,在车联网、智能家居和智慧城市等物联网应用领域研发的某些产品已经在全国领先。作为核心的南岸区,共有物联网以及关联企业186户,包括中移物联网公司、北京千方、城投金卡、美的智能家电(家居)等物联网龙头企业,智能交通、智慧南岸APP、智慧小区、智慧城管、智慧医疗、智慧商圈、智慧南滨等13个物联网应用示范项目取得明显成效。

2. 物联网技术得到广泛应用

"十二五"期间,作为国家级物联网示范区承载地的重庆茶园新区,已建成多个全国性的物联网运营平台。一是"中国移动M2M全网管理平台"在交通、电力、安防、智能家居、节能减排、物流等领域得到较大规模的应用,管理了全国1 000万终端应用接入;二是工信部电信研究院西部分院建立,形成移动通讯公共服务检测平台,为产业发展提供技术支撑和质量保证;三是中国移动一卡通业务平台,为全国1亿用户提供服务;四是中国移动移动手机密钥管理中心,为全国1.2亿张手机钱包卡提供服务;五是联通公司NFC(近场通信)技术平台,将形成以联通NFC技术为主的应用服务体系和产业链架构;六是中国电信农信通全国平台,为5 000万农信通用户提供服务;七是地质灾害防治平台,建成1万多个防治点;八是亚洲电信巨头亚太环通(PACNET)宣布与重庆市政府签订战略合作备忘录,助力重庆建成国内最大的数据处理基地——离岸"云计算"特别试验区,未来五年欲形成上百万台服务器、上千亿美元规模的"云计算"基地,成为全球数据开发处理中心。

"十三五"期间,根据《重庆市加快物联网产业发展行动计划》,到2017年,重庆市将形成相对完善的物联网产业链,产业规模达600亿元,其中,硬件制造350亿元、软件开发100亿元、运营服务150亿元;到2020年,形成完善的物联网产业链,力争产业规模达到1 200亿元。

五、江苏省物联网产业与国内其他省市的发展情况对比

"十二五"期间,全国物联网产业实现了快速发展,江苏省更是长期稳居物联网产业第一梯队,在产业规模、资源集聚等方面领先于其他兄弟省市。具体来看,与全国其他省市相比,江苏省物联网产业主要有以下几个方面的特点:

（一）产业规模稳居国内第一梯队

“十二五”期间，江苏省物联网产业连续保持了高速发展态势，产业规模从2010年的810亿元增长至2015年的超过3 000亿元，年复合增长率超过30%，打造了以无锡为核心、苏州和南京为支撑的“一体两翼多元联动发展”物联网产业布局，物联网产业总体规模、技术实力稳居全国第一梯队。从全国来看，广东省物联网产业规模接近3 000亿元，整体实力较为雄厚，也位于第一梯队；年产值超过1 000亿元的省市有山东省、上海市、四川省，位于第二梯队；其余省份的年产值均在500亿元左右，如湖南省、重庆市、河北省等。

（二）无锡市发展优势领跑全国

无锡市是我国唯一的国家传感网创新示范区，“十二五”期间，无锡市物联网及相关产业营业收入从2011年的600亿元增长至2015年的2 658亿元，年复合增长率超过35%，拥有物联网相关企业2 000多家。到2015年底，无锡市物联网产业的产值已经超过全国多数省份的规模，是全国物联网产业发展的先行者。截至2015年底，无锡市物联网产业已经形成了覆盖信息感知、网络通信、处理应用、共性平台、基础支撑等五大架构层面的产业体系，在物联网技术研发、应用推广、产业发展等多方面形成了国内领先优势；无锡企事业单位起草制定的国际标准、国家标准、行业标准领先全国，话语权优势明显。从全国城市群来看，上海市、深圳市、杭州市的城市物联网产业发展较为领先，属于第一城市梯队，优于其余城市物联网产业发展。

（三）集聚了一流的研发资源

“十二五”期间，江苏省与中科院共建了“中国物联网研究发展中心”，与北京大学、清华大学等高校设立了物联网研发机构。江苏省内的南京大学、东南大学、南京理工大学、南京信息工程大学、南京邮电大学、中国矿业大学等高校积极整合资源，分别建立了物联网研究开发机构。在企业合作方面，中国移动、中国电信、中国联通以及国家广电总局等在江苏省进行物联网技术的产业化开发工作。江苏省还吸引了一大批外资企业在省内建设研发、制造基地，无锡、苏州、南京等地的合资或外资物联网企业数量不断增加，为江苏省带来了先进的技术和经验。在专业开设方面，江苏省内的7所高校于2010年就开设了物联网专业，2010年全国开设该专业的学校为27所，江苏省占比第一，具有前瞻性和领先优势。

（四）在物联网产业链多个环节具有优势

按现阶段发展状况，物联网产业链主要可以分为七个环节：芯片制造产业、传感设备产业、标签成品产业、读写器制造产业、系统集成产业、网络提供与运营服务产业、应用示范产业。根据七大环节在各省、市、自治区的发展情况来看，地区性优势差异明显，如表4-1所示。从表中可以看出，江苏省在物联网产业链的多个环节均具有领先优势。

表4-1 国内各地区物联网产业优势环节

优势环节	地区
芯片制造	江苏、上海、北京、四川、重庆、广东
传感设备	上海、北京、广东、福建、湖北
标签成品	北京、广东、福建、湖北
读写器制造	江苏、北京、广东、福建
系统集成	江苏、北京、广东、四川、浙江
网络提供与运营服务	北京、上海、广东、江苏、山东
应用示范	北京、上海、广东、江苏、福建、重庆、湖北、山东

第五章　江苏省物联网产业发展的展望与对策

当前，从全球范围来看，物联网整体上处于加速发展阶段，中国的竞争优势正在逐渐形成。从国内来看，物联网产业的发展环境正不断完善，物联网技术已在多个领域得到广泛应用，仍将保持高速增长势头。结合全球和我国物联网产业发展的情况，本章将重点分析江苏省物联网产业面临的机遇和挑战，并提出发展对策建议。

一、江苏省物联网产业面临的机遇和挑战

展望未来，江苏省物联网产业既面临难得的历史机遇，也面临着诸多挑战，但总体来看，机遇大于挑战。

(一) 机遇

1. 经过"十二五"期间的快速发展，目前我国物联网技术已具备了规模化应用的条件。据国际权威机构估算，未来 20 年，工业互联网的发展至少可以给中国带来 3 万亿美元左右的 GDP 增量。物联网规模将会远超移动互联网，是下一个万亿元规模的产业。按照产业规模年均增长 30%的速度测算，到 2018 年，我国物联网产业将突破 1 万亿元年产值，并仍将保持高速增长。

2. 从全球来看，随着物联网技术产品的不断成熟，物联网应用将加速渗透到生产和生活各个环节，物联网与传统产业的深度融合将加剧，并带来生产方式和生活方式的深刻变革。从国内来看，物联网凭借与新一代信息技术的深度集成和综合应用，在推动转型升级、提升社会服务、改善服务民生、推动增效节能等方面正发挥重要的作用，在部分领域带来真正的"智慧"应用。

3. 江苏省在我国物联网产业发展中占有先机，未来发展空间广阔。江苏省是国内物联网产业起步较早的地区之一，在创新资源集聚、产业集群发展、物联网技术应用等方面已具有明显优势。江苏省经济社会发展水平较高，工业基础雄厚，信息技术已广泛应用到各行各业，将为江苏省物联网产业发展开辟广阔空间。

(二) 挑战

1. 行业间协同程度较低

目前，江苏省物联网技术的大规模应用处于启动期，各企业设计的应用方案缺乏沟通，融合度不够，缺少规范化、标准化的系统解决方案，存在应用方案和行业之间的信息资源缺乏整合、行业参与度和开放度不够、产业链各环节不畅通、缺乏协同效应等问题，限制了物联网技术的应用和产业发展。此外，尽管江苏省物联网企业在各级政府的关心和支持下成立了行业联盟、商会等组织，但大多活跃度不高，聚集效应不够，行业的推动力不强。

2. 物联网企业商业模式不清晰

“十二五”期间,江苏省物联网产业在商业模式上虽然有了阶段性的突破,但目前仍是政府主导的发展模式。虽然投入了较大的物力财力人力,但这显然不可能作为一个产业长期发展的主要动力。物联网产业的发展需要尽快向以市场需求为驱动力进行转变。

3. 缺乏具有绝对话语权的领军企业

从全球来看,江苏物联网产业在关键技术、网络架构、行业应用等许多领域与国内外先进水平还有一定差距,掌握的核心技术还不多,很多高端核心部件需要进口,这种局面短期内很难改变。从国内来看,江苏省物联网产业虽然起步较早,但产业分布相对较散、规模总体偏小。与其他物联网产业发达省市相比,江苏缺少像华为、中兴、海康威视、浙大网新等行业领军型的企业,物联网企业多而不强。

4. 物联网精英人才资源匮乏

江苏省虽然有着丰富的教育资源,但在物联网人才的培养上还远远不能满足物联网企业对专业人才的旺盛需求,这是目前困扰物联网企业发展的主要问题之一,主要表现在:有丰富经验的物联网人才较少,企业间互挖人才现象普遍,不利于行业发展;高层次物联网技术开发人才匮乏,需要高薪从外地聘请,且进入企业后稳定性不够;工资水准和技能倒挂,人力成本较高。

二、江苏省物联网产业发展的对策建议

“十三五”期间,江苏省物联网产业发展面临着难得的发展机遇。为进一步做大做强物联网产业,江苏省要更好地发挥政府引导作用,鼓励企业参与标准制定,推动产业集群建设,加快突破更多关键技术,壮大物联网产业人才队伍,力争在“十三五”期间把物联网产业打造为具有国际竞争力的产业。

(一) 发挥好政府引导支撑作用,营造良好的政策环境

物联网产业的快速发展离不开政府的引导和支持。要发挥政府资源整合作用、核心企业的产业化推进主体作用、科研院所的技术创新源头作用、应用部门的市场牵引作用,共同推进关键技术研发、技术标准制定、重要市场开拓。提升江苏省各高校之间合作办学、联合攻关层次,推动物联网企业与大学、研究机构的产学研合作。要制定市场支持和政府采购支持政策,在政府采购中要优先使用具有自主知识产权的本地企业产品。成立物联网专家咨询机构,聘请技术、经济、公共管理等领域知名专家,就物联网产业发展中的重大问题提出建议,对前瞻性的技术进行论证与扶持。

(二) 积极参与物联网技术标准制定,掌握产业发展主导权

技术标准是技术化的资本,是物联网产业跨越式发展的支点,也是物联网产业参与国际竞争的通行证。国际标准组织新成立的 WG10 物联网标准工作组将同步转移原中国主导的物联网体系架构国际标准项目(ISO/IEC 30141),并由无锡物联网产业研究院专家继续担任该体系架构项目组主编辑,标志着中国继续拥有国际物联网标准制定的强有力话语权。江苏省虽然在物联网技术标准制定上已取得一定的成绩,但仍有许多领域存在空白。因此,江苏省需要充分利用已有优势,发挥政府、协会、联盟等的协同作用,完善市场驱动技术创新机制,推动物联网核心企业参与国内、国际行业技术标准制定,完善标

准信息服务、认证、检测体系，尽快建立与国际接轨的统一的、完整的标准体系。要加强与国内重要系统集成商和龙头企业合作，加快江苏省制定的物联网技术标准的推广、应用和完善。要及时了解国际物联网产业的发展动向，培养国际标准化人才。

(三) 加快推动园区建设，培育物联网产业集群

只有物联网产业链的各环节互联互通、上下游企业分工协作有序时，江苏省物联网产业的竞争力才能保持较强的竞争力。要支持市、县(区)物联网产业园区建设，通过专业园区建设，集成创业服务、技术支撑、投资融资、人才培训和信息服务体系，营造产业发展的良好环境。促进物联网项目在园区布局，打造涉及研发、制造、集成、运营多个环节，涵盖传感器、嵌入式系统、系统集成等领域的完整物联网产业体系。加快完善创新体系，促进创新要素向园区集中，引导企业、科研机构、高校及其他机构之间相互合作，推动新型企业、新型技术的产生，促进区域创新网络的形成和发展。要把壮大骨干企业放在更加突出的位置，选择一批拥有技术优势、品牌优势和市场优势的物联网企业，通过项目承接、资本运作、品牌塑造、并购重组等方式加以扶持，加快形成规模优势，打造一批在行业内具有话语权的领军企业。

(四) 提高自主创新能力，抢占行业发展制高点

要强化企业主体地位，加快集聚国内外物联网创新资源和要素，鼓励企业开展重大技术攻关，推进科技成果的转化和产业化。推进物联网企业、高校科研院所、行业应用单位深度合作，组建多种形式的产业、技术联盟和行业中介组织，加强跨领域、跨行业的集成创新，探索适应于不同需求的协同创新模式。要瞄准国际发展前沿，坚持高端引领，抓好国家科技重大专项，集中力量攻克信息传感、组网通信、数据处理、智能分析、应用抽象等制约物联网产业发展和应用推广的核心关键技术，形成一批代表行业创新水平的重大新技术、新产品。

(五) 进一步完善培养引进机制，壮大物联网人才队伍

在人才引进方面，要进一步加大政策扶持力度，拓宽人才引进渠道，积极培养和引进优秀研发人才、中高级管理人才；鼓励企业、研究机构与国外知名院校和研究机构联合，不断吸引国际团队来交流、创业；落实江苏省关于高级人才的各项优惠和奖励政策，为高层次人才在江苏创业、科研营造良好的环境。

在人才培养方面，推广物联网企业与高校联合培养模式，在借鉴物联网技术学院经验的基础上，鼓励更多大中型企业与职业学校、高校合作开展定向招生。立足江苏产业发展需求，关注应用课程设立，完善江苏物联网学科体系建设。加强与国家级科研院所的战略合作，选拔优秀人才互派交流。

参考文献

[1] 中国物流产业网. 我国物流业“十二五”发展回顾与“十三五”展望[EB/OL]. http://www.xd56b.com/zhuzhan/wlzx/20160118/37821.html，2016－01－18.

[2] 中国产业信息网. 2015 年中国智慧物流总体发展概况分析及市场展望[EB/OL]. http://www.chyxx.com/industry/201510/351636.html，2015－10－23.

[3] 中国物流产品网. 中国仓储互联网的发展分析与 2015 年展望[EB/OL]. http://www.56products.

com/News/2015-3-19/0BDFFJ2DBAHH9AG5155.html,2015-03-19.

[4] 江苏省交通运输厅."十二五"江苏交通运输发展成绩显著[EB/OL]. http://www.aiweibang.com/yuedu/95452935.html,2016-01-22.

[5] 山东省物联网协会. 2015年全省物联网重点企业发展情况[EB/OL]. http://mp.weixin.qq.com/s?__biz=MzA5ODMzOTIxNw==&mid=401933813&idx=1&sn=d5fe94e56978a7fa9d493502dcb8f86c#rd,2016-03-28.

[6] 中国经济网. 国家二维码注册解析河北省分中心揭牌,推动物联网产业健康[EB/OL]. http://finance.sina.com.cn/roll/20140627/163019545204.shtml,2014-06-27.

[7] 红网. 湖南发布首批11个物联网应用典型解决方案[EB/OL]. http://hn.rednet.cn/c/2014/05/15/3350735.htm,2014-05-15.

[8] 民进江苏省委. 关于大力推进我省物联网产业发展的建议[EB/OL]. http://www.jsmj.org.cn/zt/2016jslh/jyxc/201601/t2635158.shtml,2016-01-21.

[9] 中国经济网. 2015年我国卫星导航与位置服务产业总产值达到1735亿元[EB/OL]. http://finance.huanqiu.com/roll/2016-07/9203538.html,2016-07-20.

[10] 首席财务官. 物流遇见大数据[EB/OL]. http://www.ceconline.com/it/ma/8800076713/02/,2015-09-21.

[11] 江苏省统计局. 2015年江苏省国民经济和社会发展统计公报[EB/OL]. http://xh.xhby.net/mp2/html/2016-02/25/content_1378994.htm,2016-02-25.

[12] 江苏信息化. 2015年无锡市物联网及相关产业产值达2658亿元[EB/OL]. http://www.jsia.gov.cn/news/information/2016/0229/2038.html,2016-02-29.

[13] 人民网. 江苏电商2015年交易规模4939亿[EB/OL]. http://js.people.com.cn/n2/2016/0603/c360301-28447855.html,2016-06-03.

[14] 南方日报. 珠三角物联网核心产业群渐成[EB/OL]. http://news.sina.com.cn/o/2016-03-25/doc-ifxqssxu8141131.shtml,2016-03-25.

[15] 许钧. 南京市物联网产业发展研究[J]. 商情,2013(30):239.

[16] 李晓钟,王莹,王倩倩. 苏粤两省物联网产业发展比较研究[J]. 财政论丛,2014(1):22-27.

[17] 杨志华. 物联网技术及其在智能物流中的应用研究[J]. 鄂州大学学报,2012,19(2):18-20.

[18] 刘勇燕,郭丽峰. 物联网产业发展现状及瓶颈研究[J]. 中国科技论坛,2012,4:66-71.

行业篇

第一章　江苏省农产品冷链物流发展报告

近年来，随着生鲜农产品的产量和流通量快速增长，冷链物流需求持续增加，服务能力进一步提升，江苏省冷链物流得到较快发展。

一、农产品冷链物流发展特点

（一）冷链物流规模快速增长

2015 年，江苏省果蔬、肉类、水产品产量分别占全国的 7.3%、4.3%、7.8%，江苏省每年约有 3 300 万吨生鲜农产品进入流通领域。2013 年，果蔬、肉类、水产品冷链流通率分别达到 8%、35%、40%，冷链物流规模位于全国前列。

苏南水果丰富，农副产品和河鲜较多。苏北则以海港和畜产产品较多。无论南北，农副产品，食品加工业、大型农超、河海鲜、乳制品等产品资源极大的丰富。在长三角地区龙头—上海的辐射影响下，各行各业得到了很大的发展，产业优势明显。

表 1.1　2010—2015 年江苏省主要农产品产量　（单位：万吨）

品类	2010 年	2011 年	2012 年	2013 年	2014 年	2015 年
蔬菜	4 234	4 587	4 985	5 238	5 421	5 596
水果	237	268	281	275	306	300
肉类	367	376	397	383	379	369
水产品	460	476	494	509	519	522

资料来源：江苏省农产品冷链物流发展规划（2014—2020）和《江苏统计年鉴》2015、2016。

（二）冷链物流设施逐步完善

江苏省建成了一批现代化冷库，冷链物流新型装备得到广泛应用，基本形成以冷链仓储为主，冷链加工、运输、配送及其配套设施协调发展的格局。到 2014 年，江苏省规模以上各类冷链物流主体拥有冷库总容量达到 320 万吨，人均冷库容量达到 40 公斤，高于全国平均水平，接近发达国家水平；冷藏运输车保有量超过 4 000 辆，总承载量超过 3 万吨。

（三）冷链物流主体不断壮大

一批农产品加工与流通企业积极拓展冷链物流业务，提升冷链物流服务水平。雨润、润恒加快构建全国性冷链物流设施网络；苏食加快建设面向长三角的冷链供应链；南京众彩、江苏凌家塘、无锡天鹏等传统专业批发市场积极拓展城市生鲜直销配送业务；苏果等大型连锁商业企业加快完善生鲜产品销售终端的冷链共同配送体系。全省涌现出一批服务理念现代化、服务网络区域化和服务模式多样化的冷链物流企业。

（四）冷链物流技术和标准逐步推广

多温层控制、RFID 及传感技术、GPS、GIS、WMS 等技术开始得到应用；低能耗、低成本的真空预冷技术逐步推广。一批生鲜农产品出口企业率先引进 HACCP 认证、GMP 等管理技术，普遍实现了全程低温控制。一些冷链物流的国家标准、行业标准开始实施，发布了《水产品冷链物流服务规范》等地方标准。

(五) 冷链物流发展环境明显改善

国家与地方政府高度重视冷链物流的发展。国家明确提出加大农产品冷链物流基础设施建设投入，加快建立主要品种和重点地区的冷链物流体系。江苏省将农产品冷链物流作为现代物流业发展的重点领域，积极做好重点工程和项目的规划与布局，在财税、土地、投融资、交通运输等方面不断加大政策扶持的力度。冷链物流知识加快普及，消费者对农产品冷链物流重要性的认知度不断提升。

二、农产品冷链物流发展的主要问题

(一) 冷链设施结构性矛盾突出

地区间发展不均衡，冷库建设与实际需求不匹配。一方面产地冷库建设相对滞后，另一方面部分地区出现同质化低价竞争现象；现代化、专业化冷库数量总体偏少，冷藏库、低温加工配送中心等建设投入相对不足，低水平重复建设现象较为突出；受经营成本、传统消费习惯等因素影响，相当一部分冷库利用率不高；公路冷藏及保温车数量不足，占货运汽车保有量的比例仅为 0.55%，与发达国家差距较大。

(二) 冷链物流服务有效供给不足

1. 第三方冷链物流服务比例不高

第三方物流服务主要承担冷链运输、冷藏、流通加工、包装和信息处理等功能。根据《2015 年中国冷链物流公司排名 100 强》中数据整理发现，目前中国的冷链物流市场主要集中在一些大城市，区域性的冷链物流系统正在兴起，这种区域主要体现在北京、上海、广州、深圳、青岛、大连。而入围的江苏省冷链物流企业名单如表 1.2。从表中看到，入围的只有 7 家企业，其中，镇江恒伟供应链管理股份有限公司、江苏雨润农产品集团有限公司、南通汇益食品有限公司是在农产品生产和批发的基础上发展而来的，真正意义上的大型专业的第三方冷链物流企业目前数量较少。

表 1.2　江苏省前 100 强冷链物流企业名单

排名	公司名称	公司性质
17	镇江恒伟供应链管理股份有限公司	农业生产、第三方冷链物流企业
47	南京谷昌物流有限公司	冷链仓储
51	南京安地物流有限公司	第三方冷链物流企业
52	江苏雨润农产品集团有限公司	中国肉食品加工业
53	南通汇益食品有限公司	食品批发中心
57	苏州加创冷链物流有限公司	第三方冷链物流企业
60	苏州点通冷藏物流有限公司	第三方冷链物流企业

2. 知名的冷链物流服务商较少

江苏省目前还没有形成一定规模的从事冷链物流的企业。大量小规模的冷链物流服务提供商充斥市场，提供的服务参差不齐，有的可能就由制冰企业转化过来提供制冷服务，有的可能是出租冷库，有的提供干线的冷藏运输。就江苏目前来讲，大多数易腐食品的物流都由生产商、加工商和零售商自己操作。不是企业不想借助冷链物流业务外包，降低自身的运营成本，而是迫于对产品质量的有效控制，找不到知名的冷链物流服务商为其提供有效的服务。因此，在培育出一定数量、规模从事农产品物流的第三方冷链物流企业的基础上，要注重物流企业冷链物流基础设施投入，现代智能物流信息化建设，能引入智能感知、移动物联、云计算、大数据处理等新技术，创出冷链物流品牌，为社会提供专业的冷链物流服务。

（三）冷链物流网络程度不高

目前，中国只有小部分城市拥有冷链网络，大部分生鲜等食品经常以常温状态运输。蔬菜的废弃率超过 20%，运输后的废弃量每年超过 1 000 万吨。江苏的冷链物流网络体系还没有形成，这与江苏省从事冷链物流的主体有着密切的关系。从事冷链物流的主体主要是农产品加工与流通企业，例如雨润、苏食、南京众彩、江苏凌家塘、苏果等，他们有着自己的业务特点和范围，要想布局全国、全省性的冷链物流网络，必然付出更高的成本代价。因此，借助农产品加工与流通企业构建江苏省的冷链物流网络是不现实的。冷链物流的上游、中间环节和下游要很好地衔接起来，形成区域内农产品综合物流配送体系，布局均衡的冷链物流网络，必然要借助第三方冷链物流企业布局冷链网络，消除中间环节，促进农产品上下游企业有效对接。

（四）农产品流通体系不完善

1. 农产品市场体系建设不完善，农户和购买者利益受损

由于江苏省农产品市场的建设起步较晚，并且我国农村流通体制等相关配套制度建设较为落后，导致对农产品市场规划不清，发展出现不平衡的状况。比如，农产品市场数量偏多但是大型的农产品市场数量不足，尤其是在较为偏远的地区。大型农产品市场是农产品流通环节中重要的组成主体之一，对于偏远地区来说，是大型农产品市场能够使农民生产的农作物获得经济收益，从而改善其生活水平。当前江苏省农产品市场数量虽然众多，但是缺少大型农产品市场，这和农产品市场体系建设的不完善有关。其次，江苏省农产品从生产地到销售地，往往要经过农户、农民经纪人、批发商、农产品市场等多个环节，最终才能到达购买者的手里。在这种情形下，农产品流通需要经过很多中间环节，降低了农产品流通的效率，而在多个中间环节流通时，各个参与主体层层加价，农产品价格被不断提高，购买者需要花费较高的价格才能买到农产品，而农户在商品流通中处于第一环节，也是获利最少的环节，使农户的利益受损，不利于农村经济的转型发展。

2. 农产品流通体系建设不完善，并且缺少有效的服务机制

我国物流业的发展受“重生产、轻物流”思想的影响起步较晚，近几年物流业发展速度才有所提高。因此，农产品流通环节的配套体系发展得比较缓慢，没能够形成完善的服务体系，缺少专门的服务单位和服务人员，在较为混乱的机制下，江苏省农产品流通服务不能够有效展开，不能使农民获得真正的实惠。另外，作为农业现代化的标志信息化建设并

没有有效地应用于农产品的流通环节。信息化建设能够引导农民生产适销产品，调节农村农民的生产活动。虽然在江苏省内已经将信息化技术应用于网上订购农产品，但是适用范围较小，仅仅适用于信息化建设较发达的地区。而比较偏远的地区信息化建设水平不高，使农户无法及时获得农产品信息，更使得农产品流通中的各个主体之间缺乏市场引导，造成农产品流通效率低的现象。其次，农产品冷链物流体系在农产品流通环节中占有重要作用。农产品不同于一般产品，农产品的新鲜度不仅影响着农产品的质量，还影响着农产品的销售价格。当前江苏省在农产品流通环节采取的也是冷链物流的运输方式，但是由于起步较晚，和国外发达国家还有一定差距，在建设资金、技术以及管理等方面相对落后，降低了农产品的流通效率。

(五) 农产品冷链物流人才缺乏

冷链物流管理在中国来说还是比较稀缺的专业。江苏省是教育大省，不论是本科、研究生高层次教育还是高职技能型教育，开设物流管理专业的大学很多，但是直接开设冷链物流管理专业的大学目前还没有。因为冷链物流涉及的学科门类和领域很多，例如，物流管理、系统工程、制冷与低温工程、食品工程。院校如何将这么多教育资源整合在一起，培养出合格的冷链物流人才是在冷链物流产业未来发展中必须要解决的一个难题。

(六) 农产品监管部门责权不清，农产品市场缺乏法律法规的约束

造成江苏省农产品流通速度慢的另一个原因就是当前的农产品监管制度和机制不健全，配套的相关制度和规范不完善。首先，农产品的监管部门分工不明确，导致监管效率不高。农产品流通环节涉及农产品生产、加工、运输等多个环节，在监管过程中又涉及卫生、质检、贸易、工商等多个部门，在分工不明确的情况下，导致各部门责权不清，甚至产生互相推诿等问题。监管部门工作不到位，严重影响着农产品的正常流通，同时也会使农户造成严重的损失。其次，农产品市场相关法律法规的缺失也是造成江苏省农产品流通效率不高的原因之一。由于农产品市场法律法规制度不完善，导致农户在农产品流通过程中与其他参与主体争取利益时，农户没有相关法律法规的保护，总处于落后的位置。另外，由于缺乏相关市场准入和检测制度，使得农产品质量难以控制，不合格的农产品混入市场，阻碍农产品的正常流通，并制约江苏省农产品市场的发展。

三、农产品冷链物流发展对策措施

(一) 优化冷链物流业空间布局

根据农产品生产流通现状，综合考虑居民消费水平、消费习惯，兼顾现有冷链物流基础以及未来发展潜力，进一步优化布局，切实缓解供需矛盾，提升重点区域的辐射带动力。

依托城市对生鲜农产品的巨大消费需求，发挥物流枢纽城市的辐射带动作用，重点在南京、苏州、无锡、常州、徐州、连云港等市，布局一批冷链物流集中区，推进生鲜农产品交易中心、物流分拨中心和低温配送中心建设。

依托江苏全省生鲜农产品产销衔接区，发挥骨干农产品批发市场的集散优势，重点在镇江、扬州、南通、淮安、泰州、盐城、宿迁等市，布局一批冷链物流加工区，推进冷链加工基地与物流集散中心建设。

依托沿江沿海港口，发挥保税物流优势，重点在南京港、连云港港、南通港、镇江港、太

仓港、张家港、大丰港等港口，布局一批港口冷链物流平台，推进进出口肉类及海鲜等高端冷链物流中转、分拨中心建设。

依托江苏省丰富的农产品资源，打造一批特色农产品冷链物流基地。在丰县、邳州、启东、如东、宝应等地建设一批苹果、大蒜、出口蔬菜等果蔬冷链物流中心；在太湖、阳澄湖、洪泽湖、固城湖、里下河、骆马湖等地建设一批淡水产品冷链物流中心；在邳州、沛县、阜宁等地建设一批肉类冷链物流中心。

（二）构建重点产业冷链物流体系

目前江苏农产品物流虽然走在全国各省市的前列，但是和国外发达的农业物流水平相比，还存在巨大的差距。无论是欧盟的流通合作组织、美国的产销一体化的农协、法国的农产品电子商务，还是日本的 EOS 系统和 VAN 附加值网络、荷兰的花卉全球拍卖系统等，总体而言，都是在高素质一体化的农业组织的领导下开展全球农产品信息化的流通服务，因此，培育和建立起符合江苏情况的成熟的农产品物流体系成为当务之急。

1. 果蔬冷链物流体系

大力推广规模化种植与设施农业，加快推进产地农批市场建设，加强蔬菜、水果的产后预冷、保鲜包装、初加工、储存保鲜和低温运输。依托重点果蔬生产基地，建设一批低温储藏保鲜设施。围绕大中城市及大型农产品批发市场，加快建设一批具有集中采购、低温加工、跨区域配送能力的果蔬配送中心，在分销环节加快中转保鲜库建设。引导农产品批发市场、大型商贸连锁企业积极与果蔬产地对接，在果蔬运输环节推广全程温控，建立面向销售终端的一体化冷链物流快速调配体系。

2. 肉类冷链物流体系

推广规模化养殖、工厂化生产，在徐州、盐城等肉类主产区建设一批加工中心，加强肉类屠宰后排酸、预冷等低温初加工设施建设。依托中心城市和大型冻品交易市场，加强对冷冻设施的规划引导，集中建设一批加工配送中心，在销售终端加强冷库建设和冷柜配置。发挥雨润、苏食、润恒、天环、天鹏等大型冷链物流企业的示范带动作用，发展“冷链配送＋连锁零售”、“网络化冷库＋生鲜加工配送”的物流模式，构建智能温控仓储、冷链运输、加工配送、终端销售、全程可追溯的“无断链”肉类冷链物流体系。

3. 水产品冷链物流体系

围绕沿江、沿海、里下河、洪泽湖等优势特色水产品产区，引导水产品捕捞企业健全冰鲜、冷藏、冷冻等冷链设施，加强水产品产地冷链物流设施整合与资源共享，促进优势特色水产品产地分级包装以及配套发展保鲜储运设施，建设一批区域交易集散中心。在大型水产品交易市场，推进速冻库、冷藏库、加工车间等设施的建设，在大中城市建设水产品冷链物流中心。加快优势特色水产品出口加工基地的建设。推广水产品生产、加工、储藏适用技术，建立水产品安全溯源体系，为江苏水产品拓展国内外市场提供冷链物流服务支撑。

（三）提高物流设施设备，保证技术先进

先进的物流设备和技术是物流行业的质量保证，“工欲善其事，必先利其器”。只有进行全面提升物流设施设备的技术水平，才能够保证物流行业健康有序的发展，从而形成新的竞争优势。冷链物流中的冷链包括了独立冷库、控温汽车、冷藏展示柜、速冻设备等，建

议在规范设备使用下同时将全省的需求信息和各地的连锁经营网络连结起来,实现冷链信息全省覆盖以便统一管理。冷链管理中值得推广的是二维码追溯管理。“可追溯性”(Traceable)指的是对食品供应体系中食品构成与流向的信息与文件记录系统,其系统建立、数据收集应包涵整个食物生产链的全过程,从原材料的产地信息、到产品的加工过程、直到终端用户的各个环节。食品实施可追溯管理,能够为消费者提供准确而详细的有关产品信息。在实际管理中,一旦出现问题,可以循着供应链的流程逆向追踪,寻找出现问题的原因和关键节点,提倡问责制,并及时采取防范措施以避免食品安全风险在供应链上传导。借助现代信息技术的发展和二维码的普及运用,食品供应中的可追溯性和温度追溯法可以对冷链全程实施温度控制管理。

(四)壮大冷链物流企业,加快物流主体品牌建设

进一步发挥苏宁、苏果、苏农等大型商贸龙头流通企业的示范带动作用,重点培育一批具有较强竞争力的商贸物流服务主体,鼓励优势物流企业通过参股控股、兼并联合、合资合作等方式,进行资产重组、业务融合和流程再造,加强企业文化建设,创新特色服务,加快品牌培育,形成集展示、交易、仓储、加工、配送等功能于一体的商贸物流体系。逐步形成一批组织化程度高、区域服务网络广、供应链管理能力强、物流服务水平优、经营效益好、品牌影响力大的现代冷链物流知名企业,是推进江苏冷链物流快速发展最有效的组织途径。

鼓励各类冷链物流主体整合低温加工、冷藏冷冻、运输配送、检验检疫等物流功能,拓展连锁配送网络,开展一体化物流服务。积极发展生鲜农产品电子商务,建设网上销售平台,实现线上线下融合发展。支持大型冷链物流企业构建跨区域冷链物流网络,在跨区域分拨环节推行车、柜分离的集装箱运输。引导企业开拓国际冷链物流市场,逐步提升冷链物流企业的国际竞争力。

加快培育第三方冷链物流企业。积极推进冷链物流服务外包,扩大第三方冷链物流市场规模。支持有条件的大型农产品生产流通企业分离物流资产和业务,组建具有差异化竞争优势的冷链物流企业,逐步发展成为第三方冷链物流企业。鼓励大型零售企业加快生鲜加工配送中心建设与开放,为社会提供第三方冷链物流服务。

(五)发展冷链共同配送

加大冷链配送网络建设,加快构建城际、城乡一体的冷链配送体系。完善冷链物流配送节点的功能和布局,在大型农批市场、大中城市周边规划建设一批具有低温条件下加工、中转和分拨功能的配送中心,集中完成肉类和水产品分割、果蔬分拣以及包装、配载等处理流程。鼓励生鲜农产品经营主体加强与配送、快递等企业合作,开展多品种、小批量、多批次的冷链配送服务。在有条件的大型社区安装智能保鲜柜,推进社区生鲜直销店建设,加快构建惠民、便民的生鲜直销配送体系。

依托共同配送综合信息服务平台,整合生鲜农产品供求、冷藏车辆等线上线下信息,应用配送路径优化、配送车辆动态导航等技术手段,充分发挥信息平台在运力调度、供给调节和服务监管等方面的作用。支持配送企业扩大冷链物流配送车辆规模,发展多温层冷藏车配送,完善配送停车和装卸作业等设施,构建干支衔接、通行顺畅的配送通道网络。

(六) 提升冷链物流标准化、信息化水平

加快冷链物流标准化建设。积极推行符合国际规范的质量安全认证制度和市场准入制度。落实生鲜农产品全程监控与质量追溯制度，推广应用国家保鲜与制冷保温等技术标准及操作规范。鼓励冷链物流企业、科研机构、大专院校等参与冷链物流标准的研究与制订，在冷链物流技术、物流管理及服务等方面制订一批适合江苏省冷链物流发展需要的地方标准和管理规范，积极推动地方标准上升为国家标准。

提升冷链物流信息化水平。推广应用RFID、GPS、传感等技术，建立生鲜农产品质量安全全程监控系统平台，促进冷链物流服务过程的智能化、可视化、一体化。推进冷链物流系统软件的开发与应用，建立具有收集处理、发布查询、在线交易等功能的冷链物流信息系统。提高冷链信息采集和处理能力，建立冷链物流信息交换共享机制，提升行业监管水平。

(七) 推进冷链物流模式创新

积极运用新理念、新技术、新方法创新农产品冷链物流发展模式。大力发展生鲜温控供应链，推广"冷链物流＋交易"、"连锁直销＋冷链配送"、"网络化冷库＋生鲜加工配送"等新型冷链物流运作模式。探索农产品冷链物流金融发展模式，鼓励企业与银行合作，加快开展仓单质押、存货质押、融资租赁、集中授信等供应链金融业务。

顺应电子商务的快速发展，积极构建生鲜电子商务交易平台、冷链物流资源交易平台，逐步建立对接产销、平衡供需的大数据分析中心，科学配置全社会的冷库和冷藏运输资源，实现精准营销、高效配送。加快生鲜供应商与电子商务平台的合作，推进冷链配送企业与生鲜电商企业合作共建农产品冷链配送网络。推进昆山两岸冷链物流产业合作试点，打造跨境电商冷链物流平台。

(八) 完善农产品流通的监管体系，建立健全农产品市场的法律法规

针对农产品流通环节监管不力的问题，应该积极发挥江苏省政府的职能，完善农产品流通环节中的安全监管工作，明确从生产到销售各个环节的监管责任，促进符合江苏省基本情况的农产品质量安全检查体系。在这一过程中，政府职能具有导向作用，涉及的各个部门应该全力配合，明确各部门的责任，避免遇事推卸等情况发生。另外，还应该加强农产品市场的法律法规建设，促进农业现代化的实现。针对目前江苏省农产品市场法律法规建设不完善的问题，江苏省政府应该尽快完善有关农产品市场法律制度的建设，建立科学合理的市场准入制度，规范农产品生产、流通和销售等重要活动，确保农户有法可依。并且还要完善相应的惩处制度，对农产品交易中的违法行为作出合理的处置办法，同时起到约束和警醒的作用，促进农产品市场正常、合法的交易活动。其次，必须加强政府对于维护农产品市场秩序的相关政策的落实，逐步完善农产品市场的监管体系。采取精简的策略，尽量将农产品流通环节中涉及的部门精简到最低量，以确保各部门的工作分工明确，除去不必要的、多余的环节，形成一个办事效率高的监管体系。另外，政府应该加强对农产品市场的调控手段，合理组合运用经济手段、政策法律等手段，规范农产品市场的交易行为。并采取定期检查或者抽查的方式，对政府政策条例的落实情况进行详细的调查，以报告的形式进行反馈，以便于政府指导下一阶段农产品流通环节的监管工作。

(九) 优化物流流程规范,保证科学管理

提出了一系列流程优化的规范要求,建立农产品物流供应链的流通流程管理。可以通过网络连接生产者、批发商、零售商以及供应链上的所有成员,也可以在各个环节上实施操作,交流信息,完成由客户需求主导的网上订单。借由供应链网络的专有性、公开性、及时性和准确性使得整个流通流程的成员可以及时改进物流计划、调配、优选等工作。以江苏地区的众彩物流为例,建立了农产品产地直销的流通流程。众彩物流可以选择定点的农产品直供商,直接对接众彩物流中心,这种直销模式在交易的效率上十分高效,又节约了交易成本,并且这些先进的流通流程可以部分消除农产品信息不对称的影响。要实行食品供应链的精细化监管(Lean Supply Chain),严格控制供应链的每个环节和物流节点。因为食品供应链中任何一个环节监管出现问题,都可能使整个食品安全体系崩溃。所以要实行食品供应链的精细化监管,减少因某一环节出现故障而导致整个供应链瘫痪的食品安全风险。

(十) 加强物流人才培训,保证人才素质

人才的素质决定了一个行业的发展趋势和竞争力,人才的培养是我们亟待解决的根本问题。根据调查:美国的物流从业者 90%以上拥有学士学位,40%以上拥有硕士学位,20%以上拥有仓储师和配送师等从业资格。正是这样的优质人才使得整个美国物流系统顺利高效、蓬勃发展。我国物流人才的缺少严重影响了物流行业的发展。建议在大专院校中大力开办物流专业,采用国际化视角的人才培养方案。提倡工学交替,推广物流人才认证制度,这样才能培养出大量急需的物流人才,使物流行业跨上一个新的台阶。

第二章　江苏省快递服务业发展报告

快递产业是现代服务业的一支新生力量，成长快、就业量大、产业关联度高，对于助推经济转型、吸纳居民就业、扩大消费需求、服务保障民生，发挥着越来越重要的作用，被誉为中国经济的“黑马”。近年来，江苏快递服务业呈现迅猛发展态势，但也明显存在短板。

一、快递服务业发展特点

（一）快递服务业规模快速增长

2015 年，江苏省邮政业累计完成业务总量 516 亿元；完成业务收入 407.2 亿元。其中，快递业务量完成 22.9 亿件，同比增长 54.3%，快递业务收入完成 290.7 亿元，同比增长 44.6%，快递业务量和收入分别位居全国第三和第四。日均快递业务量达到 627.5 万件，年人均快递业务量突破 28 件。邮政普遍服务水平超过国家标准，快递服务满意度位居全省十大服务业前列。

“十二五”期间，江苏省邮政业务量、收入分别增长 2.4 倍和 2 倍，快递业务量和收入分别增长 5.8 倍和 3.9 倍。5 年新增就业岗位 10 万个以上，支撑全省网络零售交易规模 3 300 亿元，同比增长超过 50%，相当于江苏省社会零售总额的 12.9%。

其中，苏州快递业务量 56 383.0 万件、南京 50 251.9 万件、宿迁 27 919.8 万件、无锡 26 662.4 万件、南通 12 503.4 万件、常州 11 709.6 万件、徐州 9 240.8 万件、扬州 8 180.2 万件，分别排在全国第 8、9、17、18、33、36、42、45 位。苏州快递业务收入 885 423.1 万元、南京 600 891.9 万元、宿迁 328 635.5 万元、无锡 312 102.7 万元、常州 173 706.3 万元、南通 152 955.6 万元、扬州 93 231.0 万元、徐州 85 000.7 万元，分别排在全国第 6、9、17、18、32、35、48、50 位。

（二）快递服务业满意度位居全国前列

2015 年快递服务满意度调查范围覆盖 50 个城市，包括全部省会城市、直辖市以及 19 个快递业务量较大的重点城市（与 2014 年相比，替换增加 6 个中西部地区城市），具体为：北京市、上海市、天津市、重庆市、杭州市、太原市、南昌市、郑州市、兰州市、昆明市、济南市、南京市、石家庄市、福州市、乌鲁木齐市、西宁市、长春市、海口市、合肥市、拉萨市、银川市、长沙市、贵阳市、哈尔滨市、成都市、呼和浩特市、武汉市、南宁市、广州市、西安市、沈阳市、深圳市、东莞市、中山市、汕头市、金华市、温州市、宁波市、苏州市、无锡市、厦门市、泉州市、青岛市、大连市、洛阳市、芜湖市、株洲市、遵义市、宝鸡市和桂林市。苏州排在第 10 位。

江苏省质监局公布了 2015 年江苏十大服务行业公众满意度调查结果，得分最高的是市内公交，家居装修行业则连续两年垫底。从地域上来说，南京的服务行业公众满意度在全省排名第四，次于常州、扬州和无锡，排名较 2014 年下跌两名。此外，在十个行业中，南京人最满意的是旅游景点,最不满意的也是家居装修行业。

2015 年,全省快递业服务质量满意度达 72.80%,列全省十大公共服务行业第四位。主要是由于江苏省邮政管理局已持续 7 年开展快递放心消费创建活动,让消费者放心消费的服务理念已逐步成为全行业的共识。通过开展创建活动,全省快递消费安全得到了有效保障,快递服务质量得到了明显提升,投诉监督和消费维权网络逐步延伸,全省快递服务整体水平呈稳步提升态势。

二、快递服务业发展的主要问题

虽然江苏快递产业取得较大成绩,但与上海、浙江、广东相比,发展差距还比较大,存在明显短板,与经济大省的地位还不相称。

(一) 政策落实不到位

江苏先后出台了《江苏省快递服务业发展规划(2010—2012)》、《"十二五"物流业发展规划》、《关于规范和加快发展快递服务业的意见》等有关政策文件,但由于缺乏强有力的协调机制,行业支持力度并不大,相关政策难以落地生根,企业实际获得的政策扶持较少。同时,快递企业分拣作业对土地区位有一定要求,直接土地经济效益低,因而获得用地的难度相当大,相关融资、用地、用人政策措施也有待进一步配套完善。

(二) 企业实力不强

1. 产业集中度不高

江苏快递产业发展还没有摆脱"小、弱、散、差"状态,企业同质化现象比较普遍,缺乏大型快递领军企业。上海快递企业已经超过 10 000 家,集聚了中通、圆通、申通、汇通、韵达等多家民营快递企业总部和 FedEx、TNT 等十余家国际快递巨头中国区总部,广东则设有顺丰速递总部,由此带来的产业集聚、企业集群效应十分明显。

2. 品牌影响力不大

江苏虽然有"苏宁云商"、苏州"门对门"、南京"诚邦"等快递品牌,但叫得响的还不多,与浙江"五通一达"、广东"顺丰"、"速尔"、北京"宅急送"等品牌相比,规模和影响力还有相当大的差距。

3. 服务能力水平有待提高

江苏快递业"最后一公里"问题十分突出,快递车辆通行难、停靠难、末端投递难,快件延误积压、丢失损毁、服务态度不佳等方面投诉不断增多。

根据《国务院关于促进快递业发展的若干意见》,到 2020 年,我国快递市场规模稳居世界首位,快递年业务量达到 500 亿件,年业务收入达到 8 000 亿元,年均新增就业岗位约 20 万个,全年支撑网络零售交易额突破 10 万亿元,日均服务用户 2.7 亿人次以上,有效降低商品流通成本。对于快递企业来说,未来的竞争焦点将从价格转向服务,低价不再是企业制胜的关键,服务以及客户体验将成为快递业口碑胜出的王牌。

4. 生产方式落后

江苏快递企业机械化、信息化处理快件能力不高。虽然现代化的中邮航速递物流集散中心落户南京,但因业务量不够,每天实际运转只有四个小时,而绝大多数民营快递企业依然是作坊式落后的社会生产,粗放式经营普遍存在。

5. 行业人才匮乏，人员流失严重

人员流动性过大，整体素质偏低，技能人员只占 28%，专业技术和经营管理人才缺乏。这些问题都制约着快递服务整体水平提升，制约着企业做大做强。

受工资薪金、保险福利和社会观念的影响，快递业长期难以留住人才。同时，由于看不起快递员的传统观念使本地快递员比例太低，而外地务工人员过年肯定要回家，也是人员流失率增加的原因之一。

（三）电子商务发展支撑不足

当前，快递市场 2/3 的业务量是通过电子商务牵动来完成的。浙江电子商务应用水平全国领先，拥有全国 50%以上的市场份额和 30%的电子商务网站。电子商务的迅速崛起为物流仓储、分拨、配送和快递业发展创造了巨大的市场需求，成为浙江快递业发展独特的产业机遇。

（四）行业监管能力偏弱

江苏对快递业发展缺少中长期规划和切实可行的操作实施意见，管理和服务存在缺失，市场竞争秩序较为混乱。邮政监管部门只延伸至市一级，人员编制少，监管费用不足，安全设备配置不全，市以下监管力量存在空白，给寄递渠道留下了很多安全隐患。2010 年宜兴轰动全国的快递枪案，给加强快递行业监管提出深刻警示。

（五）盈利能力被大幅压缩

由于劳动力、设备、土地等成本的快速上涨，导致快递企业的利润被大幅压缩。快递物流咨询网首席顾问徐勇曾估算，快递业目前的平均利润在 5%左右。而某快递企业负责人在接受采访时称，2013 年时，每完成一笔快递业务平均利润在 1 元以上，2014 年，这一数字下降到 1 元以下，2015 年每笔利润可能不到 0.5 元。

三、快递服务业发展对策措施

当前，快递服务业正处于加速转型、竞合发展的重要机遇期，各兄弟省、市纷纷将其作为现代服务业新的增长极重点扶持、大力推进。上海已经率先与国家邮政局签订了战略合作协议，河南在争建全国性快递集散交换中心，杭州被评为 2013 年快递示范城市。国际快递巨头也加快了“抢滩”中国市场的速度，国内一二线城市快递市场将面临“大洗牌”。江苏区位条件优越、交通网络发达、产业基础扎实、对外开放程度高，有基础、有条件、也有必要推进快递服务业这匹“黑马”在江苏成为“快马”，为国民经济发展作出积极贡献。

（一）加大规划和政策支持力度

1. 强化规划引导

加快制定江苏快递服务业发展规划，明确目标定位、主要任务和重点措施。立足产业基础，着眼错位发展，以南京为中心，无锡、淮安为两翼，科学布局，统筹推进，带动全省，努力把江苏打造为长江三角洲快递服务业高地。

进一步从三个角度增强快递业放心消费创建工作效果：一是要提高认识，不断把放心消费创建工作引向深入，在惠民生、促发展、育典型上下功夫、见成效。二是要突出重点，着力探索放心消费创建的有效途径，将开展放心消费创建与邮政管理工作、行业诚信体系建设紧密结合。三是要狠抓落实，细化推进放心消费创建工作的具体措施，动员快递企业在创建中提升服务质量和水平,树立行业良好形象。

2. 强化政策支持

把快递服务纳入现代服务业范畴,在财政金融、税费征收、土地利用、人才培养等方面加大支持力度,促其转型升级、加快发展。江苏全省物流园区发展规划即将出台,省级层面应尽快制定专门指导意见,推动各地将快递园区建设纳入物流园区建设规划,对快递企业用地按照服务业用地政策给予优先保障。强化领导组织协调,出台具体扶持政策,协调各方力量,推动江苏快递业快速发展。

(二) 培育壮大龙头企业

重点培育壮大3—5家大型快递龙头企业。培育壮大龙头企业,是提高产业集中度和竞争力的必然途径。2012年,国家邮政局已经发布实施《关于快递企业兼并重组的指导意见》,鼓励快递行业内部以及跨行业、跨地区、跨所有制的企业兼并重组,目的是五年内培育出一批年收入超过百亿元的快递企业。江苏可以以EMS、苏宁云商、京东商城、腾讯易购等为重点,充分发挥市场机制作用,支持企业兼并重组、资源整合和制度创新,力争到2020年形成3—5家网络覆盖广、品牌影响力大、竞争实力强、收入超50亿的江苏快递领军企业。加快研究制定用地、税收、人才、金融等方面的优惠政策,吸引一批国内外大型快递企业区域性总部、枢纽中心落户,带动企业、产业集群发展。

(三) 积极推动快递产业与电子商务融合发展

电子商务发展对于快递业提升服务质量、调整产品结构、加快向现代服务业转型具有重要的推动作用,二者相互支撑、融合发展的前景十分广阔。江苏制造业发达,应以推进快递服务与制造业、电子商务的融合为重点,促使快递服务向产业上下游延伸,发展分销配送、供应链服务和物流网络,积极融入制造业的产业链、供应链和服务链。围绕中国制造网等一批有潜力、有优势的电子商务网络和各类工业产品展示交易平台,加快建立快递服务与电子商务"捆绑"发展机制,在协调机制、运营衔接、服务质量、互惠互利等方面加强合作,提升协同发展水平和质量。

(四) 着力破解"最后一公里"难题

在解决车辆通行难问题上,建议借鉴上海和北京的做法,尽快研究制定快递货运标准车型和快递行业统一标识,并按照"扶大扶优"原则和实际需要,核发日间进入市区地面道路的通行证和道路运输许可证。在城市收派环节突破限制,准许使用电动三轮车收派快件,推广新能源电动专用车,统一型号和外观,并核发通行证。在解决末端投递难问题上,鼓励企业开展与机关、学校、社区、连锁店、物业等单位及第三方开展末端投递服务合作,设置快递服务中心或站点。试点推广扬州社区快递服务中心模式,打通快递末端投递瓶颈;试点推广江南大学智能化投递的做法,在社区、学校、商业区、医院等快递服务网点安装快递智能终端设备,从技术层面有效解决派送难的问题。建议由政府牵头,组织相关资金加大对快递智能终端设备的投资,然后将设备租给使用的快递企业,形成良性循环。

(五) 有效加强安全监管

国家新修订的《快递市场管理办法》(以下简称《办法》)已正式施行,新《办法》针对快递服务业安全监管任务重、专业性强的特点,补充了管理主体,明确省级以下邮政管理机构对快递市场实施监督管理的职责,同时,对社会普遍关注的快递行业野蛮分拣、低价赔偿等问题也作出了明确规定。建议进一步完善组织机构，强化监管力量，推动邮政监管力量向下延伸，在县(市、区)成立地方全额拨款事业编制的邮政管理所，或在重点县(市、区)设立办事处，有效解决邮政监管力量不足的问题，确保快递行业健康持续发展。对于市民关注度极高的快递安全问题，江苏省将加快推进“快递入园”工程，促进产业集聚发展，将推进安全属地管理，力争在各市成立邮政业安全中心，也会借助科技，建设江苏快递行业安全监管与服务云平台，提升安全监管能力。

参考文献

[1] 江苏省发展和改革委员会. 江苏省农产品冷链物流发展规划 2014—2020[EB/OL]. http://www.jsdpc.gov.cn/xwzx/tzgg/201411/t20141127_401308.html，2014 - 11 - 28.

[2] 中共江苏省委研究室. 加快发展江苏快递服务业势在必行[J]. 唯实，2014，(6)：40 - 41.

[3] 潘其泉. 转型升级下的江苏现代农产品流通体系构建研究[J]. 农业经济，2016，(7)：133 - 135.

[4] 浦玲玲. 基于第三方物流的江苏农产品冷链物流体系构建与发展对策研究[J]. 江苏商论，2016，(8)：29 - 32.

[5] 仲颖，姜莉莉. 上海自贸区对江苏冷链物流业发展的几点思考[J]. 科技经济导刊，2016，(33)：10 - 12.

[6] 郭薇. 江苏现代农业物流发展策略分析[J]. 现代商业，2016，(10)：67 - 68.

政策篇

财政部国家税务总局关于继续实施物流企业大宗商品仓储设施用地城镇土地使用税优惠政策的通知

财税〔2015〕98 号

各省、自治区、直辖市、计划单列市财政厅（局）、地方税务局，西藏、宁夏自治区国家税务局，新疆生产建设兵团财务局：

为进一步促进物流业健康发展，经国务院批准，现就物流企业大宗商品仓储设施用地城镇土地使用税政策通知如下：

一、自 2015 年 1 月 1 日起至 2016 年 12 月 31 日止，对物流企业自有的（包括自用和出租）大宗商品仓储设施用地，减按所属土地等级适用税额标准的 50%计征城镇土地使用税。

二、本通知所称物流企业，是指至少从事仓储或运输一种经营业务，为工农业生产、流通、进出口和居民生活提供仓储、配送等第三方物流服务，实行独立核算、独立承担民事责任，并在工商部门注册登记为物流、仓储或运输的专业物流企业。

三、本通知所称大宗商品仓储设施，是指同一仓储设施占地面积在 6 000 平方米及以上，且主要储存粮食、棉花、油料、糖料、蔬菜、水果、肉类、水产品、化肥、农药、种子、饲料等农产品和农业生产资料，煤炭、焦炭、矿砂、非金属矿产品、原油、成品油、化工原料、木材、橡胶、纸浆及纸制品、钢材、水泥、有色金属、建材、塑料、纺织原料等矿产品和工业原材料的仓储设施。

仓储设施用地，包括仓库库区内的各类仓房（含配送中心）、油罐（池）、货场、晒场（堆场）、罩棚等储存设施和铁路专用线、码头、道路、装卸搬运区域等物流作业配套设施的用地。

四、物流企业的办公、生活区用地及其他非直接从事大宗商品仓储的用地，不属于本通知规定的优惠范围，应按规定征收城镇土地使用税。

五、非物流企业的内部仓库，不属于本通知规定的优惠范围，应按规定征收城镇土地使用税。

六、本通知印发之日前已征的应予减免的税款，在纳税人以后应缴税款中抵减或者予以退还。

七、符合上述减税条件的物流企业需持相关材料向主管税务机关办理备案手续。

请遵照执行。

财政部　国家税务总局

2015 年 8 月 31 日

国家发展改革委关于开展现代物流创新发展城市试点工作的通知

发改经贸[2015]2008号

各省、自治区、直辖市及计划单列市发展改革委：

为进一步落实《物流业发展中长期规划(2014—2020年)》(国发[2014]42号，以下简称《规划》)和《促进物流业发展三年行动计划(2014—2016年)》，更好地发挥"互联网+"背景下城市在物流业创新发展中的集聚、引领和提升作用，率先在物流管理体制机制方面进行突破，促进产业结构调整，并进一步增强物流对"一带一路"、京津冀协同发展、长江经济带等国家重大战略实施的支撑保障作用，我委将开展现代物流创新发展城市试点工作，现就有关事项和要求通知如下：

一、重要意义

城市是物流业发展的关键节点和重要载体，也是一个国家物流业发展水平与综合实力的集中体现。开展现代物流创新发展城市试点工作，对提升物流产业基础和服务能力，加强物流资源整合和优化，破除物流业发展的体制机制障碍，创造良好的物流业发展环境，降低物流成本、提高物流效率具有重要意义。同时，也将有利于提高城市经济的影响力和辐射力，更好地引领区域物流协同发展，进一步改善投资和消费环境，促进经济持续稳定增长。

二、总体要求和工作目标

(一) 总体要求

以党的十八大和十八届三中、四中全会精神为指导，全面落实党中央、国务院关于促进物流业健康发展的决策部署，按照《规划》的总体要求，充分发挥中央和地方两个积极性，通过试点示范，着力解决现代物流发展中面临的突出问题，完善政府物流管理的体制机制，实现现代物流在重点区域突破创新和率先发展，形成典型示范效应，促进以城市为中心的区域物流协同发展和区域间物流高效衔接运行，提高社会物流整体发展水平，进一步促进产业结构调整和国民经济提质增效。

(二) 工作目标

按照《规划》到2020年基本建立布局合理、技术先进、便捷高效、绿色环保、安全有序的现代物流服务体系的要求，适应"互联网+高效物流"的发展需要，建设一批具有典型带动作用的现代物流创新发展城市，建立和完善以试点城市为龙头、辐射带动区域物流协同发展的现代物流服务体系。通过试点城市在政府物流管理方面的改革创新，探索和营造有利于现代物流发展的体制机制，完善适应现代物流发展的法规规章，建立健全促进现代物流发展的政策体系，推动物流产业的发展和物流效率的提升。

三、主要任务

（一）加强城市物流发展规划制定工作

城市物流发展规划是城市物流工作的统领。试点城市要编制（或完善）城市物流发展规划，并与城市总体规划、土地规划、交通规划等做好衔接，根据本地的产业特点、发展水平、设施状况、市场需求、功能定位等，明确本地物流业发展的总体目标、主要任务、发展重点以及物流基础设施布局，提出促进城市物流业发展的政策措施，特别是要明确城市物流设施用地范围，确保规划落地实施。要加强规划的约束性，提高规划的可操作性。通过制定规划，探索有利于资源整合和优化配置的体制机制，逐步形成适合本城市发展的现代物流发展路径。

（二）创新体制机制完善政策环境

建立和完善由城市相关部门组成的现代物流创新发展综合协调工作机制，形成多部门联动、责权明确的运行管理机制。加快推进物流管理体制改革，进一步简政放权，在确保企业运营安全的前提下，放宽对物流企业资质的审批条件，在试点城市探索建立物流领域的“负面清单”，形成公平透明的市场准入规则。通过制定标准、管理规范等方式，建立和完善城市物流配送管理体制。对制约现代物流发展的地方规章抓紧修订完善，加强改革创新，支持行业企业发展，减轻企业负担。城市政府要加快职能转变，加强物流信息公开和数据开放，并指导行业协会等为企业提供教育培训和其他公共服务。

（三）完善城市重要物流基础设施建设

进一步优化城市重要物流基础设施布局，因地制宜整合或新建物流园区，加快航空、铁路、公路物流枢纽建设，根据区位特点，加强与京沪、京广、欧亚大陆桥、中欧铁路大通道、长江黄金水道、珠江-西江黄金水道等跨区域物流大通道无缝对接。充分调动企业和社会力量参与物流设施建设的积极性，积极发展甩挂运输，建设具有多式联运功能的城市集疏运通道网络，完善基于满足居民消费需求和城市运行保障的物流基础设施，加强电子商务、应急、冷链、快递等物流基础设施建设，优化最后一公里城市配送设施网络。研究建立城市托盘共同系统，推广标准化托盘的循环利用，提高物流运作效率。

（四）形成现代化的区域物流服务网络

努力提升城市物流服务水平，发挥物流业集聚效益和带动作用，形成以试点城市为中心、辐射周边、具有较强竞争力的现代物流产业服务体系。提高城市配送的规模化和协同化水平，建立快速便捷、绿色高效的城乡共同配送体系。提高城市物流信息监控和调度水平，提高城市物流信息分析预警能力。位于长江经济带、京津冀等重点物流区域的城市要研究建立省际物流合作机制，加快区域物流一体化进程，促进物流基础设施互联互通和信息资源共享。结合本城市区位特点，进一步提升国际物流服务能力，积极探索国际国内物流一体化运作。

（五）培育具有国际竞争力的物流企业

结合本地区产业发展要求，加快培育 1—2 家技术水平先进、主营业务突出、具有国际竞争力的大型现代物流企业集团。鼓励物流企业加强大数据、云计算、物联网、移动互联网等先进信息技术的应用,开展技术应用和经营模式创新。引导运输、仓储等传统物流企业向上下游延伸服务,支持骨干物流企业与其他产业"多业联动、融合发展"。培育和支持大型快递企业发展,促进电子商务物流发展。鼓励物流企业与本地区先进制造企业深化战略合作,建立与新型工业化发展相适应的制造业物流服务体系,发展具有全球采购、全球配送能力的供应链服务商。

四、组织实施

(一) 申报与评定程序

现代物流创新发展试点城市由省级发展改革委组织申报。每个省(区、市)限报 1 个城市,计划单列市可单独申报。申报城市原则上应符合下列条件之一:

1.《物流业调整和振兴规划》确定的全国性或区域性物流节点城市;

2.《全国物流园区发展规划》确定的一级或二级物流园区布局城市;

3. 符合"一带一路"、长江经济带、京津冀协同发展、自贸区等国家重大发展战略规划的城市。

申报材料须在 10 月 20 日前报送国家发展改革委。申报材料包括:试点工作方案一式三份,并附电子光盘 1 份。试点工作方案由申报城市编制,省级发展改革委进行预审后报国家发展改革委。国家发展改革委将组织有关部门、专家开展城市创建工作方案的评议工作,并遴选 10—15 个城市开展第一批现代物流创新发展城市试点工作。

(二) 加强创建工作方案编制

申报城市要在充分调研、广泛听取各方面意见的基础上,结合当地经济、社会发展状况和战略定位,从本地物流业现状、特点和比较优势出发,确定试点示范工作的目标、重点、步骤和政策措施等,围绕着总体目标、基本原则、主要任务、体制机制改革创新、政策措施改革创新、实施步骤、取得(预期)成效等相关方面编制现代物流创新发展城市试点工作方案,特别是要突出城市物流的发展特色和体制机制创新。

(三) 建立创建工作的保障机制

参与创建工作的城市人民政府要根据试点工作的总体要求,建立试点工作的协调机制。发展改革部门要主动发挥综合协调职能,促进参与试点工作相关部门协同配合、通力合作,形成组织有序、分工合理、协调配合的制度化、常态化推进机制,确保试点工作目标、主要任务和保障措施顺利实施。

(四) 落实各项工作任务

在国家发展改革委会同有关部门确定第一批现代物流业创新发展城市试点名单后,相关城市要按照试点工作方案抓紧开展工作,落实各项试点任务,确保实现试点目标。工作进展情况和取得的经验成果要及时报送国家发展改革委。

各地要高度重视现代物流创新发展城市试点工作,积极推进物流领域的改革创新,加快建立适应"互联网+"背景下的物流管理体制机制。国家发展改革委将会同有关部门加强对城市试点工作的指导和支持,及时协调解决城市试点工作中面临的土地、规划、体制机制创新等问题。今后,中央预算内投资将优先支持试点城市内符合条件的物流基础设施项目建设,我们也将以适当方式推广试点城市先进经验。

附件：现代物流创新发展城市试点工作方案编制要点

国家发展改革委
2015 年 9 月 6 日

附件

现代物流创新发展城市试点工作方案编制要点

为加强对各地编制《现代物流业创新发展城市试点工作方案》的指导，提高编制水平，制定本编制要点。

摘要：

（一）试点工作目标和基本原则

（二）试点工作主要任务

（三）试点工作重点工程

（四）试点工作保障措施

（注：请将此部分文字字数控制在 3 000 字以内。）

一、城市经济社会发展现状与战略定位

（一）城市经济社会发展概况。（1）区域概况：行政区划、地理位置、地理特点、气候条件等；（2）总体经济发展情况；（3）产业结构情况：一、二、三产业结构情况，支柱产业和重点产业情况，社会消费品零售总额及增速、进出口额及增速；（4）产业布局情况：各产业的空间布局情况，园区和产业集群；（5）社会发展情况：人口、科教文卫等情况；（6）发展定位与优势。

（二）城市经济社会和物流业发展战略。结合城市的总体发展战略目标与定位，从拉动消费、促进城市经济转型、增强经济发展活力等方面对城市发展现代物流的方向和要求进行详细分析。

（三）城市物流发展的基础条件。城市交通基础设施条件，近五年物流总量总额及增长情况，物流固定资产投资规模、港口、口岸、物流园区等物流基础设施布局情况、多式联运发展情况、骨干物流企业发展情况、物流信息化发展水平等。

二、城市物流业发展现状与问题

（一）城市物流业发展概况。近三年社会物流总额及增速（包括社会物流总额的构成等）、社会物流总费用与 GDP 的比率；现代物流企业数量及城市主要大型物流企业经营情况、物流园区建设情况、城市现代物流发展主要特点与优势、面临的机遇与挑战。

（二）城市物流业发展政策环境。近年来出台的有关规划、政策和地方性法律法规等。

（三）城市现代物流业发展存在的主要问题。

三、试点工作目标与基本原则

（一）总体目标。以《规划》为指导，结合城市经济社会发展总体战略方向，明确城市物流业创新发展的原则思路和需要解决的主要问题，以及试点工作的总体目标，注意与城市物流发展规划进行衔接。

（二）具体目标。包括但不限于取得突破的政策性内容及预期效果，以及社会物流总额及增长率、社会物流总费用与GDP的比率、A级以上物流企业数量等。

（三）基本原则。试点工作所遵循的基本原则。

四、试点工作的主要任务

在分析本地实际情况的基础上，从优化物流业规划布局、加强城市物流基础设施建设、提升物流企业国际竞争力、培育物流业新兴增长点、完善体制机制和政策法规（要对体制机制创新方面详细阐明）、带动形成区域物流服务网络等方面，按照具有创新性和试点示范意义的要求，提出具体化的试点工作任务，选择若干方向作为突破口，争取率先形成示范。

五、拟实施的重点工程

具体项目要明确：项目名称、规模、建设的主要内容、技术路线、预计完工时限；项目投资、资金筹措方案、效益分析；项目取得的效果及对完成创建工作目标的支撑作用等。

六、试点工作保障措施

（1）组织保障措施。建立试点工作的综合协调机制，包括主管领导、牵头部门、参与部门，工作协调落实机制等。

（2）资金保障措施。明确市政府开展创建工作期间每年用于支持物流业发展的资金额度、使用方向等。

（3）其他保障措施。如宣传引导、氛围营造、先进物流技术推广应用等其他方面的保障措施，以及被确定开展现代物流创新发展城市试点后，在进一步完善物流工作以及提升城市现代物流发展水平等方面拟继续开展的工作计划等。

国务院办公厅关于加快推进重要产品追溯体系建设的意见

国办发〔2015〕95号

各省、自治区、直辖市人民政府，国务院各部委、各直属机构：

追溯体系建设是采集记录产品生产、流通、消费等环节信息，实现来源可查、去向可追、责任可究，强化全过程质量安全管理与风险控制的有效措施。近年来，各地区和有关部门围绕食用农产品、食品、药品、稀土产品等重要产品，积极推动应用物联网、云计算等现代信息技术建设追溯体系，在提升企业质量管理能力、促进监管方式创新、保障消费安全等方面取得了积极成效。但是，也存在统筹规划滞后、制度标准不健全、推进机制不完善等问题。为加快应用现代信息技术建设重要产品追溯体系，经国务院同意，现提出以下意见：

一、总体要求

（一）指导思想

贯彻落实党的十八大和十八届二中、三中、四中、五中全会精神，按照国务院决策部署，坚持以落实企业追溯管理责任为基础，以推进信息化追溯为方向，加强统筹规划，健全标准规范，创新推进模式，强化互通共享，加快建设覆盖全国、先进适用的重要产品追溯体系，促进质量安全综合治理，提升产品质量安全与公共安全水平，更好地满足人民群众生活和经济社会发展需要。

（二）基本原则

坚持政府引导与市场化运作相结合，发挥企业主体作用，调动各方面积极性；坚持统筹规划与属地管理相结合，加强指导协调，层层落实责任；坚持形式多样与互联互通相结合，促进开放共享，提高运行效率；坚持政府监管与社会共治相结合，创新治理模式，保障消费安全和公共安全。

（三）主要目标

到2020年，追溯体系建设的规划标准体系得到完善，法规制度进一步健全；全国追溯数据统一共享交换机制基本形成，初步实现有关部门、地区和企业追溯信息互通共享；食用农产品、食品、药品、农业生产资料、特种设备、危险品、稀土产品等重要产品生产经营企业追溯意识显著增强，采用信息技术建设追溯体系的企业比例大幅提高；社会公众对追溯产品的认知度和接受度逐步提升，追溯体系建设市场环境明显改善。

二、统一规划，分类推进

（一）做好统筹规划

按照食品安全法、农产品质量安全法、药品管理法、特种设备安全法和民用爆炸物品安全管理条例等法律法规规定,围绕对人民群众生命财产安全和公共安全有重大影响的产品,统筹规划全国重要产品追溯体系建设。当前及今后一个时期,要将食用农产品、食品、药品、农业生产资料、特种设备、危险品、稀土产品等作为重点,分类指导、分步实施,推动生产经营企业加快建设追溯体系。各地要结合实际制定实施规划,确定追溯体系建设的重要产品名录,明确建设目标、工作任务和政策措施。

(二)推进食用农产品追溯体系建设

建立食用农产品质量安全全程追溯协作机制,以责任主体和流向管理为核心、以追溯码为载体,推动追溯管理与市场准入相衔接,实现食用农产品“从农田到餐桌”全过程追溯管理。推动农产品生产经营者积极参与国家农产品质量安全追溯管理信息平台运行。中央财政资金支持开展肉类、蔬菜、中药材等产品追溯体系建设的地区,要大力创新建设管理模式,加快建立保障追溯体系高效运行的长效机制。

(三)推进食品追溯体系建设

围绕婴幼儿配方食品、肉制品、乳制品、食用植物油、白酒等食品,督促和指导生产企业依法建立质量安全追溯体系,切实落实质量安全主体责任。推动追溯链条向食品原料供应环节延伸,实行全产业链可追溯管理。鼓励自由贸易试验区开展进口乳粉、红酒等产品追溯体系建设。

(四)推进药品追溯体系建设

以推进药品全品种、全过程追溯与监管为主要内容,建设完善药品追溯体系。在完成药品制剂类品种电子监管的基础上,逐步推广到原料药(材)、饮片等类别药品。抓好经营环节电子监管全覆盖工作,推进医疗信息系统与国家药品电子监管系统对接,形成全品种、全过程完整追溯与监管链条。

(五)推进主要农业生产资料追溯体系建设

以农药、兽药、饲料、肥料、种子等主要农业生产资料登记、生产、经营、使用环节全程追溯监管为主要内容,建立农业生产资料电子追溯码标识制度,建设主要农业生产资料追溯体系,实施全程追溯管理,保障农业生产安全、农产品质量安全、生态环境安全和人民生命安全。

(六)开展特种设备和危险品追溯体系建设

以电梯、气瓶等产品为重点,严格落实特种设备安全技术档案管理制度,推动企业对电梯产品的制造、安装、维护保养、检验以及气瓶产品的制造、充装、检验等过程信息进行记录,建立特种设备安全管理追溯体系。以民用爆炸物品、烟花爆竹、易制爆危险化学品、剧毒化学品等产品为重点,开展生产、经营、储存、运输、使用和销毁全过程信息化追溯体系建设。

(七)开展稀土产品追溯体系建设

以稀土矿产品、稀土冶炼分离产品为重点,以生产经营台账、产品包装标识等为主要内容,加快推进稀土产品追溯体系建设,实现稀土产品从开采、冶炼分离到流通、出口全过程追溯管理。

三、统一标准，互联互通

（一）完善标准规范

结合追溯体系建设实际需要，科学规划食用农产品、食品、药品、农业生产资料、特种设备、危险品、稀土产品追溯标准体系。针对不同产品生产流通特性，制订相应的建设规范，明确基本要求，采用简便适用的追溯方式。以确保不同环节信息互联互通、产品全过程通查通识为目标，抓紧制定实施一批关键共性标准，统一数据采集指标、传输格式、接口规范及编码规则。加强标准制定工作统筹，确保不同层级、不同类别的标准相协调。

（二）发挥认证作用

探索以认证认可加强追溯体系建设，鼓励有关机构将追溯管理作为重要评价要求，纳入现有的质量管理体系、食品安全管理体系、药品生产质量管理规范、药品经营质量管理规范、良好农业操作规范、良好生产规范、危害分析与关键控制点体系、有机产品等认证，为广大生产经营企业提供市场化认证服务。适时支持专业的第三方认证机构探索建立追溯管理体系专门认证制度。相关部门可在管理工作中积极采信第三方认证结果，带动生产经营企业积极通过认证手段提升产品追溯管理水平。

（三）推进互联互通

建立完善政府追溯数据统一共享交换机制，积极探索政府与社会合作模式，推进各类追溯信息互通共享。有关部门和地区可根据需要，依托已有设施建设行业或地区追溯管理信息平台。鼓励生产经营企业、协会和第三方平台接入行业或地区追溯管理信息平台，实现上下游信息互联互通。开通统一的公共服务窗口，创新查询方式，面向社会公众提供追溯信息一站式查询服务。

四、多方参与，合力推进

（一）强化企业主体责任

生产经营企业要严格遵守有关法律法规规定，建立健全追溯管理制度，切实履行主体责任。鼓励采用物联网等技术手段采集、留存信息，建立信息化的追溯体系。批发、零售、物流配送等流通企业要发挥供应链枢纽作用，带动生产企业共同打造全过程信息化追溯链条。企业间要探索建立多样化的协作机制，通过联营、合作、交叉持股等方式建立信息化追溯联合体。电子商务企业要与线下企业紧密融合，建设基于统一编码技术、线上线下一体的信息化追溯体系。外贸企业要兼顾国内外市场需求，建设内外一体的进出口信息化追溯体系。

（二）发挥政府督促引导作用

有关部门要加强对生产经营企业的监督检查，督促企业严格遵守追溯管理制度，建立健全追溯体系。围绕追溯体系建设的重点、难点和薄弱环节，开展形式多样的示范创建活动。已列入有关部门开展的农产品质量安全、食品药品安全、质量强市、质量提升等创建活动的地区，尤其要加大示范创建力度，创造可复制可推广的经验。有条件的地方可针对部分安全风险隐患大、社会反映强烈的产品，在本行政区域内依法强制要求生产经营企业采用信息化手段建设追溯体系。

(三) 支持协会积极参与

行业协会要深入开展有关法律法规和标准宣传贯彻活动,创新自律手段和机制,推动会员企业提高积极性,主动建设追溯体系,形成有效的自律推进机制。有条件的行业协会可投资建设追溯信息平台,采用市场化方式引导会员企业建设追溯体系,形成行业性示范品牌。支持有条件的行业协会提升服务功能,为会员企业建设追溯体系提供专业化服务。

(四) 发展追溯服务产业

支持社会力量和资本投入追溯体系建设,培育创新创业新领域。支持有关机构建设第三方追溯平台,采用市场化方式吸引企业加盟,打造追溯体系建设的众创空间。探索通过政府和社会资本合作(PPP)模式建立追溯体系云服务平台,为广大中小微企业提供信息化追溯管理云服务。支持技术研发、系统集成、咨询、监理、测试及大数据分析应用等机构积极参与,为企业追溯体系建设及日常运行管理提供专业服务,形成完善的配套服务产业链。

五、挖掘价值,扩大应用

(一) 促进质量安全综合治理

推进追溯体系与检验检测体系、企业内部质量管理体系对接,打造严密的全过程质量安全管控链条。发挥追溯信息共享交换机制作用,创新质量安全和公共安全监管模式,探索实施产品全过程智能化"云监管"。构建大数据监管模型,完善预测预警机制,严防重要产品发生区域性、系统性安全风险。充分挖掘追溯数据在企业质量信用评价中的应用价值,完善质量诚信自律机制。建立智能化的产品质量安全投诉、责任主体定位、销售范围及影响评估、问题产品召回及应急处置等机制,调动公众参与质量安全和公共安全治理的积极性。

(二) 促进消费转型升级

加大宣传力度,传播追溯理念,培育追溯文化,推动形成关心追溯、支持追溯的社会氛围。逐步建立与认证认可相适应的标识标记制度,方便消费者识别。探索建立产品质量安全档案和质量失信"黑名单",适时发布消费提示,引导消费者理性消费。加大可追溯产品推广力度,推动大型连锁超市、医院和团体消费单位等主动采购可追溯产品,营造有利于可追溯产品消费的市场环境。

(三) 促进产业创新发展

加强追溯大数据分析与成果应用,为经济调节和产业发展提供决策支持。在依法加强安全保障和商业秘密保护的前提下,逐步推动追溯数据资源向社会有序开放,鼓励商业化增值应用。鼓励生产经营企业以追溯体系建设带动品牌创建和商业模式创新。鼓励生产经营企业利用追溯体系进行市场预测与精准营销,更好地开拓国内外市场。推动农产品批发市场、集贸市场、菜市场等集中交易场所结合追溯体系建设,发展电子结算、智慧物流和电子商务,实现创新发展。

六、完善制度，强化保障

（一）完善法规制度

制修订有关法律法规和规章，进一步完善追溯管理制度，细化明确生产经营者责任和义务。研究制定农产品质量安全追溯管理办法，细化农产品追溯管理和市场准入工作机制。针对建立信息化追溯体系的企业，研究建立健全相应的随机抽查与监管制度，提高监管效率。研究制定追溯数据共享、开放、保护等管理办法，加强对数据采集、传输、存储、交换、利用、开放的规范管理。

（二）加强政策支持

推动建立多元化的投资建设机制，加大政策支持力度，带动社会资本投入。鼓励金融机构加强和改进金融服务，为开展追溯体系建设的企业提供信贷支持和产品责任保险。政府采购在同等条件下优先采购可追溯产品。完善追溯技术研发与相关产业促进政策。

（三）落实工作责任

地方各级人民政府要将重要产品追溯体系建设作为一项重要的民生工程和公益性事业，结合实际研究制定具体实施方案，明确任务目标及工作重点，出台有针对性的政策措施，落实部门职责分工及进度安排，确保各项任务落到实处。有关部门要按照职责分工，加强协调，密切配合，共同推进。商务部要会同有关部门加强对地方工作的检查指导。

国务院办公厅

2015 年 12 月 30 日

国务院关于积极推进"互联网+"行动的指导意见

国发〔2015〕40号

各省、自治区、直辖市人民政府,国务院各部委、各直属机构:

"互联网+"是把互联网的创新成果与经济社会各领域深度融合,推动技术进步、效率提升和组织变革,提升实体经济创新力和生产力,形成更广泛的以互联网为基础设施和创新要素的经济社会发展新形态。在全球新一轮科技革命和产业变革中,互联网与各领域的融合发展具有广阔前景和无限潜力,已成为不可阻挡的时代潮流,正对各国经济社会发展产生着战略性和全局性的影响。积极发挥我国互联网已经形成的比较优势,把握机遇,增强信心,加快推进"互联网+"发展,有利于重塑创新体系、激发创新活力、培育新兴业态和创新公共服务模式,对打造大众创业、万众创新和增加公共产品、公共服务"双引擎",主动适应和引领经济发展新常态,形成经济发展新动能,实现中国经济提质增效升级具有重要意义。

近年来,我国在互联网技术、产业、应用以及跨界融合等方面取得了积极进展,已具备加快推进"互联网+"发展的坚实基础,但也存在传统企业运用互联网的意识和能力不足、互联网企业对传统产业理解不够深入、新业态发展面临体制机制障碍、跨界融合型人才严重匮乏等问题,亟待加以解决。为加快推动互联网与各领域深入融合和创新发展,充分发挥"互联网+"对稳增长、促改革、调结构、惠民生、防风险的重要作用,现就积极推进"互联网+"行动提出以下意见。

一、行动要求

(一)总体思路

顺应世界"互联网+"发展趋势,充分发挥我国互联网的规模优势和应用优势,推动互联网由消费领域向生产领域拓展,加速提升产业发展水平,增强各行业创新能力,构筑经济社会发展新优势和新动能。坚持改革创新和市场需求导向,突出企业的主体作用,大力拓展互联网与经济社会各领域融合的广度和深度。着力深化体制机制改革,释放发展潜力和活力;着力做优存量,推动经济提质增效和转型升级;着力做大增量,培育新兴业态,打造新的增长点;着力创新政府服务模式,夯实网络发展基础,营造安全网络环境,提升公共服务水平。

(二)基本原则

坚持开放共享。营造开放包容的发展环境,将互联网作为生产生活要素共享的重要平台,最大限度优化资源配置,加快形成以开放、共享为特征的经济社会运行新模式。

坚持融合创新。鼓励传统产业树立互联网思维,积极与"互联网+"相结合。推动互联网向经济社会各领域加速渗透,以融合促创新,最大程度汇聚各类市场要素的创新力量，推动融合性新兴产业成为经济发展新动力和新支柱。

坚持变革转型。充分发挥互联网在促进产业升级以及信息化和工业化深度融合中的平台作用，引导要素资源向实体经济集聚，推动生产方式和发展模式变革。创新网络化公共服务模式，大幅提升公共服务能力。

坚持引领跨越。巩固提升我国互联网发展优势，加强重点领域前瞻性布局，以互联网融合创新为突破口，培育壮大新兴产业，引领新一轮科技革命和产业变革，实现跨越式发展。

坚持安全有序。完善互联网融合标准规范和法律法规，增强安全意识，强化安全管理和防护，保障网络安全。建立科学有效的市场监管方式，促进市场有序发展，保护公平竞争，防止形成行业垄断和市场壁垒。

（三）发展目标

到 2018 年，互联网与经济社会各领域的融合发展进一步深化，基于互联网的新业态成为新的经济增长动力，互联网支撑大众创业、万众创新的作用进一步增强，互联网成为提供公共服务的重要手段，网络经济与实体经济协同互动的发展格局基本形成。

——经济发展进一步提质增效。互联网在促进制造业、农业、能源、环保等产业转型升级方面取得积极成效，劳动生产率进一步提高。基于互联网的新兴业态不断涌现，电子商务、互联网金融快速发展，对经济提质增效的促进作用更加凸显。

——社会服务进一步便捷普惠。健康医疗、教育、交通等民生领域互联网应用更加丰富，公共服务更加多元，线上线下结合更加紧密。社会服务资源配置不断优化，公众享受到更加公平、高效、优质、便捷的服务。

——基础支撑进一步夯实提升。网络设施和产业基础得到有效巩固加强，应用支撑和安全保障能力明显增强。固定宽带网络、新一代移动通信网和下一代互联网加快发展，物联网、云计算等新型基础设施更加完备。人工智能等技术及其产业化能力显著增强。

——发展环境进一步开放包容。全社会对互联网融合创新的认识不断深入，互联网融合发展面临的体制机制障碍有效破除，公共数据资源开放取得实质性进展，相关标准规范、信用体系和法律法规逐步完善。

到 2025 年，网络化、智能化、服务化、协同化的"互联网＋"产业生态体系基本完善，"互联网＋"新经济形态初步形成，"互联网＋"成为经济社会创新发展的重要驱动力量。

二、重点行动

（一）"互联网＋"创业创新

充分发挥互联网的创新驱动作用，以促进创业创新为重点，推动各类要素资源聚集、开放和共享，大力发展众创空间、开放式创新等，引导和推动全社会形成大众创业、万众创新的浓厚氛围，打造经济发展新引擎。（发展改革委、科技部、工业和信息化部、人力资源社会保障部、商务部等负责，列第一位者为牵头部门，下同）

1. 强化创业创新支撑

鼓励大型互联网企业和基础电信企业利用技术优势和产业整合能力，向小微企业和创业团队开放平台入口、数据信息、计算能力等资源，提供研发工具、经营管理和市场营销等方面的支持和服务，提高小微企业信息化应用水平，培育和孵化具有良好商业模式的创业企业。充分利用互联网基础条件，完善小微企业公共服务平台网络，集聚创业创新资源，为小微企业提供找得着、用得起、有保障的服务。

2. 积极发展众创空间

充分发挥互联网开放创新优势，调动全社会力量，支持创新工场、创客空间、社会实验室、智慧小企业创业基地等新型众创空间发展。充分利用国家自主创新示范区、科技企业孵化器、大学科技园、商贸企业集聚区、小微企业创业示范基地等现有条件，通过市场化方式构建一批创新与创业相结合、线上与线下相结合、孵化与投资相结合的众创空间，为创业者提供低成本、便利化、全要素的工作空间、网络空间、社交空间和资源共享空间。实施新兴产业“双创”行动，建立一批新兴产业“双创”示范基地，加快发展“互联网＋”创业网络体系。

3. 发展开放式创新

鼓励各类创新主体充分利用互联网，把握市场需求导向，加强创新资源共享与合作，促进前沿技术和创新成果及时转化，构建开放式创新体系。推动各类创业创新扶持政策与互联网开放平台联动协作，为创业团队和个人开发者提供绿色通道服务。加快发展创业服务业，积极推广众包、用户参与设计、云设计等新型研发组织模式，引导建立社会各界交流合作的平台，推动跨区域、跨领域的技术成果转移和协同创新。

(二)“互联网＋”协同制造

推动互联网与制造业融合，提升制造业数字化、网络化、智能化水平，加强产业链协作，发展基于互联网的协同制造新模式。在重点领域推进智能制造、大规模个性化定制、网络化协同制造和服务型制造，打造一批网络化协同制造公共服务平台，加快形成制造业网络化产业生态体系。(工业和信息化部、发展改革委、科技部共同牵头)

1. 大力发展智能制造

以智能工厂为发展方向，开展智能制造试点示范，加快推动云计算、物联网、智能工业机器人、增材制造等技术在生产过程中的应用，推进生产装备智能化升级、工艺流程改造和基础数据共享。着力在工控系统、智能感知元器件、工业云平台、操作系统和工业软件等核心环节取得突破，加强工业大数据的开发与利用，有效支撑制造业智能化转型，构建开放、共享、协作的智能制造产业生态。

2. 发展大规模个性化定制

支持企业利用互联网采集并对接用户个性化需求，推进设计研发、生产制造和供应链管理等关键环节的柔性化改造，开展基于个性化产品的服务模式和商业模式创新。鼓励互联网企业整合市场信息，挖掘细分市场需求与发展趋势，为制造企业开展个性化定制提供决策支撑。

3. 提升网络化协同制造水平

鼓励制造业骨干企业通过互联网与产业链各环节紧密协同，促进生产、质量控制和运营管理系统全面互联，推行众包设计研发和网络化制造等新模式。鼓励有实力的互联网企业构建网络化协同制造公共服务平台，面向细分行业提供云制造服务，促进创新资源、生产能力、市场需求的集聚与对接，提升服务中小微企业能力，加快全社会多元化制造资源的有效协同，提高产业链资源整合能力。

4. 加速制造业服务化转型

鼓励制造企业利用物联网、云计算、大数据等技术，整合产品全生命周期数据，形成面向生产组织全过程的决策服务信息，为产品优化升级提供数据支撑。鼓励企业基于互联网开展故障预警、远程维护、质量诊断、远程过程优化等在线增值服务，拓展产品价值空间，实现从制造向“制造+服务”的转型升级。

（三）“互联网+”现代农业

利用互联网提升农业生产、经营、管理和服务水平，培育一批网络化、智能化、精细化的现代“种养加”生态农业新模式，形成示范带动效应，加快完善新型农业生产经营体系，培育多样化农业互联网管理服务模式，逐步建立农副产品、农资质量安全追溯体系，促进农业现代化水平明显提升。（农业部、发展改革委、科技部、商务部、质检总局、食品药品监管总局、林业局等负责）

1. 构建新型农业生产经营体系

鼓励互联网企业建立农业服务平台，支撑专业大户、家庭农场、农民合作社、农业产业化龙头企业等新型农业生产经营主体，加强产销衔接，实现农业生产由生产导向向消费导向转变。提高农业生产经营的科技化、组织化和精细化水平，推进农业生产流通销售方式变革和农业发展方式转变，提升农业生产效率和增值空间。规范用好农村土地流转公共服务平台，提升土地流转透明度，保障农民权益。

2. 发展精准化生产方式

推广成熟可复制的农业物联网应用模式。在基础较好的领域和地区，普及基于环境感知、实时监测、自动控制的网络化农业环境监测系统。在大宗农产品规模生产区域，构建天地一体的农业物联网测控体系，实施智能节水灌溉、测土配方施肥、农机定位耕种等精准化作业。在畜禽标准化规模养殖基地和水产健康养殖示范基地，推动饲料精准投放、疾病自动诊断、废弃物自动回收等智能设备的应用普及和互联互通。

3. 提升网络化服务水平

深入推进信息进村入户试点，鼓励通过移动互联网为农民提供政策、市场、科技、保险等生产生活信息服务。支持互联网企业与农业生产经营主体合作，综合利用大数据、云计算等技术，建立农业信息监测体系，为灾害预警、耕地质量监测、重大动植物疫情防控、市场波动预测、经营科学决策等提供服务。

4. 完善农副产品质量安全追溯体系

充分利用现有互联网资源，构建农副产品质量安全追溯公共服务平台，推进制度标准建设，建立产地准出与市场准入衔接机制。支持新型农业生产经营主体利用互联网技术，对生产经营过程进行精细化信息化管理，加快推动移动互联网、物联网、二维码、无线射频识别等信息技术在生产加工和流通销售各环节的推广应用，强化上下游追溯体系对接和信息互通共享，不断扩大追溯体系覆盖面，实现农副产品“从农田到餐桌”全过程可追溯，保障“舌尖上的安全”。

（四）“互联网+”智慧能源

通过互联网促进能源系统扁平化，推进能源生产与消费模式革命，提高能源利用效率，推动节能减排。加强分布式能源网络建设，提高可再生能源占比，促进能源利用结构优化。加快发电设施、用电设施和电网智能化改造，提高电力系统的安全性、稳定性和可靠性。（能源局、发展改革委、工业和信息化部等负责）

1. 推进能源生产智能化

建立能源生产运行的监测、管理和调度信息公共服务网络，加强能源产业链上下游企业的信息对接和生产消费智能化，支撑电厂和电网协调运行，促进非化石能源与化石能源协同发电。鼓励能源企业运用大数据技术对设备状态、电能负载等数据进行分析挖掘与预测，开展精准调度、故障判断和预测性维护，提高能源利用效率和安全稳定运行水平。

2. 建设分布式能源网络

建设以太阳能、风能等可再生能源为主体的多能源协调互补的能源互联网。突破分布式发电、储能、智能微网、主动配电网等关键技术，构建智能化电力运行监测、管理技术平台，使电力设备和用电终端基于互联网进行双向通信和智能调控，实现分布式电源的及时有效接入，逐步建成开放共享的能源网络。

3. 探索能源消费新模式

开展绿色电力交易服务区域试点，推进以智能电网为配送平台，以电子商务为交易平台，融合储能设施、物联网、智能用电设施等硬件以及碳交易、互联网金融等衍生服务于一体的绿色能源网络发展，实现绿色电力的点到点交易及实时配送和补贴结算。进一步加强能源生产和消费协调匹配，推进电动汽车、港口岸电等电能替代技术的应用，推广电力需求侧管理，提高能源利用效率。基于分布式能源网络，发展用户端智能化用能、能源共享经济和能源自由交易，促进能源消费生态体系建设。

4. 发展基于电网的通信设施和新型业务

推进电力光纤到户工程，完善能源互联网信息通信系统。统筹部署电网和通信网深度融合的网络基础设施，实现同缆传输、共建共享，避免重复建设。鼓励依托智能电网发展家庭能效管理等新型业务。

(五)“互联网+”普惠金融

促进互联网金融健康发展，全面提升互联网金融服务能力和普惠水平，鼓励互联网与银行、证券、保险、基金的融合创新，为大众提供丰富、安全、便捷的金融产品和服务，更好满足不同层次实体经济的投融资需求，培育一批具有行业影响力的互联网金融创新型企业。（人民银行、银监会、证监会、保监会、发展改革委、工业和信息化部、网信办等负责）

1. 探索推进互联网金融云服务平台建设

探索互联网企业构建互联网金融云服务平台。在保证技术成熟和业务安全的基础上，支持金融企业与云计算技术提供商合作开展金融公共云服务，提供多样化、个性化、精准化的金融产品。支持银行、证券、保险企业稳妥实施系统架构转型，鼓励探索利用云服务平台开展金融核心业务，提供基于金融云服务平台的信用、认证、接口等公共服务。

2. 鼓励金融机构利用互联网拓宽服务覆盖面

鼓励各金融机构利用云计算、移动互联网、大数据等技术手段，加快金融产品和服务创新，在更广泛地区提供便利的存贷款、支付结算、信用中介平台等金融服务，拓宽普惠金融服务范围，为实体经济发展提供有效支撑。支持金融机构和互联网企业依法合规开展网络借贷、网络证券、网络保险、互联网基金销售等业务。扩大专业互联网保险公司试点，充分发挥保险业在防范互联网金融风险中的作用。推动金融集成电路卡（IC 卡）全面应用，提升电子现金的使用率和便捷性。发挥移动金融安全可信公共服务平台（MTPS）的作用，积极推动商业银行开展移动金融创新应用，促进移动金融在电子商务、公共服务等领域的规模应用。支持银行业金融机构借助互联网技术发展消费信贷业务，支持金融租赁公司利用互联网技术开展金融租赁业务。

3. 积极拓展互联网金融服务创新的深度和广度

鼓励互联网企业依法合规提供创新金融产品和服务，更好满足中小微企业、创新型企业和个人的投融资需求。规范发展网络借贷和互联网消费信贷业务，探索互联网金融服务创新。积极引导风险投资基金、私募股权投资基金和产业投资基金投资于互联网金融企业。利用大数据发展市场化个人征信业务，加快网络征信和信用评价体系建设。加强互联网金融消费权益保护和投资者保护，建立多元化金融消费纠纷解决机制。改进和完善互联网金融监管，提高金融服务安全性，有效防范互联网金融风险及其外溢效应。

（六）"互联网+"益民服务

充分发挥互联网的高效、便捷优势，提高资源利用效率，降低服务消费成本。大力发展以互联网为载体、线上线下互动的新兴消费，加快发展基于互联网的医疗、健康、养老、教育、旅游、社会保障等新兴服务，创新政府服务模式，提升政府科学决策能力和管理水平。（发展改革委、教育部、工业和信息化部、民政部、人力资源社会保障部、商务部、卫生计生委、质检总局、食品药品监管总局、林业局、旅游局、网信办、信访局等负责）

1. 创新政府网络化管理和服务

加快互联网与政府公共服务体系的深度融合，推动公共数据资源开放，促进公共服务创新供给和服务资源整合，构建面向公众的一体化在线公共服务体系。积极探索公众参与的网络化社会管理服务新模式，充分利用互联网、移动互联网应用平台等，加快推进政务新媒体发展建设，加强政府与公众的沟通交流，提高政府公共管理、公共服务和公共政策制定的响应速度，提升政府科学决策能力和社会治理水平，促进政府职能转变和简政放权。深入推进网上信访，提高信访工作质量、效率和公信力。鼓励政府和互联网企业合作建立信用信息共享平台，探索开展一批社会治理互联网应用试点，打通政府部门、企事业单位之间的数据壁垒，利用大数据分析手段，提升各级政府的社会治理能力。加强对"互联网+"行动的宣传，提高公众参与度。

2. 发展便民服务新业态

发展体验经济，支持实体零售商综合利用网上商店、移动支付、智能试衣等新技术，打造体验式购物模式。发展社区经济，在餐饮、娱乐、家政等领域培育线上线下结合的社区服务新模式。发展共享经济，规范发展网络约租车，积极推广在线租房等新业态，着力破除准入门槛高、服务规范难、个人征信缺失等瓶颈制约。发展基于互联网的文化、媒体和旅游等服务，培育形式多样的新型业态。积极推广基于移动互联网入口的城市服务，开展网上社保办理、个人社保权益查询、跨地区医保结算等互联网应用，让老百姓足不出户享受便捷高效的服务。

3. 推广在线医疗卫生新模式

发展基于互联网的医疗卫生服务,支持第三方机构构建医学影像、健康档案、检验报告、电子病历等医疗信息共享服务平台,逐步建立跨医院的医疗数据共享交换标准体系。积极利用移动互联网提供在线预约诊疗、候诊提醒、划价缴费、诊疗报告查询、药品配送等便捷服务。引导医疗机构面向中小城市和农村地区开展基层检查、上级诊断等远程医疗服务。鼓励互联网企业与医疗机构合作建立医疗网络信息平台,加强区域医疗卫生服务资源整合,充分利用互联网、大数据等手段,提高重大疾病和突发公共卫生事件防控能力。积极探索互联网延伸医嘱、电子处方等网络医疗健康服务应用。鼓励有资质的医学检验机构、医疗服务机构联合互联网企业,发展基因检测、疾病预防等健康服务模式。

4. 促进智慧健康养老产业发展

支持智能健康产品创新和应用,推广全面量化健康生活新方式。鼓励健康服务机构利用云计算、大数据等技术搭建公共信息平台,提供长期跟踪、预测预警的个性化健康管理服务。发展第三方在线健康市场调查、咨询评价、预防管理等应用服务,提升规范化和专业化运营水平。依托现有互联网资源和社会力量,以社区为基础,搭建养老信息服务网络平台,提供护理看护、健康管理、康复照料等居家养老服务。鼓励养老服务机构应用基于移动互联网的便携式体检、紧急呼叫监控等设备,提高养老服务水平。

5. 探索新型教育服务供给方式

鼓励互联网企业与社会教育机构根据市场需求开发数字教育资源,提供网络化教育服务。鼓励学校利用数字教育资源及教育服务平台,逐步探索网络化教育新模式,扩大优质教育资源覆盖面,促进教育公平。鼓励学校通过与互联网企业合作等方式,对接线上线下教育资源,探索基础教育、职业教育等教育公共服务提供新方式。推动开展学历教育在线课程资源共享,推广大规模在线开放课程等网络学习模式,探索建立网络学习学分认定与学分转换等制度,加快推动高等教育服务模式变革。

(七)“互联网+”高效物流

加快建设跨行业、跨区域的物流信息服务平台,提高物流供需信息对接和使用效率。鼓励大数据、云计算在物流领域的应用,建设智能仓储体系,优化物流运作流程,提升物流仓储的自动化、智能化水平和运转效率,降低物流成本。(发展改革委、商务部、交通运输部、网信办等负责)

1. 构建物流信息共享互通体系

发挥互联网信息集聚优势,聚合各类物流信息资源,鼓励骨干物流企业和第三方机构搭建面向社会的物流信息服务平台,整合仓储、运输和配送信息,开展物流全程监测、预警,提高物流安全、环保和诚信水平,统筹优化社会物流资源配置。构建互通省际、下达市县、兼顾乡村的物流信息互联网络,建立各类可开放数据的对接机制,加快完善物流信息交换开放标准体系,在更广范围促进物流信息充分共享与互联互通。

2. 建设深度感知智能仓储系统

在各级仓储单元积极推广应用二维码、无线射频识别等物联网感知技术和大数据技术,实现仓储设施与货物的实时跟踪、网络化管理以及库存信息的高度共享,提高货物调度效率。鼓励应用智能化物流装备提升仓储、运输、分拣、包装等作业效率,提高各类复杂订单的出货处理能力，缓解货物囤积停滞瓶颈制约，提升仓储运管水平和效率。

3. 完善智能物流配送调配体系

加快推进货运车联网与物流园区、仓储设施、配送网点等信息互联，促进人员、货源、车源等信息高效匹配，有效降低货车空驶率，提高配送效率。鼓励发展社区自提柜、冷链储藏柜、代收服务点等新型社区化配送模式，结合构建物流信息互联网络，加快推进县到村的物流配送网络和村级配送网点建设，解决物流配送"最后一公里"问题。

（八）"互联网+"电子商务

巩固和增强我国电子商务发展领先优势，大力发展农村电商、行业电商和跨境电商，进一步扩大电子商务发展空间。电子商务与其他产业的融合不断深化，网络化生产、流通、消费更加普及，标准规范、公共服务等支撑环境基本完善。（发展改革委、商务部、工业和信息化部、交通运输部、农业部、海关总署、税务总局、质检总局、网信办等负责）

1. 积极发展农村电子商务

开展电子商务进农村综合示范，支持新型农业经营主体和农产品、农资批发市场对接电商平台，积极发展以销定产模式。完善农村电子商务配送及综合服务网络，着力解决农副产品标准化、物流标准化、冷链仓储建设等关键问题，发展农产品个性化定制服务。开展生鲜农产品和农业生产资料电子商务试点，促进农业大宗商品电子商务发展。

2. 大力发展行业电子商务

鼓励能源、化工、钢铁、电子、轻纺、医药等行业企业，积极利用电子商务平台优化采购、分销体系，提升企业经营效率。推动各类专业市场线上转型，引导传统商贸流通企业与电子商务企业整合资源，积极向供应链协同平台转型。鼓励生产制造企业面向个性化、定制化消费需求深化电子商务应用，支持设备制造企业利用电子商务平台开展融资租赁服务，鼓励中小微企业扩大电子商务应用。按照市场化、专业化方向，大力推广电子招标投标。

3. 推动电子商务应用创新

鼓励企业利用电子商务平台的大数据资源，提升企业精准营销能力，激发市场消费需求。建立电子商务产品质量追溯机制，建设电子商务售后服务质量检测云平台，完善互联网质量信息公共服务体系，解决消费者维权难、退货难、产品责任追溯难等问题。加强互联网食品药品市场监测监管体系建设，积极探索处方药电子商务销售和监管模式创新。鼓励企业利用移动社交、新媒体等新渠道，发展社交电商、"粉丝"经济等网络营销新模式。

4. 加强电子商务国际合作

鼓励各类跨境电子商务服务商发展，完善跨境物流体系，拓展全球经贸合作。推进跨境电子商务通关、检验检疫、结汇等关键环节单一窗口综合服务体系建设。创新跨境权益保障机制，利用合格评定手段，推进国际互认。创新跨境电子商务管理，促进信息网络畅通、跨境物流便捷、支付及结汇无障碍、税收规范便利、市场及贸易规则互认互通。

（九）"互联网+"便捷交通

加快互联网与交通运输领域的深度融合，通过基础设施、运输工具、运行信息等互联网化，推进基于互联网平台的便捷化交通运输服务发展，显著提高交通运输资源利用效率和管理精细化水平，全面提升交通运输行业服务品质和科学治理能力。（发展改革委、交

通运输部共同牵头)

1. 提升交通运输服务品质

推动交通运输主管部门和企业将服务性数据资源向社会开放,鼓励互联网平台为社会公众提供实时交通运行状态查询、出行路线规划、网上购票、智能停车等服务,推进基于互联网平台的多种出行方式信息服务对接和一站式服务。加快完善汽车健康档案、维修诊断和服务质量信息服务平台建设。

2. 推进交通运输资源在线集成

利用物联网、移动互联网等技术,进一步加强对公路、铁路、民航、港口等交通运输网络关键设施运行状态与通行信息的采集。推动跨地域、跨类型交通运输信息互联互通,推广船联网、车联网等智能化技术应用,形成更加完善的交通运输感知体系,提高基础设施、运输工具、运行信息等要素资源的在线化水平,全面支撑故障预警、运行维护以及调度智能化。

3. 增强交通运输科学治理能力

强化交通运输信息共享,利用大数据平台挖掘分析人口迁徙规律、公众出行需求、枢纽客流规模、车辆船舶行驶特征等,为优化交通运输设施规划与建设、安全运行控制、交通运输管理决策提供支撑。利用互联网加强对交通运输违章违规行为的智能化监管,不断提高交通运输治理能力。

(十)"互联网+"绿色生态

推动互联网与生态文明建设深度融合,完善污染物监测及信息发布系统,形成覆盖主要生态要素的资源环境承载能力动态监测网络,实现生态环境数据互联互通和开放共享。充分发挥互联网在逆向物流回收体系中的平台作用,促进再生资源交易利用便捷化、互动化、透明化,促进生产生活方式绿色化(发展改革委、环境保护部、商务部、林业局等负责)

1. 加强资源环境动态监测

针对能源、矿产资源、水、大气、森林、草原、湿地、海洋等各类生态要素,充分利用多维地理信息系统、智慧地图等技术,结合互联网大数据分析,优化监测站点布局,扩大动态监控范围,构建资源环境承载能力立体监控系统。依托现有互联网、云计算平台,逐步实现各级政府资源环境动态监测信息互联共享。加强重点用能单位能耗在线监测和大数据分析。

2. 大力发展智慧环保

利用智能监测设备和移动互联网,完善污染物排放在线监测系统,增加监测污染物种类,扩大监测范围,形成全天候、多层次的智能多源感知体系。建立环境信息数据共享机制,统一数据交换标准,推进区域污染物排放、空气环境质量、水环境质量等信息公开,通过互联网实现面向公众的在线查询和定制推送。加强对企业环保信用数据的采集整理,将企业环保信用记录纳入全国统一的信用信息共享交换平台。完善环境预警和风险监测信息网络,提升重金属、危险废物、危险化学品等重点风险防范水平和应急处理能力。

3. 完善废旧资源回收利用体系

利用物联网、大数据开展信息采集、数据分析、流向监测,优化逆向物流网点布局。支持利用电子标签、二维码等物联网技术跟踪电子废物流向,鼓励互联网企业参与搭建城市废弃物回收平台,创新再生资源回收模式。加快推进汽车保险信息系统、"以旧换再"管理系统和报废车管理系统的标准化、规范化和互联互通,加强废旧汽车及零部件的回收利用信息管理,为互联网企业开展业务创新和便民服务提供数据支撑。

4. 建立废弃物在线交易系统

鼓励互联网企业积极参与各类产业园区废弃物信息平台建设,推动现有骨干再生资源交易市场向线上线下结合转型升级,逐步形成行业性、区域性、全国性的产业废弃物和再生资源在线交易系统,完善线上信用评价和供应链融资体系,开展在线竞价,发布价格交易指数,提高稳定供给能力,增强主要再生资源品种的定价权。

(十一)"互联网+"人工智能

依托互联网平台提供人工智能公共创新服务,加快人工智能核心技术突破,促进人工智能在智能家居、智能终端、智能汽车、机器人等领域的推广应用,培育若干引领全球人工智能发展的骨干企业和创新团队,形成创新活跃、开放合作、协同发展的产业生态。(发展改革委、科技部、工业和信息化部、网信办等负责)

1. 培育发展人工智能新兴产业

建设支撑超大规模深度学习的新型计算集群,构建包括语音、图像、视频、地图等数据的海量训练资源库,加强人工智能基础资源和公共服务等创新平台建设。进一步推进计算机视觉、智能语音处理、生物特征识别、自然语言理解、智能决策控制以及新型人机交互等关键技术的研发和产业化,推动人工智能在智能产品、工业制造等领域规模商用,为产业智能化升级夯实基础。

2. 推进重点领域智能产品创新

鼓励传统家居企业与互联网企业开展集成创新,不断提升家居产品的智能化水平和服务能力,创造新的消费市场空间。推动汽车企业与互联网企业设立跨界交叉的创新平台,加快智能辅助驾驶、复杂环境感知、车载智能设备等技术产品的研发与应用。支持安防企业与互联网企业开展合作,发展和推广图像精准识别等大数据分析技术,提升安防产品的智能化服务水平。

3. 提升终端产品智能化水平

着力做大高端移动智能终端产品和服务的市场规模,提高移动智能终端核心技术研发及产业化能力。鼓励企业积极开展差异化细分市场需求分析,大力丰富可穿戴设备的应用服务,提升用户体验。推动互联网技术以及智能感知、模式识别、智能分析、智能控制等智能技术在机器人领域的深入应用,大力提升机器人产品在传感、交互、控制等方面的性能和智能化水平,提高核心竞争力。

三、保障支撑

(一) 夯实发展基础

1. 巩固网络基础

加快实施"宽带中国"战略,组织实施国家新一代信息基础设施建设工程,推进宽带网络光纤化改造,加快提升移动通信网络服务能力,促进网间互联互通,大幅提高网络访问速率,有效降低网络资费,完善电信普遍服务补偿机制,支持农村及偏远地区宽带建设和运行维护,使互联网下沉为各行业、各领域、各区域都能使用,人、机、物泛在互联的基础设施。增强北斗卫星全球服务能力,构建天地一体化互联网络。加快下一代互联网商用部署,加强互联网协议第 6 版(IPv6)地址管理、标识管理与解析,构建未来网络创新试验平台。研究工业互联网网络架构体系,构建开放式国家创新试验验证平台。(发展改革委、工业和信息化部、财政部、国资委、网信办等负责)

2. 强化应用基础

适应重点行业融合创新发展需求,完善无线传感网、行业云及大数据平台等新型应用基础设施。实施云计算工程,大力提升公共云服务能力,引导行业信息化应用向云计算平台迁移,加快内容分发网络建设,优化数据中心布局。加强物联网网络架构研究,组织开展国家物联网重大应用示范,鼓励具备条件的企业建设跨行业物联网运营和支撑平台。(发展改革委、工业和信息化部等负责)

3. 做实产业基础

着力突破核心芯片、高端服务器、高端存储设备、数据库和中间件等产业薄弱环节的技术瓶颈,加快推进云操作系统、工业控制实时操作系统、智能终端操作系统的研发和应用。大力发展云计算、大数据等解决方案以及高端传感器、工控系统、人机交互等软硬件基础产品。运用互联网理念,构建以骨干企业为核心、产学研用高效整合的技术产业集群,打造国际先进、自主可控的产业体系。(工业和信息化部、发展改革委、科技部、网信办等负责)

4. 保障安全基础

制定国家信息领域核心技术设备发展时间表和路线图,提升互联网安全管理、态势感知和风险防范能力,加强信息网络基础设施安全防护和用户个人信息保护。实施国家信息安全专项,开展网络安全应用示范,提高“互联网+”安全核心技术和产品水平。按照信息安全等级保护等制度和网络安全国家标准的要求,加强“互联网+”关键领域重要信息系统的安全保障。建设完善网络安全监测评估、监督管理、标准认证和创新能力体系。重视融合带来的安全风险,完善网络数据共享、利用等的安全管理和技术措施,探索建立以行政评议和第三方评估为基础的数据安全流动认证体系,完善数据跨境流动管理制度,确保数据安全。(网信办、发展改革委、科技部、工业和信息化部、公安部、安全部、质检总局等负责)

(二)强化创新驱动

1. 加强创新能力建设

鼓励构建以企业为主导,产学研用合作的“互联网+”产业创新网络或产业技术创新联盟。支持以龙头企业为主体,建设跨界交叉领域的创新平台,并逐步形成创新网络。鼓励国家创新平台向企业特别是中小企业在线开放,加大国家重大科研基础设施和大型科研仪器等网络化开放力度。(发展改革委、科技部、工业和信息化部、网信办等负责)

2. 加快制定融合标准

按照共性先立、急用先行的原则,引导工业互联网、智能电网、智慧城市等领域基础共性标准、关键技术标准的研制及推广。加快与互联网融合应用的工控系统、智能专用装备、智能仪表、智能家居、车联网等细分领域的标准化工作。不断完善“互联网+”融合标准体系，同步推进国际国内标准化工作，增强在国际标准化组织(ISO)、国际电工委员会(IEC)和国际电信联盟(ITU)等国际组织中的话语权。(质检总局、工业和信息化部、网信办、能源局等负责)

3. 强化知识产权战略

加强融合领域关键环节专利导航，引导企业加强知识产权战略储备与布局。加快推进专利基础信息资源开放共享，支持在线知识产权服务平台建设，鼓励服务模式创新，提升知识产权服务附加值，支持中小微企业知识产权创造和运用。加强网络知识产权和专利执法维权工作，严厉打击各种网络侵权假冒行为。增强全社会对网络知识产权的保护意识，推动建立“互联网+”知识产权保护联盟，加大对新业态、新模式等创新成果的保护力度。(知识产权局牵头)

4. 大力发展开源社区

鼓励企业自主研发和国家科技计划(专项、基金等)支持形成的软件成果通过互联网向社会开源。引导教育机构、社会团体、企业或个人发起开源项目，积极参加国际开源项目，支持组建开源社区和开源基金会。鼓励企业依托互联网开源模式构建新型生态，促进互联网开源社区与标准规范、知识产权等机构的对接与合作。(科技部、工业和信息化部、质检总局、知识产权局等负责)

(三) 营造宽松环境

1. 构建开放包容环境

贯彻落实《中共中央国务院关于深化体制机制改革加快实施创新驱动发展战略的若干意见》，放宽融合性产品和服务的市场准入限制，制定实施各行业互联网准入负面清单，允许各类主体依法平等进入未纳入负面清单管理的领域。破除行业壁垒，推动各行业、各领域在技术、标准、监管等方面充分对接，最大限度减少事前准入限制，加强事中事后监管。继续深化电信体制改革，有序开放电信市场，加快民营资本进入基础电信业务。加快深化商事制度改革，推进投资贸易便利化。(发展改革委、网信办、教育部、科技部、工业和信息化部、民政部、商务部、卫生计生委、工商总局、质检总局等负责)

2. 完善信用支撑体系

加快社会征信体系建设，推进各类信用信息平台无缝对接，打破信息孤岛。加强信用记录、风险预警、违法失信行为等信息资源在线披露和共享，为经营者提供信用信息查询、企业网上身份认证等服务。充分利用互联网积累的信用数据，对现有征信体系和评测体系进行补充和完善，为经济调节、市场监管、社会管理和公共服务提供有力支撑。(发展改革委、人民银行、工商总局、质检总局、网信办等负责)

3. 推动数据资源开放

研究出台国家大数据战略，显著提升国家大数据掌控能力。建立国家政府信息开放统一平台和基础数据资源库，开展公共数据开放利用改革试点，出台政府机构数据开放管理规定。按照重要性和敏感程度分级分类，推进政府和公共信息资源开放共享，支持公众和小微企业充分挖掘信息资源的商业价值，促进互联网应用创新。(发展改革委、工业和信息化部、国务院办公厅、网信办等负责)

4. 加强法律法规建设

针对互联网与各行业融合发展的新特点,加快“互联网+”相关立法工作,研究调整完善不适应“互联网+”发展和管理的现行法规及政策规定。落实加强网络信息保护和信息公开有关规定,加快推动制定网络安全、电子商务、个人信息保护、互联网信息服务管理等法律法规。完善反垄断法配套规则,进一步加大反垄断法执行力度,严格查处信息领域企业垄断行为,营造互联网公平竞争环境。(法制办、网信办、发展改革委、工业和信息化部、公安部、安全部、商务部、工商总局等负责)

(四)拓展海外合作

1. 鼓励企业抱团出海

结合“一带一路”等国家重大战略,支持和鼓励具有竞争优势的互联网企业联合制造、金融、信息通信等领域企业率先走出去,通过海外并购、联合经营、设立分支机构等方式,相互借力,共同开拓国际市场,推进国际产能合作,构建跨境产业链体系,增强全球竞争力。(发展改革委、外交部、工业和信息化部、商务部、网信办等负责)

2. 发展全球市场应用

鼓励“互联网+”企业整合国内外资源,面向全球提供工业云、供应链管理、大数据分析等网络服务,培育具有全球影响力的“互联网+”应用平台。鼓励互联网企业积极拓展海外用户,推出适合不同市场文化的产品和服务。(商务部、发展改革委、工业和信息化部、网信办等负责)

3. 增强走出去服务能力

充分发挥政府、产业联盟、行业协会及相关中介机构作用,形成支持“互联网+”企业走出去的合力。鼓励中介机构为企业拓展海外市场提供信息咨询、法律援助、税务中介等服务。支持行业协会、产业联盟与企业共同推广中国技术和中国标准,以技术标准走出去带动产品和服务在海外推广应用。(商务部、外交部、发展改革委、工业和信息化部、税务总局、质检总局、网信办等负责)

(五)加强智力建设

1. 加强应用能力培训

鼓励地方各级政府采用购买服务的方式,向社会提供互联网知识技能培训,支持相关研究机构和专家开展“互联网+”基础知识和应用培训。鼓励传统企业与互联网企业建立信息咨询、人才交流等合作机制,促进双方深入交流合作。加强制造业、农业等领域人才特别是企业高层管理人员的互联网技能培训,鼓励互联网人才与传统行业人才双向流动。(科技部、工业和信息化部、人力资源社会保障部、网信办等负责)

2. 加快复合型人才培养

面向“互联网+”融合发展需求,鼓励高校根据发展需要和学校办学能力设置相关专业,注重将国内外前沿研究成果尽快引入相关专业教学中。鼓励各类学校聘请互联网领域高级人才作为兼职教师,加强“互联网+”领域实验教学。(教育部、发展改革委、科技部、工业和信息化部、人力资源社会保障部、网信办等负责)

3. 鼓励联合培养培训

实施产学合作专业综合改革项目,鼓励校企、院企合作办学,推进“互联网+”专业技术人才培训。深化互联网领域产教融合，依托高校、科研机构、企业的智力资源和研究平台，建立一批联合实训基地。建立企业技术中心和院校对接机制，鼓励企业在院校建立"互联网+"研发机构和实验中心。（教育部、发展改革委、科技部、工业和信息化部、人力资源社会保障部、网信办等负责）

4. 利用全球智力资源

充分利用现有人才引进计划和鼓励企业设立海外研发中心等多种方式，引进和培养一批"互联网+"领域高端人才。完善移民、签证等制度，形成有利于吸引人才的分配、激励和保障机制，为引进海外人才提供有利条件。支持通过任务外包、产业合作、学术交流等方式，充分利用全球互联网人才资源。吸引互联网领域领军人才、特殊人才、紧缺人才在我国创业创新和从事教学科研等活动。（人力资源社会保障部、发展改革委、教育部、科技部、网信办等负责）

（六）加强引导支持

1. 实施重大工程包

选择重点领域，加大中央预算内资金投入力度，引导更多社会资本进入，分步骤组织实施"互联网+"重大工程，重点促进以移动互联网、云计算、大数据、物联网为代表的新一代信息技术与制造、能源、服务、农业等领域的融合创新，发展壮大新兴业态，打造新的产业增长点。（发展改革委牵头）

2. 加大财税支持

充分发挥国家科技计划作用，积极投向符合条件的"互联网+"融合创新关键技术研发及应用示范。统筹利用现有财政专项资金，支持"互联网+"相关平台建设和应用示范等。加大政府部门采购云计算服务的力度，探索基于云计算的政务信息化建设运营新机制。鼓励地方政府创新风险补偿机制，探索"互联网+"发展的新模式。（财政部、税务总局、发展改革委、科技部、网信办等负责）

3. 完善融资服务

积极发挥天使投资、风险投资基金等对"互联网+"的投资引领作用。开展股权众筹等互联网金融创新试点，支持小微企业发展。支持国家出资设立的有关基金投向"互联网+"，鼓励社会资本加大对相关创新型企业的投资。积极发展知识产权质押融资、信用保险保单融资增信等服务，鼓励通过债券融资方式支持"互联网+"发展，支持符合条件的"互联网+"企业发行公司债券。开展产融结合创新试点，探索股权和债权相结合的融资服务。降低创新型、成长型互联网企业的上市准入门槛，结合证券法修订和股票发行注册制改革，支持处于特定成长阶段、发展前景好但尚未盈利的互联网企业在创业板上市。推动银行业金融机构创新信贷产品与金融服务，加大贷款投放力度。鼓励开发性金融机构为"互联网+"重点项目建设提供有效融资支持。（人民银行、发展改革委、银监会、证监会、保监会、网信办、开发银行等负责）

（七）做好组织实施

1. 加强组织领导

建立"互联网+"行动实施部际联席会议制度，统筹协调解决重大问题，切实推动行动的贯彻落实。联席会议设办公室，负责具体工作的组织推进。建立跨领域、跨行业的"互

联网＋”行动专家咨询委员会，为政府决策提供重要支撑。(发展改革委牵头)

2．开展试点示范

鼓励开展“互联网＋”试点示范，推进“互联网＋”区域化、链条化发展。支持全面创新改革试验区、中关村等国家自主创新示范区、国家现代农业示范区先行先试，积极开展“互联网＋”创新政策试点，破除新兴产业行业准入、数据开放、市场监管等方面政策障碍，研究适应新兴业态特点的税收、保险政策，打造“互联网＋”生态体系。(各部门、各地方政府负责)

3．有序推进实施

各地区、各部门要主动作为，完善服务，加强引导，以动态发展的眼光看待“互联网＋”，在实践中大胆探索拓展，相互借鉴“互联网＋”融合应用成功经验，促进“互联网＋”新业态、新经济发展。有关部门要加强统筹规划，提高服务和管理能力。各地区要结合实际，研究制定适合本地的“互联网＋”行动落实方案，因地制宜，合理定位，科学组织实施，杜绝盲目建设和重复投资，务实有序推进“互联网＋”行动。(各部门、各地方政府负责)

国务院
2015 年 7 月 1 日

省政府办公厅关于加快绿色循环低碳交通运输发展的实施意见

苏政办发〔2015〕122号

各市、县(市、区)人民政府,省各委办厅局,省各直属单位:

为贯彻落实《交通运输部江苏省人民政府共同推进江苏省绿色循环低碳交通运输发展框架协议》和《省政府关于印发江苏交通运输现代化规划纲要(2014—2020年)的通知》(苏政发〔2014〕74号)、《省政府办公厅关于印发江苏省绿色循环低碳交通运输发展规划(2013—2020年)的通知》(苏政办发〔2014〕58号)要求,加快建设绿色循环低碳交通运输示范省份,经省人民政府同意,现提出如下实施意见:

一、指导思想与主要目标

(一) 指导思想

深入贯彻党的十八大和十八届三中、四中、五中全会精神,坚持节约资源和保护环境基本国策,以交通基础设施建设、交通装备制造、客货运输节能减排为重点,强化科技创新,促进能源、资源高效利用,加快转变交通运输发展方式和消费方式,加快建设资源节约型、环境友好型交通,加快构建以绿色、循环、低碳为特征的综合交通运输体系,努力形成市场导向、政府推动、企业和公众主动参与的发展格局,促进全省交通运输现代化建设,为"迈上新台阶、建设新江苏"提供有力支撑。

(二) 主要目标

到2020年,江苏交通运输行业率先建成绿色低碳交通基础设施网络,率先推广绿色低碳交通运输装备,率先优化绿色低碳运输组织,率先建成绿色低碳交通运输技术创新与服务体系,率先夯实绿色低碳交通运输管理基础,率先建成一批国家级绿色低碳交通运输示范城市、示范港口、示范公路、示范航道、示范企业,全面建成绿色循环低碳交通运输示范省份。

到2020年,全省公路路面旧料循环利用率达到100%,港口粉尘综合防治率达到70%,高速公路服务区污水处理达标率达到100%,城市公共交通分担率平均达到26%,城市公共汽车、出租汽车中清洁燃料车辆比例平均分别达到35%和65%,集装箱码头轮胎门式起重机(RTG)"油改电"和电动RTG覆盖率达到100%,高速公路电子不停车收费系统(ETC)覆盖率达到100%,干线公路ETC平均覆盖率达到50%,干线航道水上ETC覆盖率达到100%。与2010年相比,全省营运车辆单位运输周转量能耗和二氧化碳排放分别下降16%和18%,营运船舶单位运输周转量能耗和二氧化碳排放分别下降20%和22%,港口生产单位吞吐量综合能耗和二氧化碳排放分别下降10%和12%,城市客运单位客运量能耗和二氧化碳排放分别下降26%和30%。

二、主要任务及责任分工

(一) 加快建设绿色低碳交通运输基础设施

1. 更加注重科学规划和建设综合交通运输体系,优化综合运输网络布局,继续完善公路网络,加快水运、铁路、航空基础设施建设,加快构建结构合理、运行高效、绿色安全的综合交通基础设施网络。(省发展改革委、省交通运输厅)

2. 积极采用新材料、新技术、新工艺,建设优质耐久工程。完善绿色低碳高速公路网络,在公路工程建设领域重点推广沥青混合料温拌、厂拌热再生、桥梁预应力智能施工和绿色照明等技术,加快推进镇丹高速等绿色低碳公路建设,积极开展205国道江苏段等路段综合整治,提升国省道服务水平。(省交通运输厅)

3. 加快水运发展,实现长江口12.5米深水航道延伸至南京,大力发展集约化、专业化、现代化的沿江沿海港口群,提高港口岸线资源利用效率。(省交通运输厅、省发展改革委)

4. 推进农村公路提档升级工程建设,提高农村公路通达水平、安全水平、通畅水平和抗灾防灾能力。(省交通运输厅、省财政厅)

5. 加强资源节约管理与综合利用。建立跨部门、跨项目的建设工程协调机制,切实转变资源利用方式,加大资源整合力度,促进交通、水利、市政、城建等部门建设项目资源配置合理高效。加强交通、水利、市政、城建等建设项目设计方案的沟通协调,充分发挥工程项目的综合功能,综合利用公路、铁路、航道建设工程土方,使航道、隧道、水利工程产生的弃土能用于公路、铁路建设,提高资源利用效率和效益。(省交通运输厅、省水利厅、省住房城乡建设厅、省发展改革委)

6. 着力推进绿色低碳综合运输枢纽建设,完善南京长江航运物流中心、港口和公路货运枢纽(物流园区)集疏运通道体系。(省交通运输厅、省经济和信息化委、省发展改革委)

7. 加快城市轨道交通、城市公交专用道、快速公交系统(BRT)等大容量公共交通基础设施建设,加强自行车专用道和行人步道等城市慢行系统建设。加强港口、高速公路、服务区等交通基础设施污染防治。(省交通运输厅、省发展改革委、省住房城乡建设厅、省环保厅)

(二) 加快推广绿色低碳交通运输装备

1. 加强营运车辆燃料消耗量准入和退出管理,全面淘汰老旧车、“黄标车”,限制高污染、高耗能机动车的销售和使用。积极稳妥推广沿江八市应用国Ⅴ车用汽油及苏北五市应用国Ⅴ车用乙醇汽油,全省推广应用国Ⅴ车用柴油,做好油品供应保障工作,全面推行机动车环保标志分类管理。按国家、省要求完成油库、加油站和油罐车的油气回收改造工作。实施机动车排放检测和维修制度,建立机动车排气污染监管信息系统。(省环保厅、省公安厅、省交通运输厅、省商务厅、省住房城乡建设厅、省质监局、省能源局)

2. 加快运输装备升级,大力推广使用LNG、CNG等清洁能源车船,布局建设加气站、充换电站等配套设施。以城市公交、出租汽车、短途客运为重点,加快出租汽车“油改气”步伐,大幅度提高清洁能源和新能源为动力的营运车辆、船舶市场比重。加快快速公

交(BRT)和轨道交通发展。(省交通运输厅、省能源局、省住房城乡建设厅)

3. 大力推进内河船舶运力结构调整,继续做好内河船型标准化工程,加快老旧落后船型淘汰和更新改造。抓紧制定相关标准规范,加快发展LNG动力船舶,在京杭运河江苏段全面推行LNG动力或其他清洁能源动力船舶。对"油改气"船舶应明确质量合格认证部门,简化审批流程。提高港口清洁能源和可再生能源使用比例,大力推进港口RTG"油改电"、港口水平运输机械"油改气"和靠港船舶使用岸电,南京港等油码头配备油气回收装置。(省交通运输厅、省能源局)

(三)加快推进交通运输组织向绿色低碳转型

1. 加快构建以城市公交、市镇客运班线和镇村公交为基本框架的三级城乡客运网络,加快无锡和淮安"绿色低碳交通城市"、南京和苏州"公交都市"示范工程建设,启动省级"公交优先"示范城市建设,继续推进南京、苏州、无锡、常州等城市轨道交通发展,总结推广出租汽车电话召车服务。建立健全城市公共交通投入、补贴和补偿机制,加强公交换乘体系建设,推进城市公共自行车等慢行交通发展,合理规划布局服务站点,倡导低碳出行。(省交通运输厅、省住房城乡建设厅、省发展改革委)

2. 加快经济、高效的货运物流体系和物流基地建设,大力推广多式联运,重点支持连云港港等集装箱海铁联运示范项目建设,积极推进南京、无锡西站、苏州公铁水联运以及徐州、淮安、扬州集装箱水水联运发展,推进在铁路沿线地区布局无水港,加强水铁联运、江海河联运。大力推动运输装备的大型化和专业化,从输入端减少运力需求量,实现能源使用减量化。鼓励发展集装箱、厢式等专用运输车辆和多轴重载大型车辆,推广标准化运输、封闭运输,积极推进船舶的专业化和标准化。大力发展甩挂运输,依托江苏甩挂运输联盟,建设区域性甩挂运输信息平台。(省经济和信息化委、省交通运输厅、省发展改革委)

3. 认真落实《道路运输车辆燃料消耗量检测和监督管理办法》(交通运输部令2009年第11号)及其配套文件,对进入道路运输市场从事道路旅客运输、货物运输经营活动的车辆实行市场准入制度,燃料消耗量检测合格的车型方可进入道路运输市场,禁止不达标车辆进入营运市场。(省交通运输厅)

(四)加快建设绿色低碳交通运输技术创新与服务体系

1. 推进交通物流信息化建设,构建公铁水空多种运输方式相互衔接、与全国互联互通的交通运输物流信息平台。拓展公铁水空和城市交通"一站式"综合信息服务,打造公众出行综合信息服务体系。加快推进高速公路和干线公路网运行监测和服务体系建设。加快长三角地区内河航道网及京杭运河水系智能航运信息服务物联网应用(船联网)示范项目建设。大力推进高速公路与水上ETC建设,努力实现公共交通省域"一卡通"。加快推进北斗卫星定位、无线射频识别(RFID)、高清视频智能分析、IPV6网络等物联网技术在内河船舶上的研究及规模化应用,促进内河水运监管方式转变,推动内河船舶诚信体系建设,提升内河运输服务水平。(省交通运输厅、省经济和信息化委)

2. 加强交通运输绿色(低碳)实验室、技术研发中心、技术服务中心等技术创新和服务体系建设。大力推进交通运输能源节约、资源节约、生态保护、污染防治、新能源利用等领域关键技术、先进适用技术与产品研发。研究推广智能化数字交通管理技术和一体化运输技术。大力推进绿色低碳交通运输技术、产品、工艺的标准、计量检测、认证体系建设。开展公路、航道养护技术研究,研究推广运输装备维修技术和操作人员培训新技术、新设备。(省科技厅、省交通运输厅、省质监局)

(五)加快提升绿色低碳交通运输管理能力

1. 加强交通基础设施环境保护管理。建设项目中防治污染的设施,必须与主体工程同时设计、同时施工、同时投产使用。编制交通运输规划、建设综合交通项目,应当依法进行环境影响评价。未依法进行环境影响评价的交通运输规划,不得组织实施;未依法进行环境影响评价的综合交通建设项目,不得开工建设。建立综合交通环境污染补偿机制,按照“谁污染(排放),谁治理、谁补偿”原则,进一步完善环境资源有偿使用机制,建立环境价格体系,实行排污总量有价分配制度、排污许可证制度、污水处理按质收费制度。(省交通运输厅、省环保厅)

2. 搭建部、省、市三级行业能耗在线统计监测平台和分析管理系统,建立江苏交通运输绿色(低碳)发展指标体系、考核办法、奖惩机制。加快交通运输行业节能减排统计与监测平台建设,做好在线监测系统的设计,组织开展普通营运货车、内河船舶能源利用状况远程监测试点工作。促进交通与公安交警部门管理的各种车辆能耗及排放数据共享,完善交通行业节能监管体系。研究制定进入交通行业的重点耗能设备能耗限制标准,建立实施有效的行业重点耗能设备准入与退出制度。研究制定公路、港口、水路企业能源统计与分析制度,加强交通运输用能监测和统计。(省交通运输厅、省发展改革委、省公安厅、省统计局)

3. 建立严格的节能减排管理制度和有效的激励机制。积极引导重点交通运输用能企业制定并实施节能减排规划。积极推广合同能源管理,加快培育节能减排技术服务市场,探索参与碳排放交易。支持企业建设分布式光伏发电,鼓励企业自发自用、余电上网,电网公司应保障企业余电上网。(省交通运输厅、省经济和信息化委、国家能源局江苏监管办、省电力公司、省发展改革委)

4. 加强交通运输节能减排领域的人才培养,加大对高层次交通节能减排专业人才培养的投入力度。落实国家规定的关于知识、技术要素参加分配和技术转让、转化中对科技人员的奖励政策,研究制定并实施具体操作办法。在实施高层次人才引进计划中,注重引进交通运输节能减排领域的领军人才。(省委组织部、省人力资源社会保障厅、省交通运输厅)

(六)加大对绿色低碳交通运输的政策扶持

1. 加大对发展绿色运输、低碳运输的税收扶持力度,切实鼓励企业逐步更新改造耗能高、效率低的老旧设备,采用低碳环保的交通运输工具和技术工艺,提高装备的整体技术水平,减少能耗及废气排放。对生产经营性企业获得的符合国家免税条件的专项用途财政补助资金,可作为不征税收入,在计算应纳税所得额时扣除,也可以免征营业税。积极运用财政政策,撬动金融资源,鼓励并引导运输从业者和消费者购买和使用节能环保型车船、装卸和施工装备等,加快淘汰高能耗车船及其他落后装备设施。(省财政厅、省国税局、省地税局、省环保厅)

2. 积极推动碳税、燃油消费税等绿色财税制度改革。实施差异化的车船税等政策,探索制定拥挤收费等政策。在企业主辅分离过程中，对分离出的符合条件的交通运输企业，经审核认定后，可认定为自开票纳税人。（省财政厅、省国税局、省地税局）

3. 加大对交通运输节能减排项目用地的支持力度，适当增加现代物流发展用地指标。对列入省“十三五”发展规划以及省政府批准的年度重大项目中的交通运输项目，优先给予用地保障。将 LNG 加气站和充电桩纳入城市建设规划，并按现代服务业项目优先安排用地指标。（省国土资源厅、省住房城乡建设厅、省发展改革委）

4. 拓宽交通运输节能减排融资渠道，充分利用金融机构信贷资金以及社会资金，扩大利用外资渠道，积极争取国外无偿援助和优惠贷款，探索在交通运输领域开展碳排放权交易和自愿减排交易。鼓励金融机构参与交通运输节能减排领域的投融资活动，有效发挥信用担保体系功能，支持金融机构为节能减排服务业企业提供更多融资服务。积极引进基础产业投资基金等，为节能减排项目建设提供资金支持。（省发展改革委、省金融办、省交通运输厅、省商务厅、省经济和信息化委）

5. 对江苏省内新投产的非国家财政补助类光伏发电项目，依据现行政策按省电力公司实际收购的上网电量给予补贴。建立稳定可靠的投资回报机制，引导民资、外资等各类社会资本投向交通节能减排基础设施建设和低耗、高效交通运输领域。（省财政厅）

6. 推行政府绿色采购制度。新增公务车要带头采购和使用节能与新能源汽车，在全国率先打造绿色公务车队；在各类交通公共建筑项目中推行合同能源管理等新机制，发挥政府部门节能减排的表率作用。（省财政厅、省机关事务管理局、省住房城乡建设厅）

三、组织实施

（一）加强组织领导

设立省推进绿色循环低碳交通运输示范省份建设工作联席会议，由分管副省长任总召集人，省政府分管副秘书长和省交通运输厅主要负责人为召集人，省发展改革委、省经济和信息化委、省公安厅、省科技厅、省财政厅、省国土资源厅、省环保厅、省人力资源社会保障厅、省住房城乡建设厅、省交通运输厅、省水利厅、省商务厅、省质监局、省地税局、省机关事务管理局、省金融办、省国税局、国家能源局江苏监管办、省能源局、省电力公司等部门和单位分管负责人为联席会议成员，统筹协调绿色循环低碳交通运输示范省份建设中的重大事项。联席会议办公室设在省交通运输厅，负责联席会议日常工作。省各有关部门和单位要明确职责，密切配合，找准工作着力点，切实发挥支持保障和督促检查作用，积极引导全社会参与支持绿色循环低碳交通运输发展，营造良好的社会氛围。

（二）完善配套政策

为支持绿色循环低碳交通运输发展，省财政预算安排资金，专项用于补助交通运输节能减排项目。各市、县（市）人民政府也要加大对绿色循环低碳交通运输发展的财政性资金投入，完善交通运输产业政策，积极调整交通运输投资结构，加大对城市公共交通和内河航运的投资力度，探索设立城市公共交通发展专项资金，拓宽内河航运建设资金渠道。研究制定交通运输节能减排技术政策，加大对节能环保型企业和技术的支持力度，限制高能耗、高污染交通运输企业和技术发展。

(三) 强化目标考核

由省推进绿色循环低碳交通运输示范省份建设工作联席会议办公室牵头,及时跟踪了解《江苏省加快推进绿色循环低碳交通运输发展规划(2013—2020年)》和《江苏省绿色循环低碳交通运输发展区域性试点实施方案(2013—2017年)》的实施情况,每半年召开一次会议,通报进展情况,分析存在问题,提出下一步政策建议。加强对规划执行情况的督促检查,每年年底组织年度考核,2017年、2020年分别开展中期与终期考核评价,确保规划实施到位、取得实效。

江苏省人民政府办公厅

2015年11月26日

省政府办公厅关于推动内贸流通健康发展促进消费的实施意见

苏政办发〔2015〕43号

各市、县(市、区)人民政府,省各委办厅局,省各直属单位:

为贯彻落实《国务院办公厅关于促进内贸流通健康发展的若干意见》(国办发〔2014〕51号),充分发挥内贸流通对经济社会发展的推动作用,进一步拉动消费需求,催生新的经济增长点,更好地保障和改善民生,现提出以下意见。

一、推动流通基础设施建设纳入城乡规划

各市、县(市、区)人民政府在组织制定国民经济和社会发展规划、城乡规划时,要将商业网点规划作为重要组成部分统一考虑。商业网点的新建和改建扩建,改变现有商业网点的用途,都必须符合城乡规划。对公益性批发市场、现代物流项目及流通基础设施建设用地,在土地利用规划、交通基础设施规划中要予以支持。充分考虑内贸流通发展的用地需求,按照节约集约、保障重点和有序安排的原则,在土地利用总体规划中予以统筹安排。将农村流通体系建设纳入新型城镇化规划,保障建设用地。(责任单位:省住房城乡建设厅、省国土资源厅、省商务厅)

二、提高现代商圈建设水平

围绕“一带两圈”(南京商圈、徐州商圈和苏锡常商业带)总体布局,结合城市转型发展、流通现代化以及商圈的战略定位,制定商圈发展规划,体现“一带两圈”各自特点和发展方向,增强对相关产业和资源的整合力度,扩大对周边区域的辐射作用。在做好现代商圈规划定位的基础上,加快研究推进商圈建设的具体措施,使规划更具可操作性。鼓励通过商圈融资等方式支持商圈内企业特别是中小商贸企业发展,增强商圈的吸纳和辐射能力。(责任单位:省商务厅)

三、增强社区便民商贸服务功能

在居民集中居住区规划建设社区综合服务中心、邻里中心、睦邻中心等便民商贸服务设施。鼓励地方政府出台政策意见,落实《国务院关于深化流通体制改革加快流通产业发展的意见》(国发〔2012〕39号)关于新建社区(含廉租房、公租房等保障性住房小区、棚户区改造和旧城改造安置住房小区)商业和综合服务设施面积占社区总建筑面积比例不得低于10%的要求。商务部门要从社区实际情况出发,对社区商业的必备业态提出意见和要求,满足居民的多样化生活需求。加快对老旧小区生活服务设施的提档升级。鼓励地方政府回购部分商业用房,支持社区菜店、菜市场、农副产品平价商店、便利店、早餐店、家

政服务点等生活必备设施的建设。在有条件的中心乡镇规划建设集购物、餐饮、文化、生活、配送等为一体的多功能乡镇商贸综合体,建设商业步行街或专业特色街,着力打造乡镇小型商圈。(责任单位:省商务厅、省住房城乡建设厅、省物价局)

四、引导商品市场加快转型升级

重点推进50个大型商品交易市场的转型发展,加快商品交易市场专业化提升和精细化改进,拓展商品展示、研发设计、品牌孵化、价格发现等功能。支持引导大宗商品市场实施信息化改造,强化与金融部门的合作,引进供应链金融,推动大宗商品市场与物流配送结合。借鉴镇江惠龙易通模式,结合大宗商品交易,打造货物集中配送综合服务平台。引导农产品批发市场合理布局,推进农产品批发市场升级改造。鼓励盘活存量建设用地促进内贸流通发展,提高土地利用率。城区商品批发市场异地搬迁改造,政府收回原国有建设用地使用权后,可采取协议出让方式安排商品批发市场用地。开展公益性农产品批发市场项目建设和改革试点,探索建立公益性农产品流通基础设施投资保障、运营管理和政府监管等长效机制,实现农产品批发市场保供应、保安全、稳价格等公益性功能。(责任单位:省商务厅、省国土资源厅、省金融办)

五、促进大众消费和绿色消费发展

认真研究经济新常态下消费市场的主要特征,引导企业顺应大众消费从模仿型、排浪式向个性化、多样化的发展,调整经营结构和方式,实现精准化营销和个性化服务,形成与大众化消费相适应的商业模式。支持中小商贸流通企业开展定制服务,特色化经营,增强发展活力。逐步建立省、市两级中小商贸流通企业服务中心,以中小商贸流通企业公共服务平台为载体,开展市场开拓、科技应用、管理创优、法律咨询、投融资等服务,优化我省中小商贸流通企业发展的政策、制度、服务等环境。积极引导企业运用商标战略,加强商标知识产权的创造、运用、保护和管理,打造一批具有江苏特色的品牌企业和消费名品,满足品质化消费需求。创建一批集门店节能改造、节能产品销售、废弃物回收于一体的绿色商场。引导企业按照有关国家标准和行业标准,重点做好建筑、照明、空调、电梯、冷藏等耗能关键领域的技术改造,使用屋顶、墙壁光伏发电等节能设备和技术。开展节能产品进商场活动,鼓励和引导批零企业向消费者推广使用太阳能热水器、节能灯等环保产品。研究出台改进报废机动车回收管理的意见。(责任单位:省商务厅、省住房城乡建设厅、省环保厅、省公安厅、省工商局)

六、推动农村电子商务加快发展

鼓励大学生回乡进行电子商务创业,开展农民触网培训和农产品电子商务万人培训,推动特色农产品和加工品开展网络营销。着力培育和打造100个省级"电商村",带动农村经济转型升级。加快农产品电子商务平台建设,鼓励建设各类地方特色馆。支持农业经营主体应用电子商务,采购农业生产资料,销售土特产品,促进生产与市场的对接。扶持有条件的企业开展生鲜农产品同城及区域配送业务。深入推进农村商务信息服务试点,积极开展农产品网上购销对接。推动电子商务企业与"万村千乡"市场工程合作,支持有条件的企业在中心镇和行政村建立服务点，开展网上代购代销服务。整合农村地区物流配送、电商培训、农副产品检验检测等资源，构建“消费品下乡、农村产品进城”的流通体系。推进电子商务进农村综合示范工作和农村信息化示范基地建设，促进农村青年互联网创新创业活动。（责任单位：省商务厅、省经济和信息化委、省农委）

七、抓好电子商务示范工程建设

积极创建国家电子商务示范城市、示范基地和示范企业，稳步推进省级多层次的电子商务示范工程建设，培育壮大电子商务培训（实训）基地。鼓励电子商务示范城市开展政策先行先试，在营造发展环境、加强制度建设、完善服务体系等方面发挥示范作用。着力打造20个左右品牌效应突出、辐射带动效应明显的省级电子商务示范基地（园区），推动示范基地发挥产业集聚优势，在中小企业孵化、服务模式创新、公共平台建设、产业链条搭建等方面发挥带动作用。培育10个左右专业性、特色化电商平台，扶持30个左右产业特色明显、发展潜力大的省级电子商务示范企业做大做强，支持示范企业在创新经营模式、整合市场资源、带动关联企业发展等方面发挥引领作用。积极推进省级信息消费试点城市建设。充分发挥培训（实训）基地的骨干作用，广泛开展电子商务各类人才的培训。（责任单位：省商务厅、省发展改革委、省经济和信息化委）

八、提升连锁经营发展水平

以电子商务、信息化及物流配送为依托，推进发展直营连锁，规范发展特许连锁，引导发展自愿连锁。支持连锁经营企业建设直采基地和信息系统，提升自愿连锁服务机构联合采购、统一分销、共同配送能力。引导连锁企业从增开门店向注重绩效转变，鼓励在城区和主要乡镇重点发展直营连锁。实施商标战略示范工程，大力促进老字号传承保护和创新发展，支持老字号企业开展连锁经营。引导连锁企业完善配送设施，积极采用新技术和现代化设备，不断提高配送中心的现代化管理水平。规范和拓展连锁经营门店代收费、代收货等便民服务功能。鼓励发展农产品连锁专卖，大力推进“农超对接”，搭建产销衔接平台。（责任单位：省商务厅、省工商局、省农委）

九、推进商贸物流现代化建设

鼓励商贸物流企业通过参股控股、兼并重组、协作联盟等方式做大做强，形成一批技术先进、主营业务突出、核心竞争力强的大型现代物流企业集团。规范物流综合信息服务平台建设和服务，统一接口标准，完善撮合交易、保险、融资、仓储地图、政务资讯、诚信和统计等服务功能，提高商贸物流需求和供给匹配效率。鼓励托盘租赁运营企业、大型商贸连锁企业、托盘生产企业、商贸物流园区（第三方物流企业）在快速消费品、农副产品等领域，率先开展标准托盘应用推广及循环共用。加强商贸物流标准宣传贯彻和实施工作，支持各类企业、社会团体参与商贸物流标准的制定和修订。加快商贸物流管理、技术和服务标准的推广。优化商贸物流园区规划布局，拓展服务功能，提升信息化、专业化和标准化水平。（责任单位：省商务厅、省发展改革委、省农委、省质监局）

十、健全城市共同配送体系

各地要建立城市共同配送工作机制，制定政策意见，明确职责分工，完善配套措施。支持南京市开展国家城市共同配送试点。扶持省级重点物流基地(园区)等载体建设，支持一批骨干物流配送企业做大做强。鼓励推广共同配送、统一配送、集中配送等先进模式。依托专业化第三方物流或供应商为多个商贸企业、社区门店、市场入驻商户等共同配送。依托物流园区推广配送班车，开展干线与支线结合的城区集中配送。支持大型连锁零售企业通过集中采购提高统一配送率，利用其物流系统为所属门店和社会企业统一配送。鼓励在学校、社区、地铁等周边设立末端配送站或建设公共自助提货柜等，推广"网订店取""网订店送"等新型配送模式，完善城市"最后一公里"的终端配送网络。完善冷链基础设施，发展冷链共同配送。完善城市物流配送货车通行证管理制度，推动城市配送车辆统一标识管理，保障运送生鲜食品、主食制品、药品等车辆便利通行。允许符合标准的非机动快递车辆从事社区配送。对涉及物流配送的商业建设项目，严格落实停车泊位和装卸车专用泊位配建标准。根据道路交通流量和通行状况，合理设置临时、限时停靠点。科学组织物流中心、大型市场、商业中心等周边道路交通，完善交通标志标线，创造良好道路交通环境。新社区建设应配套一定数量的快递投放点，鼓励老旧小区完善相应快递投放设施。(责任单位：省商务厅、省公安厅、省发展改革委、省住房城乡建设厅)

十一、加快商贸服务业转型升级

积极实施"互联网+"战略，加快改造提升传统商贸服务业。大力扶持家政服务网络中心、e生活、家电管家等公共服务平台建设。大力实施"三名"工程，积极培育商贸服务业名企、名品和名师。重点扶持连锁企业中央厨房建设和品牌家政企业发展。组织开展商贸服务业优质服务竞赛活动，全面提升从业人员的职业素养和服务技能。按照企业集聚发展、污染物达标排放的要求，鼓励各地建设生活衣物和公用纺织品洗涤集中区，在用电、用地、车辆通行等方面给予扶持，引导企业入园生产经营。加大对无证照经营、污染物超标排放等违法行为的打击力度。(责任单位：省商务厅、省环保厅、省国土资源厅、省食品药品监管局)

十二、打造一批内外贸一体化企业和市场

鼓励和引导流通企业兼并重组，推进混合所有制发展，推动优势流通企业利用多种方式做大做强，形成若干具有国际竞争力的大型零售商、批发商、物流服务商。鼓励具备条件的流通企业"走出去"，拓展海外营销、物流和服务网络，推动我省更多优质商品通过海外营销网络走向世界。鼓励外贸企业建立国内营销渠道，开拓国内市场。打造一批竞争力强、内外贸一体化经营的跨国企业。总结推广南通叠石桥市场等市场采购贸易方式试点经验，借鉴国际贸易通行标准、规则和方式，拓展商品交易市场的对外贸易功能，打造一批布局合理、功能完善、管理规范、辐射面广的内外贸结合市场。(责任单位：省商务厅、南京海关、江苏检验检疫局)

十三、创造公平竞争的市场环境

组织开展消除地区封锁、打破行业垄断工作，着力破除各类市场壁垒。贯彻落实零售商、供应商公平交易行为规范及相关制度。健全举报投诉办理和违法行为曝光机制，严肃查处违法违规行为。推进商务综合行政执法改革，提升市场监管水平，营造法治化营商环境。加快推进商务诚信体系建设，促进信用交易发展，依法依规发布严重失信企业"黑名单"，形成"守信得益、失信受制"的信用激励约束机制。支持第三方机构开展具有信誉搜索、同类对比等功能的综合评价；鼓励行业组织开展以信用记录为基础的第三方专业评价；引导企业开展以商品质量、服务水平、购物环境为内容的消费体验评价。加快肉菜等重要商品流通追溯体系建设，构建全省互联互通的追溯网络。依法打击严重危害民生和社会公共安全的侵权假冒违法犯罪活动。集中开展重点商品、重点领域专项整治行动，完善网络商品的监督抽查、风险监测、源头追溯、质量担保、损害赔偿、联合办案等制度。积极推进侵权假冒行政执法案件信息公开，建立完善案件曝光平台。加强行政执法与刑事司法衔接，建立部门间、区域间信息共享和执法协作机制。强化对农村市场、城乡结合部和网络商品交易的监管，切实维护消费者合法权益。（责任单位：省发展改革委、省商务厅、省工商局、省质监局、省公安厅、省法制办、省物价局等）

十四、加大财政和金融支持力度

用好中央财政促进服务业发展专项资金。加大省级财政对内贸流通发展的支持力度，突出国家政策导向和我省工作重点，确定好资金使用方向，强化绩效考核，提高资金使用效益。加大对流通企业的融资支持。扩大小微企业转贷方式创新试点范围，鼓励相关银行机构将符合条件的小微型流通企业纳入名单制管理，参与转贷试点。大力推进直接融资，支持流通企业上市或到"新三板"和江苏股权交易中心挂牌；鼓励流通企业发行短期融资券、中期票据、中小微企业私募债等各类债券。（责任单位：省财政厅、省金融办）

十五、认真落实税收支持政策

支持符合条件的第三方物流和物流信息平台企业申请高新技术企业认定，经认定为高新技术企业的，减按15%的优惠税率征收企业所得税。减轻农产品批发市场、农贸市场税收负担，2015年12月31日前对专门经营农产品的农产品批发市场、农贸市场使用的房产、土地，暂免征收房产税和城镇土地使用税。按照国家财税体制改革的统一部署，推进生活性服务业营改增。充分发挥税收职能作用，扶持生活性服务业小微企业发展，2015年12月31日前对月营业额3万元以下的营业税纳税人免征营业税，2017年12月31日前对年应纳税所得额低于20万元（含20万元）的小型微利企业，其所得减按50%计入应纳税所得额，按20%的税率缴纳企业所得税。加强网络电子发票的试点和推进工作。认真落实国家鼓励连锁经营等总分机构汇总缴纳增值税政策，税务部门和财政部门要密切配合，不断优化汇总纳税企业的服务和监管。对跨地区经营汇总纳税企业实行"统一计算、分级管理、就地预缴、汇总清算、财政调库"的企业所得税征收管理办法。对总机构及其分支机构均在我省的，分支机构暂不就地预缴企业所得税，由总机构统一计算，汇

总缴纳。(责任单位:省国税局、省地税局、省科技厅、省财政厅)

江苏省人民政府办公厅

2015 年 5 月 4 日

关于印发《江苏省新农村现代流通及供销合作发展引导资金管理办法》的通知

苏财规[2016]8号

为贯彻落实《中共江苏省委江苏省人民政府关于深化供销合作社综合改革的意见》(苏发[2015]31号),推动全省供销合作事业迈上新台阶,规范江苏省新农村现代流通及供销合作发展引导资金使用管理,提高资金使用效益,我们制定了《江苏省新农村现代流通及供销合作发展引导资金管理暂行办法》,现印发给你们,请遵照执行。

附件:江苏省新农村现代流通及供销合作发展引导资金管理办法

江苏省财政厅、江苏省供销合作总社

2016年3月10日

附件:

江苏省新农村现代流通及供销合作发展引导资金管理办法

第一章 总 则

第一条 为贯彻《中共江苏省委江苏省人民政府关于深化供销合作社综合改革的意见》(苏发〔2015〕31号),健全农村现代流通网络体系,推动供销合作事业迈上新台阶,促进城乡发展一体化,根据《中华人民共和国预算法》、《江苏省省级财政专项资金管理办法》等有关法律法规,制定本办法。

第二条 江苏省新农村现代流通及供销合作发展引导资金(以下简称引导资金)由省级财政预算安排。主要支持:现代流通网络及物流基础设施建设;农产品批发市场及现代物流中心建设;农村电子商务发展;农业社会化服务体系建设;农村综合服务社建设;乡镇基层社改造升级;其他供销合作改革发展重点项目。

第三条 引导资金坚持为农服务根本宗旨,所支持的项目和扶持环节要能够体现服务现代农业和"强富美高"新农村建设,构建农民合作经济组织体系和为农服务体系、繁荣城乡市场、推动一二三产业融合发展和农民创业就业等公益性或准公益性目标。

第四条 引导资金由省财政厅和省供销合作总社共同管理。

省财政厅主要负责:制定引导资金管理办法及预算安排;会同省供销合作总社下达引导资金预算;督促省供销社加强对引导资金使用、项目实施、绩效目标完成情况的监督管理。

省供销合作总社主要负责：制定新农村流通网络发展规划及供销合作改革发展计划；设立引导资金绩效目标、制定项目管理流程；组织项目申报及评审；提出引导资金年度预算安排建议；检查督促项目实施和引导资金使用管理；根据绩效目标对项目进行绩效评价，对项目实施情况进行总结；对代持股份的项目承担出资人职责。

第二章　支持条件与标准

第五条　引导资金可以采取三种支持方式：

（一）对符合本办法规定的支持方向、环节、标准的重点项目，可以采取贷款贴息、以奖代补、财政补助等方式；

（二）对扶持对象、补助标准明确，由地方管理更有利于提高引导资金使用效益的项目，可以采取因素法切块下达方式；

（三）鼓励采取政府投资基金等市场化运作方式。

第六条　申请引导资金项目单位的条件：

（一）需为供销合作社系统企业控股或参股单位；

（二）具有较为完善的企业管理制度和公司章程，产权清晰；

（三）依法正常经营，经济效益和社会效益良好，具有较强的发展潜力和示范带动作用；

（四）企业信用信息系统中无不良记录。

第七条　对符合条件的项目，省级引导资金支持标准：

（一）贷款贴息。贴息资金根据实际到位银行贷款、规定的贴息率、贷款期限和实际支付的利息数计算，年贴息率最高不超过国家规定的银行贷款基准利率的60%。

（二）以奖代补、财政补助。补助资金不超过项目总投资的50%。

（三）发展基金。采取发展基金方式，出资比例原则上不超过基金总规模的30%，并委托有资质的基金管理专业机构按市场方式运作。

（四）供销社股权投资。按照市场化的原则对所投资企业进行估值确定投资价格和股份比例。

第三章　项目申报和评审

第八条　每年年初，省供销合作总社牵头会同省财政厅下达年度项目申报指南，明确项目申报计划。

第九条　项目单位根据年度项目申报指南和本办法有关规定向市、县(市)供销合作社和财政部门申报项目，对提供资料的真实性、完整性负责。市、县(市)供销合作社对申报项目进行实质性审查，市、县(市)财政部门对申报项目进行形式审查，对符合条件的项目，联合行文向省供销合作总社、财政厅报送引导资金申报报告。

省供销合作总社下属企业及单位申报的项目，由省供销合作总社承担监管审核职责。

第十条　省供销合作总社会同省财政厅对申报项目进行初审、评审、会商、公示。

初审：省供销合作总社根据申报指南对申报项目进行形式审查。形式审查包括：申报流程是否符合规定、附报材料是否齐全、是否提交承诺书等。

评审：省供销合作总社牵头对通过形式审查的项目组织专家评审或第三方审计。评审、审计方案由省供销合作总社提出，商省财政厅同意后实施。

会商:省供销合作总社对通过评审的项目提出年度项目安排计划意见商省财政厅确定项目补助方式和金额,省财政厅对虽然通过专家评审但在支持领域、扶持环节、补助标准、申报程序等方面明显不符合本办法规定的项目,有权予以否决。

公示:省供销合作总社上网公示通过审核的项目,公示时间一周(5 个工作日)。

项目申报、评审、批复工作应在省人民代表大会批准预算后的 60 日内完成,如未能下达,省财政有权采取资金按因素法直接切块下达、预算调整、收回等措施。

第四章　资金使用与拨付

第十一条　按程序项目公示后,省财政厅单独或会同省供销合作总社下达引导资金。

第十二条　各市、县(市)收到补助资金后,由市、县(市)供销社审核项目单位提出的资金拨付申请,并提出审核意见。财政部门根据审核意见,结合财政资金执行管理等有关规定拨付省级引导资金。

第五章　绩效评价与监督检查

第十三条　各级供销合作社要切实加强对引导资金的监管,建立健全绩效评价制度,根据省级专项资金绩效管理要求开展专项资金绩效评价工作。评价结果作为引导资金支持政策调整和预算安排的依据。

第十四条　各级供销合作社要依据职责分工,加强对项目实施和资金使用的监督检查,及时跟踪项目实施进度和资金使用情况,发现问题及时纠正,确保发挥效益。

第十五条　各市、县(市)部门和项目实施单位要自觉接受财政、审计以及上级主管部门对引导资金使用情况的监督检查,自觉接受社会监督。

第十六条　省供销合作总社会同省财政厅对引导资金安排和使用管理情况组织不定期检查。对违反本办法规定、骗取、截留、挤占和挪用引导资金的收回相关资金,并取消对该市、县(市)下一年度的资金支持,三年内取消项目单位申报本专项资金的资格。同时按照《财政违法行为处罚处分条例》、《江苏省财政监督办法》和《江苏省省级财政专项资金管理办法》等予以处理、处罚。

第六章　附　则

第十七条　本办法由省财政厅、省供销合作总社负责解释。

第十八条　本办法自 2016 年 5 月 1 日起施行。《江苏省新农村现代流通及供销合作发展引导资金管理暂行办法》(苏财规〔2011〕25 号)同时废止。

关于印发《江苏省粮食仓储物流设施建设专项资金管理办法》的通知

苏财规〔2015〕10号

各市、县财政局、粮食局,省各有关部门(单位、企业):

为规范专项资金的使用管理,提高资金使用效益,进一步推动全省粮食仓储物流设施建设工作,我们制定了《江苏省粮食仓储物流设施建设专项资金管理办法》,现印发给你们,请遵照执行。

附件:江苏省粮食仓储物流设施建设专项资金管理办法

江苏省财政厅　江苏省粮食局

2015年4月20日

附件:

江苏省粮食仓储物流设施建设专项资金管理办法

第一章　总　则

第一条　为进一步加强粮食仓储物流设施建设专项资金管理,提高资金使用效益,根据《中华人民共和国预算法》、《江苏省省级财政专项资金管理办法》及有关财政财务管理规定,特制定本办法。

第二条　粮食仓储物流设施建设专项资金(以下简称专项资金),是指省级财政预算安排的,专项用于扶持地方国有及国有控股粮食购销企业进行粮食仓储物流设施建设的专项扶持资金。

第三条　本办法所称粮食仓储物流设施建设项目必须在全省粮库、现代粮食物流规划布局范围内,包括:

(一) 粮食仓库或物流产业园基础设施建设,包括新建、改建、扩建;

(二) 粮食仓库或物流产业园维修改造;

(三) 粮食烘干机等仓储物流设备配置;

(四) 信息化及检验检测建设。

第四条　专项资金实行项目制管理,项目管理主要采取企业自主申报,地方审核推荐,省级择优立项、以奖代补方式。

第五条　专项资金遵循"科学规划、政府引导、规范运作"的原则,根据区域分布、仓容状况和项目轻重缓急，一次规划、分期分批实施，逐步推进全省粮食仓储物流设施建设。

（一）科学规划，分批实施。补助资金支持的项目必须符合全省发展规划，在规划布局范围内，设计科学合理，资金来源明确，建设条件成熟。

（二）企业自愿，政府引导。粮食仓储物流设施的投入主体是企业，地方政府给予扶持，省财政给予适当引导补助。

（三）程序规范，注重绩效。建立全过程的项目监督管理机制，包括：公开申报、地方审核推荐、省级形式审查、专家评审、项目公示、监督检查、绩效评价办法，确保专项资金的使用立项科学、监管有力、发挥效益。

第二章　管理职责

第六条　专项资金按照“分级管理、各负其责、相互配合”的原则，划分省级和市、县财政部门及粮食主管部门的行政监管职责，在申报、评审、执行、监督、评价各环节做到职责分明、责任清晰。省属企业和省粮食局下属单位申报的项目，分别由省属企业集团公司和省粮食局承担行政监管职责。

第七条　省级财政部门的主要职责包括：

（一）负责专项资金政策的研究制定，制定专项资金管理办法；

（二）负责专项资金年度预算编制和省级预算执行；

（三）参与省级粮食主管部门编制项目年度实施计划和申报指南；

（四）审定项目评审方案，参与对申报项目进行形式审查，根据评审结果会同省级粮食主管部门，确定项目投资规模、补助资金的比例和额度；

（五）负责公开专项资金目录，参与项目执行情况的监督检查；

（六）组织开展绩效评价工作；

（七）法律、法规、规章规定的其他职责。

第八条　省级粮食主管部门的主要职责包括：

（一）制定仓储物流设施长期发展规划，修订全省粮库、现代粮食物流规划布局；

（二）设立专项资金绩效目标、制定项目管理流程；

（三）会同省级财政部门编制项目年度实施计划及申报指南；

（四）审核项目申报程序的规范性和项目实施的可行性，编制评审方案，组织专家对申报项目进行评审，明确建设规模并提出年度补助资金需求；

（五）负责专项资金管理中涉及政府信息公开事项，监管项目总体执行情况，组织开展项目监督检查，对重大项目组织省级验收；

（六）根据绩效目标对项目进行绩效自评价，向省财政提交年度项目实施情况总结等；

（七）法律、法规、规章规定的其他职责。

第九条　市、县（市）财政部门的主要职责包括：

（一）根据年度项目申报指南和相关规定，配合当地粮食主管部门做好专项资金申报工作，负责审核项目补助对象、补助标准、补助资金预算的合规性，审核项目投资来源及资金使用的合理性；

（二）监督管理补助资金的预算执行，按国库资金支付的相关规定、政府采购要求及工程进度拨付、结算资金；

(三)配合当地粮食主管部门对项目进行结算、决算及验收；

(四) 法律、法规、规章规定的其他职责。

第十条　市、县(市)粮食主管部门的主要职责包括：

(一) 根据年度项目申报指南和相关规定，会同当地财政部门组织申报项目，负责审核项目的真实性、必要性、可行性；

(二) 监督项目实施单位按批复执行项目；

(三) 负责项目执行监管，包括：政府采购、阶段性检查和项目总体验收、财务管理和会计核算、按规定向同级财政部门和省级主管部门报送专项资金的使用情况及项目执行情况等资料；

(四) 会同当地财政部门组织对项目进行结算、决算、验收；

(五) 法律、法规、规章规定的其他职责。

第十一条　专项资金使用单位负责项目具体建设实施，主要责任包括：

(一) 根据年度项目申报指南和相关规定申报项目；

(二) 按照省级主管部门评审结果，组织项目实施，在实施过程中依据相关建设项目管理制度，实行法人制、招投标制、监理制、合同制，及时对各单项工程进行验收，负责对项目的日常监管；

(三) 按照规定范围使用专项资金，并按相关财务管理规定，做好会计核算；

(四) 配合财政、粮食主管部门对项目进行检查监督及结算、决算、验收工作，提供相关工程和财务的报表资料；

(五) 配合粮食主管部门做好项目绩效评价；

(六) 对各环节提供资料的真实性、完整性负责；

(七) 对项目的质量、使用效果负责；

(八) 法律、法规、规章规定的其他职责。

第三章　补助对象及方式

第十二条　专项资金补助对象是指在全省规划布局范围内，符合条件的国有或国有控股粮食购销企业实施仓储物流设施建设。不包括已列入粮食物流建设计划的仓储物流设施项目和中储粮总公司直属库及其承储库点。对承担省级、市县政策性粮食收储任务及建设年代较早的老旧粮库予以优先考虑。

第十三条　专项资金的使用范围：专项资金用于仓容建设、粮食物流基础设施、仓储物流设备、信息化及检验检测建设所需的原材料、辅助材料、设备以及相关的人工成本等直接费用支出，不得用于范围之外的其他支出。

第十四条　属于主要用于生产经营类的设施设备，专项资金补助金额原则上不超过项目总投资额(不含土地投资)的 50%；属于主要发挥公共效益类的设施设备，补助金额按照项目类别、投资主体、社会效益、预算安排情况分别确定，省级资金只补助建设性投入，不补助土地投资；单个项目补助金额原则上按苏南、苏中、苏北地区有所区别。

第十五条　项目的申报主体为国有或国有控股粮食购销企业。已享受过财政资金补助的粮库，同一项目五年内不得再享受省级其他财政专项资金补助。

第四章　项目管理

第十六条　每年年初，省粮食局牵头会同省财政厅下达年度项目申报指南，明确项目申报计划。

各市、县(市)粮食主管部门牵头会同同级财政部门根据省粮食局、财政厅确定的粮食仓储物流设施建设计划，结合当地重点，以及粮食仓储的区域分布、地理环境等，合理筛选项目，制订建设方案，并联合具文向省粮食局、财政厅报送专项资金申报报告或建设方案。

专项资金申报报告或建设方案，包括项目单位及申报项目的基本情况、项目建设及维修计划、资金筹措、工作措施等。

第十七条　省粮食局会同省财政厅对申报项目进行初审、评审、会商、公示、批复下达。

初审：省粮食局会同省财政厅根据全省粮食仓储物流发展规划、省级项目库、各地粮食仓储物流设施项目完成情况，对申报项目进行形式审查。形式审查包括：申请项目是否符合规划要求、申报流程是否符合规定、附报材料是否齐全、是否提交承诺书等。

评审：省粮食局牵头对通过形式审查的项目组织专家评审或第三方审计。评审、审计方案由省粮食局提出，会省财政厅审定后实施。

会商：省粮食局对通过评审的项目提出年度项目安排计划意见会省财政厅确定。

公示：根据会商结果，省粮食局上网公示通过审核的项目，公示时间一周(5 个工作日)。

批复下达：公示无异议的项目，省粮食局会财政厅批复项目建设方案。

第十八条　项目申报、评审、批复工作应在省人民代表大会批准预算后的 60 日内完成，如未能下达，省财政有权采取资金按因素法直接切块下达、预算调整、收回等措施。

第十九条　项目建设方案批复后，市、县(市)粮食主管部门应积极组织实施，督促项目实施单位按照建设方案，认真落实项目法人制、施工合同制、项目审计制，推进项目实施，对工程或设备按规定应进行招标或政府采购的，必须公开招标或政府采购。

第二十条　各地应按上报的项目建设方案落实项目建设内容。项目建设中发生重大变更的，应按照原项目申报程序由当地粮食主管部门会同财政部门向省粮食局、财政厅申请调整。省粮食局、财政厅批准后，方可继续实施。

第二十一条　有下列情形之一的为重大变更：

(一) 项目实施主体发生变更；

(二) 项目实施(建设)内容、投资变化达到 10%及以上；

(三) 项目实施地点发生变更的。

第二十二条　项目完工后，各市、县(市)粮食主管部门应会同同级财政部门根据项目建设方案负责组织验收。验收内容包括：建设、维修工程量、资金使用、工期、施工管理及完工情况等。各市、县粮食主管部门按照《建设工程文件归档整理规范》GB/T50328 规定对建设、维修项目资料进行归档。

第二十三条　专项资金绩效自评价内容包括：建设、维修工作量完成情况、工程质量情况、资金使用情况、项目实施产生的效益等。评价结果作为以后年度分配专项资金参考依据。

第五章　资金管理

第二十四条　按程序对项目建设方案批复后，省财政厅结合当年度专项资金总量确定补助标准和预算细化落实，会同省粮食局下达专项资金。

第二十五条　各市、县(市)财政部门收到专项资金后，可以采取“预拨＋考核兑现”、“按进度拨款”、“先建后补”等方式拨付省级补助资金。

首次拨款应具备以下条件，一是地方粮食主管部门与项目承担单位就项目建设已经形成了具体建设施工方案；二是项目实质性开工。

项目完工前，地方财政部门拨付的资金不得超过省级补助的 70%，剩余 30%部分待项目通过粮食主管部门组织的竣工验收后拨付。

第六章　监督检查

第二十六条　各市、县(市)粮食和财政部门要依据职责分工，加强对项目实施和资金使用的监督检查，及时跟踪项目实施进度和资金使用情况，发现问题及时纠正，确保专项资金按规定用途使用。

第二十七条　各地、各部门和项目实施单位要自觉接受纪检监察、审计部门对项目建设资金使用的监督检查，自觉接受社会监督。

第二十八条　对违规使用专项资金，一经查实，收回专项资金，并取消对该市、县(市)下一年度的资金支持，三年内取消项目单位申报本项专项资金的资格。同时按照《财政违法行为处罚处分条例》和有关法律规定，追究有关单位和个人的责任。

第七章　附　则

第二十九条　本办法自 2015 年 5 月 20 日起施行。《江苏省粮食仓储设施建设补助资金管理暂行办法》(苏财规〔2012〕23 号)、《江苏省粮食现代物流建设补助资金管理暂行办法》苏财规〔2012〕28 号)同时废止。

第三十条　本办法由江苏省财政厅、江苏省粮食局负责解释。

数据篇

2015 年江苏物流发展状态指标

区域		社会物流总额（亿元）	社会物流总费用与 GDP 比率（%）	物流业增加值（亿元）	物流相关行业固定资产投资（万元）	物流相关行业从业人员人数（万人）
江苏		230 955. 40	14. 80	4 720. 00	24 289 473. 00	150. 69
苏南	南京	27 787. 52	14. 74	655. 72	4 241 514. 00	43. 53
	无锡	21 314. 49	14. 45	656. 77	1 719 550. 00	10. 22
	常州	17 436. 40	14. 20	337. 20	2 281 880. 00	6. 04
	苏州	48 658. 00	14. 61	595. 15	3 468 027. 00	21. 06
	镇江	9 961. 50	15. 40	238. 40	849 837. 00	3. 93
苏中	南通	20 124. 48	14. 90	400. 53	2 215 555. 00	8. 82
	扬州	12 087. 99	15. 08	259. 60	1 803 571. 00	7. 45
	泰州	13 752. 43	15. 70	245. 42	1 536 253. 00	8. 26
苏北	徐州	15 594. 11	15. 90	423. 02	2 299 491. 00	14. 92
	连云港	7 683. 76	15. 60	168. 93	1 257 733. 00	9. 22
	淮安	8 987. 69	15. 60	186. 85	877 285. 00	6. 12
	盐城	12 056. 41	17. 17	308. 13	1 531 545. 00	8. 03
	宿迁	4 773. 57	16. 91	147. 27	207 232. 00	2. 83

2015 年江苏物流指数

区域		物流综合指数	物流增长指数	物流行业基础条件及效益指数	物流发展与经济总量关系指数
江苏		0.512 7	5.73%	0.527 1	0.482 3
苏南	南京	0.784 6	9.59%	0.805 9	0.818 5
	无锡	0.620 4	2.54%	0.585 6	0.721 3
	常州	0.519 5	4.11%	0.503 9	0.539 8
	苏州	0.784 9	4.14%	0.736 6	0.979 4
	镇江	0.444 1	2.61%	0.423 2	0.436 2
苏中	南通	0.537 8	2.43%	0.551 6	0.520 5
	扬州	0.452 4	2.58%	0.464 6	0.407 1
	泰州	0.437 8	2.41%	0.467 6	0.354 2
苏北	徐州	0.531 7	3.81%	0.588 4	0.441 1
	连云港	0.404 1	3.40%	0.436 1	0.244 6
	淮安	0.381 9	2.36%	0.421 6	0.273 1
	盐城	0.454 1	6.21%	0.490 3	0.349 8
	宿迁	0.347 8	1.50%	0.377 0	0.206 2

2011—2015年江苏交通运输基本情况指标

指标				2011年	2012年	2013年	2014年	2015年
运输线路长度（公里）	铁路营业里程			2 348	2 348	2 554	2 632	2 679
	铁路正线延展长度			3 720	3 725	4 125	4 200	4 570
	公路通车里程	合计		152 247	154 118	156 094	157 521	158 805
		等级公路里程	合计	144 113	146 100	148 263	149 845	151 459
			高速公路	4 122	4 371	4 443	4 488	4 539
	内河航道里程			24 272	24 280	24 315	24 342	23 559
	输油管道里程			6 067	6 264	6 299	6 116	6 116
	公路桥梁(座)			65 815	67 159	68 306	68 774	69 925
	公路桥梁长度(米)			2910 978	3 050 891	3 174 281	3 204 617	3 376 516
货运量总计（万吨）	合计			212 594	231 295	194 048	208 623	211 648
	铁路			7 282	7 223	6 806	6 090	5 066
	公路			140 803	153 696	103 709	114 449	113 351
	水运			54 012	58 639	70 909	75 328	80 343
	民用航空			6.08	6.69	6.67	7.10	7.00
	输油管道			10 491	11 730	12 617	12 749	12 881
货物周转量(亿吨公里)				7 514.00	8 474.63	10 536.84	11 028.50	8 887.71
民用车辆拥有量（万辆）	合计			1 535.17	1 604.18	1 725.34	1 782.09	1 699.46
	民用汽车拥有量	合计		688.38	813.12	954.38	1 103.97	1 247.86
		载客汽车		586.59	706.27	840.52	991.13	1 143.57
		营运汽车		82.08	82.15	94.65	93.46	85.16
民用运输船舶拥有量(万艘)				4.93	4.88	4.77	4.62	4.32
机动船				3.94	3.96	3.93	3.84	3.63
驳船				0.99	0.92	0.84	0.78	0.69
港口货物吞吐量（万吨）	合计			180 683	195 417	213 987	226 049	233 289
	外贸			27 865	31 390	35 160	37 991	39 766

2015 年全国主要省市交通运输、仓储和邮政业就业人员数

(单位:人)

	全国	上海	江苏	浙江	山东	广东
铁路运输业	1 874 448	41 758	23 299	28 719	82 517	60 949
道路运输业	3 879 657	206 868	253 790	165 240	224 541	385 321
水上运输业	466 509	54 707	79 482	31 376	64 010	51 963
航空运输业	553 358	73 429	14 552	11 490	16 125	114 637
管道运输业	38 536	1 345	11 043	171	3 768	287
装卸搬运和运输代理业	431 191	70 974	35 368	23 056	28 567	56 017
仓储业	325 721	32 091	18 607	11 402	20 098	32 142
邮政业	974 473	33 369	56 177	48 106	44 323	126 622

2015年全国主要省市货运量和货运周转量

（单位：亿吨、亿吨公里）

		全国	上海	江苏	浙江	山东	广东
合计	货运量	4 171 109	90 893	211 648	201 231	261 849	339 225
	货运周转量	177 835	19 496	7 374	9 870	8 418	14 882
铁路	货运量	335 801	496	5 066	3 887	19 191	8 117
	货运周转量	23 754	11	304	213	1 161	259
公路	货运周转量	3 150 019	40 627	113 351	122 547	227 934	255 995
	货运量	57 956	290	2 073	1 514	5 877	3 109
水运	货运周转量	613 567	49 770	80 343	74 797	14 724	75 113
	货运量	91 772	19 196	5 887	8 143	1 380	11 515

2015 年全国主要省市交通设施基本情况指标

		全国	上海	江苏	浙江	山东	广东
运输线路长度(公里)	铁路营业里程	120 970.4	465.1	2 723.8	2 563.7	5 434.5	4 035.2
	内河航道里程	127 001	2 176	24 389	9 765	1 117	12 151
	公路里程	4 577 296	13 195	158 805	118 015	263 447	216 023
公路载货汽车拥有量	辆数(万辆)	1 389.19	21.18	72.75	43.32	94.23	72.69
	吨位(万吨)	10 366.50	228.21	622.41	279.05	1 027.99	502.41
民用运输船舶拥有量	机动船艘数(艘)	149 659	1 710	36 339	16 241	7 549	8 716
	机动船净载重量(吨位)	261 434 867	36 502 772	39 873 291	23 631 797	12 555 534	27 035 487
	驳船艘数(艘)	16 246	53	6 922	75	5 501	19
	驳船净载重量(吨位)	11 007 996	127 938	3 923 201	22 319	4 991 007	28 220

2015年全国主要省市邮电快递业务基本情况

		全国	上海	江苏	浙江	山东	广东
快递	快递业务量(万件)	2 066 636.8	170 778.0	229 047.7	383 145.9	73 424.9	501 335.2
	快递业务收入(万元)	27 696 465.9	4 552 476.2	2 907 286.3	3 838 082.6	970 605.4	6 159 135.7
邮电业务总量(亿元)	合计	28 425.02	1 164.51	2 316.49	2 424.55	1 474.59	4 378.78
	邮政业务总量	5 078.72	385.75	516.02	811.01	205.53	1 228.75
	电信业务总量	23 346.30	778.76	1 800.47	1 613.54	1 269.06	3 150.03
函件	(亿件)	45.81	10.06	4.88	4.52	1.95	6.45
包裹	(万件)	4 243.4	341.3	220.3	280.9	253.5	311.5

2015 年全国主要省市企业信息化及电子商务情况

		全国	上海	江苏	浙江	山东	广东
企业数(个)		913 481	32 303	102 423	81 398	84 649	94 003
期末使用计算机数(台)		42 658 164	3 147 939	4 352 216	3 442 569	2 598 066	6 518 642
每百人使用计算机数(台)		23	47	20	20	18	30
企业拥有网站数(个)		52 3340	23 617	66 039	47 634	45 546	62 975
每百家企业拥有网站数(个)		57	73	64	59	54	67
有电子商务交易活动	企业数(个)	87 436	4 231	11 257	10 707	5 550	10 774
	比重(%)	9.6	13.1	11.0	13.2	6.6	11.5
电子商务销售额(亿元)		91 724.2	12 879.4	5 193.5	5 581.2	5 989.2	13 783.7
电子商务采购额(亿元)		53 499.1	6 119.8	4 315.3	1 751.6	3 713.2	10 107.9